吉林人民出版社

简体字本二十六史

史记

卷一——卷一六

（一）

［汉］ 司马迁 撰 ［宋］ 裴 骃 集解

［唐］ 司马贞 索隐 ［唐］ 张守节 正义

王 和 申 坚 等 标点

目　　录

补史记
本纪

三皇

小司马氏云：太史公作史记古今君臣，宜应上自开辟，下迄当代，以为一家之首尾。今阙三皇而以五帝为首者，正以《大戴礼》有五帝德篇；又帝世皆叙自黄帝已下，故因以五帝本纪为首。其实三皇已还载籍罕备，然君臣之始，教化之先，既论古史，不合全阙。近代皇甫谧作《帝王代纪》，徐整作《三五历》，皆论三皇已来事，斯亦近古之一证。今并采而集之，作三皇本纪，虽复浅近，聊补阙云。

太皞庖牺氏，风姓，代燧人氏继天而王。母曰华胥，履大人迹于雷泽，而生庖牺于成纪。蛇身人首。①

　①按：伏牺风姓出《国语》，其华胥已下出《帝王世纪》。然雷泽，泽名，即舜所渔之地，在济阴。成纪亦地名，按天水有成纪县。

有圣德，仰则观象于天，俯则观法于地，旁观鸟兽之文，与地之宜，近取诸身，远取诸物，始画八卦，以通神明之德，以类万物之情。造书契以代结绳之政。于是始制嫁娶，以俪皮为礼。①结网罟以教佃渔，故曰宓牺氏。②养牺牲以庖厨，故曰庖牺。

　①按：谯周《古史考》伏牺制嫁娶，以俪皮为礼也。
　②按：事出《汉书·历志》。宓，音伏。

有龙瑞，以龙纪官，号曰龙师。作三十五弦之瑟，木德王，注春令。故《易》称：帝出乎震。《月令》：孟春，其帝太皞是也。①都于陈。东封太山，立一十一年崩。②其后裔，当春秋时有任、宿、须句、颛臾，皆风姓之胤也。

①按：位在东方，象日之明，故称太皞。皞，明也。

②按皇甫谧：伏牺葬南郡，或曰冢在山阳高平之西也。

女娲氏，亦风姓，蛇身人首。有神圣之德，代宓牺立，号曰女希氏。无革造，惟作笙簧。①故《易》不载，不承五运。一曰女娲亦木德王，盖宓牺之后已经数世，金木轮环，周而复始。特举女娲，以其功高而充三皇，故频木王也。

①按：《礼·明堂位》及《世本》皆云女娲作簧。

当其末年也，诸侯有共工氏，任智刑以强，霸而不王。以水乘木，乃与祝融战，不胜而怒。乃头触不周山，崩，天柱折，地维缺。女娲乃炼五色石以补天，断鳌足以立四极，聚芦灰以止滔水，以济冀州。①于是地平天成，不改旧物。

①按：其事出《淮南子》也。

女娲氏没，神农氏作。①炎帝神农氏，姜姓。母曰女登，有娲氏之女。为少典妃，感神龙而生炎帝。人身牛首，长于姜水，因以为姓。②火德王，故曰炎帝。

①按：三皇，记者不同。谯周以燧人为皇，宋均以祝融为皇，而郑玄依《春秋纬》，以女娲为皇，承伏牺。皇甫谧亦同。今依之为说也。

②按《国语》，炎帝、黄帝皆少典之子。其母又皆有娲氏之女。据诸子及《古史考》，炎帝之后凡八代，五百余年，轩辕氏代之。岂炎帝黄帝是昆弟而同母氏乎？皇甫谧以为少典有娲氏，诸侯国号。然则姜、姬二帝同出少典氏，黄帝之母又是神农母氏之后代女所同是有娲氏之女也。

以火名官，斫木为耜，揉木为耒，耒耨之用以教万人。始教耕，故号神农氏。于是作蜡祭，以赭鞭鞭草木，始尝百草，始有医药。又作五弦之瑟教人。日中为市，交易而退，各得其所。遂重八卦为六十四爻。初都陈，后居曲阜。①立一百二十年崩，葬长沙。

①按：今淮阳有神农井，又《左传》鲁有大庭氏之库是也。

神农本起烈山，故左氏称烈山氏之子，曰柱，亦曰厉山氏。《礼》曰：厉山氏之有天下是也。①神农纳奔水氏之女曰听谈为妃，生帝哀。哀生帝克克生帝榆。罔凡八代五百三十年，而轩辕氏兴焉。②其后有州、甫、甘、许、戏、露、齐、纪、怡、向、申、吕，皆姜姓之后。并为诸侯，或分四岳。当周室，甫侯、申伯为王贤相，齐、许列为诸侯，霸于中国。盖圣人德泽广大，故其祚胤繁昌久长云。

①按：郑玄云：厉山，神农所起，亦曰有烈山。皇甫谧曰：厉山，今随之厉乡也。

②按：神农之后凡八代，事见《帝王代纪》及《古史考》。然古典亡矣。况谯、皇二氏皆前闻君子考，按古书而为此说，岂至今凿空乎？此纪亦据以为说。其《易》称：神农氏没即榆罔，榆罔犹袭神农之号也。

一说三皇，谓天皇、地皇、人皇为三皇。既是开辟之初、君臣之始，图纬所载，不可全弃，故兼序之。天地初立，有天皇氏，十二头。澹泊无所施为，而俗自化。木德王，岁起摄提。兄弟十二人，立各一万八千岁。①地皇十一头，火德王，姓十一人。兴于熊耳龙门等山，亦各万八千岁。人皇九头，乘云车，驾六羽，出谷口。兄弟九人分长九州，各立城邑，凡一百五十世，合四万五千六百年。②

①盖天地初立，神人首出行化，故其年世长久也。然言十二头者，非谓一人之身有十二头，盖古质，比之鸟兽头数故也。

②天皇已下皆出《河图》及《三五历》也。

自人皇已后，有五龙氏、①燧人氏、②大庭氏、柏皇氏、中央氏、卷须氏、栗陆氏、骊连氏、赫胥氏、尊卢氏、浑沌氏、昊英氏、有巢氏、朱襄氏、葛天氏、阴康氏、无怀氏，斯盖三皇已来有天下者之号。③但载籍不纪，莫知姓王年代，所都之处。而《韩诗》以为自古封太山、禅梁甫者万有余家，仲尼观之不能尽识。《管子》亦曰：古封太山七十二家，夷吾所识十有二焉。首有无怀氏，然则无怀之前，天皇已后，年纪悠邈，皇王何升而告。但古书亡矣，不可备论，岂得谓无帝王耶？故《春秋纬》称：自开辟至于获麟，凡三百二十七万六千岁，分为十纪，凡世七万六百年。一曰九头纪，二曰五龙纪，三曰摄提纪，四曰合雒纪，五曰连通纪，六曰序命纪，七曰修飞纪，八曰回提纪，九曰　通纪，十曰流讫纪。盖流讫当黄帝时，制九纪之间，是以录于此补纪之也。

①五龙氏兄弟五人，并乘龙上下，故曰五龙氏也。

②按：其君钻燧出火教人熟食，在伏牺氏前，谯周以为三皇之首也。

③按：皇甫谧以为，大庭已下一十五君，皆袭庖牺之号，事不经见，难可依
从。然按古封太山者，首有无怀氏，乃在太昊之前，岂得如谧所说。

史记卷一
本纪第一

五帝

裴骃曰：凡是徐氏义，称徐姓名以别之。余者悉是骃注解，并集众家义。司马贞[索隐]曰：纪者记也，本其事而记之，故曰本纪。又纪，理也，丝缕有纪。而帝王书称纪者，言为后代纲纪也。[正义]曰：郑玄注《中侯敕省图》云："德合五帝坐星者，称帝。"又《坤灵图》云："德配天地，在正不在私，曰帝。"按：太史公依《世本》《大戴礼》，以黄帝、颛顼、帝喾、唐尧、虞舜为五帝。谯周、应劭、宋均皆同。而孔安国《尚书序》、皇甫谧《帝王世纪》、孙氏注《世本》，并以伏牺、神农、黄帝为三皇，少昊、颛顼、高辛、唐、虞为五帝。裴松之《史目》云："天子称本纪，诸侯曰世家。"本者，系其本系，故曰本。纪者理也，统理众事，系之年月，名之曰纪。第者次序之目，一者举数之由，故曰五帝本纪第一。又曰《礼》云："动则左史书之，言则右史书之。"[正义]云："左阳，故记动；右阴，故记言。言为《尚书》，事为《春秋》。"按：春秋时置左右史，故云史记也。

黄帝者，①少典之子。②姓公孙，名曰轩辕。③生而神灵，弱而能言，④幼而徇齐，⑤长而敦敏，成而聪明。⑥

①徐广曰：号有熊。[索隐]曰：按：有土德之瑞，土色黄，故称黄帝。犹神农火德王而称炎帝然也。此以黄帝为五帝之首，盖依《大戴礼·五帝德》。又谯周、宋均亦以为然。而孔安国、皇甫谧《帝王代纪》及孙氏注《系本》并以伏牺、神农、黄帝为三皇，少昊、高阳、高辛、唐、虞为五帝。注号有熊者，以其本是有熊国君之子故也。都轩辕之丘，因以为名，又以为号。又据《左传》，亦号帝鸿氏也。[正义]曰：《舆地志》云："涿鹿本名彭城，黄帝初都，迁有熊也。"按：黄帝有熊国君，乃少典国君之次子，号曰有

熊氏，又曰缙云氏，又曰帝鸿氏，亦曰帝轩氏。母曰附宝，之祁野，见大电绕北斗枢星，感而怀孕，二十四月而生黄帝于寿丘。寿丘在鲁东门之北，今在兖州曲阜县东北六里。生日角龙颜，有景云之瑞，以土德王，故曰黄帝。封泰山，禅亭亭，在年阴。

②谯周曰："有熊国君少典之子也。"皇甫谧曰："有熊，今河南新郑是也。"［索隐］曰：少典者诸侯国号，非人名也。又按：《国语》云："少典娶有蟜氏女，而生炎帝。"然则炎帝亦少典之子。炎、黄二帝虽则承，《帝王代纪》中间凡隔八帝，五百余年。若以少典是其父名，岂黄帝经五百余年而始代炎帝后为天子乎？何其年之长也！又按：《秦本纪》云："颛顼氏之裔孙曰女修，吞玄鸟之卵而生大业，大业娶少典氏而生柏翳。"明少典是国号非人名也。黄帝即少典氏后代之子孙。贾逵亦以《左传》"高阳氏有才子八人"，亦谓其后代子孙而称为子是也。谯周字允南，蜀人，魏散骑常侍征，不拜。此注所引者，是其人所著《古史考》之说也。皇甫谧，字士安，晋人，号玄晏先生。今所引者是其所作《帝王世纪》也。

③［索隐］曰：按：皇甫谧云："黄帝生于寿丘，长于姬水，因以为姓。居轩辕之丘，因以为名，又以为号。"是本姓公孙，长居姬水，因改姓姬。

④［索隐］曰："弱，谓幼弱时也。盖未合能言之时而黄帝即言，所以为神异也。潘岳有《哀弱子》篇，其子未七旬曰弱。"［正义］曰：言神异也。《易》曰："阴阳不测之谓神"，《书》云："人惟万物之灵"，故谓之神灵也。

⑤徐广曰："《墨子》曰：'年逾十五则聪明心虑无不徇通矣。'"骃案：徇，疾；齐，速也。言圣德幼而疾速也。［索隐］曰：斯文未明。今按：徇、齐皆德也。《书》曰："聪明齐圣"，《左传》曰："子虽齐圣"，齐谓圣德齐肃。又按：《孔子家语》及《大戴礼》并作"睿齐"，一本作"慧齐"。睿、慧皆智也。太史公采《大戴礼》而为此纪，今彼文无作"徇"者。《史记》旧本亦有作"浚齐"。盖古字假借"徇"为"浚"，浚，深也，义亦并通。《尔雅》齐、速俱训为疾。《尚书大传》曰："多闻而齐给"。郑注云："齐，疾也。"今裴氏注云徇亦训疾，未见所出。或当读徇为迅。迅于《尔雅》与齐俱训疾，则迅、浚虽异字而音同也。又《尔雅》曰："宣、徇，遍也。浚，通也。"是遍之与通，义亦相近。言黄帝幼而才智周遍，且辩给也。故《墨子》亦云："年逾五十，则聪明心虑不徇通矣。"俗本作"十五"，非是。按：谓年老逾五十不聪明，何得云十五？

⑥［正义］曰：成，谓年二十冠，成人也。聪明，闻见明辩也。此以上至轩辕

皆《大戴礼》文。

　　轩辕之时，神农氏世衰，①诸侯相侵伐，暴虐百姓，而神农氏弗能征。于是轩辕乃习用干戈，以征不享，②诸侯咸来宾从。而蚩尤最为暴，莫能伐。③炎帝欲侵陵诸侯，诸侯咸归轩辕。轩辕乃修德振兵，④治五气，⑤艺五种，⑥抚万民，度四方。⑦教熊罴貔貅䝙虎，⑧以与炎帝战于阪泉之野。⑨三战然后得其志。⑩蚩尤作乱，不用帝命。⑪于是黄帝乃征师诸侯，与蚩尤战于涿鹿之野，⑫遂禽杀蚩尤。⑬而诸侯咸尊轩辕为天子，代神农氏，是为黄帝。天下有不顺者，黄帝从而征之，平者去之。⑭披山通道，⑮未尝宁居。东至于海，登丸山，⑯及岱宗。⑰西至于空桐，⑱登鸡头。⑲南至于江，登熊、湘。⑳北逐荤粥，㉑合符釜山，㉒而邑于涿鹿之阿。㉓迁徙往来无常处，以师兵为营卫。㉔

　①皇甫谧曰：《易》称庖牺氏没，神农氏作，是为炎帝。"班固曰："教民耕
　　农，故号曰神农。"[索隐]曰：世衰，谓神农氏后代子孙道德衰薄，非指
　　炎帝之身，即班固所谓"参虑"，皇甫谧所云"帝榆罔"是也。[正义]曰：
　　《帝王世纪》云："神农氏，姜姓也。母曰任姒，有蟜氏女，登为少典妃。游
　　华阳，有神龙首，感生炎帝。人身牛首，长于姜水。有圣德，以火德王，故
　　号炎帝。初都陈，又徙鲁。又曰魁隗氏，又曰连山氏，又曰列山氏。"《括
　　地志》云："厉山在随州随县北百里，山东有石穴。曰神农生于厉乡，所
　　谓列山氏也。春秋时为厉国。"

　②[索隐]曰：谓用干戈以征诸侯之不朝。享者，本或作亭，亭训直，以征诸
　　侯之不直者。

　③应劭曰："蚩尤，古天子。"瓒曰："《孔子三朝记》曰：'蚩尤，庶人之贪
　　者'。"[索隐]曰：按：此纪云："诸侯相侵伐，蚩尤最为暴"，则蚩尤非为
　　天子也。又《管子》曰："蚩尤受庐山之金而作五兵"，明非庶人，盖诸侯
　　号也。刘向《别录》云："孔子见鲁哀公问政，比三朝，退而为此记，故曰
　　三朝。"凡七篇，并入《大戴礼》。今此文见《用兵篇》也。[正义]曰：《龙鱼
　　河图》云："黄帝摄政，有蚩尤兄弟八十一人，并兽身人语，铜铁额，食
　　沙，造五兵仗刀戟大弩，威振天下，诛杀无道，万民钦命黄帝行天子事。

黄帝以仁义不能禁止蚩尤，乃仰天而叹。天遣玄女下授黄帝兵符，伏蚩尤。后天下复扰乱，黄帝遂画蚩尤形像以威，天下咸谓蚩尤不死，八方皆为殄灭。《山海经》云："黄帝令应龙攻蚩尤，蚩尤请风伯、雨师以从大风雨。黄帝乃下天女曰魃，以止雨。雨止，遂杀蚩尤。"孔安国曰"九黎君号蚩尤"是也。

④[正义]曰：振，整也。

⑤王肃曰："五行之气。"[索隐]曰：谓春甲乙木气，夏丙丁火气之属，是五气也。

⑥艺，树也。《诗》云"艺之荏菽"。《周礼》曰："谷宜五种"。郑玄曰："五种，黍、稷、菽、麦、稻也。"[索隐]曰：艺，音薿。艺，种也，树也。五种，即五谷也，音朱用反。此注所引见《诗·大雅·生民》之篇。《尔雅》云："荏菽，戎"也。郭璞曰"今之胡豆"，郑氏曰"豆之大者"是也。[正义]曰：艺，音鱼曳反。种，音肿。

⑦王肃曰："度四方而安抚之。"[正义]曰：度音徒洛反。

⑧[索隐]曰：《书》云"如虎如貔"，《尔雅》云"貔，白狐"，《礼》曰："前有挚兽，则载貔貅"是也。《尔雅》又曰："貙獌似狸。"此六者，猛兽，可以教战。《周礼》有服不氏，掌教扰猛兽。即古服牛乘马，亦其类也。[正义]曰：熊，音雄；罴，音碑；貔，音毗；貅，音休。貙，音丑于反。罴如熊，黄白色。郭璞云："貔，执夷，虎属也。"按：言教士卒习战，以猛兽之名名之，用威敌也。

⑨服虔曰："阪泉，地名。"皇甫谧曰："在上谷。"[正义]曰：阪，音白板反。《括地志》云："阪泉，今名黄帝泉，在妫州怀戎县东五十六里。出五里至涿鹿东北与涿水合。又有涿鹿故城，在妫州东南五十里，本黄帝所都也。晋《太康地里志》云：'涿鹿城东一里有阪泉，上有黄帝祠。'"按：阪泉之野，则平野之地也。

⑩[正义]曰：谓黄帝克炎帝之后。

⑪[正义]曰：言蚩尤不用黄帝之命也。

⑫服虔曰："涿鹿，山名，在涿郡。"张晏曰："涿鹿在上谷。"[索隐]曰：或作浊鹿，古今字异耳。按：《地理志》上谷有涿鹿县，然则服虔云在涿郡者，误也。

⑬《皇览》曰："蚩尤冢在东平郡寿张县蚩乡城，中高七丈。民常十月祀之。有赤气出如匹绛帛，民名为蚩尤旗。肩髀冢在山阳郡钜野县重聚，大小

与蚩冢等。传言黄帝与蚩尤战于涿鹿之野,黄帝杀之,身体异处,故别葬之。"[索隐]曰:按:皇甫谧云:"黄帝使应龙杀蚩尤于凶黎之谷。"或曰黄帝斩蚩尤于中冀,因名其地曰绝辔之野。《皇览》,书名也,记先代冢墓之处,宜皇王之省览,故曰《皇览》,是魏人王象、缪袭等所撰也。

⑭[正义]曰:平服者即去也。

⑮徐广曰:"披,他本亦作陂。字盖当为诐,诐者旁其边之谓也。披语诚合今世,然古今不必同也。"[索隐]曰:披,音如字,谓披山林草木而行,以通道也。徐广:音波,恐稍纡也。

⑯徐广曰:"丸一作凡。"骃案:《地理志》曰丸山在郎耶朱虚县。[索隐]曰:凡,音扶严反。[正义]曰:丸音桓。《括地志》云:"丸山即丹山,在青州临朐县界,朱虚故县西北二十里,丹水出焉。"丸音纨。守节:《括地志》唯有凡山,盖凡山、丸山是一山耳。诸处字误,或丸或凡也。《汉书·郊祀志》云"禅丸山",颜师古云在朱虚,亦与《括地志》相合,明丸山是也。

⑰[正义]曰:泰山,东岳也。在兖州博城县西北三十里也。

⑱应劭曰:"山名。"韦昭曰:"在陇右。"

⑲[索隐]曰:山名也。后汉王孟塞鸡头道,在陇西。一曰崆峒山之别名。[正义]曰:《括地志》云:"空桐山在肃州禄福县东南六十里。《抱朴子·内篇》云:'黄帝西见中黄子,受九品之方,过空桐,从广成子受自然之经',即此山。"《括地志》又云:"笄头山,一名崆峒山,在原州平阳县西百里,《禹贡》泾水所出。《舆地志》云或即鸡头山也。郦元云'盖大陇山异名也'。《庄子》云:广成子学道崆峒山,黄帝问道于广成子,盖在此。"按:二处崆峒,皆云黄帝登之,未详孰是。

⑳《封禅书》曰:"南伐至于召陵,登熊山。"《地理志》曰湘山在长沙益阳县。[正义]曰:《括地志》云:"熊耳山,在商州洛县西十里,齐桓公登之以望江汉也。湘山一名艑山,在岳州巴陵县南十八里也。"

㉑《匈奴传》曰:"唐虞以上有山戎、猃狁、荤粥,居于北蛮。"[索隐]曰:匈奴别名也。唐虞已上曰山戎,亦曰薰粥,夏曰淳维,殷曰鬼方,周曰狁狁,汉曰匈奴。[正义]曰:荤,音薰;粥,音育。

㉒[索隐]曰:合诸侯符契圭瑞,而朝之于釜山,犹禹会诸侯于涂山然也。又按:郭子横《洞冥记》称东方朔云:"东海大明之墟有釜山,山出瑞云,应王者之符命。"如尧时有赤云之祥之类。盖黄帝黄云之瑞,故曰合符应于釜山也。[正义]曰:《括地志》云:"釜山在妫州怀戎县北三里,山上

有舜庙。"

㉓[正义]曰:广平曰阿。涿鹿,山名,已见上。涿鹿故城在山下,即黄帝所
　都之邑于山下平地。

㉔[正义]曰:环绕军兵为营以自卫,若辕门,即其遗象。

官名皆以云命,为云师。①置左右大监,监于万国。②万国和,
而鬼神山川封禅与为多焉。③获宝鼎,迎日推策。④举风后、力牧、
常先大鸿,⑤以治民。顺天地之纪、⑥幽明之占、⑦死生之说、⑧存
亡之难。⑨时播百谷草木,⑩淳化鸟兽虫蛾,⑪旁罗日月星辰水波
土石金玉,⑫劳勤心力耳目,节用水火材物,⑬有土德之瑞,故号黄
帝。⑭

①应劭曰:"黄帝受命,有云瑞,故以云纪事也。春官为青云,夏官为缙云,
　秋官为白云,冬官为黑云,中官为黄云。"张晏曰:"黄帝有景云之应,因
　以名师与官。"

②[正义]曰:监,上监去声,下监平声。若周邵分陕也。

③徐广曰:"多,一作朋。"[索隐]曰:与,音羊汝反。与,犹许也。言万国和
　同,而鬼神山川封禅祭祀之事,自古以来帝皇之中,推许黄帝以为多。
　多犹大也。

④晋灼曰:"策,数也,迎数之也。"瓒曰:"日月朔望未来而推之,故曰迎
　日。"[索隐]曰:《封禅书》曰"黄帝得宝鼎神策",下云"于是推策迎日",
　则神策者神蓍也。黄帝得蓍,以推算历数,于是逆知节气日辰之将来,
　故曰推策迎日也。[正义]曰:筴,音策。迎,逆也。黄帝受神筴,大挠造
　甲子,容成造历是也。

⑤郑玄曰:"风后,黄帝三公也。"班固曰:"力牧,黄帝相也。"[正义]曰:
　举,任用。四人皆帝臣也。《帝王世纪》云:"黄帝梦大风吹天下之尘垢皆
　去,又梦人执千钧之弩,驱羊万群。帝寤而叹曰:'风为号令,执政者也;
　垢去土,后在也。天下岂有姓风名后者哉?夫千钧之弩,异力者也;驱羊
　数万群,能牧民为善者也。天下岂有姓力名牧者也?'于是依二占而求
　之,得风后于海隅,登以为相;得力牧于大泽,进以为将。黄帝因著《占
　梦经》十一卷。"《艺文志》云:"《风后兵法》十三篇,图三卷,《孤虚》二十
　卷,《力牧兵法》十五篇。"郑玄云:"风后,黄帝之三公也。"按:黄帝仰天
　地置列侯众官,以风后配上台,天老配中台,五圣配下台,谓之三公也。

《封禅书》云:"鬼臾区号大鸿,黄帝大臣也。死葬雍,故鸿冢是"。《艺文志》云:"鬼容区《兵法》三篇"也。

⑥[正义]曰:言黄帝顺天地、阴阳、四时之纪也。

⑦[正义]曰:幽,阴;明,阳也。占,数也。言阴阳五行,黄帝占数而知之。此文见《大戴礼》。

⑧徐广曰:"一云'幽明之,数合死生之说'。"[正义]曰:说谓仪制也。民之生死。此谓作仪制礼则之说。

⑨[索隐]曰:存亡,犹安危也。《易》曰"危者安其位,亡者保其存"是也。难,犹说也。凡事,是非未尽,假以往来之词,则曰难。又上文有"死生之说",故此云"存亡之难",所以韩非著书有《说林》、《说难》也。[正义]曰:难,音乃惮反。存亡,犹生死也。黄帝之前,未有衣裳屋宇,及黄帝造屋宇、制衣服、营殡葬,万民故免存亡之难。

⑩王肃曰:"时,是也。"[索隐]曰:为一句。[正义]曰:言顺四时之所置而布种百谷草木也。

⑪[索隐]曰:为一句。蚳音牛绮反。一作豸。豸言淳化广被及之。[正义]曰:蚳,音鱼起反。又音豸,豸音直氏反。蚳,蚔蜉也。《尔雅》曰:"有足曰虫,无足曰豸。"

⑫徐广曰:"波,一作沃。"[索隐]曰:旁,非一方。罗,广布也。今按:《大戴礼》作"历离"。离即罗也。言帝德旁罗日月星辰水波,及至土石金玉。谓日月扬光,海水不波,山不藏珍,皆是帝德广被也。[正义]曰:旁罗犹遍布也。日月,阴阳时节也。星,二十八宿也。辰,日月所会也。水波,澜漪也。言天不异灾,土无别害,水少波浪,山出珍宝。

⑬[正义]曰:节,时节也。水,陂障决泄也。火,山野禁放也。材,木也。物,事也。言黄帝教民,江湖、陂泽、山林、原隰,皆收采禁捕以时,用之有节。令得其利也。《大戴礼》云:"宰我问于孔子曰:'予闻荣伊曰黄帝三百年。请问黄帝者人耶?何以至三百年?'孔子曰:'劳勤心力耳目,节用水火林物,生而民得其利百年,死而民畏其神百年,亡而民用其教百年,故曰三百年也。'"

⑭[索隐]曰:炎帝火,黄帝土代之,即"黄龙地螾见"是也。螾,土精,大五六围,长十余丈。螾,音引。[正义]曰:螾,音以刃反。

黄帝二十五子,其得姓者十四人。①

①[索隐]曰:旧解破四为三,言得姓十三人耳。今按:《国语》胥臣云:"黄
帝之子二十五宗,其得姓者十四人,为十二姓,姬、酉、祁、己、滕、葴、
任、荀、僖、姞、儇、依是也。唯青阳与夷鼓同己姓。"又云:"青阳与苍林
为姬姓。"上则十四人为十二姓,其文甚明。唯姬姓再称青阳与苍林,盖
《国语》文误,所以致令前儒共疑。其姬姓青阳当为玄嚣,是帝喾祖本与
黄帝同姬姓。其《国语》上文青阳,即是少昊金天氏为己姓者耳。既理在
不疑无烦破四为三。[正义]曰:僖,音力其反。姞,其吉反。儇,音在宣
反。

　　黄帝居轩辕之丘,①而娶于西陵之女,②是为嫘祖。③嫘祖为
黄帝正妃,④生二子,其后皆有天下。其一曰玄嚣是为青阳,⑤青阳
降居江水;⑥其二曰昌意,降居若水。⑦昌意娶蜀山氏女,曰昌仆,
生高阳,高阳有圣德焉。⑧黄帝崩,⑨葬桥山。⑩其孙昌意之子高阳
立,是为帝颛顼也。
①皇甫谧曰:"受国于有熊,居轩辕之丘,故因以为名,又以为号。《山海
经》曰:'在穷山之际,西射之南'。"张晏曰:"作轩冕之服,故谓之轩
辕。"
②[正义]曰:西陵国名也。
③徐广曰:"祖,一作俎。嫘,力追反。"[索隐]曰:一曰雷祖,音力堆反。[正
义]曰:一作傫。
④[索隐]曰:按:黄帝立四妃,像后妃四星。皇甫谧云:"元妃西陵氏女,曰
累祖,生昌意。次妃方雷氏女,曰女节,生青阳。次妃彤鱼氏女,生夷鼓,
一名苍林。次妃嫫母,班在三人之下。"按:《国语》夷鼓、苍林是二人。又
按:《汉书·古今人表》彤鱼氏生夷鼓,嫫母生苍林,不得如谧所说。
⑤太史公曰:据《大戴礼》,以累祖生昌意及玄嚣,玄嚣即青阳也。皇甫谧
以青阳为少昊,乃方雷氏所生,是其所见异也。[索隐]曰:玄嚣,帝喾之
祖。按:皇甫谧及宋衷皆云,玄嚣青阳即少昊也。今此纪下云"玄嚣不得
在帝位",则太史公意青阳非少昊明矣。而此又云"玄嚣是为青阳",当
是误也。谓二人皆黄帝子,并列其名,所以前史因误以玄嚣青阳为一人
耳。宋衷又云:"玄嚣青阳是为少昊,继黄帝立者,而史不叙。盖少昊金
德王,非五运之次,故叙五帝不数之也。"

⑥[正义]曰：《括地志》云："安阳故城在豫州新恩县西南八十里。应劭云古江国也。《地理志》亦云安阳古江国也。"

⑦[索隐]曰：降，下也。言帝子为诸侯，降居江水。江水、若水皆在蜀，即所封国也。《水经》曰"水出旄牛徼外，东南至故关为若水，南过邛都，又东北至朱提县为卢江水"，是蜀有此二水也。

⑧[正义]曰：《华阳国志》及《十三州志》云："蜀之先肇于人皇之际。黄帝为子昌意娶蜀山氏，后子孙因封焉。帝颛顼高阳氏，黄帝之孙，昌意之子。母曰昌仆，亦谓之女枢。"《河图》云："瑶光如蜺贯月，正白，感女枢于幽房之宫，生颛顼，首戴干戈，有德文也。"

⑨皇甫谧曰："在位百年而崩，年百一十一岁。"[索隐]曰：按《大戴礼》"宰我问孔子曰：'荣伊言黄帝三百年，请问黄帝何人也？抑非人也？何以至三百年乎？'对曰：'生而人得其利百年，死而人畏其神百年，亡而人用其教百年。'"则士安之说略可凭矣。[正义]曰：《列仙传》云："轩辕自择亡日，与群臣辞，还葬桥山。山崩棺空，唯有剑舄在棺焉。"

⑩《皇览》曰："黄帝冢在上郡桥山。"[索隐]曰：《地理志》桥山在上郡阳阳县，山有黄帝冢也。[正义]曰《括地志》云："黄帝陵在宁州罗川县东八十里子午山。《地理志》云上郡阳周县桥山南有黄帝冢。"按：阳周，隋改为罗川。《尔雅》云：山锐而高曰桥也。

帝颛顼高阳者，①黄帝之孙而昌意之子也。静渊以有谋，疏通而知事，养材以任地，②载时以象天，③依鬼神以制义，④治气以教化，⑤洁诚以祭祀。北至于幽陵，⑥南至于交趾，⑦西至于流沙，⑧东至于蟠木。⑨动静之物，⑩小大之神，⑪日月所照，莫不砥属。⑫帝颛顼生子曰穷蝉。⑬颛顼崩，⑭而玄嚣之孙高辛立，是为帝喾。

①皇甫谧曰："都帝丘，今东郡濮阳是也。"[索隐]曰：宋衷云："颛顼，名。高阳，有天下号也。"张晏曰："高阳者，所兴地名也。"

②[索隐]曰：言能养材物以任地。《大戴礼》作"养财"。

③[索隐]曰：载，行也。言行四时以象天。《大戴礼》作"履时以象天"。履亦践而行也。

④[索隐]曰：鬼神聪明正直，当尽心敬事，因制尊卑之义。故《礼》曰"降于祖庙之谓仁义"是也。[正义]曰：鬼之灵者曰神也。鬼神，谓山川之神也。能兴云致雨，润养万物也，故已依冯之劕义也。劕，古制字。

⑤［索隐］曰：谓理四时五行之气，以教化万人也。

⑥［正义］曰：幽州也。

⑦［正义］曰：趾，音止，交州也。

⑧《地理志》曰：流沙在张掖居延县。［正义］曰：济，渡也。《括地志》云："居
延海南，甘州张掖县东北千六十四里是。"

⑨《海外经》曰："东海中有山焉，名曰度索。上有大桃树，屈蟠三千里。东
北有门，名曰鬼门，万鬼所聚也。天帝使神人守之，一名郁垒，主阅领万
鬼。若害人之鬼，以苇索缚之，射以桃弧，投虎食也。"

⑩［正义］曰：动物，谓鸟兽之类；静物，谓草木之类。

⑪［正义］曰：大，谓五岳四渎；小，谓丘陵坟衍。

⑫王肃曰："砥，平也。四远皆平而来服属。"［索隐］曰：依王肃音止属，据
《大戴礼》作"砥砺"也。

⑬［索隐］曰：《系本》作"穷係"。宋衷云："一云穷係，谥也。"［正义］曰：帝
舜之高祖也。

⑭皇甫谧曰："在位七十八年，年九十八。"《皇览》曰："颛顼冢在东郡濮阳
顿丘城门外广阳里中。顿丘者，城门，名顿丘道。"［索隐］曰：皇谧云：
"据左氏，岁在鹑火而崩，葬东郡。"又《山海经》曰："颛顼葬鲋鱼山之
阳，九嫔葬其阴也。"

帝喾高辛者，①黄帝之曾孙也。高辛父曰蟜极，②蟜极父曰玄
嚣，玄嚣父曰黄帝。自玄嚣与蟜极皆不得在位，至高辛即帝位。③高
辛于颛顼为族子。

①张晏曰："少昊以前，天下之号象其德。颛顼以来，天下之号因其名。高
阳、高辛皆所兴之地名。颛顼与喾皆以字为号，上古质故也。"［索隐］
曰：宋衷曰："高辛，地名；因以为号；喾，名也。"皇甫谧云："帝喾，名夋
也。"［正义］曰：《帝王纪》云："偲母无闻焉。"

②［正义］曰：蟜，音居兆反。本作桥，音同。又巨遥反。帝尧之祖也。

③皇甫谧曰："都亳，今河南偃师是。"

高辛生而神灵，自言其名。①普施利物，不于其身。聪以知远，
明以察微，顺天之义，知民之急。仁而威，惠而信，修身而天下服。取
地之财而节用之，抚教万民而利诲之，②历日月而迎送之，②明鬼神

而敬事之。③其色郁郁，其德嶷嶷。④其动也时，其服也士。⑤帝喾
溉执中而遍天下，⑥日月所照，风雨所至，莫不从服。⑦帝喾娶陈锋
氏女。⑧生放勋；⑨娶娵訾氏女，生挚。⑩

①[正义]曰：《帝王纪》云："帝倍高辛，姬姓也。其母生见其神异，自言其
　　名曰夋。龆龀有德，年十五而佐颛顼，三十登位，都亳，以人事纪官也。"

②[正义]曰：言作历弦、望、晦、朔，日月未至而迎之，过而送之，上"迎日
　　推策"是也。

③[正义]曰：天神曰神，人神曰鬼。又云：圣人之精气谓之神，贤人之精气
　　谓之鬼。言明识鬼神而敬事也。

④[索隐]曰：郁郁，犹穆穆也。嶷嶷，德高也。今案：《大戴礼》"郁"作"神"，
　　"嶷"作"俟"。

⑤[索隐]曰：举动应天时，衣服服士服，言其公且廉也。

⑥徐广曰："古'既'字作水旁。'遍'字一作'尹'。"[索隐]曰：即《尚书》"允
　　执厥中"是也。[正义]曰：溉，音既。言帝倍治民，若水之溉灌平等而执
　　中正，遍于天下也。

⑦[正义]曰：以上《大戴》文也。

⑧[正义]曰：锋，音峰。又作"丰"。《帝王纪》云"帝倍有四妃，卜其子皆有
　　天下。元妃有邰氏女，曰姜嫄，生后稷；次妃有娀氏女，曰简狄，生卨；次
　　妃陈丰氏女，曰庆都，生放勋；次妃娵訾氏女，曰常仪，生帝挚"也。

⑨[正义]曰：放，音方往反。勋亦作勋，音许云反。言尧能放上代之功，故
　　曰放勋。谥尧。姓伊祁氏。《帝纪》云："帝尧陶唐氏，祁姓也。母庆都，
　　十四月生尧。"

⑩[索隐]曰：按皇甫谧云"女名常宜"也。[正义]曰：娵，足须反。訾，紫移
　　反。

　　帝喾崩，①而挚代立。帝挚立，不善，崩，②而弟放勋立，是为帝
尧。

①皇甫谧曰："在位七十年，年百五岁。"《皇览》曰："帝喾冢在东郡濮阳顿
　　丘城南台阴野中。"

②[索隐]曰：古本作"不著"，音张虑反。俗本作"不善"。不善谓微弱，不著
　　犹不著明。卫宏云："挚立九年而唐侯德盛，因禅位焉。"[正义]曰：《帝
　　王纪》云："帝挚之母，于四人中班最在下，而挚于兄弟最长，得登帝位。

封异母弟放勋为唐侯。挚在位九年，政微弱，而唐侯德盛，诸侯归之，挚服其义，乃率群臣造唐而致禅。唐侯自知有天命，乃受帝禅。乃封挚于高辛。"今定州唐县也。

帝尧者，①放勋。②其仁如天，③其知如神。④就之如日，⑤望之如云。⑥富而不骄，贵而不舒。⑦黄收纯衣，⑧彤车乘白马，能明驯德，⑨以亲九族。九族既睦，便章百姓。⑩百姓昭明，合和万国。

①《谥法》曰"翼善传圣曰尧。"[索隐]曰：尧，谥也。放勋，名。帝喾之子，姓伊祁氏。案：皇甫谧云"尧初生时，其母在三阿之南，寄于伊长孺之家，故从母所居为姓也。"[正义]曰：徐广云："号陶唐。"《帝王纪》云："尧都平阳，于《诗》为唐。"徐才《宗国都城记》云："唐国，帝尧之裔子所封。其北，帝夏禹都，汉曰太原郡，在古冀州太行恒山之西。其南有晋水。"《括地志》云："今晋州所理平阳故城是也。平阳河水，一名晋水也。"

②徐广曰："号陶唐。"皇甫谧曰："尧以甲申岁生，甲辰即帝位，甲午征舜，甲寅舜代行天子事，辛巳崩，年百一十八，在位九十八年。"

③[索隐]曰：如天之函养也。

④[索隐]曰：如神之微妙也。

⑤[索隐]曰：如日之照临，人咸依就之，若葵藿倾心以向日也。

⑥[索隐]曰：如云之覆渥，言德化广大而浸润生人，人咸仰望之，故曰如百谷之仰膏雨也。

⑦[索隐]曰：舒犹慢也。《大戴礼》作"不豫"。

⑧徐广曰："纯，一作绞。"骃案：《太古冠冕图》云"夏名冕曰收"。《礼记》曰"野夫黄冠"。郑玄曰"纯衣，士之祭服"。[索隐]曰：收，冕名。其色黄，故曰黄收，象古质素也。纯，读曰缁。

⑨徐广曰："驯，古训字。"[索隐]曰：《史记》"驯"字，徐广皆读曰训。训，顺也。言圣德能顺人也。按：《尚书》作"俊德"，孔安国云"能明用俊德之士"，与此文意别也。

⑩徐广曰："下云'便程东作'，然则训平为便也。"骃按：《尚书》并作"平"字。孔安国曰"百姓，百官"。郑玄曰"百姓，群臣之父子兄弟"。[索隐]曰：《古文尚书》作"平"，此文盖读"平"为浦耕反。平既训便，因作"便章"。其今文作"辩章"。古"平"字亦作"便"，音婢缘反。便则训辩，遂为辩章。邹诞生本亦也。

乃命羲和,①敬顺昊天,②数法日月星辰,③敬授民时。④分命羲仲,居郁夷,曰旸谷。⑤敬道日出,便程东作。⑥日中星鸟,以殷中春。⑦其民析,鸟兽字微。⑧申命羲叔,居南交。⑨便程南讹,敬致。⑩日永星火,以正中夏。⑪其民因,鸟兽希革。⑫申命和仲,居西土,⑬曰昧谷。⑭敬道日入,便程西成。⑮夜中星虚,以正中秋。⑯其民夷易,鸟兽毛毨。⑰申命和叔,居北方,曰幽都。⑱便在伏物。⑲日短星昴,以正中冬。⑳其民燠,鸟兽氄毛。㉑岁三百六十六日,以闰月正四时。㉒信饬㉓百官,众功皆兴。

①孔安国曰:"重黎之后,羲氏、和氏世掌天地之官。"[正义]曰:《吕刑传》云:"重即羲,黎即和,虽别为氏族,而出自重黎也。"按:圣人不独治,必须贤辅,乃命相天地之官,若《周礼》天官卿、地官卿也。

②[正义]曰:敬犹恭勤也。元气昊然广大,故云昊天。《释天》云:"春为苍天,夏为昊天,秋为旻天,冬为上天。"而独言昊天者,以尧能敬天,大,故以昊大言之。

③[正义]曰:历数之法,日之甲乙,月之大小,昏明递中之星,日月所会之辰,定其天数,以为一岁之历。

④[索隐]曰:《尚书》作"历象日月",则此言"数法",是训"历象"二字,谓命羲和以历数之法观察日月星辰之早晚,以敬授人时也。[正义]曰:《尚书考灵耀》云:"主春者,张昏中,可以种稷。主夏者,火昏中,可以种黍菽。主秋者,虚昏中,可以种麦。主冬者,昴昏中,可以收敛也。"天子视四星之中,知民缓急,故云敬授民时也。

⑤《尚书》作"嵎夷"。孔安国曰:"东表之地称嵎夷。日出于旸谷。羲仲,治东方之官。"[索隐]曰:《史记》旧本作"汤谷"。今并依《尚书》字。按:《淮南子》曰"日出汤谷,浴于咸池。"则汤谷亦有他证明矣。又下曰"昧谷",徐广云"一作柳",柳亦日入处地名。太史公博采经记而为此史,广记异闻,不必皆依《尚书》。盖郁夷亦地之别名也。[正义]曰:郁音嵎。阳或作"旸"。《禹贡》青州云:"嵎夷既略。"案:嵎夷,青州也。尧命羲仲理东方青州嵎夷之地日所出处,名曰阳明之谷。羲仲主东方之官,若《周礼》春官。

⑥孔安国曰:"敬道出日,平均次序东作之事,以务农也。"[索隐]曰:刘伯庄传皆依古史作平秩音。然《尚书大传》曰"辩秩东作",则是训秩为程,

言便课其作程者也。[正义]曰:道,音导。便,程,并如字,后同。导,训也。三春主东,故言日出。耕作在春,故言东作。命羲仲恭勤道训万民东作之事,使有程期。

⑦孔安国曰:"日中,谓春分之日也。鸟,南方朱鸟七宿也。殷,正也。春分之昏,鸟星毕见,以正仲春之气节。转以推孟、季,则可知也。"[正义]曰:下"中"音仲,夏、秋、冬并同。

⑧孔安国曰:"春事既起,丁壮就功,言其民老壮分析也。"乳化曰字。《尚书》"微"作"尾"字。《说文》云:"尾,交接也。"

⑨孔安国曰:"夏与春交,此治南方之官也。"[索隐]曰:孔注未是。然则冬与秋交,何故下无其文?且东隅夷,西昧谷,北幽都,三方皆言地,而夏独不言地,乃云与春交,斯不例之甚也。然南方地有名交址者,或古文略举一字名地,南交则是交址不疑也。[正义]曰:羲叔主南方官,若《周礼》夏官卿也。

⑩孔安国曰:"讹,化也。平序分南方化育之事,敬行其教以致其功也。"[索隐]曰:为依字读。春言东作,夏言南为,皆是耕作营为劝农之事。孔安国强读为"讹"字,虽则训化,解释亦甚纡回也。[正义]曰:为音于伪反。命羲叔宜恭勤民事。致其种殖,使有程期也。

⑪孔安国曰:"永,长也,谓夏至之日。火,苍龙之中星,举中则七星见可知也,以正中夏之(气)节。"马融、王肃谓日长昼漏六十刻,郑玄曰五十五刻。

⑫孔安国曰:"因,谓老弱因就在田之丁壮以助农也。夏时鸟兽毛羽希少改易也。革,改也。"

⑬徐广曰:"一无'土'字。以为西者,今天水之西县也。"骃案:郑玄曰:"西者,陇西之西,今人谓之兑山。"

⑭徐广曰:"一作'柳谷'。"骃案:孔安国曰:"日入于谷而天下冥,故曰昧谷。此居治西方之官,掌秋天之政也。"[正义]曰:和仲,主西方之官,若《周礼》秋官卿也。

⑮孔安国曰:"秋,西方,万物成也。"

⑯孔安国曰:"春言日,秋言夜,互相备也。虚,玄武之中星。亦言七星皆以秋分日见,以正三秋也。"[索隐]曰:虚,旧依字读,而邹诞生音墟。案:虚星主坟墓,邹氏颇得其理。

⑰孔安国曰:"夷,平也。老壮者在田,与夏平也。毨,理也。毛更生曰毨

理。"

⑱孔安国曰:"北称幽都,谓所聚也。"[索隐]曰:《山海经》曰"北海之内有
　山名幽都",盖是也。[正义]曰:按:北方幽州,阴聚之地,命和叔居理
　之。北方之官,若《周礼》冬官卿。

⑲[索隐]曰:使和叔察北方藏伏之物,谓人畜积聚等冬皆藏伏。《尸子》亦
　曰:"北方者,伏方也。"《尚书》作"平在朔易"。今案:《大传》云"便在伏
　物",太史公据之而书。

⑳孔安国曰:"日短,冬至之日也。昴,白虎之中星。亦以七星并见,以正冬
　节也。"马融、王肃谓日短昼漏四十刻,郑玄曰四十五刻,非。

㉑徐广曰:"氄音茸。"骃案:孔安国曰:"民入室处,鸟兽皆生氄毳细毛,以
　自温也。"

㉒[索隐]曰:夫周天三百六十五度四分度之一,是天度数也。而日行迟,
　一岁一周天;月行疾,一月一周天。日一日行一度,月一日行十三度十
　九分度之七。至二十九日半强,月行天一匝,又逐及日而与会。一年十
　二会,是为十二月。每月二十九日过半。年分出小月六,是每岁余六日。
　又大岁三百六十六日,小岁三百五十五日,举全数云六十六也。其实一
　岁唯余十一日弱。未满三岁,已成一月,则置闰。若三年不置闰,则正月
　为二月。九年差三月,则以春为夏。十七年差六月,则四时皆反。以此
　四时不正,岁不成矣。故《传》曰"归余于终,事则不悖"是也。

㉓徐广曰:"古'敕'字。"

　尧曰:"谁可顺此事?"①放齐曰:"嗣子丹朱开明。"②尧曰:
"吁!顽凶,不用。"③尧又曰:"谁可者?"讙兜曰:"共工旁聚布功,可
用。"④尧曰:"共工善言,其用僻,似恭漫天,不可。"⑤尧又曰:"嗟,
四岳,⑥汤汤洪水滔天,浩浩怀山襄陵,⑦下民其忧,有能使治者?"
皆曰鲧可。⑧尧曰:"鲧负命毁族,不可。"⑨岳曰:"异哉,试不可用
而已。"⑩尧于是听岳用鲧。九岁,功用不成。⑪

①[正义]曰:言将登用之嗣位也。

②孔安国曰:"放齐,臣名。"[正义]曰:放,音方往反。郑玄云:"帝尧胤嗣
　之子,名曰丹朱,开明也。"按:开,解而达也。《帝王纪》云:"尧娶散宜氏
　女,曰女皇,生丹朱。"《汲冢纪年》云:"后稷放帝子丹朱。"范汪《荆州
　记》云:"丹水县在丹川,尧子朱之所封也。"《括地志》云:"丹朱故城在

邓州内乡县西南百三十里。丹朱故为县。"

③孔安国曰:"吁,疑怪之辞。"[正义]曰:《左传》云:"口不道忠信之言为
　嚚,心不则德义之经为顽。"凶,讼也。言丹朱心既顽嚚,又好争讼,不可
　用之。

④孔安国曰:"讙兜,臣名。"郑玄曰:"共工,水官名。"[正义]曰:兜音斗侯
　反。

⑤[正义]曰:漫,音莫干反。共工善为言语,用意邪僻也。似于恭敬,罪恶
　漫天,不可用也。

⑥郑玄曰:"四岳,四时官,主方岳之事。"[正义]曰:嗟叹鸿水,问四岳谁
　能理也。孔安国云:"四岳,即上羲和四子也。分掌四岳之诸侯,故称
　焉。"

⑦孔安国曰:"怀,包;襄,上也。"[正义]曰:汤音商,今读如字。荡荡,广平
　之貌。言水奔突有所涤除,地上之物为水漂流荡荡然。按:怀,藏,包裹
　之义,故怀为包。《释言》以襄为驾,驾乘牛马皆在上也。言水襄上乘陵,
　浩浩盛大,势若漫天。

⑧马融曰:"鲧,臣名,禹父。"

⑨[正义]曰:负,音佩,依《字通》。负,违也。族,类也。鲧性很戾,违负教
　命,毁败善类,不可用也。《诗》云"贪人败类"也。

⑩[正义]曰:异,音异。孔安国云:"异,已也,退也。言余人尽已,唯鲧可
　试,无成乃退。"

⑪[正义]曰:《尔雅·释天》云:"载,岁也。夏曰祀,周曰年,唐、虞曰载。"
　李巡云:"各自纪事,不相袭也。"孙炎云:"岁,取岁星行一次也。祀,取
　四时祭祀一讫也。年,取谷一熟也。载,取万物始更终也。载者,年之别
　名,故以载为年也。"按:功用不成,水害不息,故放退也。至明年得舜,
　乃殛之羽山,而用其子禹也。

尧曰:"嗟! 四岳:朕在位七十载,汝能庸命,践朕位?"①岳应
曰:"鄙德忝帝位。"②尧曰:"悉举贵戚及疏远隐匿者。"众皆言于尧
曰:"有矜在民间曰虞舜。"③尧曰:"然,朕闻之。其何如?"岳曰:"盲
者子。父顽,母嚚,弟傲,能和以孝,烝烝治,不至奸。"④尧曰:"吾其
试哉。"⑤于是尧妻之二女,⑥观其德于二女。⑦舜饬下二女于妫
汭,⑧如妇礼。尧善之,乃使舜慎和五典,⑨五典能从。乃遍入百官,

百官时序。宾于四门,四门穆穆。诸侯远方宾客绵敬。⑩尧使舜入山
林川泽,暴风雷雨,舜行不迷。⑪尧以为圣,召舜曰:"女谋事至而言
可绩,三年矣。⑫女登帝位。"舜让于德不怿。⑬正月上日,⑭舜受终
于文祖。文祖者,尧大祖也。⑮

①郑玄曰:"言汝诸侯之中,有能顺事用天命者,入处我位,统治天子之事
　者乎?"[正义]曰:孔安国云:"尧年十六,以唐侯升为天子,在位七十
　载,时八十六,老将求代也。"

②[正义]曰:四岳皆云,鄙俚无德,若便行天子事,是辱帝位。言己等不堪
　也。

③孔安国曰:"无妻曰矜。"[正义]曰:矜,古顽反。

④[正义]曰:烝,之升反,进也。言父顽,母嚚,弟傲,舜皆和以孝,进之于
　善,不至于奸恶也。

⑤[正义]曰:欲以二女试舜,观其理家之道也。

⑥[正义]曰:妻,音七计反。二女,娥皇、女英也。娥皇无子,女英生商均。
　舜升天子。娥皇为后,女英为妃。

⑦[正义]曰:视其为德行于二女,以理家而观国也。

⑧孔安国曰:"舜所居妫水之汭。"[索隐]曰:《列女传》云:二女长曰娥皇,
　次曰女英。《系本》作"女莹"。《大戴礼》作"女匽"。皇甫谧云:"妫水在
　河东虞县历山西。汭,水涯也,犹洛汭,渭汭然也。"[正义]曰:伪音敷。
　下音胡亚反。汭音芮。舜能整齐二女以义理,下二女之心于妫汭,使行
　妇道于虞氏也。《括地志》云:"妫源妫水出蒲州河东南山。许慎云:'水
　涯曰汭。'按:《地记》云'河东郡青山东山中有二泉,下南流者妫水,北
　流者汭水。二水异源,合流出谷,西注河。妫水北曰汭也'。又云'河东
　县二里故蒲坂城,舜所都也。城中有舜庙,城外有舜宅及二妃坛。'"

⑨郑玄曰:"五典,五教也。盖试以司徒之职。"

⑩马融曰:"四门,四方之门。诸侯群臣朝者,舜宾迎之,皆有美德也。"

⑪[索隐]曰:《尚书》云"纳于大麓",《谷梁传》云"林属于山曰麓",是山足
　曰麓,故此以为入山林不迷。孔氏以麓训录,言令舜大录万几之政,与
　此不同。

⑫郑玄曰:"三年者,宾四门之后三年也。"

⑬徐广曰:"音亦。《今文尚书》作'不怡'。怡,怿也。"[索隐]曰:古文作"不

嗣",今文作"不怡",怡即怿也。谓辞让于德不堪,所以心意不悦怿也。俗本作"泽",误尔,亦当为"怿"。

⑭马融曰:"上日,朔日也。"[正义]曰:郑玄云:"帝王易代,莫不改正建朔。舜正建子。此时未改,故依尧正月上日也。"

⑮郑玄曰:"文祖者,五府之大名,犹周之明堂。"[索隐]曰:《尚书帝命验》曰:"五府,五帝之庙。苍曰灵府,赤曰文祖,黄曰祖计,白曰显纪,黑曰玄矩。唐虞谓之五府,夏谓世室,殷谓重室,周谓明堂,皆祀五帝之所也。"[正义]曰:舜受尧终帝之事于文祖也。《尚书帝命验》云:"帝者承天立府,以尊天重象也。五府者,黄曰神斗。"注云:"唐虞谓之天府,夏谓之正室,殷谓之重屋,周谓之明堂,皆祀五帝之所也。文祖者,赤帝熛怒之府,名曰文祖。火精光明,文章之祖,故谓之文祖。周曰明堂。神斗者,黄帝含枢纽之府,名曰神斗。斗,主也。土精澄静,四行之主,故谓之神斗。周曰太室。显纪者,白帝招拒之府,名显纪。纪,法也。金精断割万物,故谓之显纪。周曰总章。玄矩者,黑帝光纪之府,名曰玄矩。矩,法也。水精玄味,能权轻重,故谓之玄矩。周曰玄堂。灵府者,苍帝灵威仰之府,名曰灵府。周曰青阳。"

　　于是帝尧老,命舜摄行天子之政,以观天命。舜乃在璇玑玉衡以齐七政。①遂类于上帝,②禋于六宗,③望于山川,④辩于群神。⑤揖五瑞,择吉月日,见四岳诸牧,班瑞。⑥岁二月,东巡狩,至于岱宗,柴;⑦望秩于山川。⑧遂见东方君长,合时月正日,⑨同律度量衡,⑩修五礼⑪五玉⑫三帛⑬二生⑭一死⑮为挚,⑯如五器,卒乃复。⑰五月,南巡狩。八月,西巡狩。十一月,北巡狩。皆如初。归,至于祖祢庙,⑱用特牛礼。五岁一巡狩,群后四朝。⑲徧告以言,⑳明试以功,车服以庸。㉑肇十有二州,决川。㉒象以典刑,㉓流宥五刑,㉔鞭作官刑,㉕扑作教刑,㉖金作赎刑。㉗眚灾过赦;怙终㉙贼刑。㉚钦哉,钦哉,惟刑之静哉!㉛谨兜进言共工,㉜尧曰不可,而试之工师,㉝共工果淫辟。㉞四岳举鲧治鸿水,尧以为不可;岳强请试之,试之而无功,故百姓不便。三苗㉟在江淮、荆州㊱数为乱。于是舜归而言于帝,请流共工于幽陵,㊲以变北狄;㊳放谨兜于崇山,㊴以变南蛮;迁三苗于三危,㊵以变西戎;殛鲧于羽山,㊶以变东夷:

四罪而天下咸服。尧立七十年得舜，二十年而老，令舜摄行天子之
政，荐之于天。尧辟位凡二十八年而崩。㊷百姓悲哀，如丧父母。三
年，四方莫举乐，㊸以思尧。尧知子丹朱之不肖，㊹不足授天下，于
是乃权授舜。㊺授舜，则天下得其利而丹朱病；授丹朱，则天下病而
丹朱得其利。尧曰："终不以天下之病而利一人"，而卒授舜以天下。
尧崩，三年之丧毕，舜让辟丹朱于南河之南。㊻诸侯朝觐者不之丹
朱而之舜，狱讼者不之丹朱而之舜，讴歌者不讴歌丹朱而讴歌舜。
舜曰："天也"。夫而后之中国践天子位焉，㊼是为帝舜。

①郑玄曰："璇玑，玉衡，浑天仪也。七政，日月五星也。"[正义]曰：《说文》
　云："璇，赤玉也。"按：舜虽受尧命，犹不自安，更以璇玑玉衡以正天文。
　玑为运转，衡为横箫，运玑使动于下，以衡望之，是王者正天文器也。观
　其齐与不齐。今七政齐，则己受禅是也。蔡邕云："玉衡长八尺，孔径一
　寸，下端望之，以视星宿，并县玑以象天，而以衡望之，转玑窥衡，以知
　星宿。玑径八尺，圆周二尺五寸而强也。"郑玄云："运转者为玑，持正者
　为衡"《尚书大传》云："政者，齐中也。谓春秋冬夏天文地理人道，所以
　为政也。道正而万事顺成，故天道，政之大也。"

②郑玄曰："礼祭上帝于圆丘。"[正义]曰：《五经异义》云："非时祭天谓之
　类，言以事类告也。时禋告摄，非常祭也。"《王制》云："天子将出，类于
　上帝。"郑玄云："昊天上帝，谓天皇大帝，北辰之星。"

③郑玄曰："六宗，星、辰、司中、司命、风师、雨师也。"骃按：六宗义众矣。
　愚谓郑说为长。[正义]曰：《周语》云"精意以享曰禋"也。孙炎云："禋，
　洁敬之祭也。"按：星，五星纬也。辰，日月所会十二次也。司中、司命，文
　昌第五、第四星也。风师，箕星也。雨师，毕星也。孔安国云："四时寒暑
　也。日月星也，水旱也。"《礼祭法》云："埋少牢于大昭，祭时也。禳祈于
　坎坛，祭寒暑也。王宫，祭日也。夜明，祭月也。幽崇，祭星。雩崇，祭水
　旱也。"司马彪《续汉书》云："安帝立六宗，祀于洛阳城西北亥地，礼比
　大社。魏因之。至晋初，荀顗言新祀，以六宗之神诸家说不同，乃废之
　也。"

④[正义]曰：望者，遥望而祭山川也。山川，五岳、四渎也。《尔雅》云："梁
　山，晋望也。"

⑤徐广曰："辩，音班。"骃案：郑玄曰："群神若丘陵坟衍。"[正义]曰：辩，

音遍。谓祭群神也。

⑥马融曰："揖，敛也。五瑞，公侯伯子男所执，以为瑞信也。尧将禅舜，使群牧敛之，使舜亲往班之。"[正义]曰：揖音集。《周礼·典瑞》云："王执镇圭，尺二寸。公执桓圭，九寸。侯执信圭，七寸。伯执躬圭，五寸。子执谷璧，男执蒲璧，皆五寸。言五瑞者，王不在中也。"孔文祥云："宋末，会稽修禹庙，于庙庭山土中得五等圭璧百余枚，形与《周礼》同，皆短小，此即禹会诸侯于会稽，执以礼山神而埋之。其璧今犹有在也。"

⑦马融曰："舜受终后五年之二月。"郑玄曰："建卯之月也。柴祭东岳者，考绩。柴，燎也。"[正义]曰：按：既班瑞，群后即东巡者，守土之诸侯会岱宗之岳，焚柴告至也。王者巡狩，以诸侯自专一国，威福任己，恐其壅遏上命，泽不下流，故巡行问人疾苦也。《风俗通》云："太，山之尊者，一曰岱宗，始也，长也。万物之始，阴阳交代，故为五岳之长也。"按：二月，仲月也。仲，中也，言得其中也。

⑧[正义]曰：乃以秩望祭东方诸侯境内之名山大川也。言秩者，五岳视三公，四渎视诸侯。

⑨郑玄曰："协正四时之月数及日名，备有失误。"[正义]曰：既见东方君长，乃合同四时气节，月之大小，日之甲乙，使齐一也。《周礼》"太史掌正岁年以序事，颁正朔于邦国。"则节气晦朔皆天子颁之。犹恐诸侯国异，或不齐同，因巡狩合正之。

⑩郑玄曰："同阴律，度丈尺，量斗斛，衡斤两也。"[正义]曰：律之十二律，度之丈尺，量之斗斛，衡之斤两，皆使天下相同。无制度长短轻重异也。《汉律志》云："《虞书》云'同律度量衡'，所以齐远近，立民信也。律有十二，阳六为律，阴六为吕。律以统气类物，一曰黄钟，二曰太蔟，三曰姑洗，四曰蕤宾，五曰夷则，六曰无射。吕以旅阳宣气，一曰林钟，二曰南吕，三曰应钟，四曰大吕，五曰夹钟，六曰中吕。度者，分、寸、尺、丈、引也。所以度长短也。本起黄钟之管长，以子谷秬黍中者一黍为一分，十分为一寸，十寸为尺，十尺为丈，十丈为引，而五度审矣。量者，龠、合、升、斗、斛也，所以量多少也。本起黄钟之龠，以子谷秬黍中者千有二百实为一龠，十龠为合，十合为升，十升为斗，十斗为斛，而五量嘉矣。衡权者，铢、两、斤、钧、石也，所以称物轻重也。本起于黄钟之龠容千二百黍，重十二铢，二十四铢为两，十六两为斤，三十斤为钧，四钧为石，而五权谨矣。衡，平也。权，重也。"

⑪马融曰："吉、凶、宾、军、嘉也。"[正义]曰：《周礼》"以吉礼事邦国之鬼神祇，以凶礼哀邦国之忧，以宾礼亲邦国，以军礼同邦国，以嘉礼亲万民"也。《尚书·尧典》云："类于上帝"，吉礼也；"如丧考妣"，凶礼也；"群后四朝"，宾礼也；《大禹谟》云"汝徂征"，军礼也；《尧典》云"女于时"，嘉礼也。女音女虑反。

⑫郑玄曰："即五瑞也。执之曰瑞，陈列曰玉。"

⑬马融曰："三孤所执。"郑玄曰："帛，所以荐玉也。必三者，高阳氏后用赤缯，高辛氏后用黑缯，其余诸侯皆用白缯。"[正义]曰：孔安国云："诸侯世子执纁，公之孤执玄，附庸之君执黄也。"按：《三统纪》推伏義为天统，色尚赤。神农为地统，色尚黑。黄帝为人统，色尚白。少昊，黄帝子，亦尚白。故高阳氏又天统，亦尚赤。尧为人统，故用白。

⑭[正义]曰：羔、雁也。郑玄注《周礼·大宗伯》云："羔，小羊也，取其群不失其类也。雁，取其候时而行也。卿执羔，大夫执雁。"按：羔、雁性驯，可生为贽。

⑮[正义]曰：雉也。马融云："一死雉，士所执也。"案：不可生为贽，故死。雉，取其守介，死不失节也。

⑯马融曰："挚：二生，羔、雁，卿大夫所执；一死，雉，士所执。"[正义]曰：挚音至。贽，执也。郑玄云："贽之言至，所以自致也。"韦昭云："贽，六贽：皮帛，卿执羔，大夫执雁，士执雉，庶人执鹜，工商执鸡也。"

⑰马融曰："五器，上五玉。五玉礼终则还之，三帛已下不还也。"[正义]曰：卒，音子律反。复，音伏。

⑱[正义]曰：祢音乃礼反。何休云："生曰父，死曰考，庙曰祢。"

⑲郑玄曰："巡狩之年，诸侯见于方岳之下。其间四年，四方诸侯分来朝于京师也。"

⑳[正义]曰：徧，音遍。言遍告天子治理之言也。

㉑[正义]曰：孔安国云："功成则锡车服，以表显其能用也。"

㉒马融曰："禹平水土，置九州。舜以冀州之北广大，分置并州。燕、齐辽远，分燕置幽州，分齐为营州。于是为十二州也。"郑玄曰："更为之定界，浚水害也。"

㉓马融曰："言咎繇制五常之刑，无犯之者，但有其象，无其人也。"[正义]曰：孔安国云："象，法也。法用常刑，用不越法也。"

㉔马融曰："流，放，宥，宽也。一曰幼少，二曰老耄，三曰蠢愚。五刑，墨、

劓、剕宫、大辟。"[正义]曰:孔安国云:"以流放之法宽五刑也。"郑玄云:"三宥,一曰弗识,二曰过失,三曰遗忘也。"

㉕马融曰:"为辨治官事者为刑。"

㉖郑玄曰:"扑,槚楚也。扑为教官为刑者。"

㉗马融曰:"金,黄金也。意善功恶,使出金赎罪,坐不戒慎者。"

㉘郑玄曰:"眚灾,为人作患害者也。过失,虽有害则赦之。"

㉙徐广曰:"一作'众'。"

㉚郑玄曰:"怙其奸邪,终身以为残贼,则用刑之。"

㉛徐广曰:"今文云'惟刑之谧哉'。《尔雅》曰:'谧,静也'。"[索隐]曰:按:古文作"恤哉",且今文是伏生口诵,恤谧声近,遂作"谧"也。

㉜[正义]曰:讙兜,浑沌也。共工,穷奇也。鲧,梼杌也。三苗,饕餮也。《左传》云"舜臣尧,流四凶,投诸四裔,以御魑魅"也。

㉝[正义]曰:工师,若今大匠卿也。

㉞[正义]曰:匹亦反。

㉟马融曰:"国名也。"[正义]曰:《左传》云自古诸侯不用王命,虞有三苗,夏有观扈。孔安国云:"缙云氏之后为诸侯,号饕餮也。"吴起云:"三苗之国,左洞庭而右彭蠡。"按:洞庭,湖名,在岳州巴陵西南一里,南与青草湖连。彭蠡,湖名,在江州浔阳县东南五十二里。以天子在北,故洞庭在西为左,彭蠡在东为右。今江州、鄂州、岳州,三苗之地也。

㊱[正义]曰:淮,读曰汇,音胡罪反,今彭蠡湖也。本属荆州。《尚书》云"南入于江,东汇泽为彭蠡"是也。

㊲马融曰:"北裔也。"[正义]曰:《尚书》及《大戴礼》皆作"幽州"。《括地志》云:"故龚城在檀州燕乐县界,故老传云舜流共工幽州,居此城。"《神异经》云:"西北荒有人焉,人面,朱髦,蛇身,人手足,而食五谷禽兽,顽愚,名曰共工。"

㊳徐广曰:"变,一作'燮'。"[索隐]曰:变,谓变其形及衣服,同于夷狄也。徐广云作"燮"。燮,和也。[正义]曰:言四凶流四裔,各干四夷放共工等为中国之风俗也。

㊴马融曰:"南裔也。"[正义]曰:《神异经》云:"南方荒中有人焉,人面鸟喙而有翼,两手足扶翼而行,食海中鱼,为人很恶,不畏风雨禽兽,犯死乃休,名曰讙兜也。"

㊵马融曰:"西裔也。"[正义]曰:《括地志》云:"三危山有三峰,故曰三危,

俗亦名卑羽山，在沙州敦煌县东南三十里。"《神异经》云："西荒中有人焉，面目手足皆人形，而胳下有翼不能飞，为人饕餮，淫逸无理，名曰苗民。"又《山海经》云：《大荒北经》"黑水之北，有人有翼，名曰苗民"也。

㊶马融曰："殛，诛也。羽山，东裔也。"[正义]曰：殛，音纪力反。孔安国云："殛、窜、放、流，皆诛也。"《括地志》云："羽山在沂州临沂县界。"《神异经》云："东方有人焉，人形而身多毛，自解水土，知通塞，为人自用，欲为欲息，皆（日）云是鲧也。"

㊷徐广曰："尧在位凡九十八年。"骃案：《皇览》曰："尧冢在济阴城阳。刘向曰'尧葬济阴，丘垅皆小'。《吕氏春秋》曰'尧葬谷林。'"皇甫谧曰"谷林即城阳。尧都平阳，于《诗》为唐国。"[正义]曰：皇甫谧云："尧即位九十八年，通舜摄二十八年也，凡年百一十七岁。"孔安国云："尧寿百一十六岁。"《括地志》云："尧陵在濮州雷泽县西三里。郭生《述征记》云'城阳县东有尧冢，亦曰尧陵，有碑'是也。"《括地志》云："雷泽县本汉郕阳县也。"

㊸[正义]曰：《尚书》"三载，四海遏密八音"是也。

㊹[索隐]曰：郑玄云："肖，似也。不似，言不如人也。"皇甫谧云："尧娶散宜氏之女，曰女皇，生丹朱。又有庶子九人，皆不肖也。"

㊺[索隐]曰：父子继立，常道也，求贤而禅，权道也。权者，反常而合道。[正义]曰：五帝官天下，老则禅贤，故权试舜也。

㊻刘熙曰："南河，九河之最在南者。"[正义]曰：《括地志》云："故尧城在濮州鄄城县东北十五里。《竹书》云昔尧德衰，为舜所囚也。又有偃朱故城，在县西北十五里。《竹书》云舜囚尧，复偃塞丹朱，使不与父相见也。"按：濮州北临漯，大川也。河在尧都之南，故曰南河，《禹贡》"至于南河"是也。其偃朱城所居，即"舜让避丹朱于南河之南"处也。

㊼刘熙曰："天子之位不可旷年，于是遂反，格于文祖而当帝位。帝王所都为中，故曰中国。"

虞舜者，①名曰重华。②重华父曰瞽叟，③瞽叟父曰桥牛，④桥牛父曰句望，⑤句望父曰敬康，敬康父曰穷蝉，穷蝉父曰帝颛顼。颛顼父曰昌意：以至舜七世矣。自从穷蝉以至帝舜，皆微为庶人。

①《谥法》曰："仁圣盛明曰舜。"[索隐]曰：虞，国名，在河东太阳县。舜，谥也。皇甫谧云"舜字都君"也。[正义]曰：《括地志》云："故虞城在陕州河

北县东北五十里虞山之上。郦元注《水经》云干桥东北有虞城，尧以女
嫔于虞之地也。又宋州虞城大襄国所封之邑，杜预云舜后诸侯也。又越
州余姚县，顾野王云舜后支庶所封之地。舜姓姚，故云余姚。县西七十
里有汉上虞故县。《会稽旧记》云舜上虞人，去虞三十里有姚丘，即舜所
生也。周处《风土记》云舜东夷之人，生姚丘。"《括地志》又云："姚墟在
濮州雷泽县东十三里。《孝经援神契》云舜生于姚墟。"按：二所未详也。

②徐广曰："皇甫谧云'舜以尧之二十一年甲子生，三十一年甲午征用，七
十九年壬午即真，百岁癸卯崩'。"[正义]曰：《尚书》云："重华叶于帝。"
孔安国云："华，谓文德也。言其光文重合于尧。"瞽叟姓妫。妻曰握登，
见大虹，意感而生舜于姚墟，故姓姚。目重瞳子，故曰重华。字都君。龙
颜，大口，黑色，身长六尺一寸。

③[正义]曰：先后反。孔安国云："无目曰瞽。舜父有目不能分别好恶，故
时人谓之瞽，配字曰'叟'，叟无目之称也。"

④[正义]曰：桥又音娇。

⑤[正义]曰：句，古侯反。望音亡。

　　舜父瞽叟盲，而舜母①死。瞽叟更娶妻而生象，象傲。瞽叟爱后
妻子，常欲杀舜，舜避逃。及有小过，则受罪。顺事父及后母与弟，
日以笃谨，匪有懈。舜冀州之人也。②舜耕历山，③渔雷泽，④陶河
滨，⑤作什器于寿丘，⑥就时于负夏。⑦舜父瞽叟顽，母嚚，弟象傲，
皆欲杀舜。舜顺适不失子道，兄弟孝慈。欲杀，不可得；即求，尝在
侧。

①[索隐]曰：皇甫谧云："舜母名握登，生舜于姚墟，因姓姚氏也。"

②[正义]曰：蒲州河东县本属冀州。《宋永初山川记》云："蒲坂城中有舜
庙，城外有舜宅及二妃坛。"《括地志》云："妫州有妫水，源出城中。《耆
旧传》云即舜釐降二女于妫汭之所。外城中有舜井，城北有历山，山上
有舜庙，未详。"按：妫州亦冀州城是也。

③[索隐]曰：郑玄云："在河东。"[正义]曰：《括地志》云："蒲州河东县雷
首山，一名中条山，亦名历山，亦名首阳山，亦名蒲山，亦名襄山，亦名
甘枣山，亦名猪山，亦名狗头山，亦名薄山，亦名吴山。此山西起雷首
山，东至吴坂，凡十二名，随州县分之。历山南有舜井。"又云："越州余
姚县有历山舜井，濮州雷泽县有历山舜井，二所又有姚墟，云生舜处

也。及妫州历山舜井,皆云舜所耕处,未详也。"

④[索隐]曰:郑玄曰:"雷夏,兖州泽,今属济阴。"[正义]曰:《括地志》云:"雷夏泽在濮州雷泽县郭外西北。《山海经》云雷泽有雷神,龙首人类,鼓其腹则雷也。"

⑤[索隐]曰:皇甫谧曰:"济阴定陶西南陶丘亭是也。"[正义]曰:按:于曹州滨河作瓦器也。《括地志》云:"陶城在蒲州河东县北三十里,即舜所都也。南去历山不远。或陶所在则可,何必定陶方得为舜陶之陶也,斯或一焉。"

⑥皇甫谧曰:"在鲁东门之北。"[索隐]曰:什器,什,数也。盖人家常用之器非一,故以十为数,犹今云"什物"也。寿丘,地名,黄帝生处。[正义]曰:寿,音受。颜师古云:"军法,伍人为伍,二伍为什,则共器物,故谓生生之具为什器,亦犹从军及作役者十人为火,共畜调度也。"

⑦郑玄曰:"负夏,卫地。"[索隐]曰:就时犹逐时,若言乘时射利也。《尚书大传》曰"贩于顿丘,就时负夏",《孟子》曰"迁于负夏"是也。

舜年二十以孝闻,三十而帝尧问可用者,①四岳咸荐虞舜曰可。于是尧乃以二女妻舜以观其内,使九男与处以观其外。舜居妫汭,内行弥谨。尧二女不敢以贵骄事舜亲戚,②甚有妇道。尧九男皆益笃。③舜耕历山,历山之人皆让畔;④渔雷泽,雷泽上人皆让居;陶河滨,河滨器皆不苦窳。⑤一年而所居成聚,⑥二年成邑,三年成都。⑦尧乃赐舜絺衣⑧与琴,为筑仓廪,予牛羊。瞽叟尚复欲杀之,使舜上涂廪,瞽叟从下纵火焚廪。舜乃以两笠自扞而下,去,得不死。⑨后瞽叟又使舜穿井,舜穿井为匿空旁出。⑩舜既入深,瞽叟与象共下土实井,⑪舜从匿空出,去。瞽叟、象喜,以舜为已死。象曰:"本谋者象。"象与其父母分,⑫于是曰:"舜妻尧二女与琴,象取之。牛羊仓廪予父母。"象乃止舜宫居,⑬鼓其琴,舜往见之,象鄂不怿,曰:"我思舜正郁陶!"舜曰:"然,尔其庶矣!"⑭舜复事瞽叟爱弟弥谨。于是尧乃试舜五典百官,皆治。

①[正义]曰:可用,谓可为天子也。

②[正义]曰:二女不敢以帝女骄慢舜之亲戚。亲戚,谓父瞽叟、后母、弟象、妹颗手等也。颗,音苦果反。

③〔正义〕曰：笃，惇也。非唯二女恭勤奋妇道，九男事舜皆益惇厚谨敬也。

④〔正义〕曰：《韩非子》"历云之农相侵略，舜往耕，期年，耕者让畔"也。

⑤《史记音隐》曰："音游甫反。"羁谓癯，病也。〔正义〕曰：苦，读如盬，音古，盬，粗也。癯，音庾。

⑥〔正义〕曰：聚，在喻反，谓村落也。

⑦〔正义〕曰：《周礼》郊野法云"九夫为井，四井为邑，四邑为丘，四丘为甸，四甸为县，四县为都"也。

⑧〔正义〕曰：绤，敕迟反，细葛布衣也。邹氏音竹几反。

⑨〔索隐〕曰：言以笠自扞己身，有似鸟张翅而轻下，得不损伤。皇甫谧云"雨伞"，伞，笠类。《列女传》云"二女教舜鸟工上廪"是也。〔正义〕曰：《通云》："瞽叟使舜涤廪，舜告尧二女，女曰：'时其焚汝，鹊汝衣裳，鸟工往。'舜既登廪，得免去也。"

⑩刘熙曰：舜以权谋自免，亦大圣，有神人之助也。"〔索隐〕曰：空，音孔。《列女传》所谓"龙工入井"是也。〔正义〕曰：言舜潜匿穿孔旁，从他井而出也。《通史》云："舜穿井，又告二女。二女曰：'去汝裳衣，龙工往。'入井，瞽叟与象下土实井，舜从他出去也。"《括地志》云："舜井在妫州怀戎县西外城中。其西又有一井，《耆旧传》云并舜井也，舜自中出。《帝王纪》云河东有舜井，未详也。"

⑪〔索隐〕曰：亦作"填井。"

⑫〔正义〕曰：扶问反。

⑬〔正义〕曰：宫即室也。《尔雅》云："室谓之宫。"《礼》云"命士已上，父子异宫"也。

⑭〔索隐〕曰：言汝犹当庶几于友悌之情义也。如《孟子》取《尚书》文，又云"惟兹臣庶，女其于予治"，盖欲令象共我理臣庶也。

　　昔高阳氏有才子八人，①世得其利，谓之"八恺"。②高辛氏有才子八人，③世谓之"八元"。④此十六族者，世济其美，⑤不陨其名。至于尧，尧未能举，舜举八恺使主后土，⑥以揆百事，莫不时序。⑦举八元使布五教于四方，⑧父义，母慈，兄友，弟恭，子孝，内平外成。⑨

　　①名见《左传》。

　　②贾逵曰："恺，和也。"〔索隐〕曰：《左传》史克对季文子曰："昔高阳氏有

才子八人,仓舒、聩皑、梼戭、大临、龙降、庭坚、仲容、叔达。"

③名见《左传》。

④贾逵曰:"元,善也。"[索隐]曰:《左传》:"高辛氏有才子八人,伯奋、仲堪、叔献、季仲、伯虎、仲熊、叔豹、季狸。"

⑤[索隐]曰:谓元、恺各有亲族,故称族也。济,成也,言后代成前代也。

⑥王肃曰:"君治九土之宜。"杜预曰:"后土,地也。"[索隐]曰:禹为司空,司空主土,则禹在八恺之中。[正义]《春秋正义》云:"后,君也。天曰皇天,地曰后土。"

⑦[正义]曰:言禹度九土之宜,无不以时得其次序也。

⑧[索隐]曰:契为司徒,司徒敷五教,则契在八元之数。

⑨[正义]曰:杜预云:"内诸夏,外夷狄也。"按:契作五常之教,诸夏太平,夷狄向化也。

　　昔帝鸿氏有不才子,①掩义隐贼,好行凶慝,天下谓之浑沌。②少暤氏③有不才子,毁信恶忠,崇饰恶言,天下谓之穷奇。④颛顼氏有不才子,不可教训,不知话言,天下谓之梼杌。⑤此三族,世忧之。至于尧,尧未能去。缙云氏⑥有不才子,贪于饮食,冒于货贿,天下谓之饕餮。⑦天下恶之,比之三凶。⑧舜宾于四门,⑨乃流四凶族,迁于四裔,⑩以御螭魅,⑪于是四门辟,言毋凶人也。

①贾逵曰:"帝鸿,黄帝也。不才子,其苗裔谨兜也。"

②[正义]曰:慝,恶也。一本云:"天下之民,谓之浑沌。"浑沌即谨兜也。言掩义事,阴为贼害,而好凶恶,故谓之浑沌也。杜预云:"浑沌,不开通之貌。"《神异经》云:"昆仑西有兽焉,其状如犬,长毛,四足,似罴而无爪,有目而不见,行不开,有两耳而不闻,有人知往,有腹无五藏,有肠直短,食径过。人有德行而往抵角,有凶恶而行依凭之。名浑沌。"又《庄子》云:"南海之帝为倏,忽,中央之帝为浑沌。倏、忽时乃相遇于浑沌之地,浑沌待之甚善。倏与忽谋,欲报浑沌之德,曰:'人皆有七窍以视听食息,此独无有,尝试凿之。'日凿一窍,七日而浑沌死。"按:言欢兜性似,故号之也。

③服虔曰:"金天氏帝号。"

④服虔曰:"谓共工氏也。其行穷好奇。"[正义]曰:谓共工。言毁败信行,恶其忠直,有恶言语,高粉饰之,故谓之穷奇。按:常行终必穷极,好谄

诔奇异于人也。《神异经》云："西北有兽,其状似虎,有翼能飞,便剿食
人,知人言语,闻人产斗辄食直者,闻人忠信辄食其鼻,闻人恶逆不善
辄杀兽往馈之,名曰穷奇。"按:言共工性似,故号之也。

⑤贾逵曰："梼杌,顽凶无畴匹之貌,谓鲧也。"[正义]曰:梼,音道刀反。
杌,音五骨反。谓鲧也。凶顽不可教训,不从诏令,故谓之梼杌。按:言
无畴匹,言自纵恣也。《神异经》云："西方荒中有兽焉,其状如虎而大,
毛长二尺,人面虎足,猪口牙,尾长一丈八尺,搅乱荒中,名梼杌。一名
傲很,一名难训。"按:言鲧性似,故号之也。

⑥贾逵曰："缙云氏,姜姓也,炎帝之苗裔,当黄帝时任缙云之官也。"[正
义]曰:今括州缙云县,盖其所封也。书云缙,赤缯也。

⑦[正义]曰:此以上四处皆《左传》文,或本有并文次相类四凶,故书之,
恐本错脱耳。谓三苗也。言贪饮食,冒货贿,故谓之饕餮。《神异经》云:
"西南有人焉,身多毛,上头戴豕,性很恶,好息,积财而不用,善夺人谷
物。强者畏群而单,名饕餮。"言三苗性似,故号之。

⑧杜预曰："非帝子孙,故别之以比三凶也。"

⑨[正义]曰:杜预云："辟四门,达四聪,以宾众贤也。"

⑩贾逵曰："四裔之地,去王城四千里。"

⑪服虔曰："螭魅,人面兽身,四足,好惑人,山林异气所生,以为人害。"
[正义]曰:御,音鱼吕反。螭,音丑知反。魅,音媚。按:御螭魅,恐更有
邪谄之人,故流放四凶以御之也。故下云"无凶人"也。

　　舜入于大麓,烈风雷雨不迷,尧乃知舜之足授天下。尧老,使舜
摄行天子政,巡狩。舜得举,用事二十年,而尧使摄政,摄政八年而
尧崩。三年丧毕,让丹朱,天下归舜。而禹、皋陶、契、后稷、伯夷、夔、
龙、垂、益、彭祖①自尧时而皆举用,未有分职。②于是舜乃至于文
祖,谋于四岳,辟四门,明通四方耳目,命十二牧论帝德,行厚德,远
佞人,③则蛮夷率服。

①[索隐]曰:彭祖即陆终氏之第三子,篯铿之后,后为大彭,亦称彭祖。
[正义]曰:高姚二音。皋陶字庭坚。英、六二国是其后也。契音薛,殷
之祖也。伯夷,齐太公之祖也。夔,巨龟反,乐官也。倕,音垂,亦作
"垂",内言之官也。益,伯翳也,即秦、赵之祖。彭祖自尧时举用,历夏、

殷,封于大彭。

②[正义]曰:分,音符问反,如字。分谓封疆爵土也。

③[正义]曰:舜命十二牧论帝尧之德,又敦之于民,远离邪佞之人。言能如此,则夷狄亦服从也。

舜谓四岳曰:"有能奋庸①美尧之事者,使居官相事?"皆曰:"伯禹为司空,可美帝功。"舜曰:"嗟,然!禹,汝平水土,维是勉哉!"禹拜稽首,让于稷、契与皋陶。舜曰:"然,往矣。"②舜曰:"弃,黎民始饥,③汝后稷播时百谷。"④舜曰:"契,百姓不亲,五品不驯,⑤汝为司徒,而敬敷五教,在宽。"⑥舜曰:"皋陶,蛮夷猾夏,⑦寇贼奸轨,⑧汝作士,⑨五刑有服,⑩五服三就,⑪五流有度,⑫五度三居:⑬维明能信。"⑭舜曰:"谁能驯予工?"⑮皆曰垂可。于是以垂为共工。⑯舜曰:"谁能驯予上下⑰草木鸟兽?"皆曰益可。于是以益为朕虞。⑱益拜稽首,让于诸臣朱虎、熊罴。⑲舜曰:"往矣,汝谐。"遂以朱虎、熊罴为佐。⑳舜曰:"嗟!四岳,有能典朕三礼?"㉑皆曰伯夷可。舜曰:"嗟!伯夷,以汝为秩宗,㉒夙夜维敬,直哉维静洁。"㉓伯夷让夔、龙。舜曰:"然。㉔以夔为典乐,教稚子,㉕直而温,㉖宽而栗,㉗刚而无虐,简而无傲。㉘诗言意,歌长言,㉙声依永,律和声,㉚八音能谐,毋相夺伦,神人以和。"㉛夔曰:"於!予击石拊石,百兽率舞。"㉜舜曰:"龙,朕畏忌谗说殄伪,振惊朕众,㉝命汝为纳言,夙夜出入朕命,惟信。"㉞舜曰:"嗟!女二十有二人,㉟敬哉,惟时相天事。"㊱三岁一考功,三考绌陟,远近众功咸兴。分北三苗。㊲此二十二人咸成厥功。皋陶为大理,平,㊳民各伏得其实。伯夷主礼,上下咸让。垂主工师,㊴百工致功。益主虞,山泽辟。㊵弃主稷,百谷时茂。契主司徒,百姓亲和。龙主宾客,远人至。十二牧行而九州莫敢辟违。㊶唯禹之功为大,披九山,㊷通九泽,决九河,定九州,各以其职来贡,不失厥宜。方五千里,至于荒服。南抚交址、北发,㊸西戎、析枝、渠廋、氐、羌,㊹北山戎、发、息慎,㊺东长、鸟夷。㊻四海之内㊼咸戴帝舜之功。于是禹乃兴《九招》之乐,㊽致异物,凤凰来翔。天下明德皆自虞帝始。

①马融曰："奋，明；庸，功也。"

②郑玄曰："然其举得其人。汝往居此官，不听其所让也。"

③徐广曰："《今文尚书》作'祖讥'。祖，始也。"[索隐]曰：古文作"阻讥"。孔氏以为阻，难也。祖、阻声相近，未知谁得。

④郑玄曰："时，读曰莳。"[正义]曰：稷，农官也。播时，谓顺四时而种百谷。

⑤郑玄曰："五品，父、母、兄、弟、子也。"王肃曰："五品，五常也。"[正义]驯，音训。

⑥马融曰："五品之教。"

⑦郑玄曰："猾夏，侵乱中国也。"

⑧郑玄曰："由内为奸，起外为轨。"[正义]亦作"宄"。

⑨马融曰："狱官之长。"[正义]曰：按：若大理卿也。

⑩[正义]曰：孔安国云："服，从也，言轻重之中正也。"按：墨，点凿其额，涅以墨。劓，截鼻也。剕，刖足也。宫，淫刑也，男子割势，妇人幽闭也。大辟，死刑也。

⑪马融曰："五刑，墨、劓、剕、宫、大辟。三就，谓大罪陈诸原野，次罪于市朝，同族适甸师氏。既服五刑，当就三处。"

⑫[正义]曰：度，音徒洛反。《尚书》作"宅"。孔安国云"五刑之流，各有所居"也。

⑬[正义]曰：按：谓度其远近，为三等之居也。

⑭马融曰："谓在八议，君不忍刑，宥之以远。五等之差亦有三等之居：大罪投四裔，次九州之外，次中国之外。当明其罪，能使信服之。"

⑮马融曰："谓主百工之官也。"

⑯马融曰："为司空，共理百工之事。"

⑰马融曰："上谓原，下谓隰。"

⑱马融曰："虞，掌山泽之官名。"

⑲[索隐]曰：即高辛氏之子伯虎、仲熊也。[正义]曰：孔安国云："朱虎，熊罴，二臣也。垂、益所让四人，皆在元凯之中也。"

⑳[正义]曰：为益之佐也。

㉑马融曰："三礼，天神、地祇、人鬼之礼也。"郑玄曰："天事、地事、人事之礼也。"

㉒郑玄曰："主次秩尊卑。"[正义]曰：若太常也。《汉书·百官表》云"王莽

太常曰秩宗",依古也。孔安国云:"秩,序;宗,尊也。主郊庙之官也。"

㉓[正义]曰:静,清也。洁,明也。孔安国云:"职典礼,施政教,使正直而清明。"

㉔[正义]曰:孔安国云:"然其推贤,不许其让也。"

㉕郑玄曰:"国子也。"按:《尚书》作"胄子",孔安国曰:"稺,胄声相近。"[正义]曰:稺,胄雉反。孔安国云:"胄,长子。谓元子以下至卿大夫子弟也。歌诗蹈之舞之,教长国子中和祇庸孝友。"

㉖马融曰:"正直而色温和。"

㉗马融曰:"宽大而谨敬战栗也。"

㉘[正义]曰:孔安国云:"刚失之虐,简失之傲,教之以防其失也。"

㉙马融曰:"歌,所以长言诗之意也。"[正义]曰:孔安国云:"诗言志以蹈其心,歌咏其义以长其言也。"

㉚郑玄曰:"声之曲折又依长言,声中律乃为和也。"[正义]曰:孔安国云:"声,五声,宫、商、角、徵、羽也。律谓六律六吕,十二月之音气也。当依声律而乐也。"

㉛郑玄曰:"祖考来格,群后德让,其一隅也。"[正义]曰:八音,金、石、丝、竹、匏、土、革、木也。孔安国云:"伦,理也。八音能谐,理不错夺,则神人咸和,命夔使勉也。"

㉜郑玄曰:"百兽,服不氏所养者也。率舞,言音和也。"[正义]曰:於,音乌。孔安国云:"石,磬。音之清者。拊亦击也。举清者和,则其余皆从矣。乐感百兽,使相率而舞,则神人和可知也。"按:磬,一片黑石也。下,音福尤反。《周礼》云:"夏官有服不氏,掌服猛兽,下士一人,徒四人"。郑玄云"不服之兽也。"

㉝徐广:"一云'齐说殄行,振惊众'。"骃案:郑玄曰:"所谓色取仁而行违,是惊动我之众臣,使之疑惑"。[正义]曰:伪,音危肿反。言畏恶利口谗说之人,兼殄绝奸伪人党,恐其惊动我众,使龙遏绝之,出入其命惟信实也。此"伪"字太史公变《尚书》文也。《尚书》伪字作"行",音下孟反。言畏忌有利口谗说之人,殄绝无德行之官也。

㉞[正义]曰:孔安国云:"纳言,喉舌之官也。听下言纳于上,受上言宣于下,必信也。"

㉟马融曰:"稷、契、皋陶皆居官久,有成功,但述而美之,无所复敕。禹及垂已下皆初命,凡六人,与上十二牧四岳,凡二十二人。"郑玄曰:"皆格

　　于文祖时所敕命也。"

㊱[正义]曰:相,视也。舜命二十二人各敬行其职,惟在顺时,视天所宜而
　　行事也。

㊲郑玄曰:"所审三苗为西裔诸侯者犹为恶,乃复分析流之。"

㊳[正义]曰:皋陶作士,正平天下罪恶也。

㊴[正义]曰:工匠,若今大匠卿也。

㊵[正义]曰:婢亦反,开也。

㊶[正义]曰:禹九州之民无敢辟违舜十二牧也。

㊷[正义]曰:披,音皮义反。谓傍其山边以通。

㊸[索隐]曰:一句。

㊹[索隐]曰:一句。

㊺郑玄曰:"息慎,或谓之肃慎,东北夷。"

㊻[索隐]曰:此言帝舜之德皆抚及四方夷人,故先以"抚"字总之。北发当
　　云"北户",南方有地名北户。又按《汉书》,北发是北方国名,今以北发
　　为南方之国,误也。此文省略,四夷之名错乱。"西戎"上少一"西"字,
　　"山戎"下少一"北"字,"长"字下少一"夷"字。长夷也,鸟夷也,其意宜
　　然。今案:《大戴礼》亦云"长夷",则长是夷号。又云"鲜支、渠搜",则鲜
　　支当此析枝也。鲜析音相近。邹氏、刘氏云:"息并音肃",非也。且夷狄
　　之名,古书不必皆同,今读如字也。[正义]曰:注"鸟"或作"岛"。《括地
　　志》云:"百济国西南海中,有大岛十五所,皆置邑,有人居,属百济。又
　　倭国西南大海中,岛居凡百余小国,在京南万三千五百里。"按:武后改
　　倭国为日本国。

㊼[正义]曰:《尔雅》云:"九夷八狄七戎六蛮,谓之四海。"

㊽[索隐]曰:招,音韶,即舜乐《箫韶》。九成,故曰《九招》。

　　舜年二十以孝闻,年三十尧举之,年五十摄行天子事,年五十
八尧崩,年六十一代尧践帝位。①践帝位三十九年,南巡狩,崩于苍
梧之野。葬于江南九疑,是为零陵。②舜之践帝位,载天子旗,往朝
父瞽叟,夔夔唯谨③如子道。封弟象为诸侯。④舜子商均亦不肖,⑤
舜乃豫荐禹于天。⑥十七年而崩。三年丧毕,禹亦乃让舜子,⑦如舜
让尧子。诸侯归之,然后禹践天子位。尧子丹朱,舜子商均,皆有疆
土,⑧以奉先祀。服其服,礼乐如之。以客见天子,⑨天子弗臣,示不

敢专也。

①皇甫谧曰："舜所都，或言蒲阪，或言平阳，或言潘。潘，今上谷也。"[正
　义]曰：《括地志》云："平阳，今晋州城是也。潘，今妫州城是也。蒲阪，今
　蒲州南二里河东县界蒲阪故城是也。"

②《皇览》曰："舜冢在零陵营浦县。其山九溪皆相似，故曰九疑。传曰'舜
　葬苍梧，象为之耕。'《礼记》曰：'舜葬苍梧，二妃不从。'《山海经》曰：
　'苍梧山，帝舜葬于阳，丹朱葬于阴。'"皇甫谧曰："或曰二妃葬衡山。"

③徐广曰："和敬貌。"

④《孟子》曰："封之有痹。"音鼻。[正义]曰：《帝王纪》云："舜弟象封于有
　鼻。"《括地志》云："鼻亭神在道县北六十里。故老传云，舜葬九疑，象来
　至此，后人立祠，名为鼻亭神。《舆地志》云零陵郡应阳县东有山，山有
　象庙。王隐《晋书》云此大泉陵县，北部东五里有鼻墟，象所封也。"

⑤皇甫谧曰："娥皇无子，女英生商均。"[正义]曰：谯周云："以虞封舜子，
　今宋州虞城县。"《括地志》云："虞国，舜后所封邑也。或云封舜子均于
　商，故号商均也。"

⑥[索隐]曰：谓告天使之摄位也。

⑦[正义]曰：《括地志》云："禹居洛州阳城者，避商均，非时久居也。"

⑧谯周曰："以唐封尧之子，以虞封舜之子。"[索隐]曰：《汉书·律历志》
　云：封尧子朱于丹渊为诸侯。商均封虞，在梁国，今虞城县也。[正义]
　曰：《括地志》云："定州唐县，尧后所封。宋州虞城县，舜后所封也。"

⑨[正义]曰：为天子之宾客也。

　　自黄帝至舜、禹，皆同姓而异其国号，以章明德。①故黄帝为有
熊，帝颛顼为高阳，帝喾为高辛，帝尧为陶唐，②帝舜为有虞。③帝
禹为夏后而别氏姓，姒氏。契为商，姓子氏。④弃为周，姓姬氏。⑤

①徐广曰：《外传》曰：'黄帝二十五子，其得姓者十四人'。虞翻云'以德
　为氏姓'。又虞说以凡有二十五人，其二人同姓姬，又十一人为十一姓：
　酉、祁、己、滕、葴、任、荀、釐、姞、儇、衣是也，余十二姓德薄不纪录。"

②韦昭曰："陶唐皆国名，犹汤称殷商矣。"张晏曰："尧为唐侯，国于中山，
　唐县是也。"

③皇甫谧曰："舜嫔于虞，因以为氏。今河东太阳西山上虞城是也。"

④[索隐]曰：《礼纬》曰："禹母修己吞薏苡而生禹，因姓姒氏。"而契姓子

氏者,亦以其母吞乙子而生。

　⑤郑玄《驳许慎五经异义》曰:"《春秋左传》:'无骇卒,羽父请谥与族。公
　　问族于众仲,众仲对曰:"天子建德,因生以赐姓,胙之土而命之氏。诸
　　侯以字为氏,因以为族。官有世功,则有官族,邑亦如之。"公命以字为
　　展氏'。以此言之,天子赐姓命氏,诸侯命族。族者,氏之别名也。姓者,
　　所以统系百世,使不别也。氏者,所以别子孙之所出。故《世本》之篇,言
　　姓则在上,言氏则在下也。"

　　太史公曰:①学者多称五帝,尚矣!②然《尚书》独载尧以来。而
百家言黄帝,其文不雅驯,③荐绅先生难言之。④孔子所传宰予问
《五帝德》及《帝系姓》,⑤儒者或不传。⑥余尝西至空峒,⑦北过涿
鹿,⑧东渐于海,南浮江淮矣,至长老皆各往往称黄帝、尧、舜之处,
风教固殊焉,总之不离古文者近是。⑨予观《春秋》、《国语》,其发明
《五帝德》、《帝系姓》章矣,⑩顾弟弗深考,⑪其所表见皆不虚。⑫
《书》缺有间矣,⑬其轶乃时时见于他说。⑭非好学深思,心知其意,
固难为浅见寡闻道也。余并论次,择其言尤雅者,故著为本纪书
首。⑮

　①[正义]曰:太史公,司马迁自谓也。《自叙传》云"太史公曰先人有言",
　　又云"太史公曰余闻之董生",又云"太史公遭李陵之祸"。明太史公,司
　　马迁自号也。迁为太史公官,题赞首也。虞喜云:"古者主天官者皆上
　　公,非独迁。"

　②[索隐]曰:尚,上也,言久远也。然"尚矣"文出《大戴礼》。

　③[正义]曰:驯,训也。谓百家之言皆非典雅之训。

　④徐广曰:"荐绅即缙绅也,古字假借。"

　⑤[正义]曰:系,音奚计反。《五帝德》及《帝系姓》皆《大戴礼》文及《孔子
　　家语》篇名。汉儒者以二书非经,恐不是圣人之言,故或不传学也。

　⑥[索隐]曰:《五帝德》、《帝系姓》皆《大戴礼》及《孔子家语》篇名。以二者
　　皆非正经,故汉时儒者以为非圣人之言,故多不传学也。

　⑦[正义]曰:余,太史公自称也。尝,曾也。空桐山在原州平高县西百里,
　　黄帝问道于广成子处。

⑧［正义］曰：涿鹿山在妫州东南五十里，山侧有涿鹿城，即黄帝、尧、舜之都也。

⑨［索隐］曰：古文即《帝德》、《帝系》二书也。近是圣人之说。

⑩［索隐］曰：太史公言己以《春秋》、《国语》古书博加考验，益以发明《五帝德》等说甚章著也。

⑪徐广曰："弟，但也。《史记》、《汉书》见此者非一。又左思《蜀都赋》曰：'弟如滇池'，而不详者多以为字误。学者安可不博观乎？"［正义］曰：顾，念也。弟，且也。太史公言博考古文，择其言表见之不虚，其章著矣，思念亦且不须更深考论。

⑫［索隐］曰：言《帝德》、《帝系》所有表见者，皆不为虚妄也。

⑬［正义］曰：言《古文尚书》缺失其间多矣，而无说黄帝之语。

⑭［索隐］曰：言古典残缺有年载，故曰"有间"。然帝皇遗事散轶，乃时时旁见于他记说，即《帝德》、《帝系》等说也。故己今采按而备论黄帝已来事耳。

⑮［正义］曰：太史公据古文并诸子百家论次，择其言语典雅者，故著为《五帝本纪》，在《史记》百三十篇书之首。

索隐述赞曰：帝出少典，居于轩丘。既代炎厉，遂禽蚩尤。高阳嗣位，静深有谋。小大远近，莫不怀柔。爰洎帝喾，列圣同休。帝挚之弟，其号放勋。就之如日，望之如云。郁夷东作，昧谷西曛。明扬仄陋，玄德升闻。能让天下，贤哉二君！

右述赞之体，深所不安。何者？夫叙事美功，合有首末；惩恶劝善，是称褒贬。观太史公赞论之中，或国有数君，或士兼百行，不能备论终始，自可略申梗概。遂乃颇取一事，偏引一奇，即为一篇之赞，将为龟镜诚所不取，斯亦明月之珠不能无类矣。今并重为一百三十篇之赞云。

史记卷二
本纪第二

夏

　　夏禹①名曰文命。②禹之父曰鲧,鲧之父曰帝颛顼,③颛顼之父曰昌意,昌意之父曰黄帝。禹者,黄帝之玄孙,而帝颛顼之孙也。禹之曾大父昌意及父鲧皆不得在帝位,为人臣。

　　①《谥法》曰:"受禅成功曰禹。"[正义]曰:夏者,帝禹封国号也。《帝王纪》云:"禹受封为夏伯,在豫州外方之南,今河南阳翟是也。"

　　②[索隐]曰:《尚书》云"文命敷于四海",孔安国云"外布文德教命",不云是禹名。太史公皆以放勋、重华、文命为名。孔又云:"虞氏,舜名",则尧、舜、禹、汤皆名矣。盖古质帝王之号皆以名,后代因其行,追而为谥。其实禹是名。故张晏云:"少昊已前,天下之号象其德,颛顼已来,天下之号因其名。"又按:《系本》:"鲧取有辛氏女,谓之女志,是生高密"。宋衷云:"高密,禹所封国"。[正义]曰:《帝王纪》云:"父鲧妻修己,见流星贯昴,梦接意感,又吞神珠薏苡,胸坼而生禹。名文命,字密,身九尺二寸长,本西夷人也。《大戴礼》云:'高阳之孙,鲧之子,曰文命。'扬雄《蜀王本纪》云:'禹本汶山郡广柔县人也,生于石纽'。《括地志》云:"茂州汶川县石纽山在县西七十三里。《华阳国志》云:'今夷人共营其地,方百里不敢居牧,至今犹不敢放六畜'。"按:广柔,隋改曰汶川。

　　③[索隐]曰:皇甫谧云:"鲧,帝颛顼之子,字熙。"又《连山易》云"鲧封于崇",故《国语》谓之"崇伯鲧"。《系本》亦以鲧为颛顼子。《汉书·律历志》则云:"颛顼五代而生鲧。"按:鲧既仕尧,与舜代系殊悬,舜即颛顼六代孙,则鲧非是颛顼之子。盖班氏之言近得其实。

　　当帝尧之时,鸿水滔天,①浩浩怀山襄陵,下民其忧。尧求能治

水者,群臣四岳皆曰鲧可。尧曰:"鲧为人负命毁族,不可。"四岳曰:
"等之未有贤于鲧者,愿帝试之。"于是尧听四岳,用鲧治水。九年而
水不息,功用不成。于是帝尧乃求人,更得舜。舜登用,摄行天子之
政。巡狩,行视鲧之治水无状,②乃殛鲧于羽山以死。③天下皆以舜
之诛为是。于是舜举鲧子禹,而使续鲧之业。

①[索隐]曰:一作"洪"。鸿,大也。以鸟大曰鸿,小曰雁,故近代文字,大义
　　者皆作"鸿"也。

②[索隐]曰:言无功状。

③[正义]曰:殛,音纪力反。鲧之羽山,化为黄熊,入于羽渊。熊,音乃来
　　反,下三点为三足也。束皙《发蒙纪》云:"鳖三足曰熊。"

　　尧崩,帝舜问四岳曰:"有能成美尧之事者使居官?"皆曰:"伯
禹为司空,可成美尧之功。"舜曰:"嗟,然。"命禹:"女平水土,维是
勉之。"禹拜稽首,让于契、后稷、皋陶。舜曰:"女其往视尔事矣。"禹
为人敏给克勤,其德不违,其仁可亲,其言可信;声为律,①身为
度,②称以出;③亹亹穆穆,为纲为纪。禹乃遂与益、后稷奉帝命,命
诸侯、百姓兴人徒以傅土,行山表木,④定高山大川。⑤

①[索隐]曰:言禹声音应钟律。

②王肃曰:"以身为法度。"[索隐]曰:按:今巫犹称"禹步"。

③徐广曰:"一作'士'。"[索隐]曰:按:《大戴礼》见作"士"。又一解云:上
　　声与身为律度,则权衡亦出于其身,故云"称以出"。

④《尚书》"傅"字作"敷"。马融曰:"敷,分也。"[索隐]曰:《大戴礼》作"傅
　　土",故此纪依之。傅,即付也,谓付功属役之事。谓令人分布理九州之
　　土地也。表木,谓刊木立为表记,《尚书》作"随山刊木"。

⑤马融曰:"定其差秩祀礼所视也。"骃案:《尚书大传》曰"高山大川,五
　　岳、四渎之属。"

　　禹伤先人父鲧功之不成受诛,乃劳身焦思,居外十三年,过家
门不敢入。薄衣食,致孝于鬼神。①卑宫室,致费于沟淢。②陆行乘
车,水行乘舟,泥行乘橇,③山行乘檋,④左准绳,右规矩,⑤载四
时,⑥以开九州,通九道,陂九泽,度九山。令益予众庶稻,可种卑
湿。命后稷予众庶难得之食。食少,调有余相给,以均诸侯。禹乃

行相地宜所有以贡,及山川之便利。

①马融曰:"祭祀丰洁。"

②包氏曰:"方里为井,井间有沟,沟广深四尺。十里为成,成间有减,减广深八尺。"

③徐广曰:"他书或作'芚'、'蒯'。"按:孟康曰:"橇形如箕,擿行泥上。"如淳曰:"橇音'茅蒐'之'蒐'。谓以板置其泥上以通行路也。"[正义]曰:按:橇形如舡而短小,两头微起,人曲一脚,泥上擿进,用拾泥上之物。今杭州、温州海边有之也。

④徐广曰:"檋,一作'桥',音丘遥反。"骃案:如淳曰:"檋车,谓以铁如锥头,长半寸,施之履下,以上山不蹉跌也。"又音纪录反。[正义]曰:按:上山前齿短,后齿长;下山,前齿长,后齿短也。檋音与,上同也。

⑤王肃曰:"左右言常用也。"[索隐]曰:左所运用堪为人之准绳,右所举动必应规矩也。

⑥王肃曰:"所以行不违四时之宜也。"

禹行自冀州始。冀州:既载①壶口,治梁及岐。②既修太原,至于岳阳。③覃怀致功,④至于衡漳。⑤其土白壤。⑥赋上上错,⑦田中中。⑧常、卫既从,大陆既为。⑨鸟夷皮服。⑩夹右碣石,⑪入于海。⑫

①孔安国曰:"尧所都也。先施贡赋役载于书也。"郑玄曰:"两河间曰冀州。"[正义]曰:按:理水及贡赋从帝都为始也。黄河自胜州东,直南至华阴,即东至怀州南,又东北至平州碣石山入海也。东河之西,南河之东,南河之北,皆冀州也。

②郑玄曰:"《地理志》壶口在河东北屈,梁山在左冯翊夏阳,岐山在右扶风美阳。"[正义]曰:《括地志》云:"壶口山在慈州吉常县西南五十里冀州境也。梁山在同州韩城县东南十九里,岐山在岐州岐山县东北十里,二山雍州境也。"孔安国曰:"从东循山理水而西也。"

③孔安国曰:"太原,今为郡名。太岳在太原西南。山南曰阳。"[索隐]曰:岳,太岳,即冀州之镇霍太山也。按:《地理志》霍太山在河东彘县东。凡如此例,不引书者,皆《地理志》文也。[正义]曰:《括地志》云:"霍山在沁州沁原县西七八十里。"

④孔安国曰:"覃怀,近河地名。"郑玄曰:"怀县属河内。"[索隐]曰:按:河内有怀县,今验地无名"覃"者,盖"覃怀"二字或当时共为一地之名。

⑤孔安国曰:"漳水横流。"[索隐]曰:按:孔注以衡为横,非。王肃云:"衡、漳,二水名"。《地理志》清漳水出上党沾县东北,至阜城县入河。浊漳水出上党长子县东,至邺入清漳也。[正义]曰:《括地志》云:"故怀城在怀州武陟县西十一里。衡漳水在瀛州东北百二十五里平舒县界也。"

⑥孔安国曰:"土无块曰壤。"

⑦孔安国曰:"上上,第一。错,杂也,杂出第二之赋。"

⑧孔安国曰:"九州之中为第五。"

⑨郑玄曰:"《地理志》恒水出恒山,卫水在灵寿,大陆泽在钜鹿。"[索隐]曰:此文改恒山、恒水皆作"常",避汉文帝讳故也。常水出常山上曲阳县,东入滱水。卫水出常山灵寿县,东入虖池。

⑩郑玄曰:"鸟夷,东北方之民赋食鸟兽者。"孔安国曰:"服其皮,明水害除。"[正义]曰:《括地志》云:"靺鞨国,古肃慎也,在京东北万里已下,东及北各抵大海。其国南有白山,鸟兽草木皆白。其人处山林间,土气极寒,常为穴居,以深为贵,至接九梯。养豕,食肉,衣其皮,冬以猪膏涂身,厚数分,以御风寒。贵臭秽不洁,作厕于中,圜之而居。多勇力,善射。弓长四尺,如弩;矢用楛,长一尺八寸,青石为镞。葬则交木作椁,杀猪积椁上,富者至数百,贫者数十,以为死人之粮。以土上覆之,以绳系于椁,头出土上,以酒灌酹,绳腐而止,无四时祭祀也。"

⑪孔安国曰:"碣石,海畔之山也。"

⑫徐广曰:"海,一作'河'。"[索隐]曰:《地理志》云:"碣石山在北平骊城县西南"。《太康地理志》云:"乐浪遂城县有碣石山,长城所起"。又《水经》云:"在辽西临渝县南水中"。盖碣石山有二,此云"夹右碣石入于海",当非北平之碣石。

济、河维沇州:①九河既道,②雷夏既泽,雍、沮会同,③桑土既蚕,于是民得下丘居土。④其土黑坟,⑤草繇木条。⑥田中下,⑦赋贞,作十有三年乃同。⑧其贡漆丝,其筐织文。⑨浮于济、漯,通于河。⑩

①郑玄曰:"言沇州之界在此两水之间。"

②马融曰:"九河名徒骇、太史、马颊、覆釜、胡苏、简、洁、钩盘、鬲津。"

③郑玄曰:"雍水、沮水相触而合入此泽中。《地理志》曰雷泽在济阴城阳。"[索隐]曰:《尔雅》云"水自河出为雍"也。[正义]曰:《括地志》云:

"雷夏泽在濮州雷泽县郭外西北。雍、沮二水在雷泽西北平地也。"

④孔安国曰:"大水去,民下丘居平土,就桑蚕。"

⑤孔安国曰:"色黑而坟起。"

⑥孔安国曰:"繇,茂;条,长也。"

⑦孔安国曰:"第六。"

⑧郑玄曰:"贞,正也。治此州正作不休,十三年乃有赋,与八州同,言功难也。其赋中下。"

⑨孔安国曰:"地宜漆林,又宜蚕。织文,锦绮之属,盛之筐篚而贡焉。"

⑩郑玄曰:"《地理志》云漯水出东郡东武阳。"[索隐]曰:济水出河东垣县王屋山东,其流至济阴,故应劭云:"济水出平原阴县东,漯水出东郡东武阳县北,至千乘县而入于海。"

海岱维青州:①嵎夷既略,②潍、淄既道。③其土白坟,海滨广潟,④厥田斥卤。⑤田上下,赋中上。⑥厥贡盐絺,海物维错,⑦岱畎丝、枲、铅、松、怪石,⑧莱夷为牧,⑨其篚檿丝。⑩浮于汶,通于济。⑪

①郑玄曰:"东自海,西至岱。东岳曰岱山。"[正义]曰:按:舜分青州为营州、辽西及辽东。

②马融曰:"嵎夷,地名。用功少曰略。"[索隐]曰:孔安国云:"东表之地称嵎夷。"按:《今文尚书》及《帝命验》并作"禺铁",在辽西。铁,古"夷"字也。

③郑玄曰:"《地理志》潍水出琅邪,淄水出泰山莱芜县原山。"[正义]曰:《括地志》云:"密州莒县山,潍水所出。淄州淄川县东北七十里原山,淄水所出。俗传云,禹理水功毕,土石黑,数里之中波若漆,故谓之淄水也。"

④徐广曰:"一作'泽',又作'斥'。"

⑤郑玄曰:"斥谓地咸卤。"[索隐]曰:卤,音鲁。《说文》云:"卤,咸地。东方谓之斥,西方谓之卤。"

⑥孔安国曰:"田第三,赋第四。"

⑦孔安国曰:"絺,细葛。错,杂,非一种。"郑玄曰:"海物,海鱼也。鱼种类尤杂。"

⑧孔安国曰:"畎,谷也。怪异好石似玉者。岱山之谷出此五物,皆贡之。"

⑨孔安国曰："莱夷,地名,可以牧放。"[索隐]曰:按:《左传》云莱人劫孔
　子,孔子称"夷不乱华",又云"齐侯伐莱",服虔以为东莱黄县是。今按:
　《地理志》黄县有莱山。恐即此地之夷。

⑩孔安国曰："畲桑蚕丝中为琴瑟弦。"[索隐]曰:《尔雅》云:"檿,山桑。"
　是蚕食檿之丝也。

⑪郑玄曰:"《地理志》汶水出泰山莱芜县原山,西南入济。"

　　海岱及淮维徐州:①淮、沂其治,蒙、羽其艺。②大野既都,③东
原底平。④其土赤埴坟,⑤草木渐包。⑥其田上中,赋中中。⑦贡维
土五色,⑧羽畎夏翟,⑨峄阳孤桐,⑩泗滨浮磬,⑪淮夷蠙珠臮鱼,⑫
其篚玄纤缟。⑬浮于淮、泗,⑭通于河。

①孔安国曰："东至海,北至岱,南及淮。"

②郑玄曰:"《地理志》沂水出泰山盖县。蒙、羽,二山名。"孔安国曰:"二水
　已治,二山可以种艺。"[索隐]曰:《水经》云淮水出南阳平氏县胎簪山,
　北过桐柏山。沂水出泰山盖县汶山,南过下邳县入泗。蒙山在泰蒙阴县
　西。羽山在东海祝其县南,殛鲧之地。

③郑玄曰:"大野在山阳巨野北,名巨野泽。"孔安国曰:"水所停曰都。"

④郑玄曰:"东原,地名。今东平郡即东原。"[索隐]曰:张华《博物志》云:
　"兖州东平郡即《尚书》之东原也。"[正义]曰:广平曰原。徐州在东,故
　曰东原。水去已致平复,言可耕种也。

⑤徐广曰:"埴,黏土也。"

⑥孔安国曰:"渐,长进;包,丛生也。"

⑦孔安国曰:"田第二,赋第五。"

⑧郑玄曰:"土五色者,所以为太社之封。"[正义]曰:《韩诗外传》云:"天
　子社广五丈,东方青,南方赤,西方白,北方黑,上冒以黄土。将封诸侯,
　各取方土,苴以白茅,以为社也。"《太康地记》云:"城阳姑幕有五色土,
　封诸侯,锡之茅土,用为社。此土即《禹贡》徐州土也。今属密州莒县
　也。"

⑨孔安国曰:"夏狄,狄,雉名也。羽中旌旄,羽山之谷有之。"

⑩孔安国曰:"峄山之阳特生桐,中琴瑟。"郑玄曰:"《地理志》峄山在下
　邳。"[正义]曰:《括地志》云:"峄山在兖州邹县南二十二里,《邹山记》
　云'邹山,古之峄山,言络绎相连属也。今犹多桐树'。"按:今独生桐,

尚徵,一偏似琴瑟。

⑪孔安国曰:"泗水涯水中见石,可以为磬。"郑玄曰:"泗水出济阴乘氏也。"[正义]曰:《括地志》云:"泗水至彭城吕梁,出石磬。"

⑫孔安国曰:"淮、夷二水出蠙珠及美鱼。"郑玄曰:"淮夷,淮水之上民也。"[索隐]曰:按《尚书》云:"徂兹淮夷,徐戎并兴",今徐州言淮夷,则郑解为得。蠙,一作"玭",并步玄反。暨,古"暨"字。暨,与也。言夷人所居淮水之处,有此蠙珠与鱼也。又作"滨"。滨,畔也。

⑬郑玄曰:"纤,细也。祭服之材尚细。"[正义]曰:玄,黑,纤,细。缟,白缯。以细缯染为黑色。

⑭[正义]曰:《括地志》云:"泗水源在兖州泗水县东陪尾山。其源有四道,因以为名。"

淮海维扬州:①彭蠡既都,阳鸟所居。②三江既入,③震泽致定。④竹箭既布。⑤其草惟夭,其木惟乔,⑥其土涂泥。⑦田下下,赋下上上杂。⑧贡金三品,⑨瑶、琨、竹箭,⑩齿、革、羽、毛,⑪岛夷卉服,⑫其筐织贝,⑬其包橘、柚锡贡。⑭均江海,通淮、泗。⑮

①孔安国曰:"北据淮,南距海。"

②郑玄曰:"《地理志》彭蠡泽在豫章彭泽西。"孔安国曰:"随阳之鸟,鸿雁之属,冬月居此泽也。"[索隐]曰:都,《古文尚书》作"猪"。孔安国云:"水所停曰猪,"郑玄云"南方谓都为猪",则是水聚会之义。[正义]曰:蠡,音礼。《括地志》云:"彭蠡湖在江州浔阳县东南五十二里。"

③[索隐]曰:韦昭云:"三江谓松江、钱唐江、阳江。"今按:《地理志》有南江、中江、北江,是为三江。其南江从会稽吴县南,东入海。中江从丹阳芜湖县东北至会稽阳羡县入海。北江从会稽毗陵县北,东入海。故下文"东为中江",又"东为北江",孔安国云"有北有中,南可知也"。

④孔安国曰:"震泽,吴南太湖名。言三江已入,致定为震泽。"[索隐]曰:震,一作"振"。《地理志》云会稽吴县:"故周太伯所封国,具区在其西,古文以为震泽"。又《左传》称"笠泽",亦谓此也。[正义]曰:泽在苏州西四十五里。三江者,在苏州东南三十里,名三江口。一江西南上七十里至太湖,名曰松江,古笠泽江;一江东南上七十里自蚬湖,名曰上江,亦曰东江;一江东北下三百余里入海,名曰下江,亦曰娄江。于其分处号曰三江口。顾夷《吴地记》云"松江东北行七十里,得三江口。东北入海

为娄江，东南入为东江，并松江为三江"是也。言理三江入海，非入震泽也。按：太湖西南湖州诸溪从天目山下，西北宣州诸山有溪，并下太湖。太湖东北流，名至三江口入海。其湖无通彭蠡湖及太湖处，并阻山陆。诸儒及《地志》等解"三江既入"皆非也。《周礼职方氏》云："扬州薮曰具区，川曰三江"。按：五湖、三江者，韦昭注非也。其源俱不通太湖，引解"三江既入"，失之远矣。五湖者，菱湖、游湖、莫湖、贡湖、胥湖，皆太湖东岸，五湾为五湖，盖古时应别，今并相连。菱湖在莫厘山东，周回三十余里，西口阔二里，其口南则莫里山，北则徐侯山，西与莫湖连。莫湖在莫里山西及北，北与胥湖连。胥湖在胥山西，南与莫湖连。各周回五六十里，西连太湖。游湖在北二十里，在长山东，湖西口阔二里，其口东南岸树里山，西北岸长山，湖周回五六十里。贡湖在长山西，其口阔四五里，口东南长山，山南即山阳村，西北连常州无锡县老岸，湖周回一百九十里已上，湖身向东北，长七十余里。两湖西亦连太湖。《河渠书》云："于吴则通渠三江、五湖"。《货殖传》云："夫吴有三江、五湖之利"。又《太史公自叙传》云："登姑苏，望五湖"是也。

⑤孔安国曰："水去布生。"

⑥少长曰夭。乔，高也。

⑦马融曰："渐，洳也。"

⑧孔安国曰："田第九，赋第七，杂出第六。"

⑨孔安国曰："金、银、铜。"郑玄曰："铜三色也。"

⑩孔安国曰："瑶、琨，皆美玉也。"

⑪孔安国曰："象齿、犀皮、鸟、羽旄牛尾也。"[正义]曰：《周礼·考工记》云："犀甲七属，兕甲六属。"郭云："犀似水牛，猪头，大腹，庳脚，椭角，好食棘也。亦有一角者。"按：西南夷常贡旄牛尾，为旌旗之饰，《书》、《诗》通谓之旄。故《尚书》云："右秉白旄"，《诗》云："建旐设旄"，皆此牛也。

⑫孔安国曰："南海岛夷草服葛越。"[正义]曰：《括地志》云："百济国西南渤海中有大岛十五所，皆邑落有人居，属百济。"又倭国，武皇后改曰：日本国，在百济南，隔海依岛而居，凡百余小国。此皆扬州之东岛夷也。按：东南之夷草服葛越，焦竹之属，越即芋祁也。

⑬孔安国曰："织，细缯也。贝，水物也。"郑玄曰："贝，锦名也。《诗》云：'成是贝锦'。凡织者，先染其丝，织之即成矣。"

⑭孔安国曰："小曰橘,大曰柚。锡命乃贡,言不常也。"郑玄曰："有锡则贡之,或时乏则不贡。锡,所以柔金也。"

⑮郑玄曰："均,读曰沿。沿,顺水行也。"

荆及衡阳维荆州:①江、汉朝宗于海。②九江甚中,③沱、涔已道,④云、梦土为治。⑤其土涂泥。田下中,赋上下。⑥贡羽、旄、齿、革、金三品,杶、幹、栝、柏。⑦砺、砥、砮、丹,⑧维箘簬、楛,⑨三国致贡其名,⑩包匦菁茅,⑪其篚玄纁玑组,⑫九江入赐大龟。⑬浮于江、沱、涔、于汉,逾于雒,至于南河。

①孔安国曰："北据荆山,南及衡山之阳。"

②孔安国曰："二水经此州而入海,有似于朝,百川以海为宗。宗,尊也。"[正义]曰:《括地志》云:"江水源出岷州南岷山,南流至益州,即东南流入蜀,至泸州,东流经三峡,过荆州,与汉水合。《孙卿子》云'江水其源可以滥觞'也。又云:"汉水源出梁州金牛县东二十八里嶓冢山。"

③孔安国曰："江于此州界,分为九道,甚得地势之中。"郑玄曰:"《地理志》九江在寻阳南,皆东合为大江。"[索隐]曰:按《寻阳记》九江者,乌江、蚌江、乌白江、嘉靡江、沙江、畎江、廪江、隈江、菌江。又张须《九江图》所载有三里、五畎、乌土、白蚌。九江之名不同。

④孔安国曰："沱,江别名。涔,水名。"郑玄曰:"水出江为沱,汉为涔。"[索隐]曰:涔,亦作"潜"。沱出蜀郡郫县西,东入江。潜出汉中安阳县西,北入汉。故《尔雅》云:"水自江出为沱,汉出为潜。"[正义]曰:《括地志》云:"繁江水受郫江。《禹贡》曰:'岷山导江,东别为沱',源出益州新繁县。潜水一名复水,今名龙门水,源出利州绵谷县东龙门山大石穴下也。"

⑤孔安国曰："云梦之泽在江南,其中有平土丘,水去可为耕作畎亩之治。"[索隐]曰:梦,一作"瞢",邹诞生又音蒙。按:云土、梦本二泽名,盖人以二泽相近,或合称云梦耳。知者,据《左传》云昭王寝于云中,又楚子、郑伯田于江南之梦,则是二泽各别也。韦昭曰:"云土今为县,属江夏南郡华容。"今按:《地理志》云江夏有云杜县是。

⑥孔安国曰："田第八,赋第三。"

⑦郑玄曰："四木名。"孔安国曰:"幹,柘也。柏叶松身曰栝。"

⑧孔安国曰："砥细于砺,皆磨石也。砮,石中矢镞。丹,朱类也。"

⑨徐广曰："一作'箭足杆'。杆即楛也，音怙。箭足者，矢镞也。或以箭足训释箘簵乎？"骃案：郑玄曰："箘簵，聆风也。"

⑩马融曰："言箘簵、楛三国所致贡，其名善也。"

⑪郑玄曰："瓯，缠结也。菁茅，茅有毛刺者，给宗庙缩酒。重之，故包裹又缠结也。"[正义]曰：《括地志》云："辰州卢溪县西南三百五十里有包茅山。《武阳记》云'山际出包茅，有刺而三脊，因名包茅山'。"

⑫孔安国曰："此州染玄纁色善，故贡之。瓘玑，珠类，生于水中。组，绶类也。"

⑬孔安国曰："尺二寸曰大龟，出于九江水中。龟不常用，赐命而纳之。"

荆河惟豫州：①伊、雒、瀍、涧既入于河，②荥播既都，③道荷泽，被明都。④其土壤，下土坟垆。⑤田中上，赋杂上中。⑥贡漆、丝、绨、纻，其筐纤絮，⑦锡贡磬错。⑧浮于雒，达于河。

①孔安国曰："西南至荆山，北距河水。"[正义]曰：《括地志》云："荆山在襄州荆山县西八十里。《韩子》云：'卞和得玉璞于楚之荆山'，即此也。"河，洛州北河也。

②孔安国曰："伊出陆浑山，洛出上洛山，涧出渑池山，瀍出河南北山，四水合流而入河。"[索隐]曰：伊水出弘农卢氏县东，洛水出弘农上洛县冢领山，瀍水出河南谷城县潜亭北，涧水出弘农新安县东，皆入于河。[正义]曰：《括地志》云："伊水出虢州卢氏县东峦山，东北流入洛。洛水出商州洛南县冢岭山，东流经洛州郭内，又各合伊水。瀍水出洛州新安县东，南流至洛州郭内，南入洛。涧水源出洛州新安县东白石山，东北与谷水合流，经洛州郭内，东流入洛也。"

③孔安国曰："荥，泽名。波水已成遏都。"[索隐]曰：《古文尚书》作"荥波"，此及今文并云"荥播"。播是水播溢之义，荥是泽名。故《左传》云狄及卫战于荥泽。郑玄云："今塞为平地，荥阳人犹谓其处为荥播。"

④孔安国曰："荷泽在胡陵。明都，泽名，在荷东北，水流溢覆被之。"[索隐]曰：荷泽在济阴定陶县东。明都音孟猪。孟猪泽在梁国睢阳县东北。《尔雅》、《左传》谓之"诸"，今文亦为然，唯《周礼》称"望诸"，皆此地之一名。[正义]曰：《括地志》云："荷泽在曹州济阴县东北九十里定陶城东，今名龙池，亦名九卿陂。"

⑤孔安国曰："垆，疏也。"马融曰："豫州地有三等，下者坟垆也。"

⑥孔安国曰："田第四,赋第二,又杂出第一。"

⑦孔安国曰："细绵也。"

⑧孔安国曰："治玉石曰错,治磬错也。"

华阳黑水惟梁州:①汶、嶓既艺、②沱、涔既道,③蔡、蒙旅平,④和夷厎绩。⑤其土青骊。⑥田下上,赋下中三错。⑦贡璆、铁、银、镂、砮、磬,⑧熊、罴、狐、狸、织皮。⑨西倾因桓是来,⑩浮于潜,逾于沔,⑪入于渭,乱于河。⑫

①孔安国曰："东据华山之南,西距黑水。"[正义]曰:《括地志》云:"黑水源出梁州城固县西北太山。"

②郑玄曰:"《地理志》岷山在蜀郡湔氐道,嶓冢山在汉阳西。"[索隐]曰:汶,一作"嶓",又作"岐"。岐山,《封禅书》一云渎山,在蜀都湔氐道西徼,江水所出。嶓冢山在陇西西县,汉水所出也。[正义]曰:《括地志》云:"岷山在岷州益县南一里,连绵至蜀二千里,皆名岷山。嶓冢山在梁州,金牛县东二十八里。"湔,音子践反。氐,音丁奚反。

③孔安国曰:"沱、潜发源此州,入荆州。"

④孔安国曰:"蔡,蒙,二山名。祭山曰旅。平,言治功毕也。"郑玄曰:"《地理志》蔡、蒙在汉嘉县。"[索隐]曰:此非徐州之蒙,在蜀郡青衣县。青衣后改为汉嘉。蔡山,不知所在也。[正义]曰:《括地志》云:"蒙山在雅州严道县南十里。"

⑤马融曰:"和夷,地名也。"

⑥孔安国曰:"色青黑也。"

⑦孔安国曰:"田第七,赋第八,杂出第七第九三等。"

⑧孔安国曰:"璆,玉名。"郑玄曰:"黄金之美者谓之镠。镂,刚铁,可以刻镂也。"

⑨孔安国曰:"贡四兽之皮也。织皮,今罽也。"

⑩马融曰:"治西倾山因桓水是来,言无徐道也。"郑玄曰:"《地理志》西倾山在陇西临洮。"[索隐]曰:西倾在陇西临洮县西南。桓水出蜀郡岐山西南,行羌中入海也。[正义]曰:《括地志》云:"西倾山今嵹台山,在洮州临潭县西南三百三十六里。"

⑪孔安国曰:"汉上水为沔。"郑玄曰:"或谓汉为沔。"

⑫孔安国曰:"正绝流曰乱。"

黑水西河惟雍州：①弱水既西，②泾属渭汭。③漆、沮既从，④沣水所同。⑤荆、岐已旅，⑥终南、敦物至于鸟鼠。⑦原隰底绩，至于都野。⑧三危既度，⑨三苗大序。⑩其土黄壤。田上上，赋中下。⑪贡璆、琳、琅玕。⑫浮于积石，至于龙门西河，⑬会于渭汭。⑭织皮昆仑、析支、渠搜，西戎即序。⑮

①孔安国曰："西距黑水，东据河。龙门之河在冀州西。"［索隐］曰：《地理志》益州滇池有黑水祠。郑玄引《地说》云"三危山，黑水出其南"。《山海经》"黑水出昆仑墟西北隅"也。

②孔安国曰："导之西流，至于合黎。"郑玄曰："众水皆东，此独西流也。"［索隐］曰：按《水经》云："弱水出张掖删丹县西北，至酒泉会水县入合黎山腹。"《山海经》云"弱水出昆仑墟西南隅"也。

③孔安国曰："属，逮也。水北曰汭。言治泾水入于渭也。"郑玄曰："《地理志》泾水出安定泾阳。"［索隐］曰：渭水出首阳县鸟鼠同穴山。《说文》云："水相入曰汭。"［正义］曰：《括地志》云："泾水源出原州百泉县西南笄头山泾谷。渭水源出渭原县西七十六里鸟鼠山，今名青雀山。渭有三源，并出鸟鼠山，东流入河。"按：言理泾水及至渭水，又理漆、沮亦从渭流，复理沣水，亦同入渭者也。

④［正义］曰：《括地志》云："漆水源出岐州普县东南岐漆山漆溪，东入渭。沮水一名川水，源出雍州富平县，东入栎阳县南。汉高帝于栎阳置万年县。《十三州地理志》云：'万年县南有泾、渭，北有小河，即沮水也'。《诗》云古公去州度漆、沮，即此二水。"

⑤沣，沣音。孔安国曰："漆、沮之水已从入渭。沣水所同，同于渭也。"［索隐］曰：漆、沮二水，漆水出右扶风漆县西，沮水《地理志》无文，而《水经》以滽水出北地直路县，东过冯翊祋祤县入洛。《说文》亦以漆、沮各是一水名。孔安国独以为一，又云是洛水。沣水出右扶风鄠县南，东北过上林苑。［正义］曰：《括地志》云："雍州鄠县终南山，沣水出焉。"

⑥孔安国曰："荆在岐东，非荆州之荆也。"［正义］曰：《括地志》云："荆山在雍州富平县，今名掘陵原。岐山在岐州岐山县东北十里。"《尚书正义》云："洪水时祭祀礼废。已旅祭，理水功毕也。"按：雍州荆山即黄帝及禹铸鼎地也。襄州荆山县西荆山即卞和得玉璞者。

⑦孔安国曰："三山名，言相望也。"郑玄曰："《地理志》终南、敦物皆在右

扶风武功也。"[索隐]曰：按《左传》中南山，杜预以为终南山。《地理
志》云："太一山古文以为终南，华山古文以为敦物"，皆在扶风武功县
东。[正义]曰：《括地志》云："终南山一名中南山，一名太一山，一名南
山，一名橘山，一名楚山，一名泰山，一名周南山，一名地脯山，在雍州
万年县南五十里。"

⑧郑玄曰："《地理志》都野在武威，名曰：休屠泽。"[正义]曰：原隰，幽州
地也。按：原，平高地也。隰，低下地也。言从渭州致功，西北至凉州都
野、沙州三危山也。《括地志》云："都野泽在凉州姑臧县东北二百八十
里。"

⑨[索隐]曰：郑玄引《河图》及《地说》云："三危山在鸟鼠西南，与岐山相
连"。度，刘伯庄音宅各反，《尚书》作"宅"。

⑩孔安国曰："西裔之山已可居，三苗之族大有次序，禹之功也。"

⑪孔安国曰："田第一，赋第六，人功少。"

⑫孔安国曰："璆，琳，皆玉名。琅玕，石而似珠者。"

⑬孔安国曰："积石山在金城西南，河所经也。龙门山在河东之西界。"[索
隐]曰：积石在金城河关县西南。龙门山在左冯翊夏阳县西北。[正义]
曰：《括地志》云："积石山今名小积山，在河州枹罕县西七里。河州在京
西一千四百七十二里。龙门山在同州韩城县北五十里。李奇云'禹凿通
河水处，广八十步'。《三秦记》云'龙门水悬船而行，两旁有山，水陆不
通，龟鱼集龙门下数千，不得上，上则为龙，故云暴鳃点额龙门下'。"
按：河在冀州西，故云西河也。禹发源河水小积石山，浮河东北下，历
灵，胜北而南行，至于龙门，皆雍州城也。

⑭[正义]曰：《水经》云"河水又南至潼关，渭水从西注之"也。

⑮孔安国曰："织皮，毛布。此四国在荒服之外，流沙之内。羌、髳之属皆就
次序之，美禹之功及戎狄也。"[索隐]曰：郑玄以为衣皮之人居昆仑、析
支、渠搜，三山皆在西戎。王肃曰："昆仑在临羌西，析支在河关西，戎在
西域。"王肃以为地名，而不言渠搜。今按：《地理志》金城临羌县有昆仑
祠，敦煌庙至县有昆仑障，朔方有渠搜县。

道九山：①汧及岐至于荆山，②逾于河；壶口、雷首③至于太
岳；④砥柱、析城至于王屋；⑤太行、常山至于碣石，入于海；⑥西
倾、朱圉、鸟鼠至于太华；⑦熊耳，外方、桐柏至于负尾；⑧道嶓冢，

至于荆山；⑨内方至于大别；⑩汶山之阳至衡山，⑪过九江，至于敷浅原。⑫

①[索隐]曰：汧、壶口、砥柱、太行、西倾、熊耳、嶓冢、内方、岐是九山也。古分为三条，故《地理志》有北条之荆山。马融以汧为北条，西倾为中条，嶓冢为南条。郑玄分四列，汧为阴列，西倾次阴列，嶓冢为阳列，岐山次阳列。

②郑玄曰："《地理志》汧在右扶风也。"[索隐]曰：汧，一作"岍"。按：有汧水，故其字或从"山"或从"水"，犹岐山然也。《地理志》云吴山在右扶风美阳县西，荆山在左冯翊怀德县南也。[正义]曰：《括地志》云："汧山在陇州汧源县西六十里。其山东邻汶、岫，西接陇冈，汧水出焉。岐山在岐州。"

③[索隐]曰：雷首山在河东蒲坂县东南。

④孔安国曰："三山在冀州，太岳在上党西也。"[索隐]曰：即霍太山也。已见上。[正义]曰：《括地志》云："壶口在慈州吉昌县西南。雷首山在蒲州河东县。太岳，霍山也，在沁州沁源县。"

⑤孔安国曰："此三山在冀州之南河之北。"[索隐]曰：析城山在河东泽县西南。王屋山在河东垣县东北。《水经》云砥柱山在河东太阳县南河水中也。[正义]曰：《括地志》云："底山，俗名三门山，在硖石县东北五十里黄河之中。孔安国云：'底柱，山名。河水分流，包山而过，山见水中，若柱然也'。"《括地志》云："析城县在泽州西南七十里。《注水经》云：'析城山甚高峻，上平坦，有二水，东浊西清，左右不生草木'。"《括地志》云："王屋山在怀州王屋县北十里。《古今地名》云：'山方七百里，山高万仞，本冀州之河阳山也'。"

⑥孔安国曰："此二山连延，东北接碣石，而入于沧海。"[索隐]曰：太行山在河内山阳县西北，常山，恒山是也，在常山郡上曲阳县西北。[正义]曰：《括地志》云："太行山在怀州河内县北二十五里，有羊肠坂。恒山在定州恒阳县西北百四十里。道书《福地记》云：'恒山高三千三百丈，上方二十里，有大玄之泉，神草十九种，可度俗'。"

⑦郑玄曰："《地理志》云朱圉在汉阳南。"太华山在弘农华阴南。孔安国曰："鸟鼠山，渭水所出，在陇西之西。"[索隐]曰：圉，一作"圉"。朱圉山在天水冀县南。鸟鼠山在陇西首阳县西南。太华即敦物山。

⑧郑玄曰："《地理志》熊耳在卢氏东。外方在颍川。嵩高山、桐柏山在南阳

平氏东南。陪尾在江夏安陆东北,若横尾者。"[索隐]曰:熊耳山在弘农
卢氏县东,伊水所出。外方山即颍川嵩高县嵩高山,《古文尚书》亦以为
外方山。桐柏山一名大复山,在南阳平氏县东南。陪尾山在江夏安陆县
东北,《地理志》谓之横尾山。负,音陪也。[正义]曰:《括地志》云:"华山
在华州华阴县界八里。熊耳山在虢州卢氏县南五十里。嵩高山亦名太
室山,亦名外方山,在洛州城阳县北二十三里也。桐柏山在唐州东南五
十里,淮水出焉。横尾山,古陪尾山也,在安州安陆县北六十里。"

⑨郑玄曰:"《地理志》荆山在南郡临沮。"[正义]曰:《括地志》云:"嶓冢山
在梁州。荆山在襄州荆山县西八十里也。"又云:"荆山县本汉临沮县地
也。沮水即汉水也。"按:孙叔敖激沮水为云梦泽是也。

⑩郑玄曰:"《地理志》内方在竟陵,名立章山。大别在卢江安丰县。"[索
隐]曰:内方山在竟陵县东北。大别山在大国安丰县,今土人谓之甑山。
[正义]曰:《括地志》云:"章山在荆州长林县东北六十里。今汉水附章
山之东,与经史符会。"按:大别山,今沙洲在山上,汉江经其左,今俗犹
云甑山。注云"在安丰",非汉所经也。

⑪[索隐]曰:在长沙湘南县东南。《广雅》云:"岣嵝谓之衡山。"[正义]曰:
《括地志》云:"岷山在茂州汶川县。衡山在衡州湘潭县西四十一里。"

⑫徐广曰:"浅,一作'灭'。"骃案:《国语》曰:"敷浅原一名博阳山,在豫
章。"

道九川:①弱水至于合黎,②余波入于流沙。③道黑水,至于三
危,入于南海。④道河积石,⑤至于龙门,南至华阴阴,⑥东至砥
柱,⑦又东至于盟津,⑧东过嶓汭,至于大邳,⑨北过降水,至于大
陆,⑩北播为九河,同为逆河,入于海。⑪嶓冢道漾,东流为汉,⑫又
东为苍浪之水,⑬过三澨,入于大别,⑭南入于江,东汇泽为彭
蠡,⑮东为北江,入于海。⑯汶山道江,东别为沱,又东至于醴,⑰过
九江,至于东陵,⑱东迤北会于汇,⑲东为中江,入于海。⑳道沇水,
东为济,入于河,泆为荥,㉑东出陶丘北,㉒又东至于荷,㉓又东北
会于汶,㉔又东北入于海。道淮自桐柏,㉕东会于泗、沂,东入于
海。㉖道渭自鸟鼠同穴,㉗东会于沣,㉘又东北至于泾,㉙东过漆、
沮入,于河。㉚道雒自熊耳,㉛东北会于涧瀍,㉜又东会于伊,㉝东

北入于河。㉞

①［索隐］曰：弱、黑、河、漾、江、沇、淮、渭洛为九川。

②郑玄曰："《地理志》弱水出张掖。"孔安国曰："合黎，水名，在流沙东。"［索隐］曰：《水经》云合黎山在酒泉会水县东北。郑玄引《地说》亦以为然。孔安国云水名，当是其山弱水，故所记各不同。［正义］曰：《括地志》云："兰门山，一名合黎，一名穷名山，在甘州删丹县西南七里。《淮南子》云：'弱水源出穷名山'。"又云："合黎，一名羌谷水，一名鲜水，一名覆表水，今名副投河，亦名张掖河，南自吐谷浑界流入甘州张掖县。"今按：合黎水出临路松山东，而北流历张掖故城下，又北流经张掖县二十三里，又北流经合黎山，折而北流，经流砂碛之西入居延海，行千五百里。合黎山，张掖县西北二百里也。

③孔安国曰："弱水余波西溢入流沙。"郑玄曰："《地理志》流沙居延西北，名居延泽。《地记》曰：'弱水西流入合黎山腹，余波入于流沙，通于南海'。"马融、王肃皆云合黎、流沙是地名。［索隐］曰：《地理志》："张掖居延县西北有居延泽，古文以为流沙"。《广志》："流沙在玉门关外，有居延泽，居延城"。又《山海经》云："流沙出钟山，西南行昆仑墟入海"。按：是地兼有水，故一云地名，一云水名，马、郑不同抑有由也。

④郑玄曰："《地理志》益州滇池有黑水祠，而不记此山水所在。"《地记》曰："'三危山在鸟鼠之西南'。"孔安国曰："黑水自北而南，经三危过沙州，入南海也。"［正义］曰：《括地志》云："黑水源出伊吾县北百二十里，又南流二十里而绝。三危山在沙州敦煌县东南四十里。"按：南海即扬州东大海，岷江下至扬州东入海也。其黑水源在伊州，从伊州东南三千余里至鄯州，鄯州东南四百余里至河州，入黄河。河州有小积石山，即《禹贡》"浮于积石，至于龙门"者。然黄河源从西南下，出大昆仑东北隅，东北流经于阗，入盐泽，即东南潜行入吐谷浑界大积石山，又东北流，至小积石山，又东北流，来处极远。无流。其黑水，当洪水时合从黄河而行，何得入于南海？去此甚远，阻隔南山、陇山、岷山之属。当是洪水浩浩处，西戎不深致功，古文故有疏略。

⑤［索隐］曰：《尔雅》云："河出昆仑墟，其色白。"《汉书·西域传》云："河有两源，一出葱岭，一出于阗。于阗河北流，与葱岭河合，东注蒲昌海，一名盐泽。其水停，冬夏不增减，其南出积石为中国河。"是河源发昆仑，禹导河自积石而加功也。

⑥孔安国曰:"至华阴山北而东行。"[正义]曰:华阴县在华山北,本魏之阴晋县,秦惠文王更名宁秦,汉高帝改曰华阴。

⑦孔安国曰:"砥柱,山名。河水分流,包山而过,山见水中,若柱然也。在西虢之界。"[正义]曰:砥柱山俗名三门山,禹凿北山,三道河水,故曰三门也。

⑧孔安国曰:"在洛北。"[索隐]曰:盟,古"孟"字。孟津在河阴。《十三州记》云"河阳县在于河上,即孟津"是也。[正义]曰:杜预云:"盟,河内郡河阳县南孟津也,在洛阳城北。都道所凑,古今为津,武王度之,近代呼为武济。"《括地志》云:"盟津,周武王伐纣,与八百诸侯会盟津。亦曰孟津,又曰富平津。《水经》云小平津,今云河阳津是也。"

⑨孔安国曰:"洛汭,洛入河处。山再成曰邳。"[索隐]曰:《尔雅》云:"山一成曰邳。"或以为成皋山是。[正义]曰:李巡云:"山再重曰英,一重曰邳。"《括地志》云:"大邳山,今名黎阳东山,又曰青坛山,在卫州黎阳南七里。张揖云今城皋,非也。"

⑩郑玄曰:"《地理志》降水在信都南。"孔安国曰:"大陆,泽名。"[索隐]曰:《地理志》降水字从"系",出信都国,与雩池、漳河水并流入海。大陆在巨鹿郡。《尔雅》云:"晋有大陆",郭璞以为此泽也。[正义]曰:《括地志》云:"降水源出潞州屯留县西南方,东北流,至冀州入海。"

⑪郑玄曰:"下尾合名曰逆河,言相迎受也。"[正义]曰:播,布也。河至冀州,分布为九河,下至沧州,更同合为一大河,名曰逆河,而夹右碣石入于渤海也。

⑫郑玄曰:"《地理志》瀁水出陇西氐道,至武都为汉,至江夏谓之夏水。"[索隐]曰:《水经》云瀁水出陇西氐道县嶓冢山,东至武都县为汉水。《地理志》云至江夏谓之夏水。《山海经》亦以汉出嶓冢山。故孔安国云:"泉始出山为瀁水,东南流为沔水,至汉中东流为汉水。"[正义]曰:《括地志》云:"嶓冢山水始出山沮洳,故曰沮水。东南为嶓水,又为沔水。至汉中为汉水,至均州为沧浪水。始欲出大江为夏口,又为沔口。汉江一名沔江也。"

⑬孔安国曰:"别流也。在荆州。"[索隐]曰:马融、郑玄皆以沧浪为夏水,即汉河之别流也。《渔父歌》曰:"沧浪之水清兮,可以濯吾缨",是此水也。[正义]曰:《括地志》云:"均州武当县有沧浪水。庾仲雍《汉水记》云'武当县西四十里汉水中有洲,名沧浪洲'也。《地记》云:'水出荆山,东

南流为沧浪水'。"

⑭孔安国曰："三澨，水名。"郑玄曰："在江夏竟陵之界。"[索隐]曰：《水经》云："三澨，地名，在南郡鄀县北。"孔安国、郑玄以为水名。今竟陵有三参水，俗云是三澨水。参，音去声。

⑮孔安国曰："汇，回也。水东回为彭蠡大泽。"

⑯孔安国曰："自彭蠡，江分为三道入震泽，遂为北江而入海。"

⑰孔安国曰："马融、王肃皆以醴为水名。"郑玄曰："醴，陵名也。大阜曰陵。长沙有醴陵县。"[索隐]曰：按：骚人所歌"濯余佩于醴浦"，明醴是水。孔安国、马融解得其实。又虞喜《志林》以醴是江、沅之别流，而醴字作"澧"也。

⑱孔安国曰："东陵，地名。"

⑲孔安国曰："迤，溢也。东溢分流都共北会彭蠡。"

⑳孔安国曰："有北有中，南可知也。"[正义]曰：《括地志》云："《禹贡》三江俱会于彭蠡，合为一江，入于海。"

㉑郑玄曰："《地理志》沈水出河东。东垣县王屋山，东至河内武德入河，泆为荥。"孔安国曰："济在温西北。荥泽在敖仓东南。"[索隐]曰：《水经》云："自河东垣县王屋山东流为沈水，至温县西北为济水。"[正义]曰：《括地志》云："沇水出怀州王屋县北十里王屋山顶，岩下石泉渟不流，其深不测，至县西北二里平地，其源重发，而东南流，为泲水。"《水经》云泲水至温县西北为沛水，又南当巩县之南，北入于河。《释名》云："济者，济也。"下"济"子细反。按：济水入河而南，截度河南岸溢荥泽，在郑州荥泽县西北四里。今无水，成平地。

㉒孔安国曰："陶丘，丘再成者也。"郑玄曰："《地理志》陶丘在济阴定陶西北。"[正义]曰：《括地志》云："陶丘在濮州鄄城西南二十四里。又云在曹州城中。徐才《宗国都城记》云此城中高丘，即古之陶丘。"

㉓孔安国曰："荷泽之水。"

㉔[正义]曰：汶，音问。《地理志》云汶水出泰山郡莱芜县原山，西南入沛。

㉕[正义]曰：《地理志》云桐柏山在南阳平氏县东南，淮水所出。按：在唐州东五十余里。

㉖孔安国曰："与泗、沂二水合入海也。"

㉗孔安国曰："鸟鼠共为雄雌同穴处，此山遂名曰鸟鼠，渭水出焉。"[正义]曰：《括地志》云："鸟鼠山，今名青雀山，在渭州渭源县西七十六里。

《山海经》云：'鸟鼠同穴之山，渭水出焉'。郭璞注云：'今在陇西首阳
县西南。山有鸟鼠同穴。鸟名鵌。鼠名鼵，如人家鼠而短尾。鵌似鸡
而小黄黑色。穴入地三四尺，鼠在内，鸟在外'。"鵌，音余。鼵，扶废反。
鵌，音丁刮反。似雉也。

㉘[正义]曰：沣，音丰。《括地志》云："雍州鄠县终南山，沣水出焉北入渭
也。"

㉙[正义]曰：《括地志》云："泾水出原州百泉县西南笄头山泾谷，东南流
入渭也。"

㉚孔安国曰："漆、沮，二水名，亦曰洛水，出冯翊北。"

㉛孔安国曰："在宜阳之西。"[正义]曰：《括地志》云："洛水出商州洛南县
西冢岭山，东北流入河。熊耳山在虢州卢氏县南五十里，洛所经。"

㉜孔安国曰："会于河南城南。"[正义]曰：《括地志》云："涧水出洛州新安
县东白石山之阴。"《地理志》云："瀍水出河南谷城县替亭北，东南入于
洛。"

㉝孔安国曰："会于雒阳之南。"

㉞孔安国曰："合于巩之东也。"

于是九州攸同，四奥既居，①九山刊旅，②九川涤原，③九泽既
陂，④四海会同。六府甚修，⑤众土交正，致慎财赋，⑥咸则三壤成
赋。⑦中国赐土姓："祗台德先，不距朕行。"⑧

①孔安国曰："四方之邑已可居也。"

②孔安国曰："九州名山已槎木通道而旅祭也。"

③孔安国曰："九州之川已涤除无壅塞也。"

④孔安国曰："九州之泽皆已陂障无决溢也。"

⑤孔安国曰："六府，金、木、水、火、土、谷。"

⑥郑玄曰："众土美恶及高下得其正矣。亦致其贡篚，慎奉其财物之税，皆
法定制而入之也。"

⑦郑玄曰："三壤，上、中、下，各三等也。"

⑧郑玄曰："中即九州也。天子建其国，诸侯祚之土，赐之姓，命之氏，其敬
悦天子之德既先，又不距违我天子政教所行。"

令天子之国以外五百里甸服：①百里赋纳总，②二百里纳
铚，③三百里纳秸服，④四百里粟，五百里米。⑤甸服外五百里侯

服：⑥百里采，⑦二百里任国，⑧三百里诸侯。⑨侯服外五百里绥
服：⑩三百里揆文教，⑪二百里奋武卫。⑫绥服外五百里要服：⑬三
百里夷，⑭二百里蔡。⑮要服外五百里荒服：⑯三百里蛮，⑰二百里
流。⑱东渐于海，西被于流沙，朔、南暨：⑲声教讫于四海。于是帝锡
禹玄圭，以告成功于天下。⑳天下于是太平治。

①孔安国曰："为天子之服治田，去王城面五百里内。"

②孔安国曰："甸内近王城者。禾稿曰总，供食国之马也。"［索隐］曰：《说
　　文》云："总，聚束草也。"

③孔安国曰："所铚刈谓禾穗。"［索隐］曰：《说文》云："铚，获禾短镰也。"

④孔安国曰："秸，稿也。服稿役。"［索隐］曰：《礼·郊特牲》云："蒲越稿秸
　　之美"，则秸是稿之类也。

⑤孔安国曰："所纳精者少，粗者多。"

⑥孔安国曰："侯，候也。斥候而服事也。"

⑦马融曰："采，事也。各受王事者。"

⑧孔安国曰："任王事者。"

⑨孔安国曰："三百里同为王者斥候，故合三为一名。"

⑩孔安国曰："绥，安也。服王者政教。"

⑪孔安国曰："揆，度也。度王者文教而行之，三百里皆同。"

⑫孔安国曰："文教之外二百里奋武卫，天子所以安之。"

⑬孔安国曰："要束以文教也。"

⑭孔安国曰："守平常之教，事王者而已。"

⑮马融曰："蔡，法也。受王者刑法而已。"

⑯马融曰："政教荒忽，因其故俗而治之。"

⑰马融曰："蛮，慢也。礼简怠慢，来不距，去不禁。"

⑱马融曰："流行无城郭常居。"

⑲郑玄曰："朔，北方也。"

⑳［正义］曰：帝，尧也。玄，水也。以禹理水功成，故锡玄圭以表显之。自
　　此已上并《尚书·禹贡》文。

　　皋陶作士，以理民。①帝舜朝，禹、伯夷、皋陶相与语帝前。皋陶
述其谋曰："信其道德，谋明辅和。"禹曰："然，如何？"皋陶曰：
"於！②慎其身修，③思长，④敦序九族，众明高翼，近可远在已。"⑤

禹拜美言，曰："然。"皋陶曰："於！在知人，在安民。"禹曰："吁！皆
若是，惟帝其难之。⑥知人则智，能官人；能安民则惠，黎民怀之。能
知能惠，何忧乎讙兜，何迁乎有苗，何畏乎巧言善色佞人？"⑦皋陶
曰："然，於！亦行有九德，亦言其有德。"乃言曰："始事事，⑧宽而
栗，⑨柔而立，⑩愿而共，⑪治而敬，扰而毅，⑫直而温，简而廉，刚
而实，强而义，章其有常，吉哉。⑬日宣三德，早夜翊明有家。⑭日严
振敬六德，亮采有国。⑮翕受普施，九德咸事，俊乂在官，⑯百吏肃
谨。毋教邪淫奇谋。非其人居其官，是谓乱天事。⑰天讨有罪，五刑
五用哉。⑱吾言厎可行乎？"禹曰："女言致可绩行。"皋陶曰："余未
有知，思赞道哉。"⑲

①［正义］曰：士若大理卿也。

②［正义］曰：音乌，叹美之辞。

③［正义］曰：以为绝句。

④孔安国曰："慎修其身，思为长久之道。"

⑤郑玄曰："次序九族而亲之，以众贤明作羽翼之臣，此政由近可以及远
　也。"

⑥孔安国曰："言帝尧亦以为难。"

⑦郑玄曰："禹为父隐，故言不及鲧。"

⑧孔安国曰："言其人有德，必言其所行事，因事以为验。"

⑨孔安国曰："性宽弘而能庄栗。"

⑩孔安国曰："和柔而能立事。"

⑪孔安国曰："悫愿而恭敬。"

⑫徐广曰："扰，一作'柔'。"骃案：孔安国曰"扰，顺也。致果为毅"。

⑬孔安国曰："章，明也。吉，善也。"

⑭孔安国曰："三德，九德之中有其三也。卿大夫称家，明行之可以为卿大
　夫。"

⑮孔安国曰："严，敬也。行六德，以信治政事，可为诸侯也。"马融曰："亮，
　信；采，事也。"

⑯孔安国曰："翕，合也。能合受三六之德而用之，以布施政教，使九德之
　人皆用事。谓天子也如此，则俊德理能之士并皆在官也。"

⑰［索隐］曰：此取《尚书·皋陶谟》为文，断绝殊无次序，即班固所谓"疏

略抵捂"是也,今亦不能深考。

⑱孔安国曰:"言用五刑必当。"

⑲[正义]曰:皋陶云我未有所知,思之审赞于古道耳。谦辞也。已上并《尚书·皋陶谟》文,略其经,不全备也。

　　帝舜谓禹曰:"汝亦昌言。"禹拜曰:"於,予何言!予思日孳孳。"皋陶难禹曰:"何谓孳孳?"禹曰:"鸿水滔天,浩浩怀山襄陵,下民皆服于水。予陆行乘车,水行乘舟,泥行乘橇,山行乘檋,行山刊木。①与益予众庶稻鲜食。②以决九川致四海,浚畎浍③致之川。与稷予众庶难得之食。食少,调有余补不足,徙居。众民乃定,万国为治。皋陶曰:"然,此而美也。"

①[正义]曰:行,寒孟反。刊,口寒反。

②孔安国曰:"鸟兽新杀曰鲜。"[索隐]曰:予音与。上"与"谓"同与"之"与",下"予"谓"施予"之"予"。此禹言其与益施予众庶之稻粮。

③郑玄曰:"畎浍,田间沟也。"

　　禹曰:"於,帝!慎乃在位,安尔止。①辅德,天下大应。清意以昭待上帝命,天其重命用休。"②帝曰:"吁,臣哉,臣哉!臣作朕股肱耳目。予欲左右有民,女辅之。③余欲观古人之象,日月星辰,作文绣服色,女明之。予欲闻六律五声八音,来始滑,以出入五言,女听。④予即辟,女匡拂予。女无面谀,退而谤予。敬四辅臣。⑤诸众谗嬖臣,君⑥德诚施皆清矣。"禹曰:"然。帝即不时,布同善恶则毋功。"⑦

①郑玄曰:"安汝之所止,无妄动,动则扰民。"

②郑玄曰:"天将重命汝以美应,谓符瑞也。"

③马融曰:"我欲左右助民,汝当翼成我也。"

④《尚书》"滑"字作"𡊮",音忽。郑玄曰:"𡊮者,臣见君所秉,书思对命者也。君亦有焉,以出内政教于五官。"[索隐]曰:《古文尚书》作"在治忽",今文作"采政忽",先儒各随字解之。今此云"来始滑",于义无所通。盖来采字相近,滑忽声相乱,始又与治相似,因误为"来始滑",今依今文音"采政忽"三字。刘伯庄云"听诸侯能为政及忽怠者",是也。五言谓仁、义、礼、智、信五德之言,郑玄以为"出纳政教五官",非也。

⑤《尚书大传》曰:"古者天子必有四邻,前曰疑,后曰丞,左曰辅,右曰

弼。"

⑥徐广曰:"臣一作'吾'。"[索隐]曰:诸众谏弻臣为一句,"君"字宜属下文。

⑦孔安国曰:"帝用臣不是,则贤愚并位,优劣同流故也。"

帝曰:①"毋若丹朱傲,维慢游是好,毋水舟行,朋淫于家,②用绝其世。予不能顺是。"禹曰:"予辛壬娶涂山,癸甲生启,③予不子,④以故能成水土功。辅成五服,至于五千里,州十二师,外薄四海,⑤咸建五长,⑥各道有功。苗顽不即功,⑦帝其念哉。"帝曰:"道吾德,乃女功序之也。"皋陶于是敬禹之德,令民皆则禹。不如言,刑从之。⑧舜德大明。

①[正义]曰:此二字及下"禹曰",《尚书》并无。太史公有四字,帝及禹相答极为次序,当应别见书。

②郑玄曰:"朋淫,淫门内。"

③孔安国曰:"涂山,国名。辛日娶妻,至于甲四日,复往治水。"[索隐]曰:杜预云:"涂山在寿春东北",皇甫谧云:"今九江当涂有禹庙",则涂山在江南也。《系本》曰:"涂山氏女名女娲",是禹娶涂山氏号女娲也。又按:《尚书》云:"娶于涂山,辛壬癸甲,启呱呱而泣,予弗子。"今此云:"辛壬娶涂山,癸甲生启",盖《今文尚书》脱陋,太史公取为言,亦不稽其本意。岂有辛壬娶妻,经二日生子? 不经之甚。

④[正义]曰:此三字为一句,禹辛壬娶,至甲四日,往理水,及生启,不入门,我不得名子,以故能成水土之功。又,一云过门不入,不得有子爱之心。《帝系》云"禹娶涂山氏之子,谓之女娲,是生启"也。

⑤[正义]曰:《尔雅》云:"九夷、八狄、七戎、六蛮谓之四海。"《释名》云:"海,晦也。"按:夷蛮晦昧无知,故云四海也。

⑥孔安国曰:"薄迫。言至海也。诸侯五国,立贤者一人为方伯,谓之五长,以相统治。"

⑦孔安国曰:"三苗顽凶,不得就官,善恶分别。"

⑧[索隐]曰:谓不用命之人,则亦以刑罚而从之。

于是夔行乐,①祖考至,群后相让,鸟兽翔舞,《箫韶》九成,凤皇来仪,②百兽率舞,百官信谐。帝用此作歌曰:"陟天之命,维时维几。"③乃歌曰:"股肱喜哉,元首起哉,百工喜哉!"④皋陶拜手稽首扬言曰："念哉,⑤率为兴事,慎乃宪,敬哉!"⑥乃更为歌曰:"元首明哉,股肱良哉,庶事康哉!"舜又歌曰:"元首丛脞哉,股肱惰哉,万事堕哉!"⑦帝拜曰:"然,往钦哉!"于是天下皆宗禹之明度数声乐,⑧为山川神主。

①[正义]曰:若今太常卿也。

②孔安国曰:"《箫韶》,舞乐名。备乐九奏而致凤皇也。"

③孔安国曰:"奉正天命以临民,惟在顺时,惟在慎微。"

④孔安国曰:"股肱之臣喜乐尽忠,君之治功乃起,百官之业乃广。"

⑤郑玄曰:"使群臣念帝之戒。"

⑥孔安国曰:"率臣下为起治之事,当慎汝法度,敬其职。"

⑦孔安国曰:"丛脞,细碎无大略也。君如此,则臣懈惰,万事堕废也。"

⑧徐广曰:"《舜本纪》云禹乃兴《九韶》之乐。"

　　帝舜荐禹于天,为嗣。十七年①而帝舜崩。三年丧毕,禹辞辟舜之子商均于阳城。②天下诸侯皆去商均而朝禹。禹于是遂即天子位,③南面朝天下。国号曰夏后,姓姒氏。④

①刘熙曰:"若此,则舜格于文祖,三年之后,摄禹使得祭祀与?"

②刘熙曰:"今颍川阳城是也。"

③皇甫谧曰:"都平阳,或在安邑,或在晋阳。"

④《礼纬》曰:"祖以吞薏苡生。"

　　帝禹立而举皋陶荐之,且授政焉,而皋陶卒。①封皋陶之后于英、六,②或在许。③而后举益,任之政。

①[正义]曰:《帝王纪》云:"皋陶生于曲阜。曲阜偃地,故帝因之而以赐姓曰偃。尧禅舜,命之作士。舜禅禹,禹即帝位,以皋陶最贤,荐之于天,将有禅之意。未及禅,会皋陶卒。"《括地志》云:"皋繇墓在寿州安丰县南一百三十里故六城东,东都陂内大冢也。"

②徐广曰:"《史记》皆作'英'字,而以英布是此苗裔。"[索隐]曰:《地理志》云:安国六县,皋繇后偃姓所封国。英地阙,不知所在,以为黥布是其后也。[正义]曰:英盖蓼也。《括地志》云:"光州固始县,本春秋时蓼国。偃姓,皋陶之后也。《左传》云子燮灭蓼。《太康地志》云蓼国先在南阳故县,今豫州郾县界故胡城是,后徙于此。"《括地志》云:"故六城在寿州安丰县南一百三十二里。《春秋》文五年秋,楚成大心灭之。"

③《皇览》曰："皋陶冢在庐江六县。"[索隐]曰:许在颍川。[正义]曰:《括
　　地志》云:"许故城在许州许昌县南三十里,本汉许县,故许国也。"

　　十年,帝禹东巡狩,至于会稽而崩。①以天下授益。三年之丧
毕,益让帝禹之子启,而辟居箕山之阳。②禹子启贤,天下属意焉。
及禹崩,虽授益,益之佐禹日浅,天下未洽。故诸侯皆去益而朝,启
曰:"吾君帝禹之子也。"于是启遂即天子位,是为夏后帝启。

①皇谧曰:"年百岁也。"
②《孟子》"阳"字作"阴"。刘熙曰:"崇高之北。"[正义]曰:按:阴即阳城
　　也。《括地志》云:"阳城县在箕山北十三里。"又恐"箕"字误,本是"嵩"
　　字,而字相似。其阳城县在嵩山南二十三里,则为嵩山之阳也。

　　夏后帝启,禹之子,其母涂山氏之女也。

　　有扈氏不服,①伐之,大战于甘。②将战,作《甘誓》,乃召六卿
申之。③曰:"嗟!六事之人,④予誓告女:有扈氏威侮五行,怠弃三
正,⑤天用剿绝其命。⑥今予维共行天之罚。⑦左不攻于左,右不攻
于右,女不共命。⑧御非其马之政,女不共命。⑨用命,赏于祖;⑩不
用命,僇于社,⑪予则帑僇汝。"⑫遂灭有扈氏。天下咸朝。

①《地理志》曰:扶风鄠是古扈国。[正义]曰:《括地志》雍州南鄠县,本夏
　　之扈国也。《地理志》云鄠县古扈国有户亭。《训纂》云户、扈、鄠三字一
　　也,古今字不同耳。
②马融曰:"甘,有扈氏南郊地名。"[索隐]曰:夏启所伐,鄠南有甘亭。
③孔安国曰:"天子六军,其将皆命卿也。"
④孔安国曰:"各有军事,故曰六事。"
⑤郑玄曰:"五行,四时盛德所行之政也。威侮,暴逆之。三正,天、地、人之
　　正道。"
⑥孔安国曰:"剿,截也。"
⑦孔安国曰:"共,奉也。"
⑧郑玄曰:"左,车左。右,车右。"
⑨孔安国曰:"御以正马为政也。三者有失,皆不奉我命也。"
⑩孔安国曰:"天子亲征,必载迁庙之祖主行。有功即赏祖主前,示不专
　　也。"
⑪孔安国曰:"又载社主,谓之社事。奔北,则僇之社主前。社主阴,阴主杀

也。"

⑫孔安国曰:"非但止身,辱及汝子,言耻累之。"

夏后帝启崩,①子帝太康立。帝太康失国,②昆弟五人③须于洛汭,用《五子之歌》。④

①徐广曰:"皇甫谧曰夏启元年甲辰,十年癸丑崩。"

②孔安国曰:"盘于游田,不恤民事,为羿所逐,不得反国。"

③[索隐]曰:皇甫谧云号五观也。

④孔安国曰:"太康五弟与其母待太康于洛水之北,怨其不反,故作歌。"

太康崩,弟中康立,是为帝中康。帝中康时,羲、和湎淫,废时乱日。①胤往征之,作《胤征》。②

①孔安国曰:"羲氏,和氏,掌天地四时之官。太康之后,沉湎于酒,废天时,乱甲乙也。"

②孔安国曰:"胤国之君受王命往征之。"郑玄曰:"胤,臣名。"

中康崩,子帝相立。帝相崩,子帝少康立。①帝少康崩,子帝予②立。帝予崩,子帝槐③立。帝槐崩,子帝芒④立。帝芒崩,子帝泄立。帝泄崩,子帝不降立。⑤帝不降崩,弟帝扃立。帝扃崩,子帝廑⑥立。帝廑崩,立帝不降之子孔甲,是为帝孔甲。

①[索隐]曰:《左传》魏庄子曰:"昔有夏之衰也。后羿自鉏迁于穷石,因夏人而代夏政。恃其射也,不修人事,而信用伯明氏之谗子寒浞。浞杀羿,亨之,以食其子,子不忍食,杀于穷门。浞因羿室,生浇及豷。使浇灭斟灌氏及斟寻氏,而相为浇所灭,后缗归于有仍,生少康。有夏之臣靡,自有鬲收二国之烬以灭浞,而立少康。少康灭浇于过,后杼灭豷于戈,有穷遂亡。"然则帝相自被篡杀,中间经羿浞二氏,盖三数十年。而此纪揔不言之,直云帝相崩,子少康立,疏略之甚。[正义]曰:《帝王纪》云:"帝羿有穷氏,未闻其何姓先。帝喾以上,世掌射正。至喾,赐以彤弓素矢,封之于鉏,为帝司射,历虞,夏。羿学射于吉甫,其臂长,故以善射闻。及夏之衰,自鉏迁于穷石,因夏民以伐夏政。篡。帝相徙于商丘,依同姓诸侯斟寻。羿恃其善射,不修民事,淫于田兽,弃其良臣武罗、伯姻、熊髡、龙圉而信寒浞。寒浞,伯明氏之谗子,伯明后以谗弃之,而羿以为己相。寒浞杀羿于桃梧,而烹之以食其子。其子不忍食之,死于穷门,浞遂代夏,立为帝。寒浞袭有穷之号,因羿之室,生浇及豷。浇多力,能陆地行

舟。使羿帅师灭斟灌、斟寻,杀夏帝相,封羿于过,封羿于戈。恃其诈力,不恤事。初,羿之杀帝相也,妃有仍,氏女曰后缗,归有仍,生少康。初,夏之贵臣曰靡,事羿,羿死逃于有鬲氏,收斟寻二国余烬,杀寒浞,立少康,灭羿于过,后杼灭豷于戈,有穷遂亡也。"按:帝相被篡,历羿浞二世,四十年,而此纪不说,亦马迁所为疏略也。羿,音五告反。豷,音许器反。《括地志》云:"故锄城在滑州卫城县东十里。《晋地记》云河南有穷谷,盖本有穷氏所迁也。"《括地志》云:"商丘,今宋州也。斟灌故城在青州寿光县东五十四里。斟寻故城,今青州北海县是也。故过乡亭在莱州掖县西北二十里,本过国地。故鬲城在洛州密县界。杜预云国名,今平原鬲县也。"戈在宋郑之间也。寒国在北海平寿县东寒亭也。伯明,其君也。臣瓒云斟寻在河南,盖后迁北海也。《汲冢古文》云太康居斟寻,羿亦居之,桀又居之。《尚书》云:"太康失邦,兄弟五人须于洛汭。"此即太康居之,为近洛也。又吴起对魏武侯曰:"夏桀之居,左河、济,右太华,伊阙在其南,羊肠在其北。"又《周书·度邑篇》云:"武王问太公,'吾将因有夏之居',即河南是也。"《括地志》云:"故鄩城在洛州巩县西南五十八里,盖桀所居也。阳翟县又是禹所封,为夏伯。"

②[索隐]曰:音伫。《系本》云季伫作甲者也。《左传》曰杼灭豷于戈。《国语》云杼能帅禹者也。

③[索隐]曰:槐,音回。《系本》作"帝芬"。

④[索隐]曰:音亡。邹诞生又音荒也。

⑤[索隐]曰:《系本》作"帝降"。

⑥[索隐]曰:音觐,邹诞生又音勤。

帝孔甲立,好方鬼神,事淫乱。夏后氏德衰,诸侯畔之。天降龙二,有雌雄,孔甲不能食,①未得豢龙氏。②陶唐既衰,其后有刘累,③学扰龙④于豢龙氏,以事孔甲。孔甲赐之姓曰御龙氏,⑤受豕韦之后。⑥龙一雌死,以食夏后。夏后使求,惧而迁去。⑦

①[正义]曰:音寺。

②贾逵曰:"豢,养也。谷食曰豢。"

③服虔曰:"后,刘累之为诸侯者,夏后赐之姓。"[正义]曰:《括地志》云:"刘累故城在洛州缑氏县南五十五里,乃刘累旧之故地也。"

④应劭曰:"扰,音柔。扰,驯也。能顺养得其嗜欲。"

⑤服虔曰："御亦养。"

⑥徐广曰："受，一作'更'。"骃案：贾逵曰"刘累之后至商不绝，以代豕韦之后。祝融之后封于豕韦，殷武丁灭之，以刘累之后代之。"[索隐]曰：《系本》豕韦，防姓。

⑦贾逵曰："夏后既飨，而又使求致龙，刘累不能得而惧也。"《传》曰：迁于鲁县。

孔甲崩，子帝皋立帝皋崩，①子帝发立。帝发崩，子帝履癸立，是为桀。②

①《左传》曰皋墓在淆南陵。

②[索隐]桀，名也。按：《系本》帝皋生发及桀。此以发生桀，皇甫谥同也。

帝桀之时，①自孔甲以来而诸侯多畔夏，桀不务德而武伤百姓，百姓弗堪。乃召汤而囚之夏台，②已而释之。汤修德，诸侯皆归汤，汤遂率兵以伐夏桀。桀走鸣条，③遂放而死。④桀谓人曰："吾悔不遂杀汤于夏台，使至此。"汤乃践天子位，代夏朝天下。汤封夏之后，⑤至周封于杞也。⑥

①《谥法》：贼人多杀曰桀。

②[索隐]曰：狱名。夏曰均台。皇甫谥云"地在阳翟"是也。

③孔安国曰："地在安邑之西。"郑玄曰："南夷，地名。"

④徐广曰："从禹至桀十七君，十四世。"骃案：《汲冢纪年》曰："有王与无王，用岁四百七十一年矣。"[正义]曰：《括地志》云："庐州巢县有巢湖，即《尚书》'成汤伐桀，放于南巢'者也。《淮南子》云：'汤败桀于历山，与末喜同舟浮江，奔南巢之山而死。'《国语》云：'满于巢湖'，又云：'夏桀伐有施，施人以妹喜女焉'。"女，音女虑反。

⑤[正义]曰：《括地志》云："夏亭故城在汝州郏城县东北五十四里，盖夏后所封也。"

⑥[正义]曰：《括地志》云："汴州雍丘县，古杞国城也。周武王封禹后，号东楼公也。"

太史公曰：禹为姒姓，其后分封，用国为姓，故有夏后氏、有扈氏、有男氏、斟寻氏、彤城氏、褒氏、费氏、①杞氏、缯氏、辛氏、冥氏、斟氏戈氏。孔子正夏时，学者多《夏小正》云。②自虞、夏时，贡赋备矣。或言禹会诸侯江南,计功而崩,因葬焉,命曰会稽。会稽者,会计也。③

①徐广曰:"一云'斟氏、寻氏'。"[索隐]曰:《系本》男作"南",寻作"鄩",
费作"弗",而不云彤城及褒。按:周有彤伯,盖彤城氏之后。张敖《地理
记》云:"济南平寿县,其地即古斟寻国。"又下云斟戈氏,按《左传》、《系
本》皆云斟灌氏。

②《礼运》称孔子曰:"我欲观夏道,是故之杞,而不足徵也,吾得夏时焉。"
郑玄曰:"得夏四时之书,其存者有《小正》。"[索隐]曰:《小正》,《大戴
记》篇名。正征二音。

③《皇览》曰:"禹冢在山阴县会稽山上。会稽山本名苗山。在县南,去县七
里。《越传》曰禹到大越,上苗山,大会计,爵有德,封有功,因而更名苗
山曰会稽。因病死,葬,苇棺,穿圹深七尺,上无泻泄,下无邸水,坛高三
尺,土阶三等,周方一亩。《吕氏春秋》曰:'禹葬会稽,不烦人徒'。《墨
子》曰:'禹葬会稽,衣衾三领,桐棺三寸'。《地理志》云山上有禹井、禹
祠,相传以为下有群鸟耘田者也。"[索隐]曰:抵,至也,音丁礼反。苇棺
者,以苇为棺。谓薠蒲而敛,非也。禹虽俭约,岂万乘之主而臣子乃以薠
蒲裹尸乎?《墨子》言"桐棺三寸",差近人情。[正义]曰:《括地志》云:
"禹陵在越州会稽县南十三里。庙在县东南十一里。"

索隐述赞曰:尧遭洪水,黎人阻饥。禹勤沟洫,手足胼胝。言乘
四载,动履四时。娶妻有日,过门不私。九土既理,玄圭锡兹。帝启
嗣立,有扈违命。五子作歌,太康失政。羿浞斯侮,夏室不竞。降于
孔甲,扰龙乖性。嗟彼鸣条,其终不令。

史记卷三
本纪第三

殷

　　殷契①母曰简狄，②有娀氏之女，③为帝喾次妃。三人行浴，见
玄鸟堕其卵，简狄取吞之，因孕生契。④契长而佐禹治水，有功。帝
舜乃命契曰："百姓不亲，五品不训，汝为司徒，而敬敷五教，五教在
宽。"封于商，⑤赐姓子氏。⑥契兴于唐、虞、大禹之际，功业著于百
姓，百姓以平。

　　①[索隐]曰：契始封商，其后裔盘庚迁殷，殷在邺南，遂为天下号。契是殷
　　　家始祖，故言契。[正义]曰：《括地志》云："相州安阳本盘庚所都，即北
　　　冢，殷墟南去朝歌城百四十六里。《竹书纪年》云'盘庚字也，北冢曰殷
　　　墟，南去都四十里'，是旧都城西南三十里有洹水，南岸三里有安阳城，
　　　西有城名殷墟，所谓北冢者也。"今按：洹水在相州北四里，安阳城即相
　　　州外城也。
　　②[索隐]曰：旧本作"易"，狄音同。又作"逷"，吐历反。
　　③《淮南子》曰："有娀在不周之北。"[正义]曰：按：《记》云："桀败于有娀
　　　之墟"，有娀当在蒲州也。
　　④[索隐]曰：谯周云："契生尧代，舜始举之，必非喾子。以其父微，故不著
　　　名。其母娀氏女，与宗妇三人浴于川，玄鸟遗卵，简狄吞之，则简狄非帝
　　　喾次妃明也。"
　　⑤郑玄曰："商国在大华之阳。"皇甫谧曰："今上洛商是也。"[索隐]曰：尧
　　　封契于商，即《诗·商颂》云："有娀方将，帝立子生商"是也。[正义]曰：
　　　《括地志》云："商州东八十里商洛县，本商邑，古之商国，帝喾之子卨所
　　　封也。"

⑥《礼纬》曰:"祖以玄鸟生子也。"[正义]曰:《括地志》云:"故子城在渭州
　　华城县东北八十里,盖子姓之别邑。"

　契卒,子昭明立。昭明卒,子相土立。①相土卒,子昌若立。昌若
卒,子曹圉立。②曹圉卒,③子冥立。④冥卒,子振立。⑤振卒,子微
立。⑥微卒,子报丁立。报丁卒,子报乙立。报乙卒,子报丙立。报丙
卒,子主壬立。主壬卒,子主癸立。主癸卒,子天乙立,是为成
汤。⑦

①宋衷曰:"相土就契封于商。《春秋左氏传》曰:'阏伯居商丘,相土因
　之'。"[索隐]曰:相土佐夏,功著于商,《诗·颂》曰"相土烈烈,海外有
　截"是也。《左传》曰:"昔陶唐氏火正阏伯居商丘,相土因之",是始封
　商也。[正义]曰:《括地志》云:"宋州城古阏伯之墟,即商丘也,又云羿
　所封之地。"
②[索隐]曰:《系本》作"粮圉"也。
③[正义]曰:圉,音语,出《系本》。
④宋忠曰:"冥为司空,勤其官事,死于水中,殷人郊之。"[索隐]曰:《礼》
　曰:"冥勤其官而水死",殷人祖契而郊冥也。
⑤[索隐]曰:《系本》作"核"。
⑥[索隐]曰:皇甫谧云:"微字上甲,其母以甲日生故也。"商家生子,以日
　为名,盖自微始。谯周以为死称庙主曰"甲"也。
⑦张晏曰:"禹、汤皆字也。二王去唐、虞之文,从高阳之质,故夏、殷之王
　皆以名为号。"《谥法》曰:"除虐去残曰汤。"[索隐]曰:汤名履,《书》曰
　"予小子履"是也。又称天乙者,谯周云:"夏、殷之礼,生称王,死称庙
　主,皆以帝名配之。天亦帝也,殷人尊汤,故曰天乙"。从契至汤凡十四
　代,故《国语》曰"玄王勤商,十四代兴"。玄王,契也。

　成汤,自契至汤八迁。①汤始居亳,②从先王居,③作《帝
诰》。④

①孔安国曰:"十四世凡八徙国都。"
②皇甫谧曰:"梁国谷熟为南亳,即汤都也。"[正义]曰:《括地志》云:"宋
　州谷熟县西南三十五里南亳故城,即南亳,汤都也。宋州北五十里大蒙
　城为景亳,汤所盟地,因景山为名。河南偃师为西亳,帝喾及汤所都,盘
　庚亦从都之。"

③孔安国曰："契父帝喾都亳,汤自商丘迁焉,故曰'从先王居'。"[正义]
　曰:按:亳,偃师城也。商丘,宋州也。汤即位,都南亳,后徙西亳也,《括
　地志》云:"亳邑故城在洛州偃师县西十四里,本帝喾之墟,商汤之都
　也。"

④[索隐]曰一作"俈"。上云"从先王居",故作《帝俈》。孔安国以为作诰告
　先王,言已来居亳也。

　　汤征诸侯。①葛伯不祀,汤始伐之。②汤曰:"予有言:人视水见
形,视民知治不。"伊尹曰:"明哉!言能听,道乃进。君国子民,为善
者皆在王官。勉哉,勉哉!"汤曰:"汝不能敬命,予大罚殛之,无有攸
赦。"作《汤征》。

①孔安国曰:"为夏方伯,得专征伐。"

②《孟子》曰:"汤居亳,与葛伯为邻。"《地理志》曰葛今梁国宁陵之葛乡。

　　伊尹名阿衡。①阿衡欲干汤而无由,乃为有莘氏媵臣,②负鼎
俎,以滋味说汤,致于王道。或曰伊尹处士,汤使人聘迎之,五反然
后肯往从汤,言素王及九主之事。③汤举任以国政。伊尹去汤适夏。
既丑有夏,复归于亳。入自北门,遇女鸠、女房,作《女鸠女房》。④

①[索隐]曰:《孙子兵书》:"伊尹名挚。"孔安国亦曰"伊挚"。然解者以阿
　衡为官名。按:阿,倚也,衡,平也。言依倚而取平。《书》曰:"惟嗣
　王弗惠于阿衡",亦曰保衡,皆伊尹之官号,非名也。皇甫谧云:"伊尹,力牧
　之后,生于空桑。"又《吕氏春秋》云:"有侁氏女采得婴儿于空桑,后居
　伊水,命曰伊尹。"尹,正也,谓汤使之正天下。

②《列女传》曰:"汤妃有莘氏之女。"[正义]曰:《括地志》云:"古莘国在汴
　州陈留县东五里,故莘城是也。《陈留风俗传》云陈留外黄有莘昌亭,本
　宋地,莘氏邑也。"媵,翊剩反。《尔雅》云:"媵,将,送也。"

③刘向《别录》曰:"九主者,有法君、专君、授君、劳君、等君、寄君、破君、
　国君、三岁社君,凡九品,图画其形。"[索隐]曰:按:素王者,太素上皇,
　其道质素,故称素王。九主者,三皇、五帝及夏禹也。或曰九主谓九皇
　也。然按注刘向所称九主,载之《七录》,名称甚奇,不知所凭据耳。法
　君,谓用法严急之君,若秦孝公及始皇等也。劳君,谓勤劳天下,若禹、

稷等也。等君，等者平也，谓定等威，均禄赏，若高祖封功臣，侯雍齿也。授君，谓人君不能自理，而政归其臣，若燕王哙授子之、禹授益之比也。专君，谓专己独断，不任贤臣，若汉宣之比也。破君，谓轻敌致寇，国灭君死，若楚戊、吴濞等是也。寄君，谓人困于下，主骄于上，离析可待，故孟轲谓之"寄君"也。国君，国当为"固"字之讹耳。固，谓完城郭，利甲兵，而不修德，若三苗、智伯之类也。三岁社君，谓在襁褓而主社稷，若周成王、汉昭、平等是也。又注本九主，谓法君、劳君、等君、专君、授君、破君、国君，以三岁社君为二，恐非。

④孔安国曰："鸠、房二人，汤之贤臣也。二篇皆言所以丑夏而还之意也。"

　汤出，见野张网四面，祝曰："自天下四方皆入吾网。"汤曰："嘻，尽之矣！"乃去其三面，祝曰："欲左，左。欲右，右。不用命，乃入吾网。"诸侯闻之，曰："汤德至矣！及禽兽。"

　当是时，夏桀为虐政淫荒，而诸侯昆吾氏为乱，①汤乃兴师率诸侯。伊尹从汤，汤自把钺以伐昆吾，遂伐桀。汤曰："格汝众庶，来，女悉听朕言。匪台小子②敢行举乱，有夏多罪，予维闻女众言，夏氏有罪。予畏上帝，不敢不正。③今夏多罪，天命殛之。今女有众，女曰：'我君不恤我众，舍我啬事而割政'。④女其曰：'有罪，其奈何'？夏王率止众力，率夺夏国。⑤有众率怠不和，⑥曰：'是日何时丧？予与女皆亡'！⑦夏德若兹，今朕必往。尔尚及予一人致天之罚，予其大理女。⑧女毋不信，朕不食言。⑨女不从誓言，予则帑僇女，无有攸赦。"以告令师，作《汤誓》。于是汤曰："吾甚武"，号曰武王。⑩

①［正义］曰：帝喾时陆终之长于夏台子，昆吾氏之后也。《世本》云"昆吾者，卫氏"是。

②马融曰："台，我也。"

③孔安国曰："不敢不正桀之罪而诛之。"

④孔安国曰："夺民农功，而为割剥之政。"

⑤孔安国曰："桀之君臣，相率遏止众力，使不得事农，相率割剥夏之邑居。"

⑥马融曰："众民相率怠惰，不和同。"

⑦《尚书大传》曰："桀云：'天之有日，犹吾之有民，日有亡哉，日亡吾亦亡矣'。"

⑧《尚书》"理"字作"赉"。郑玄曰:"赉,赐也。"

⑨[索隐]曰:《左传》云:"食言多矣,能无肥乎?"是谓妄言为食言。

⑩《诗》云:"武王载旆,有虔秉钺。"《毛传》曰:"武王,汤也。"

桀败于有娀之虚,桀奔于鸣条,①夏师败绩。汤遂伐三㚌,俘厥宝玉,②义伯、仲伯作《典宝》。③汤既胜夏,欲迁其社,不可,④作《夏社》。⑤伊尹报。⑥于是诸侯必服,汤乃践天子位,平定海内。

①[正义]曰:《括地志》云:"高涯原在蒲州安邑县北三十里南坂口,即古鸣条陌也。鸣条战地,在安邑西。"

②孔安国曰:"三㚌,国名,桀走保之,今定陶也。俘,取也。"[正义]曰:《括地志》云:"曹州济阴县即古定陶也,东有三㝅亭是也。"

③孔安国曰:"二臣作《典宝》一篇,言国之常宝也。"

④孔安国曰:"欲变置社稷,而后世无及句龙者,故不可而止。"

⑤孔安国曰:"言夏社有可迁之义。"

⑥徐广曰:"一云'伊尹报政'。"

汤归至于泰卷陶,①中㽎作诰。②既绌夏命,③还亳,作《汤诰》:"维三月,王自至于东郊。告诸侯群后:'毋不有功于民,勤力乃事。予乃大罚殛女,毋予怨。'曰:'古禹、皋陶久劳于外,其有功乎民,民乃有安。东为江,北为济,西为河,南为淮,四渎已修,万民乃有居。后稷降播,农殖百谷。三公咸有功于民,故后有立。④昔蚩尤与其大夫作乱百姓,帝乃弗予,⑤有状。⑥先王,言不可不勉。'⑦曰:'不道,毋之在国,⑧女毋我怨。'"以令诸侯。伊尹作《咸有一德》,⑨咎单作《明居》。⑩

①徐广曰:"一无此'陶'字。"孔安国曰:"地名。汤自三㽎而还。"[索隐]曰:邹诞生"卷"作"㚗",又作"洞",则卷当为"坰",与《尚书》同,非衍字也。其下"陶"字是衍耳。何以知然?解《尚书》者以大坰今定陶是也,旧本或傍记其地名,后人转写,遂衍斯字也。[正义]曰:陶,古铭反。

②孔安国曰:"仲虺,汤左相奚仲之后。"[索隐]曰:仲虺二音。㽎作"垒",音如字,《尚书》又作"虺"也。

③孔安国曰:"绌其王命。"

④徐广曰:"一作'土'。"[索隐]曰:谓禹、皋陶有功于人,建立其后,故云

有立。

⑤音与。

⑥[索隐]曰:帝,天也。谓蚩尤作乱,上天乃不佑之,是为弗与。有状,言其
　罪大而有形状,故黄帝灭之。

⑦[索隐]曰:先王,指黄帝、帝尧、帝舜等言。禹、咎繇以久劳于外。故后有
　立。及蚩尤作乱,天不佑之,乃致黄帝灭之。皆是先王赏有功,诛有罪,
　言今汝不可不勉。此汤诫其臣。

⑧徐广曰:"之,一作'政'。"[索隐]曰:不道,犹无道也。又诫诸侯云:汝为
　不道,我则无令汝之在国。

⑨王肃曰:"言君臣皆有一德。"[索隐]曰:按《尚书》伊尹作《咸有一德》
　在太甲时,太史公记之于斯,谓成汤之日,其言又失次序。

⑩马融曰:"咎单,汤司空也。明居民之法也。"

汤乃改正朔,易服色,上白,朝会以昼。

汤崩,①太子太丁未立而卒,于是乃立太丁之弟外丙,是为帝
外丙。

①《皇览》曰:"汤冢在济阴亳县北东郭,去州三里。冢四方,方各十步,高
　七尺,上平,处平地。汉哀帝建平元年,大司空御史御长卿案行水灾,因
　行汤冢。刘向曰:'殷汤无葬处。'"皇甫谧曰:"即位十七年而践天子位,
　为天子十三年,年百岁而崩。"[索隐]曰:长卿,诸本多作劫姓。按:《风
　俗通》有御氏,为汉司空御史,其名长卿,明劫非也。亦有劫弥,不得为
　御史。[正义]曰:《括地志》云:"薄城北郭东三里平地有汤冢。"按:在
　蒙,即北薄也。又云:"洛州偃师县东六里有汤冢,近桐宫,盖此是也。"

帝外丙即位三年,崩,立外丙之弟中壬,①是为帝中壬。

①[正义]曰:仲壬二音。

帝中壬即位四年,崩,伊尹乃立太丁之子太甲。①太甲,成汤嫡
长孙也,是为帝太甲。

①[正义]曰:《尚书·孔子序》云"成汤既没,太甲元年",不言有外丙、仲
　壬,而太史公采《世本》,有外丙、仲壬,二书不同,当是信则传信,疑则
　传疑。

帝太甲元年,伊尹作《伊训》,作《肆命》,作《徂后》。①

①郑玄曰:"《肆命》者,陈政教所当为也。《徂后》者,言汤之法度也。"

帝太甲既立三年,不明,暴虐,不遵汤法,乱德,于是伊尹放之于桐宫。①三年,伊尹摄行政当国,以朝诸侯。帝太甲居桐宫三年,悔过自责,反善。于是伊尹乃迎帝太甲而授之政。帝太甲修德,诸侯咸归殷,百姓以宁。伊尹嘉之,乃作《太甲训》三篇,褒帝太甲,称太宗。

①孔安国曰:"汤葬地。"郑玄曰:"地名也,有王离宫焉。"[正义]曰:《晋太康地记》云:"尸乡南有亳坂,东有城,太甲所放处也。"按:尸乡在洛州偃师县西南五里也。

太宗崩,子沃丁立。帝沃丁之时,伊尹卒。既葬伊尹于亳,①咎单遂训伊尹事,作《沃丁》。

①《皇览》曰:"伊尹冢在济阴巳氏平利乡,亳近巳氏。"[正义]曰:《括地志》云:"伊尹墓在洛州偃师县西北八里。又云宋州楚丘县西北十五里有伊尹墓,恐非也。"《帝王世纪》:"伊尹名挚,为汤相,号阿衡,年百岁卒,大雾三日,沃丁以天子礼葬之。"

沃丁崩,弟太庚立,是为帝太庚。帝太庚崩,子帝小甲立。①

①徐广曰:"《世表》云帝小甲,太庚弟也。"

帝小甲崩,弟雍己立,是为帝雍己。殷道衰,诸侯或不至。

帝雍己崩,弟太戊立,是为帝太戊。帝太戊立伊陟为相。①亳有祥桑谷共生于朝,一暮大拱。②帝太戊惧,问伊陟。伊陟曰:"臣闻妖不胜德,帝之政其有阙与?帝其修德。"太戊从之,而祥桑枯死而去。③伊陟赞言于巫咸。④巫咸治王家有成,作《咸艾》,⑤作《太戊》。帝太戊赞伊陟于庙,言弗臣,伊陟让,作《原命》。⑥殷复兴,诸侯归之,故称中宗。

①孔安国曰:"伊陟,伊尹之子。"

②孔安国曰:"祥,妖怪也。二木合生,不恭之罚。"郑玄曰:"两手扼之曰拱。"[索隐]曰:此云"一暮大拱",《尚书大传》作"七日大拱",与此不同。

③[索隐]曰:刘伯庄言枯死而消去不见,今以为由帝修德而妖祥遂去。

④孔安国曰:"赞,告也。巫咸,臣名也。"[正义]曰:按:巫咸及子贤冢皆在

　　苏州常熟县西海虞山上,盖二子本吴人也。

　　⑤马融曰:"艾,治也。"

　　⑥马融曰:"原,臣名也。命原以禹、汤之道我所修也。"

　　中宗崩,子帝仲丁立。帝仲丁迁于隞。①河亶甲居相。②祖乙迁于邢。③

　　①孔安国曰:"地名。"皇甫谧曰:"或云河南敖仓是也。"[索隐]曰:隞亦作"嚣",并音敖字。[正义]曰:《括地志》云:"荥阳故城在郑州荥泽县西南十七里,殷时敖地也。"

　　②孔安国曰:"地名,在河北。"[正义]曰:《括地志》云:"故殷城在相州内黄县东南十三里,即河亶甲所筑都之,故名殷城也。"

　　③[索隐]曰:邢,音耿。近代本亦作"耿"。今河东皮氏县有耿乡。[正义]曰:《括地志》云:"绛州龙门县东南十二里耿城,故耿国也。"

　　帝仲丁崩,弟外壬立,是为帝外壬。《仲丁》书阙不具。①

　　①[索隐]曰:盖太史公知旧有《仲丁》书,今已遗阙不具也。

　　帝外壬崩,弟河亶甲立,是为帝河亶甲。河亶甲时,殷复衰。

　　河亶甲崩,子帝祖乙立。帝祖乙立,殷复兴。巫贤任职。

　　祖乙崩,子帝祖辛立。

　　帝祖辛崩,弟沃甲立,是为帝沃甲。①

　　①[索隐]曰:《系本》作"开甲"也。

　　帝沃甲崩,立沃甲兄祖辛之子祖丁,是为帝祖丁。

　　帝祖丁崩,立弟沃甲之子南庚,是为帝南庚。

　　帝南庚崩,立帝祖丁之子阳甲,是为帝阳甲。帝阳甲之时,殷衰。

　　自中丁以来,废嫡而更立诸弟子,弟子或争相代立,比九世乱,于是诸侯莫朝。

　　帝阳甲崩,弟盘庚立,是为帝盘庚。

　　帝盘庚之时,殷已都河北,盘庚渡河南,复居成汤之故居,乃五迁,无定处。①殷民咨胥皆怨,不欲徙。②盘庚乃告谕诸侯、大臣曰:"昔高后成汤与尔之先祖俱定天下,法则可修。舍而弗勉,何以成德!"乃遂涉河南,治亳,③行汤之政,然后百姓由宁,殷道复兴。诸侯来朝,以其遵成汤之德也。

①孔安国曰:"自汤至盘庚凡五迁都。"[正义]曰:汤自南亳迁西亳,仲丁
迁,敖河亶甲居相,祖乙居耿,盘庚渡河,南居西亳,是五迁也。

②孔安国曰:"胥,相也。民不欲徙,皆咨嗟忧愁,相与怨其上也。"

③郑玄曰:"治于亳之殷地,商家自此徙,而改号曰殷亳。"皇甫谧曰:"今
偃师是也。"

帝盘庚崩,弟小辛立,是为帝小辛。帝小辛立,殷复衰。百姓思
盘庚,乃作《盘庚》三篇。①

①[索隐]曰:《尚书》"盘庚将治亳,殷民咨胥怨,作《盘庚》",此以盘庚崩,
弟小辛立,百姓思之,乃作《盘庚》,由不见古文也。

帝小辛崩,弟小乙立,是为帝小乙。

帝小乙崩,子帝武丁立。

帝武丁即位,思复兴殷,而未得其佐。三年不言,政事决定于冢
宰,①以观国风。武丁夜梦得圣人,名曰说。以梦所见视群臣百吏,
皆非也。于是乃使百工营求之野,得说于傅险中。②是时说为胥靡,
筑于傅险。③见于武丁,武丁曰"是也"。得而与之语,果圣人,举以
为相,殷国大治。故遂以傅险姓之,号曰傅说。

①郑玄曰:"冢宰,天官卿贰王事者。"

②徐广曰:"《尸子》云:'傅岩在北海之洲'。"[索隐]曰:旧本作"险",亦作
"岩"也。[正义]曰:《括地志》云:"傅险即传说版筑之处,所隐之处,窟
名圣人窟,在今陕州河北县北七里,即虞国虢国之界。又有傅说祠。《注
水经》云沙涧水北虞山,南邻傅岩,傅说隐室前,俗名圣人窟。"

③孔安国曰:"傅氏之岩在虞、虢之界,通道所经,有涧水坏道,常使胥靡
刑人筑护此道。说贤而隐,代胥靡筑之,以供食也。"

帝武丁祭成汤,明日,有飞雉登鼎耳而呴,①武丁惧。祖己曰:
"②王勿忧,先修政事。"祖己乃训王曰:"唯天监下典厥义,③降年
有永,有不永,非天夭民,中绝其命。民有不若德,不听罪,天既附命
正厥德,④乃曰其奈何。呜呼!王嗣敬民,罔非天继,常祀毋礼于弃
道。"⑤武丁修政行德,天下咸欢,殷道复兴。

①[正义]曰:音构。呴,雉鸣也。《诗》云:"雉之朝呴。"

②孔安国曰:"贤臣名。"

③孔安国曰:"言天视下民,以义为常也。"

④孔安国曰:"不顺德,言无义也。不服罪,不改修也。天以信命正其德,谓
　　其有永有不永。"[索隐]曰:附,依《尚书》音孚。

⑤孔安国曰:"王者主民,当敬民事。无非天时。天时所常祀也。祭祀有常,
　　不当特丰于近也。"[索隐]曰:祭祀有常,无为丰杀之礼于是以弃常道。

　　帝武丁崩,子帝祖庚立。祖己嘉武丁之以祥雉为德,立其庙为
高宗,遂作《高宗肜日》及《训》。①

①孔安国曰:"祭之明日又祭,殷曰肜,周曰绎。"

　　帝祖庚崩,弟祖甲立,是为帝甲。帝甲淫乱,殷复衰。①

①[索隐]曰:《国语》云"帝甲乱之,七代而陨"是也。

　　帝甲崩,子帝廪辛立。①

①[索隐]曰:《汉书·古今人表》及《帝王代纪》皆作"冯辛"。

　　帝廪辛崩,弟庚丁立,是为帝庚丁。

　　帝庚丁崩,子帝武乙立。殷复去亳,徙河北。

　　帝武乙无道,为偶人,①谓之天神。与之博,令人为行。②天神
不胜,乃僇辱之。为革囊,盛血,仰而射之,命曰"射天"。武乙猎于
河渭之间,暴雷,武乙震死。子帝太丁立。

①[索隐]曰:偶音寓。亦如字。[正义]曰:偶,五苟反。偶,对。以土木为
　　人,对象于人形也。

②[正义]曰:为,于伪反。行,胡孟反。

　　帝太丁崩,子帝乙立。帝乙立,殷益衰。

　　帝乙长子曰微子启,①启母贱,不得嗣。②少子辛,辛母正后,
辛为嗣。

①[索隐]曰:微,国号。爵为子。启,名也。《孔子家语》云"微"或作"魏",
　　读从微音。邹本亦然也。

②[索隐]曰:此以启与纣异母,而郑玄称为同母,依《吕氏春秋》,言母当
　　生启时犹未正立,及生纣时始正为妃,故启大而庶,纣小而嫡。

　　帝乙崩,子辛立,是为帝辛,天下谓之纣。①

①《谥法》曰:"残义损善曰纣。"

帝纣资辨捷疾,闻见甚敏;材力过人,手格猛兽;①知足以距谏,言足以饰非;矜人臣以能,高天下以声,以为皆出己之下。好酒淫乐,嬖于妇人。爱妲己,②妲己之言是从。于是使师涓作新淫声,北里之舞,靡靡之乐。厚赋税以实鹿台之钱,③而盈巨桥之粟。④益收狗马奇物,充仞宫室。益广沙丘苑台,⑤多取野兽蜚鸟置其中。慢于鬼神。大最乐戏于沙丘,⑥以酒为池,⑦悬肉为林,⑧使男女倮⑨相逐其间,为长夜之饮。

①[正义]曰:《帝王世经》云"纣倒曳九牛,抚梁易柱"也。

②皇甫谧曰:"有苏氏美女。"[索隐]曰:《国语》有苏氏女,妲字己姓也。

③如淳曰:"《新序》曰鹿台,其大三里,高千尺。"瓒曰:"鹿台,台名,今在朝歌城中。"[正义]曰:《括地志》云:"鹿台在卫县西南二十二里。"

④服虔曰:"巨桥,仓名。许慎曰巨鹿水之大桥也,有漕粟也。"[索隐]曰:邹诞生云:"巨,大;桥,器名也。纣厚赋税,故因器而大其名。"

⑤《尔雅》曰:"迆逦,沙丘也。"《地理志》曰在巨鹿东北七十里。[正义]曰:《括地志》云:"沙丘台在邢州平乡东北二十里。《竹书纪年》自盘庚徙殷至纣之灭七百七十三年,更不徙都,纣时稍大其邑,南距朝歌,北据邯郸及沙丘,皆为离宫别馆。"

⑥徐广曰:"最,一作'聚'。"

⑦[正义]曰:《括地志》云:"酒池在卫州卫县西二十三里。《太公六韬》云纣为酒池。回船糟丘而牛饮者三千余人为辈。"

⑧[正义]曰:县,户眠反。

⑨[正义]曰:胡瓦反。

百姓怨望而诸侯有畔者,于是纣乃重辟刑,有炮烙之法。①以西伯昌、九侯、②鄂侯③为三公。九侯有好女,入之纣。九侯女不憙淫,④纣怒,杀之,而醢九侯。鄂侯争之强,辨之疾,并脯鄂侯。西伯昌闻之,窃叹。崇侯虎知之,以告纣,纣囚西伯羑里。⑤西伯之臣闳夭之徒,求美女、奇物、善马以献纣,纣乃赦西伯。西伯出而献洛西之地,⑥以请除炮烙之刑。纣乃许之,赐弓矢斧钺,使得征伐,为西伯。而用费中为政。⑦费中善谀，好利，殷人弗亲。纣又用恶来。⑧恶来善毁谗，诸侯以此益疏。

①《列女传》曰："膏铜柱，下加之炭，令有罪者行焉，辄堕炭中，妲己笑，名曰炮烙之刑。"[索隐]曰：邹诞生云"烙，一音阁"。又云"见蚁布铜升，足废而死，于是为铜烙，炊炭其下，使罪人步其上"，与《列女传》少异。

②徐广曰："一作'鬼侯'。邺县有九侯城。"[索隐]曰：九亦依字读，邹诞生音仇也。[正义]曰：《括地志》云："相州洛阳县西南五十里有九侯城，亦名鬼侯城，盖殷时九侯城也。"

③徐广曰："一作'邘'，音于。野王县有邘城。"

④徐广曰："一云无'不喜淫'。"

⑤《地理志》曰河内汤阴有羑里城，西伯所拘处。韦昭曰"音酉"。[正义]曰：牗，一作"羑"，音酉。羑城在相州汤阴县北九里，纣囚西伯城也。《帝王世纪》云："囚文王，文王之长子曰伯邑考，质于殷，为纣御，纣烹为羹，赐文王，曰：'圣人当不食其子羹'。文王食之。纣曰：'谁谓西伯圣者？食其子羹尚不知也。'"

⑥[正义]曰：洛水一名漆沮水，在同州洛西之地，谓洛西之丹、方等州也。

⑦[正义]曰：费，音扶味反。中音仲。费，姓；仲，名也。

⑧[索隐]曰：秦之祖蜚廉子。

西伯归，乃阴修德行善，诸侯多叛纣而往归西伯。西伯滋大，纣由是稍失权重。王子比干谏，弗听。商容贤者，百姓爱之，纣废之。及西伯伐饥国，灭之，①纣之臣祖伊②闻之而咎周，③恐，奔告纣曰："天既讫我殷命，假人元龟，④无敢知吉，⑤非先王不相我后人，⑥维王淫虐用自绝，故天弃我，不有安食，不虞知天性，不迪率典。⑦今我民罔不欲丧，曰'天曷不降威，大命胡不至'？今王其奈何？"纣曰："我生不有命在天乎！"祖伊反，曰："纣不可谏矣。"西伯既卒，周武王之东伐，至盟津，诸侯叛殷会周者八百。诸侯皆曰："纣可伐矣。"武王曰："尔未知天命。"乃复归。

①徐广曰："饥，一作'阢'，又作'耆'。"

②孔安国曰："祖己后，贤臣也。"

③孔安国曰："咎，恶也。"

④徐广曰:"元,一作'卜'。"

⑤马融曰:"元龟,大龟也,长尺二寸。"孔安国曰:"至人以人事观殷,大龟以神灵考之,皆无知吉者。"

⑥孔安国曰:"相,助也。"

⑦郑玄曰:"王暴虐于民,使不得安食,逆乱阴阳,不度天性,傲很明德,不修教法者。"

　　纣愈淫乱不止。微子数谏,不听,乃与太师、少师谋,遂去。比干曰:"为人臣者,不得不以死争。"乃强谏纣。纣怒曰:"吾闻圣人心有七窍。"剖比干,观其心。①箕子惧,乃详狂为奴,纣又囚之。殷之太师、少师乃持其祭乐器奔周。周武王于是遂率诸侯伐纣。纣亦发兵距之牧野。②

①[正义]曰:《括地志》云:"比干见微子去,箕子狂,乃叹曰:'主过不谏,非忠也。畏死不言,非勇也。过则谏,不用则死,忠之至也。'进谏不去者三日。纣问:'何以自持?'比干曰:'修善行仁,以义自持。'纣怒,曰:'吾闻圣人心有七窍,信诸?'遂杀比干,刳视其心也。"

②郑玄曰"牧野,纣南郊地名也。"[正义]曰:《括地志》云:"今卫州城即殷牧野之地,周武王伐纣筑也。"

　　甲子日,纣兵败。纣走,入登鹿台,①衣其宝玉衣,赴火而死。②周武王遂斩纣头,悬之大白旗。杀妲己。释箕子之囚,封纣比干之墓,表商容之闾。③封子武庚禄父以续殷祀,④令修行盘庚之政。殷民大说。于是周武王为天子。其后世贬帝号,号为王。⑤而封殷后为诸侯,属周。⑥

①徐广曰:"鹿,一作'廪'。"

②[正义]曰:《周书》云:"纣取天智玉琰五,环身以自焚。"

③[索隐]曰:皇甫谧云:"商容与殷人观周军之入",则以为人名。郑玄云:"商家乐官,知礼容,所以礼署称容台。"

④谯周曰:"殷凡三十一世,六百余年。"《汲冢纪年》曰:"汤灭夏以至于受二十九王,用岁四百九十六年也。"

⑤[索隐]曰:按:夏、殷天子亦皆称帝,代以德薄不及五帝,始贬帝号,号之为王,故本纪皆帝,而从总号曰"三王"也。

⑥[正义]曰:即武庚禄父也。

周武王崩，武庚与管叔、蔡叔作乱，成王命周公诛之，而立微子于宋，以续殷后焉。

太史公曰：余以《颂》次契之事，自成汤以来，采于《书》、《诗》。契为子姓，其后分封，以国为姓，有殷氏、来氏、宋氏、空桐氏、稚氏、①北殷氏、②目夷氏。孔子曰，殷路车为善，而色尚白。③

①〔索隐〕曰：按：《系本》子姓无。

②〔索隐〕曰：《系本》作"髦氏"，又有时氏、萧氏、黎氏。然北殷氏盖秦宁公所伐亳主，汤之后也。

③〔索隐〕曰：《论语》孔子曰"乘殷之路"，《礼记》曰"殷人尚白"，太史公为赞，不取成文，遂作此语，疏也。

索隐述赞曰：简狄吞乙，是为殷祖。玄王启商，伊尹负俎。上开三面，下献九主。旋师泰卷，继相臣扈。迁嚣圮耿，不常厥土。武乙无道，祸因射天。帝辛淫乱，拒谏贼贤。九侯见醢，炮烙兴焉。黄钺斯杖，白旗是悬。哀哉琼室，殷祀用迁。

史记卷四
本纪第四

周

　　周后稷，①名弃。其母有邰氏女，②曰姜原。③姜原为帝喾元妃。④姜原出野，见巨人迹，心忻然说，欲践之，践之而身动如孕者。居期而生子，以为不祥，弃之隘巷，⑤马牛过者皆辟不践；徙置之林中，适会山林多人，迁之；而弃渠中冰上，飞鸟以其翼覆荐之。姜原以为神，遂收养长之。初欲弃之，因名曰弃。⑥

　①[正义]曰：因太王所居周原，因号曰周。《地理志》云右扶风县岐山西北中水乡，周太王所邑。《括地志》云："故周城一名美阳城，在雍州武功县西北二十五里，即太王城也。"

　②[正义]曰：邰，天来反，亦作"釐"，同。《说文》云："邰，炎帝之后，姜姓，封邰，周弃外家。"

　③《韩诗章句》曰："姜，姓。原，字。或曰姜原，谥号也。"

　④[索隐]曰：谯周以为"弃，帝喾之胄，其父亦不著"，与此纪异也。

　⑤[索隐]曰：已下皆《诗·大雅·生民篇》所云："诞寘之隘巷，牛羊腓字之；诞寘之平林，会伐平林；诞置之寒冰，鸟覆翼之"，是其事也。

　⑥[正义]曰：《古史考》云"弃，帝喾之胄，其父亦不著"，与此文稍异也。

　　弃为儿时，屹如巨人之志。其游戏，好种树麻、菽，麻、菽美。及为成人，遂好耕农，相地之宜，宜谷者稼穑焉。①民皆法则之。帝尧闻之，举弃为农师，天下得其利，有功。帝舜曰："弃，黎民始饥，②尔后稷播时百谷。"封弃于邰，③号曰后稷，别姓姬氏。④后稷之兴，在陶唐、虞、夏之际，皆有令德。

　①[正义]曰：种曰稼，敛曰穑。

②徐广曰："《今文尚书》云'祖饥',故此作'始饥'。祖,始也。"

③徐广曰："今斄乡在扶风。"[索隐]曰:即《诗·生民》曰:"有邰家室"是
　　也。邰,即斄,古今字异耳。[正义]曰:《括地志》云:"故斄城一名武功
　　城,在雍州县西南二十二里,古邰国,名稷所封也。有后稷及姜嫄祠。"
　　毛苌云:"邰,姜嫄国也,后稷所生。尧见天因邰而生后稷,故因封于邰
　　也。"

④《礼纬》曰:"祖以履大迹而生。"

　　后稷卒,①子不窋立。②不窋末年,夏后氏政衰,去稷不务,③
不窋以失其官,而奔戎狄之间。

①《山海经·大荒经》曰:"黑水、青水之间有广都之野,后稷葬焉。"皇甫
　　谧曰:"冢去中国三万里也。"

②[索隐]曰:《帝王世纪》云"后稷纳姞氏,生不窋",而谯周按《国语》云
　　"世后稷,以服事虞、夏",言世稷官,是失其代数也。若不窋亲弃之子,
　　至文王千余岁,唯十四代,亦不合事情。[正义]曰:《括地志》云:"不窋
　　故城在庆州弘化县南三里,即不窋在戎狄所居之城也。"《毛诗疏》云:
　　"虞及夏、殷共有千二百岁。每世在位皆八十年,乃可充其数耳。命之
　　短长,古今一也,而使十五世君在位皆八十许载,子必将老始生,不近
　　人情之甚。以理而推,实难据信也。"

③韦昭曰:"夏太康失国,废稷之官,不复务农。"[索隐]曰:《国语》云:"弃
　　稷不务"。此云"去稷"者,是太史公恐"弃"是后稷之名,故变文云"去"
　　也。言夏政衰,不窋去稷官,不复务农者也。

　　不窋卒,子鞠立。

　　鞠卒,子公刘立。公刘虽在戎狄之间,复修后稷之业,务耕种,
行地宜,自漆、沮度渭取材用,①行者有资,居者有畜积,民赖其庆。
百姓怀之,多徙而保归焉。周道之兴自此后。故诗人歌乐,思其
德。②

①[正义]曰:公刘徙漆县漆水南渡渭水,至南山取材木为用也。《括地志》
　　云:"幽州新平县即汉漆县也。漆水出岐州普润县东岐山,漆水,东入
　　渭。"

②[索隐]曰:即《诗·大雅篇》"笃公刘"是也。

　　公刘卒,子庆节立,国于豳。①

①徐广曰:"新平漆县之东北有豳亭。"[索隐]曰:豳即邠也,古今字异耳。
　　[正义]曰:《括地志》云:"豳州新平县,即汉漆、沮县,《诗》豳国,公刘所
　　邑之地也。"

庆节卒,子皇仆立。

皇仆卒,子差弗立。

差弗卒,子毁隃立。①

①音逾。《世本》作"榆"。[索隐]曰:《世本》作"伪榆"。

毁隃卒,子公非立。①

①[索隐]曰:《世本》云:"公非辟方。"皇甫谧云:"公非字辟方也。"

公非卒,子高圉立。①

①宋忠曰:"高圉能率稷者也,周人报之。"[索隐]曰:《世本》云:"高圉侯
　　侔。"

高圉卒,子亚圉立。①

①《系本》云:"亚圉云都。"皇甫谧云:"云都,亚圉字。"[索隐]曰:《汉书·
　　古今表》曰:"云都,亚圉弟。"按:如此说,则辟方侯侔亦皆二人之名,实
　　未能详。

亚圉卒,子公叔祖类立。①

①[索隐]曰:《世本》云:"太公组绀诸盩。"《三代世表》称叔类,凡四名。皇
　　甫谧云"公祖一名组绀诸盩,字叔类,号曰太公"也。

公叔祖类卒,子古公亶父立。古公亶父复修后稷、公刘之业,积
德行义,国人皆戴之。薰育戎狄攻之,欲得财物,予之。已复攻,欲
得地与民。民皆怒,欲战。古公曰:"有民立君,将以利之。今戎狄
所为攻战,以吾地与民。民之在我与其在彼,何异?民欲以我故战,
杀人父子而君之,予不忍为。"乃与私属遂去豳,度漆、沮,①逾梁
山,②止于岐下。③豳人举国扶老携弱,尽复归古公于岐下。及他旁
国闻古公仁,亦多归之。于是古公乃贬戎狄之俗,而营筑城郭室屋,
而邑别居之。④作五官有司。⑤民皆歌乐之,颂其德。⑥

①徐广曰:"水在杜阳岐山。杜阳县在扶风。"

②[正义]曰:《括地志》云:"梁山在雍州好畤县西北十八里。"郑玄云:"岐

山西南。"然则梁山横长,其东当阳,西北临河,其西当岐山东北,自邰
适周,当逾之矣。

③徐广曰:"山在扶风美阳西北,其南有周原。"皇甫谧云:"邑于周地,故
始改国曰周。"

④徐广曰:"分别而为邑落也。"

⑤《礼记》曰:"天子之五官,曰司徒、司马、司空、司士、司寇,典司五众。"
郑玄曰:"此殷时制。"

⑥[索隐]曰:即《诗颂》云"后稷之孙,实维太王,居岐之阳,实始剪商"是
也。

　　古公有长子曰太伯,次曰虞仲。太姜生少子季历,①季历娶太
任,②皆贤妇人,③生昌,有圣瑞。④古公曰:"我世当有兴者,其在
昌乎?"长子太伯、虞仲知古公欲立季历以传昌,乃二人亡如荆
蛮,⑤文身断发,⑥以让季历。

①[正义]曰:《国语》云:"齐、许、申、吕四国,皆姜姓也,四岳之后,太姜之
家。太姜,太王之妃,王季之母。"

②《列女传》曰:"太姜,有台氏之女。太任,挚任氏之中女。"[正义]曰:《国
语》云:"挚、畴二国,任姓。奚仲、仲虺之后,太任之家。太任,王季之妃,
文王母也。"

③[正义]曰:《列女传》云:"太姜,太王娶以为妃,生太伯、仲雍、王季。太
姜有色而贞顺,率导诸子,至于成童,靡有过失。太王谋事必于太姜,迁
徙必与。太任、王季娶以为妃。太任之性端壹诚庄,维德之行。及其有
身,目不视恶色,耳不听淫声,口不出傲言,能以胎教子,而生文王。"此
皆有贤行也。

④[正义]曰:《尚书·帝命验》云:"季秋之月甲子,赤爵衔丹书入于鄷,止
于昌户。其书云:'敬胜怠者吉,怠胜敬者灭,义胜欲者从,欲胜义者凶。
凡事不强则枉,不敬则不正。枉者废灭,敬者万世。以仁得之,以仁守
之,其量百世。以不仁得之,以仁守之,其量十世。以不仁得之,以不仁守
之,不及其世。'"此盖圣瑞。

⑤[正义]曰:太伯奔吴,所居城在苏州北五十里常州无锡县界梅里村,其
城及冢见存。而云"亡荆蛮"者,楚灭越,其地属楚,秦灭楚,其地属秦,

秦讳"楚",改曰"荆",故通号吴越之地为荆。及北人书史加云"蛮",势之然也。

⑥应劭曰："常在水中，故断其发，文其身，以象龙子，故不见伤害。"

古公卒，季历立，是为公季。公季修古公遗道，笃于行义，诸侯顺之。

公季卒，①子昌立，是为西伯。西伯曰文王，②遵后稷、公刘之业，则古公、公季之法，笃仁，敬老，慈少。礼下贤者，日中不暇食以待士，士以此多归之。伯夷、叔齐在孤竹，③闻西伯善养老，盍往归之。太颠、闳夭、散宜生、鬻子、辛甲大夫之徒皆往归之。④

①皇甫谧曰："葬鄠县之南山。"

②〔正义〕曰：《帝王世纪》云："文王龙颜虎眉，身长十尺，有四乳。"《雒书灵听》云："苍帝姬昌，日角鸟鼻，高长八尺二寸，圣智慈理也。"

③应劭曰："在辽西令支。"〔正义〕曰：《括地志》云："孤竹故城在平州卢龙县南十二里，殷时诸侯孤竹国也，姓墨胎氏也。"

④刘向《别录》曰："鬻子名熊，封于楚。辛甲，故殷之臣，事纣。盖七十五谏而不听，去至周，召公与语，贤之，告文王，文王亲自迎之，以为公卿，封长子。"长子，今上党所治县是也。

崇侯虎谮西伯于殷纣曰："西伯积善累德，诸侯皆向之，将不利于帝。"帝纣乃囚西伯于羑里。闳夭之徒患之，乃求有莘氏美女，①骊戎之文马，②有熊九驷，③他奇怪物，因殷嬖臣费仲而献之纣。纣大说，曰："此一物足以释西伯，④况其多乎。"乃赦西伯，赐之弓矢斧钺，使西伯得征伐。曰："谮西伯者，崇侯虎也。"西伯乃献洛西之地，以请纣去炮烙之刑。纣许之。

①〔正义〕曰：《括地志》云："古莘国城在同州河西县南二十里。"《世本》云莘国，姒姓，夏禹之后，即散宜生等求有莘美女献纣者。

②〔正义〕曰：《括地志》云："骊戎故城在雍州新丰县东南十六里，殷、周时骊戎国城也。"按：骏马赤鬣缟身，目如黄金，文王以献纣也。

③〔正义〕曰：《括地志》云："郑州新郑县，本有熊氏之墟也。"按：九驷，三十六匹马也。

④［索隐］曰：一物，谓娎氏之美女也。以殷纣淫昏好色，故知然。

西伯阴行善，诸侯皆来决平。于是虞、芮之人①有狱不能决，乃
如周。入界，耕者皆让畔，民俗皆让长。虞、芮之人未见西伯，皆惭，
相谓曰：“吾所争，周人所耻，何往为，只取辱耳。”遂还，俱让而去。
诸侯闻之曰：“西伯盖受命之君。”

①《地理志》虞在河东太阳县，芮在冯翊临晋县。［正义］曰：《括地志》云：
　“故虞城在陕州河北县东北五十里虞山之上，古虞国也。故芮城县西二
　十里，古芮国也。《晋太康地记》云虞西百四十里有芮城。”《括地志》云：
　“又闲原在河北县西六十五里。《诗》云‘虞芮质厥成’。毛苌云：‘虞芮之
　君相与争田，久而不平，乃相谓曰：“西伯仁人，何往质焉。”乃相与朝
　周。二国君相谓曰：“我等小人，不可履君子之庭。”乃相让所争地，以为
　闲原’。至今尚在。”注引《地理志》芮在临晋者，恐疏。然闲原在河东，复
　与虞芮相接，临晋在河西同州，非临晋芮城明矣。

明年，伐犬戎。①明年，伐密须。②明年，败耆国。③殷之祖伊闻
之，惧以告帝纣。纣曰：“不有天命乎？是何能为！”明年，伐邘。④明
年，伐崇侯虎。⑤而作丰邑，⑥自岐下而徙都丰。明年，西伯崩，⑦太
子发立，是为武王。

①《山海经》曰：“有人，人面兽身，名曰犬戎。”［正义］曰：又云：“黄帝生苗
　龙，苗龙生融吾，融吾生并明，并明生白犬。白犬有二，是为犬戎。”《说
　文》云“赤狄本犬种”，故字从犬。又《后汉书》云“犬戎，盘瓠之后也”，今
　长沙武陵之郡太半是也。又《毛诗疏》云“犬戎昆夷”是也。

②应劭曰：“密须氏，姞姓之国。”瓒曰：“安定阴密县是。”［正义］曰：《括地
　志》云：“阴密故城在泾州鹑觚县西，其东接县城，即古密国。”杜预云姞
　姓国，在安定阴密县也。

③徐广曰：“一作‘阢’。”［正义］曰：即黎国也。邹诞生云本或作“黎”。孔安
　国云黎在上党东北。《括地志》云：“故黎城，黎侯国也，在潞州黎城县东
　北十八里。《尚书》云‘西伯既戡黎’是也。”

④徐广曰：“邘城在野王县西北，音于。”［正义］曰：《括地志》云：“故邘城
　在怀州河内县西北二十七里，古邘国城也。《左传》云‘邘、晋、应、韩，武
　王之穆也’。”

⑤［正义］曰：皇甫谧云夏鲧封。虞、夏、商、周皆有崇国，崇国盖在丰镐之
　　间。《诗》云"既伐于崇，作邑于丰"，是国之地也。

⑥徐广曰："丰在京兆鄠县东，有灵台。镐在上林昆明北，有镐池，去丰二
　　十五里。皆在长安南数十里。"［正义］曰：《括地志》云："周丰宫，周文王
　　宫也，在雍州鄠县东三十五里。镐在雍州西南三十二里。"

⑦徐广曰："文王九十七乃崩。"［正义］曰：《括地志》云："周文王墓在雍州
　　万年县西南二十八里原上也。"

　　西伯盖即位五十年。其囚羑里，盖益《易》之八卦为六十四
卦。①诗人道西伯，盖受命之年称王而断虞芮之讼。②后十年而
崩，③谥为文王。④改法度，制正朔矣。追尊古公为太王，公季为王
季，⑤盖王瑞自太王兴。⑥

①［正义］曰：《乾凿度》云："垂黄策者羲，益卦演德者文，成命者孔也。"
　　《易正义》云伏羲制卦，文王《卦辞》，周公《爻辞》，孔《十翼》也。按：太
　　史公言"盖"者，乃疑辞也。文王著演《易》之功，作《周纪》方赞其美，不
　　敢专定，重《易》故称"盖"也。

②［正义］曰：二国相让后，诸侯归西伯者四十余国，咸尊西伯为王。盖此
　　年受命之年称王也。《帝王世纪》云："文王即位四十二年，岁在鹑火，文
　　王更为受命之元年，始称王矣。"又《毛诗》云："文王九十七而终，终时
　　受命九年，则受命之元年年八十九也。"

③［正义］曰：十当为"九"，其说在后。

④［正义］曰：《谥法》："经纬天地曰文。"

⑤［正义］曰：《易纬》云："文王受命，改正朔，有王号于天下。"郑玄信而用
　　之，言文王称王已改正朔布王号矣。按：天无二日，土无二王，岂殷纣尚
　　存而周称王哉？若文王自称王改正朔，则是功业成矣，武王何复得云大
　　勋未集，欲卒父业也？《礼记·大传》云："牧之野武王成大事而退，追王
　　大王亶父、王季历、文王昌"。据此文乃是追王为王，何得文王自称王改
　　正朔也？

⑥［正义］曰：古公在邠，被戎狄攻战夺民。大王曰："民之在我，与彼何异？
　　杀人父子而君之，予不忍为。"遂远去邠，止于岐下。邠人举国尽归古
　　公。他国闻古公仁，亦多归之。乃贬戎狄之俗，为室屋邑落，而分别居

之。季历又生昌，有圣瑞。盖是王瑞自大王时而兴起也。然自"西伯盖
即位五十年"以下至"太王兴"，在西伯崩后重述其事，为经传不同，不
可全弃，乃略而书之，引次其下，事必可疑，故数言"盖"也。

　　武王即位，①太公望为师，周公旦为辅，召公、毕公之徒左右
王，师修文王绪业。

　　①[正义]曰：《谥法》："克定祸乱曰武。"《春秋元命包》云："武王骈齿，是
　　　谓刚强也。"

　　九年，武王上祭于毕。①东观兵，至于盟津。②为文王木主，载
以车，中军。武王自称太子发，言奉文王以伐，不敢自专。乃告司马、
司徒、司空、诸节：③"齐栗，信哉！予无知，以先祖有德臣，小子受先
功，④毕立赏罚，以定其功。"遂兴师。师尚父号曰：⑤"总尔众庶，与
尔舟楫，后至者斩。"武王渡河，中流，白鱼跃入王舟中，⑥武王俯取
以祭。既渡，有火自上复于下，至于王屋，流为乌，其色赤，其声魄
云。⑦是时，诸侯不期而会盟津者八百诸侯。诸侯皆曰："纣可伐
矣。"武王曰："女未知天命，未可也。"乃还师归。

　　①马融曰："毕，文王墓地名也。"[索隐]曰：按：文云"上祭于毕"，则毕，天
　　　星之名。毕星主兵，故师出而祭。毕星也。[正义]曰：上，音时掌反。
　　　《尚书·武成篇》云："我文考文王，诞膺天命，以抚方夏，惟九年，大统
　　　未集。"《太誓篇序》云："惟十有一年，武王伐殷。"《太誓篇》云："惟十有
　　　三年春，大会于孟津。"《大戴礼》云："文王十五而生武王。"则武王少文
　　　王十四岁矣。《礼记·文王世子》云："文王九十七而终，武王九十三而
　　　终。"按：文王崩时武王已八十三矣，八十四即位，至九十三崩，武王即
　　　位适满十年。言十三年伐纣者，续文王受命年，欲明其卒父业故也。《金
　　　縢篇》云："惟克商二年，王有疾，不愈。"按：文王受命九年而崩，十一年
　　　武王服阕，观兵孟津，十三年克纣，十五年有疾，周公请命，王有瘳，后
　　　四年而崩，则武王年九十三矣。而太史公云九年王观兵，十一年伐纣，
　　　则以为武王即位年数，与《尚书》违，甚疏矣。
　　②徐广曰："谯周云史记武王十一年东观兵，十三年克纣。"
　　③马融曰："诸受符节有司也。"

④徐广曰:"一云'予小子受先公功'。"

⑤郑玄曰:"号令之军法重者。"

⑥马融曰:"鱼者,介鳞之物,兵象也。白者,殷家之正色,言殷之兵众与周
之象也。"[索隐]曰:此已下至火复王屋为乌,皆见《周书》及今文《泰
誓》。

⑦马融曰:"王屋,王所居屋。流,行也。魄然,安定意也。"郑玄曰:"《书
说》云乌有孝名。武王卒父大业,故乌瑞臻。赤者,周之正色也。"[索
隐]曰:按:今文《泰誓》"流为雕"。雕,挚鸟也。马融云"明武王能伐纣",
郑玄云"乌是孝乌,言武王能终父业",亦各随文而解也。

居二年,闻纣昏乱暴虐滋甚,杀王子比干,囚箕子。太师疵、少
师强抱其乐器而奔周。于是武王遍告诸侯曰:"殷有重罪,不可以不
毕伐。"①乃遵文王,遂率戎车三百乘,虎贲三千人,②甲士四万五
千人,以东伐纣。十一年十二月戊午,师毕渡盟津,③诸侯咸会。曰:
"孳孳无怠。"武王乃作《太誓》,告于众庶:"今殷王纣乃用其妇人之
言,自绝于天,毁坏其三正,④离逷其王父母弟,⑤乃断弃其先祖之
乐,乃为淫声,用变乱正声,怡说妇人。⑥故今予发维共行天罚,勉
哉夫子!⑦不可再,不可三!"

①徐广曰:"一作'灭'。"

②孔安国曰:"虎贲,勇士称也。若虎贲,言其猛也。"

③[正义]曰:毕,尽也。尽从河南渡河北。

④马融曰:"劝逆天地人也。"[正义]曰:按:三正,三统也。周以建子为天
统,殷以建丑为地统,夏以建寅为人统也。

⑤郑玄曰:"王父母弟,祖父母之族。必言'母弟',举亲者言之也。"

⑥徐广曰:"怡,一作'辞'。"

⑦郑玄曰:"夫子,丈夫之称。"

二月①甲子昧爽,②武王朝至于商郊牧野,乃誓。③武王左杖
黄钺,右秉白旄,④以麾。曰:"远矣西土之人!"⑤武王曰:"嗟!我有
国冢君,⑥司徒、司马、司空,亚旅、师氏,⑦千夫长、百夫长,⑧及
庸、蜀、羌、髳、微、纑、彭、濮人,⑨称尔戈,⑩比尔干,立尔矛,予其
誓。"王曰:"古人有言'牝鸡无晨。牝鸡之晨,惟家之索'。⑪今殷王

纣维妇人言是用,自弃其先祖肆祀不答,⑫昏弃其家国,遗其王父母弟不用,乃维四方之多罪逋逃是崇是长,是信是使,⑬俾暴虐于百姓,以奸轨于商国。今予发维共行天之罚。今日之事,不过六步七步,乃止齐焉,⑭夫子勉哉!不过于四伐五伐六伐七伐,乃止齐焉,⑮勉哉夫子!尚桓桓,⑯如虎如罴,如豺如离,⑰于商郊,不御克奔,以役西土,⑱勉哉夫子!尔所不勉,其予尔身有戮。"⑲誓已,诸侯兵会者车四千乘,陈师牧野。

①徐广曰:"一作'正'。此建丑之月,殷之正月,周之二月也。"

②孔安国曰:"昧,冥也;爽,明,早旦也。"

③孔安国曰:"癸亥夜陈,甲子朝誓之。"[正义]曰:《括地志》云:"卫州城,故老云周武王伐纣,至于商郊牧野,乃筑此城。郦元注《水经》云自朝歌南至清水,土地平衍,据皋跨泽,悉牧野也。"《括地志》又云:"纣都朝歌在卫州东北七十三里朝歌故城是也。本妹邑,殷王武丁始都之。《帝王世纪》云帝乙复济河北,徙朝歌,其子纣仍都焉。"

④孔安国曰:"钺,以黄金饰斧。左手杖钺,示无事于诛;右手把旄,示有事于教令。"

⑤孔安国曰:"劳苦之。"

⑥马融曰:"冢,大也。"

⑦孔安国曰:"亚,次。旅,众大夫也,其位次卿。师氏,大夫官,以兵守门。"

⑧孔安国曰:"师率,卒率。"

⑨孔安国曰:"八国皆蛮夷戎狄。羌在西。蜀,叟。髳、微在巴蜀。纑,彭在西北。庸、濮在江汉之南。"马融曰:"武王所率,将来伐纣也。"[正义]曰:髳音矛。《括地志》云:"房州竹山县及金州,古卢国也,益州及巴、利等州,皆古蜀国。陇右岷、洮、丛等州以西,羌也。姚府以南,古髳国之地。戎府之南,古微、卢、彭三国之地。濮在楚西南。有髳州、微、濮州、泸府;彭州焉。武王率西南夷诸州伐纣也。"

⑩孔安国曰:"称,举也。"

⑪孔安国曰:"索,尽也。喻妇人知外事,雌代雄鸣,则家尽也。"

⑫郑玄曰:"肆,祭名。答,问也。"

⑬孔安国曰:"言纣弃其贤臣,而尊长逃亡,罪人信用之也。"

⑭孔安国曰:"今日战事,不过六步七步,乃止相齐。言当旅进一心也。"

⑮孔安国曰:"伐,谓击刺也。少则四五,多则六七,以为例也。"

⑯郑玄曰:"威武貌。"

⑰徐广曰:"此训与'螭'同。"

⑱郑玄曰:"御,强御,谓强暴也。克,杀也。不得暴杀纣师之奔走者,当认为周之役也。"

⑲郑玄曰:"所言且也。"

帝纣闻武王来,亦发兵七十万人距武王。武王使师尚父与百夫致师,①以大卒驰帝纣师。②纣师虽众,皆无战之心,心欲武王亟入。纣师皆倒兵以战,以开武王。武王驰之,纣兵皆崩,畔纣。纣走,反入登于鹿台之上,蒙衣其珠玉,③自燔于火而死。武王持大白旗以麾诸侯,诸侯毕拜武王,武王乃揖诸侯,④诸侯毕从。

①《周礼》:"环人,掌致师。"郑玄曰:"致师者,致其必战之志也。古者将战,先使勇力之士犯敌致焉。"《春秋传》曰:"楚许伯御乐伯,摄叔为右,以致晋师。许伯曰:'吾闻致师者,御靡旌,摩垒而还。'乐伯曰:'吾闻致师者,左射以菆,代御执辔,御下拊马,掉鞅而还。'摄叔曰:'吾闻致师者,右入垒,折馘,执俘而还。'皆行其所闻而复。"

②徐广曰:"帝,一作'商'。"[正义]曰:大卒,谓戎车三百五十乘,士卒二万六千二百五十人,有虎贲三千人。

③[正义]曰:衣,音于既反。《周书》云:"甲子夕,纣取天智玉琰五,环身以自焚。"注:"天智,玉之善者,缝环其身自厚也。凡焚四千玉也,庶玉则销,天智玉不销,纣身不尽也。"

④[正义]曰:武王率诸侯伐天子,天子已死,诸侯毕贺,故武王揖诸侯,言先拊循之心也。

武王至商国,①商国百姓咸待于郊。于是武王使群臣告语商百姓曰:"上天降休!"商人皆再拜稽首,武王亦答拜。②遂入,至纣死所。武王自射之,三发而后下车,以轻剑击之,③以黄钺斩纣头,悬大白之旗。已而至纣之嬖妾二女,二女皆经自杀。武王又射三发,击以剑,斩以玄钺,④悬其头小白之旗。武王已乃出复军。

①[正义]曰:谓至朝歌。

②[索隐]曰:武王虽以臣伐君,颇有惭德,不应答商人之拜,太史公失辞

耳。寻上文，诸侯毕拜贺武王，武王尚且报揖，无容遂下拜商人。

③〔正义〕曰：《周书》作"轻吕击之"。轻吕，剑名也。

④《司马法》曰："夏执玄钺。"宋均曰："玄钺用铁，不磨砺。"

其明日，除道，修社及商纣宫。及期，百夫荷罕旗以先驱。①武
王弟叔振铎奉陈常车，周公旦把大钺，毕公把小钺，以夹武王。散宜
生、太颠、闳夭皆执剑以卫武王。既入，立于社南大卒之左，右毕从。
毛叔郑奉明水，②卫康叔封布兹，③召公奭赞采，④师尚父牵牲。尹
佚策祝曰：⑤"殷之末孙季纣，⑥殄废先王明德，侮蔑神祇不祀，昏
暴商邑百姓，其章显闻于天皇上帝。"于是武王再拜稽首，曰："膺更
大命，革殷，受天明命。"武王又再拜稽首，乃出。⑦

①蔡邕《独断》曰："前驱有九旒云罕。"《东京赋》曰："云罕九旒。"薛综曰：
　"旒，旗名。"

②《周礼》曰："司烜氏以鉴取明水于月。"郑玄曰："鉴，镜属也。取月之水，
　欲得阴阳之洁气。陈明水以为玄酒。"〔索隐〕曰：明，明水也。旧本皆无
　"水"字，今本有"水"字。若惟云"奉明"，其义未见，不知是明何物也。
　烜，音毁。

③徐广曰："兹者，籍席之名。诸侯病曰'负兹'。"〔索隐〕曰：兹，一作"苙"，
　公明草也。言"兹"，举成器；言"苙"，见洁草也。

④〔正义〕曰：赞，佐也。采，币也。

⑤〔正义〕曰：尹佚读策书祝文以祭社也。

⑥〔正义〕曰：《周书》作"末孙受德"。受德，纣字也。

⑦监本作受。

封商纣子禄父殷之余民。武王为殷初定未集，乃使其弟管叔
鲜、蔡叔度相禄父治殷。①已而，命召公释箕子之囚。②命毕公释百
姓之囚，表商容之闾。命南宫括散鹿台之财，发巨桥之粟，以振贫弱
萌隶。命南宫括、史佚展九鼎保玉。③命闳夭封比干之墓。④命宗祝
享祠于军。乃罢兵西归。行狩，记政事，作《武成》。⑤

①〔正义〕曰：《地理志》云河内，殷之旧都。周既灭殷，分其畿内为三国，
　《诗》邶、鄘、卫是。邶以封纣子武庚；鄘，管叔尹之；卫，蔡叔尹之：以监
　殷民，谓之三监。《帝王世纪》云："自殷都以东为卫，管叔监之；殷都以
　西为鄘，蔡叔监之；都以北为邶，霍叔监之：是为三监。"按：二说各异，

未详也。

②徐广曰:"释,一作'原'。"

③徐广曰:"保,一作'宝'。"

④[正义]曰:封,谓益其土及画疆界。《括地志》云:"比干墓在卫州汲县北十里二百五十步。"

⑤孔安国曰:"武功成也。"

封诸侯,班赐宗彝,作《分殷之器物》。①武王追思先圣王,乃褒封神农之后于焦,②黄帝之后于祝,③帝尧之后于蓟,④帝舜之后于陈,⑤大禹之后于杞。⑥于是封功臣谋士,而师尚父为首封。封尚父于营丘,曰齐。⑦封弟周公旦于曲阜,曰鲁。⑧封召公奭于燕。⑨封弟叔所于管,⑩弟叔度于蔡。⑪余各以次受封。

①郑玄云:"宗彝,宗庙樽也。作《分器》,著王之命及受物。"

②《地理志》弘农陕县有焦城,故焦国也。

③[正义]曰:《左传》云:"祝其,实夹谷。"杜预云:"夹谷即祝其也。"服虔云:"东海郡祝其县也。"

④《地理志》燕国有蓟县。

⑤[正义]曰:《括地志》云:"陈州宛丘县在陈城中,即古陈国也。帝舜后遏父为周武王陶正,武王赖其器用,封其子妫满于陈,都宛丘之侧。"

⑥[正义]曰:《括地志》云:"汴州雍丘县,古杞国。《地理志》云古杞国理此城。周武王封禹后于杞,号东楼公,二十一代为楚所灭。"

⑦《尔雅》曰:"水出其前而左曰营丘。"郭璞曰:"今齐之营丘,淄水过其南乃东。"[正义]曰:《水经注》今临蓄城中有丘云。古县丘之地,吕望所封齐之都也。营丘在县北百步外城中。《舆地志》云秦立为县,城临淄水故曰临淄也。

⑧应劭曰:"曲阜在鲁城中,委曲长七八里。"[正义]曰:《帝王世纪》云:"炎帝自陈营都于鲁曲阜。黄帝自穷桑登帝位,后徙曲阜。少昊邑于穷桑,以登帝位,都曲阜。颛顼始都穷桑,徙商丘。"穷桑在鲁北,或云穷桑即曲阜。又为大庭氏之故国,又是商奄之地。皇甫谧云:"黄帝生于寿丘,在鲁城东门之北。居轩辕之丘,于《山海经》云'此地穷桑之际,西射之南'是也。"《括地志》云:"兖州曲阜县外城即周公旦子伯禽所筑古鲁城也。"

⑨[正义]曰：封帝尧之后于蓟，封召公奭于燕，观其文稍似重也。《水经
注》云蓟则西北隅有蓟丘，因取名焉。《括地志》云："燕山，在幽州渔阳
县东南六十里。《国都城记》云周武王封召公奭于燕，地在燕山之野，故
国取名焉。"按：周封以五等之爵，蓟、燕二国俱武王立，因燕山、蓟丘为
名，其地足自立国。蓟微燕盛，乃并蓟居之，蓟名遂绝焉。今幽州蓟县，
古燕国也。

⑩[正义]曰：《括地志》云："郑州管城县外城，古管国城也，周武王弟权所
封。"

⑪[正义]曰：《括地志》云："豫州北七十里上蔡县，古蔡国，武王封弟叔度
于蔡是也。县东十里有蔡冈，因名也。"

　　武王征九牧之君，登幽之阜，以望商邑。①武王至于周，自夜不
寐。②周公旦即王所，曰："曷为不寐？"王曰："告女：维天不飨殷，自
发未生于今六十年，麋鹿在牧，③蜚鸿满野。④天不享殷，乃今有
成。⑤维天建殷，其登名民三百六十夫，不显亦不宾，灭⑥以至今。
我未定天保，何暇寐！"王曰："定天保，依天室，悉求夫恶，贬从殷王
受。⑦日夜劳来我西土⑧我维显服，及德方明。⑨自洛汭延于伊汭，
居易毋固，其有夏之居。⑩我南望三涂，北望岳鄙，顾詹有河，⑪粤
詹雒、伊，毋远天室。"⑫营周居于雒邑而后去。⑬

①[正义]曰：《括地志》云："豳州三水县西十里有豳原，周先公刘所都之
地也。豳城在此原上，因公为名。"按：盖武王登此城望商邑。

②[正义]曰：周，镐京也。武王伐纣，还至镐京，忧未定天之保安，故自夜
不得寐也。

③徐广曰："此事出《周书》及《随巢子》，云'夷羊在牧'。牧，郊也。夷羊，怪
物也。"

④[索隐]曰：按：高诱曰"蜚鸿，蠛蠓也。"言飞虫蔽田满野，故为灾，非是
鸿雁也。《随巢子》作"飞拾"，飞拾，虫也。[正义]曰：蜚，音飞，古"飞"字
也。于今，犹当今。今于六十年，从帝乙十年至伐纣年也。麋鹿在牧，喻
谗佞小人在朝位也。飞鸿满野，喻忠贤君子见放弃也。言纣父帝乙立
后，殷国益衰，至伐纣六十年间，谄佞小人在于朝位，忠贤君子放迁于

野。故《诗》云:"鸿雁于飞,肃肃其羽。之子于征,劬劳于野"。毛苌云:
"之子,侯伯卿士也。"郑玄云:"鸿雁知避阴阳寒暑,喻民知去无道就有
道。"

⑤[索隐]曰:言上天不歆享殷家,故见灾异,我周今乃有成王业者也。

⑥徐广曰:"一云'不顾亦不宾'',一又云'不顾亦不恤'也。"[索隐]曰:
言天初建殷国,亦登进名贤之人三百六十夫,既无非大贤,未能兴化致
理,故殷家不大光昭,亦不即摈灭,以至于今也。亦见《周书》及《随巢
子》,颇复脱错。而刘氏音破六为古,其字义亦无所通。徐广云一本作
"不顾亦不宾,",盖是学者以《周书》及《随巢》不同,逐音改易耳。《随巢
子》曰"天鬼不顾亦不宾灭",天鬼即天神也。

⑦[索隐]曰:言今悉求取夫恶人不知天命不顺周家者,咸贬责之,与纣同
罪,故曰"贬从殷王受。"

⑧徐广曰:"一云'肯来'。"[索隐]曰:八字连作一句读。

⑨[正义]曰:服,事也。武王答周公云,定知天之安保我位,得依天之宫
室,退除殷纣之恶,日夜劳民,又安定我之西土。我维明于事,及我之德
教施四方明行之,乃可至于寝寐。自此已上为至"周自夜不寐",周公
问之,故先书。

⑩徐广曰:"夏居河南,初在阳城,后居阳翟。"[索隐]曰:言自洛汭及伊
汭,其地平易无险固,是有夏之旧居。[正义]曰:《括地志》云:"自禹至
太康与唐、虞皆不易都城",然则居阳城为禹避商均时,非都也。《帝王
世纪》云:"禹封夏伯,今河南阳翟是。"《汲冢古文》云:"太康居斟寻,羿
亦居之,桀又居之。"《括地志》云:"故郭城在洛州巩县西南五十八里
也。"

⑪徐广曰:"《周书·度邑》曰:'武王问太公曰,吾将因有夏之居也,南望
过于三涂,北詹望于有河'。"[索隐]曰:杜预曰:三涂在陆泽南。岳,盖
河北太行山。鄙,都鄙,谓近岳之邑。《度邑》,《周书》篇名。度,音徒各
反。[正义]曰:《括地志》云:"太行、恒山连延,东北接碣石,接岳山。"言
北望太行、恒山之边鄙都邑也。又"晋州霍山一名太岳,在洛西北,山在
洛东北"。二说皆通。

⑫[正义]曰:粤者,审慎之辞也。言审慎瞻雒、伊二水之阳,无远离此为天
室也。

⑬[正义]曰:《括地志》云:"故王城一名河南城,本郏鄏,周公新筑,在洛

州河南县北九里苑内东北隅。自平王以下十二王皆都此城,至敬王乃
迁都成周,至赧王又居王城也。《帝王世纪》云:'王城西有郏鄏陌'。《左
传》云:'成王定鼎于郏鄏'。京相潘《地名》云:'郏,山名。鄏,邑名'。"

纵马于华山之阳,①放牛于桃林之虚;②偃干戈,振兵释旅,③
示天下不复用也。

①〔正义〕曰:华山在华阴县南八里。山南曰阳也。

②孔安国曰:"桃林在华山东。"〔正义〕曰:《括地志》云:"桃林在陕州桃林
县西。《山海经》云'夸父之山,其北有林焉,名曰桃林,广圆三百里,中
多马,湖水出焉,北流入河也'。"

③《公羊传》曰:"入曰振旅。"

武王已克殷,后二年,问箕子殷所以亡。箕子不忍言殷恶,以
存①亡国宜告。②武王亦丑,故问以天道。

①徐广曰:"一作'前'。"

②〔索隐〕六字连一句读。〔正义〕曰:箕子殷人,不忍言殷恶,以周国之所
言告武王,为《洪范》九类,武王以类问天道。

武王病。天下未集,群公惧,穆卜,①周公乃祓斋,②自为质③
欲代武王,武王有瘳,后而崩,④太子诵代立,是为成王。

①孔安国曰:"穆,敬也,"

②〔正义〕曰:祓,音废,又音拂。斋,音扎皆反。祓谓除不祥求福也。

③〔正义〕曰:音至。周公祓斋,自以贽币告三王,请代武王,武王病乃瘳
也。

④徐广曰:"《封禅书》曰'武王克殷二年,天下未宁而崩'。"皇甫谧曰:"武
王定位元年岁在乙酉,六年庚寅崩。"骃案:《皇览》曰:"文王、武王、周
公冢皆在京兆长安镐聚东社中也"。〔正义〕曰:《括地志》云:"武王墓在
雍州万年县西南二十八里毕原上也。"

成王少,周初定天下,周公恐诸侯畔周,公乃摄行政当国。管
叔、蔡叔群弟疑周公,与武庚作乱,畔周。周公奉成王命,伐诛武庚、
管叔,放蔡叔,以微子开代殷后,国于宋。①颇收殷余民,以封武王

少弟封为卫康叔。②晋唐叔得嘉谷，③献之成王，成王以归周公于兵所。④周公受禾东土，鲁天子之命。⑤初，管、蔡畔周，周公讨之，三年而毕定，故初作《大诰》，次作《微子之命》，⑥次《归禾》，次《嘉禾》，次《康诰》、《酒诰》、《梓材》，⑦其事在《周公》之篇。周公行政七年，成王长，周公反政成王，北面就群臣之位。

①〔正义〕曰：今宋州也。

②〔正义〕曰：《尚书·洛诰》云："我卜瀍水东，亦惟洛食，以居邶、鄘卫之众。"又《多士篇序》云："成周既成，迁殷顽民。"按：是为东周，古洛阳城也。《括地志》云："洛阳故城在洛州洛阳县东北二十六里，周公所筑，即成周城也。《舆地志》云'以周地在王城东，故曰东周。敬王避子朝乱，自洛邑东居此。以其迫厄不受王都，故坏翟泉而广之'。"按：武王灭殷国，为邶、鄘、卫三监尹之。武庚作乱，周公灭之，徙三监之民于成周，颇收其余众，以封康叔为卫侯，即今卫州是也。孔安国云"以三监之民，国康叔为卫侯。周公惩其数叛，故使贤母弟主之"也。

③郑玄曰："二苗同为一穗。"

④徐广曰："归，一作'馈'。"

⑤徐广曰："《尚书序》云'旅天子之命'。"

⑥孔安国曰："封命之书。"

⑦孔安国曰："告康叔以为政之道，亦如梓人之治材也。"

成王在丰，使召公复营洛邑，如武王之意。周公复卜申视，卒营筑，居九鼎焉。曰："此天下之中，四方入贡道里均。"作《召诰》、《洛诰》。成王既迁殷遗民，周公以王命告，作《多士》、《无佚》。召公为保，周公为师，东伐淮夷，残奄，①迁其君薄姑。②成王自奄归，在宗周，③作《多方》。④既绌殷命，袭淮夷，归在丰，作《周官》。⑤兴正礼乐，度制于是改，而民和睦，颂声兴。⑥成王既伐东夷，息慎来贺，王赐荣伯作《贿息慎之命》。⑦

①郑玄曰："奄国在淮夷之北。"〔正义〕曰：奄，音于险反。《括地志》云："泗水徐城县北三十里，古徐国，即淮夷也。兖州曲阜县奄至，即奄国之地也。"

②马融曰："齐地。"[正义]曰：《括地志》云："薄姑故城在青州博昌县东北
六十里。薄姑氏，殷诸侯，封于此，周灭之也。"

③[正义]曰：伐奄归镐京也。

④孔安国曰："告众方天下诸侯。"

⑤孔安国曰："言周家设官分职用人之法。"《古文尚书序》：《周官》，《书》
篇名。

⑥何休曰："颂声者，太平歌颂之声，帝王之高致也。"

⑦孔安国曰："贿，赐也。"马融曰："荣伯，周同姓，畿内诸侯，为卿大夫
也。"

　　成王将崩，惧太子钊之不任，①乃命召公、毕公率诸侯以相太
子而立之。成王既崩，二公率诸侯，以太子钊见于先王庙，申告以文
王、武王之所以为王业之不易，务在节俭，毋多欲，以笃信临之，作
《顾命》。②太子钊遂立，是为康王。

①[正义]曰：钊，音招，又古尧反。任，而针反。

②郑玄曰："临终出命，故谓之顾。顾，将去之意也。"

　　康王即位，遍告诸侯，宣告以文、武之业以申之，作《康诰》。故
成康之际，天下安宁，刑错四十余年不用。①康王命作策毕公分居
里，成周郊，②作《毕命》。

①应劭曰："错，置也。民不犯法，无所置刑。"

②孔安国曰："分别民之居里，异其善恶也。成定东周郊境，使有保护也。"

　　康王卒，子昭王瑕立。昭王之时王道微缺。昭王南巡狩，不返，
卒于江上。其卒不赴告，讳之也。①立昭王子满，是为穆王。

①[正义]曰：《帝王世纪》云："昭王德衰，南征。济于汉，船人恶之，以胶船
进王，王御船至中流，胶液船解，王及祭公俱没于水中而崩。其右卒游
靡长臂且多力，游振得王，周人讳之。"

　　穆王即位，春秋已五十矣。王道衰微，穆王闵文、武之道缺，乃
命伯臩①申诫②太仆③国之政，作《臩命》。④复宁。

①孔安国曰："伯冏，名也。"

②徐广曰："一作'邵'。"

③应劭曰："太仆，周穆王所置。盖太御众仆之长，中大夫也。"

④〔正义〕曰:《尚书序》云:"穆王令伯冏为太仆正。"应劭云:"太仆,周穆王所置。盖太御众仆之长,中大夫也。"

穆王将征犬戎,①祭公谋父谏曰:②"不可。先王耀德不观兵。夫兵戢而时动,动则威,观则玩,玩则无震。③是故周文公之颂曰:④'载戢干戈,载櫜弓矢,⑤我求懿德,肆于时夏,允王保之。'⑥先王之于民也,茂正其德而厚其性,阜其财求而利其器用,明利害之乡,⑦以文修之,使之务利而辟害,怀德而畏威,故能保世以滋大。昔我先王世后稷⑧以服事虞、夏。及夏之衰也,⑨弃稷不务,⑩我先王不窋用失其官,而自窜于戎狄之间。不敢怠业,时序其德,遵修其绪,⑪修其训典,朝夕恪勤,守以敦笃,奉以忠信。奕世载德,不忝前人。⑫至于文王、武王,昭前之光明而加之以慈和,事神保民,无不欣喜。商王帝辛大恶于民,庶民不忍,欣戴武王,以致戎于商牧。⑬是故先王非务武也,勤恤民隐而除其害也。夫先王之制:邦内甸服,邦外侯服,侯卫宾服,⑭夷蛮要服,戎翟荒服。甸服者祭,⑮侯服者祀,⑯宾服者享,⑰要服者贡,⑱荒服者王。⑲日祭,月祀,时享,岁贡,终王。先王之顺祀也。⑳有不祭则修意,㉑有不祀则修言,㉒有不享则修文,㉓有不贡则修名,㉔有不王则修德,㉕序成而有不至则修刑。㉖于是有刑不祭,伐不祀,征不享,让不贡,告不王。于是有刑罚之辟,有攻伐之兵,有征讨之备,有威让之命,有文告之辞。布令陈辞而有不至,则增修于德,无勤民于远。是以近无不听,远无不服。今自大毕、伯士之终也,㉗犬戎氏以其职来王,㉘天子曰:"㉙'予必以不享征之,且观之兵',无乃废先王之训,而王几顿乎?㉚吾闻犬戎树敦,㉛率旧德而守终纯固,其有以御我矣。"王遂征之,得四白狼四白鹿以归。自是荒服者不至。

①徐广曰:"犬一作'畎'。"

②韦昭曰:"祭,畿内之国,周公之后,为王卿士。谋父,字也。"〔正义〕曰:《括地志》云:"故祭城在郑州管城县东北十五里,郑大夫祭仲邑也。《释例》云'祭城在河南,上有敖仓,周公后所封也'。"

③韦昭曰:"震,惧也。"

④韦昭曰:"文公,周公旦之谥。"

⑤唐固曰:"橐,韬也。"

⑥韦昭曰:"言武王常求美德,故陈其功于是夏而歌之。信哉武王能保此时夏之美。乐章大者曰夏。"

⑦韦昭曰:"乡,方也。"

⑧韦昭曰:"谓弃与不窋出也。"唐固曰:"父子相继曰世。"

⑨[正义]曰:谓太康也。

⑩[正义]曰:言太康弃废稷官。

⑪徐广:"遵,一作'选'。"

⑫[正义]曰:前人谓后稷也。言不窋亦世载德,不忝后稷。及文王、武王,无不务农事。

⑬[正义]曰:纣近郊地,名牧野。

⑭韦昭曰:"此总言之也。侯,侯圻;卫,卫圻也。"

⑮韦昭曰:"供日祭。"

⑯韦昭曰:"供月祀。"

⑰韦昭曰:"供时享。"

⑱韦昭曰:"供岁贡。"

⑲韦昭曰:"王,王事天子也。《诗》曰:'莫敢不来王'。"

⑳徐广曰:"《外传》云'先王之训'。"

㉑韦昭曰:"先修志意以自责也。畿内近,知王意也。"

㉒韦昭曰:"言号令也。"

㉓韦昭曰:"文,典法也。"

㉔韦昭曰:"名,谓尊卑职贡之名号也。"

㉕韦昭曰:"远人不服,则修文德以来之。"

㉖韦昭曰:"序成,谓上五者次序已成,有不至则有刑罚也。"

㉗徐广曰:"犬戎之君。"

㉘[正义]曰:贾逵云:"大毕、伯士,犬戎氏之二君也。白狼、白鹿,犬戎之职贡也。"按:大毕、伯士终后,犬戎氏常以其职来王。

㉙[正义]曰:祭公穆王之意,故云"天子曰"。

㉚[正义]曰:几音祈。

㉛徐广曰:"树,一作'檄'。"骃案:韦昭曰"树,立也。言犬戎立性敦笃也。"

　　诸侯有不睦者甫侯言于王,作修刑辟。① 王曰:"吁!来。有国有土,告汝祥刑。② 在今尔安百姓,何择非其人,③ 何敬非其刑,何居非其宜与?④ 雨造具备,⑤ 师听五辞。⑥ 五辞简信,正于五刑。⑦ 五刑不简,正于五罚。⑧ 五罚不服,正于五过。⑨ 五过之疵,官狱内狱,阅实其罪,⑩ 惟钧其过。⑪ 五刑之疑有赦,五罚之疑有赦,其审克之。⑫ 简信有众,惟讯有稽。⑬ 无简不疑,共严天威。⑭ 黥辟疑赦,其罚百率,⑮ 阅实其罪。劓辟疑赦,其罚倍洒,⑯ 阅实其罪。膑辟疑赦,其罚倍差,⑰ 阅实其罪。宫辟疑赦,其罚五⑱ 百率,阅实其罪。大辟疑赦。其罚千率,阅实其罪。墨罚之属千,劓罚之属千,膑罚之属五百,宫罚之属三百,大辟之罚其属二百:五刑之属三千。"命曰《甫刑》。

①郑玄曰:"《书说》云周穆王以甫侯为相。"
②孔安国曰:"告汝善用刑之道也。"
③王肃曰:"训以安百姓之道,当何所选择乎?非当选择贤人乎?"
④孔安国曰:"当何所敬,非唯五刑乎?当何所居,非唯及世轻重所宜也?"
⑤徐广曰:"造,一作'遭'。"
⑥孔安国曰:"两谓囚证。造,至也。两至具备,则众狱官听其入五刑辞。"〔正义〕《汉书·刑法志》云:"五听,一曰辞听,二曰色听,三曰气听,四曰耳听,五曰目听。"《周礼》云"辞不直则言繁,目不直则视眊,耳不直则对答惑,色不直则貌赧,气不直则数喘"也。
⑦孔安国曰:"五辞简核,信有罪验,则正之于五刑矣。"
⑧孔安国曰:"不简核。谓不应五刑,当正五罚,出金赎罪也。"
⑨孔安国曰:"不服,不应罚也。正于五过,从赦免之。"
⑩孔安国曰:"使与罚名相当。"〔索隐〕曰:按:《吕刑》云"惟反,惟内、惟货,惟来",今此似阙少,或从省文。
⑪马融曰:"以此五过出入人罪,与犯法者等。"
⑫孔安国曰:"刑疑赦从罚,罚疑赦从免,其当清察,能得其理也。"
⑬孔安国曰:"简核诚信,有合众心,惟察其貌,有所考合,重之至也。"〔索隐〕曰:讯,依《尚书》音貌也。
⑭孔安国曰:"无简核诚信,不听治其狱,当严敬天威,无轻用刑。"
⑮徐广曰:"率,即锾也,音刷。"孔安国曰:"六两曰锾。锾,黄铁也。"〔索

隐]曰：锾，黄铁。锊亦六两，故马融曰"锊，量名，与《吕刑》锾同。"旧本
"率"亦作"选"。

⑯徐广曰："一作五倍曰莸。"孔安国曰："倍百为二百锾也。"[索隐]曰：
　　洒，音戾。莸，音所解反。

⑰马融曰："倍二百为四百锾也。差者，又加四百之三分一，凡五百三十三
　　三分一也。"[正义]曰：倍中之差，二百去三分一，合三百三十三锾二两
　　也。宫刑，其罚五百，膑刑既轻，其数岂加？故知孔、马之说非也。

⑱徐广曰："一作'六'。"

　　穆王立五十五年，崩，子共王繄扈立。①

①[索隐]曰：《世本》作"伊扈"。

　　共王游于泾上，密康公从，①有三女奔之。其母曰："必致之
王。②夫兽三为群，人三为众，女三为粲，王田不取群，③公行不下
众，④王御不参一族。⑤夫粲，美之物也。众以美物归女，而何德以
堪之？王犹不堪，况尔之小丑乎！小丑备物，终必亡。"康公不献，一
年，共王灭密。

①韦昭曰："康公，密国之君，姬姓也。"[正义]曰：《括地志》云："阴密故城
　　在泾州鹑觚县西，东接县城，故密国也。"

②《列女传》曰："康公母，姓隗氏。"

③[正义]曰：曹大家云："群，众，粲，皆多之名也。田猎得三兽，王不尽收，
　　以其害深也。"

④[正义]曰：曹大家云："公，诸侯也。公之所与众人共议也。"

⑤韦昭云："御，妻官也。参，三也。一族，一父子也。故取侄娣以备三，不
　　参一族之女也。"

　　共王崩，子懿王囏立。①懿王之时，王室遂衰，诗人作刺。②

①[索隐]曰：《世本》作"坚"。

②[索隐]曰：宋忠曰："懿王自镐徙都犬丘，一曰废丘，今槐里是也。时王
　　室衰，始作诗也。"

　　懿王崩，共王弟辟方立，是为孝王。

孝王崩,诸侯复立懿王太子燮,是为夷王。①夷王崩,子厉王胡立。

① [正义]曰:《纪年》云:“三年,致诸侯,烹齐哀公鼎。”《帝王世纪》云“十六年崩”也。

厉王即位三十年,好利,近荣夷公。大夫芮良正①谏厉王曰:“王室其将卑乎?夫荣公好专利,而不知大难。夫利,百物之所生也,天地之所载也,而有专之,其害多矣!天地百物皆将取焉,何可专也?所怒甚多,而不备大难。以是教王,王其能久乎?夫王人者,将导利而布之上下者也。使神人百物无不得极,②犹曰怵惕惧怨之来也。故《颂》曰:‘思文后稷,克配彼天,立我蒸民,莫匪尔极’。《大雅》曰:‘陈锡载周。’③是不布利而惧难乎,故能载周以至于今。今王学专利,其可乎?匹夫专利,犹谓之盗,王而行之,其归鲜矣。荣公若用,周必败也。”厉王不听,卒以荣公为卿士,用事。

① [正义]曰:芮伯也。

② 韦昭曰:“极,中也。”

③ 唐固曰:“言文王布锡施利,以载成周道也。”

王行暴虐侈傲,国人谤王。召公谏曰:①“民不堪命矣。”王怒,得卫巫,②使监谤者,③以告则杀之。其谤鲜矣,诸侯不朝。

① 韦昭曰:“召康公之后穆公虎,为王卿士也。”

② 韦昭曰:“卫国之巫也。”

③ [正义]曰:监,音口衔反。监,察也。以巫人神灵,有谤毁必察也。

三十四年,王益严,国人莫敢言,道路以目。①厉王喜,告召公曰:“吾能弭谤矣,乃不敢言。”召公曰:“是鄣之也。防民之口,甚于防水。水壅而溃,伤人必多,民亦如之。是故为水者,决之使导,为民者,宣之使言。故天子听政,使公卿至于列士献诗,②瞽献曲,③史献书,④师箴,⑤瞍赋,⑥矇诵,⑦百工谏,庶人传语,⑧近臣尽规,⑨亲戚补察,⑩瞽史教诲,⑪耆艾修之,⑫而后王斟酌焉,是以事行而不悖。民之有口也,犹土之有山川也,财用于是乎出;犹其有原隰衍沃也,⑬衣食于是乎生。口之宣言也,善败于是乎兴。行善而备败,所以产财用衣食者也。夫民虑之于心而宣之于口,成而行之。若壅其口,其与能几何?”王不听,于是国莫敢出言,三年,乃相与畔,袭厉王。厉王出奔于彘。⑭

①韦昭曰:“以目相眄而已。”

②[正义]曰:上诗风刺。

③韦昭曰:“典,乐曲。”

④[正义]曰:史,太史也。上书谏。

⑤[正义]曰:音针。师,乐大师也。上箴戒之文。

⑥韦昭曰:“无眸子曰瞍。赋公卿列士所献诗也。”

⑦韦昭曰:“有眸子而无见曰矇。《周礼》矇主弦歌,讽诵箴谏之语也。”

⑧韦昭曰:“庶人卑贱,见时得失,不得言,传以语士。”[正义]曰:传,音逐缘反。庶人微贱,见时得失不得上言,乃在街巷相传语。

⑨近臣,骖仆之属。

⑩[正义]曰:言亲戚补王过失,及察是非也。

⑪瞽,乐太师。史,太史也。

⑫韦昭曰:“耆艾,师傅也。修理瞽史之教,以闻于王。”

⑬唐固曰:“下平曰衍,有溉曰沃。”

⑭韦昭曰:“彘,晋地,汉为县,属河东,今曰永安。”[正义]曰:《括地志》云:“晋州霍邑县本汉彘县,后改彘曰永安。从鄗奔晋也。”

厉王太子静匿召公之家,国人闻之,乃围之。召公曰:“昔吾骤谏王,王不从,以及此难也。今杀王太子,王其以我为仇而怼怒乎?夫事君者,险而不仇怼,①怨而不怒,况事王乎!”乃其子代王太子,太子竟得脱。

①韦昭曰:“在危险之中。”

召公、周公二相行政,号曰“共和”。①

①[索隐]曰:共音如字。若《汲冢纪年》则云“共伯干王位”。共,音恭。共,国;伯,爵。言共伯摄王政,故云“干王位”也。[正义]曰:共,音巨用反。韦昭云:“彘之乱,公卿相与和而修政事,号曰共和也。”《鲁连子》云:“卫州共城县,本周共伯之国也。共伯名和,好行仁义,诸侯贤之。周厉王无道,国人作难,王奔于彘,诸侯奉和以行天子事,号曰‘共和’元年。

十四年，厉王死于彘，共伯使诸侯奉王子靖为宣王，而共伯复归国于卫也。"世家云："釐侯十三年，周厉王出奔于彘，共和行政焉。二十八年，周宣王立。四十二年，釐侯卒，太子共伯余立为君。恭伯弟和袭攻恭伯于墓上，恭伯入釐侯羡自杀，卫人因葬釐侯旁，谥曰恭伯，而立和为卫侯，是为武公。"按此文，共伯不得立，而和立为武公。武公之立在恭伯卒后，年岁又不相当，年表亦同，明《纪年》及《鲁连子》非也。

共和十四年，厉王死于彘。太子静长于召公家，二相乃共立之为王，是为宣王。

宣王即位，二相辅之，修政，法文、武、成、康之遗风，诸侯复宗周。

十二年，鲁武公来朝。

宣王不修籍于千亩，①虢文公谏曰②不可，③王弗听。三十九年，战于千亩，④王师败绩于姜氏之戎。⑤

①[正义]曰：应劭云："古者，天子耕籍田千亩，为天下先。"瓒曰："籍，蹈籍也。"按：宣王不修亲耕之礼也。

②贾逵曰："文公，文王母弟虢仲之后，为王卿士也。"韦昭曰："文公，虢叔之后，西虢也。宣王都镐，在畿内也。"[正义]曰：《括地志》云："虢故城在岐州陈仓县东南十里。"又云："千亩原在晋州岳阳县北九十里也。"

③[索隐]曰：《国语》曰："虢文公谏云：'夫人之大事在农，上帝之粢盛于是乎出，事之繁庶于是乎生，人之供给于是乎取'。"事具载《国语》。

④[索隐]曰：地名也，在西河介休县。

⑤韦昭曰："西夷别种，四岳之后也。"

宣王既亡南国之师，乃料民于太原。①仲山甫谏曰：②"民不可料也。"宣王不听，卒料民。

①韦昭曰："败于姜戎时所亡也。南国，汉江之门。料，数也。"唐固曰："南国，南阳也。"

②[正义]曰：毛苌云："仲山甫，樊穆仲也。"《括地志》云："汉樊县城在兖州瑕丘县西南三十五里，古樊国，仲山甫所封也。"

四十六年，宣王崩，①子幽王宫涅立。②

①[正义]曰：《周春秋》云："宣王杀杜伯而无辜，后三年，宣王会诸侯田于

圖，日中，杜伯起于道左，衣朱衣冠，操朱弓矢，射宣王，中心折脊而死"。《国语》云："杜伯射王于鄗。"

②徐广曰："一作'生'。"

幽王二年，西周三川皆震。①伯阳甫曰："周将亡矣。②夫天地之气，不失其序；若过其序，民乱之也。③阳伏而不能出，阴迫而不能蒸，④于是有地震。今三川实震，是阳失其所而填阴也。⑤阳失而在阴，⑥原必塞，原塞国必亡。夫水土演而民用也。⑦土无所演，民乏财用，不亡何待！昔伊、洛竭而夏亡，⑧河竭而商亡。⑨今周德若二代之季矣，其川原又塞，塞必竭。夫国必依山川，山崩川竭，亡国之征也。川竭必山崩。⑩若国亡不过十年，数之纪也。⑪天之所弃，不过其纪。"是岁也，三川竭，岐山崩。

①徐广曰："泾、渭、洛也。"骃案：韦昭曰"西周镐京地震动，故三川亦动"。
［正义］曰：按：泾渭二水在雍州北。洛水一名漆沮，在雍州东北，南流入渭。此时以王城为东周，镐京为西周。

②韦昭曰："伯阳甫，周大夫也。"唐固曰："伯阳父，周柱下史老子也。"

③韦昭曰："过，失也。言民不敢斥王者也。"

④韦昭曰："蒸，升也。阳气在下，阴气迫之，使不能升也。"

⑤韦昭曰："为阴所镇笮也。"

⑥韦昭曰："在阴下也。"

⑦韦昭曰："水土气通为演。演犹润也。演则生物，民得用之。"

⑧韦昭曰："禹都阳城，伊、洛所近也。"

⑨韦昭曰："商人都卫，河水所经也。"

⑩韦昭曰："水泉不润，枯朽而崩也。"

⑪韦昭曰："数起于一，终于十，十则更，故曰纪也。"

三年，幽王嬖爱褒姒。①褒姒生子伯服，幽王欲废太子。太子母申侯女而为后。后幽王得褒姒，爱之，欲废申后，并去太子宜臼，以褒姒为后，以伯服为太子。周太史伯阳读史记曰：②"周亡矣。"昔自夏后氏之衰也，有二神龙止于夏帝庭而言曰："余，褒之二君。"③夏帝卜杀之与去之与止之，莫吉。卜请其漦而藏之，乃吉。④于是布币而策告之,⑤龙亡而漦在,椟而去之。⑥夏亡,传此器殷。殷亡,又传此器周。比三代,莫敢发之。至厉王之末,⑦发而观之。漦流于庭,不可除。厉王使妇人裸而噪之。⑧漦化为玄鼋,以入王后宫。⑨后宫之童妾既齓而遭之,⑩既笄而孕,⑪无夫而生子,惧而弃之。宣王之时,童女谣曰:"檿弧箕服,实亡周国。"⑫于是宣王闻之,有夫妇卖是器者,宣王使执而戮之。逃于道,而见乡者后宫童妾所弃妖子⑬出于路者,⑭闻其夜啼,哀而收之。夫妇遂亡,奔于褒。褒人有罪,请入童妾所弃女子者于王⑮以赎罪。弃女子出于褒,是为褒姒。当幽王三年,王之后宫,见而爱之,生子伯服,竟废申后及太子,以褒姒为后,伯服为太子。⑯太史伯阳曰:"祸成矣,无可奈何!"

①[索隐]曰:褒,国名,夏同姓,姓姒氏。礼妇人称国及姓。其女是龙漦妖子,为人所收,褒人纳之于王,故曰褒姒。[正义]曰:《括地志》云:"褒国故城在梁州褒城县东二百步,古褒国也。"

②[正义]曰:诸国皆有史以记事,故曰史记。

③虞翻曰:"龙自号褒之二先君也。"

④韦昭曰:"漦,龙所吐沫。沫,龙之精气也。"

⑤韦昭曰:"以简策之书告龙,而请其漦也。"

⑥韦昭曰:"椟,匮也。"

⑦虞翻曰:"末年,王流彘之岁。"

⑧韦昭曰:"噪,欢呼也。"唐固曰:"群呼曰噪。"

⑨[索隐]曰:亦作"蚖",音元。玄蚖,蜥蜴也。

⑩韦昭曰:"毁齿曰齓。女七岁而毁也。"

⑪[正义]曰:笄音鸡。《礼记》云:"女子许嫁而笄。"郑玄云:"笄,今簪。"

⑫韦昭曰:"山桑曰檿。弧,弓也。箕,木名。服,矢房也。"

⑬徐广曰:"妖,一作'夭'。夭,幼少也。"

⑭[正义]曰:夫妇卖檿弧者,宣王欲执戮之,遂逃于路,遇此妖子,哀而收之。

⑮[正义]曰:《国语》云:"周幽王伐有褒,褒人以褒姒女焉,与虢石甫比也。"

⑯[索隐]曰:《左传》所谓"携王奸命"是也。

　　褒姒不好笑,幽王欲其笑万方,故不笑。幽王为烽燧^①大鼓,有寇至则举烽火。诸侯悉至,至而无寇,褒姒乃大笑。幽王说之,为数举烽火。其后不信,诸侯益亦不至。

> ①［正义］曰:峰遂二音。昼日燃烽以望火烟,夜举燧以望火光也。烽,土鲁也。燧,炬火也。皆山上安之,有寇举之。

　　幽王以虢石父为卿,用事,国人皆怨。石父为人佞巧,^①善谀,好利,王用之。又废申后,去太子也。申侯怒,与缯、^②西夷犬戎攻幽王。幽王举烽火征兵,兵莫至。遂杀幽王骊山下,^③虏褒姒,尽取周赂而去。^④于是诸侯乃即申侯而共立故幽王太子宜臼,是为平王,以奉周祀。

> ①徐广曰:“佞,一作‘谄’。”
> ②［正义］曰:自陵反。《国语》云“缯,姒姓,夏禹后”。《括地志》云:“缯县在沂州承县,古侯国,禹后。”［索隐］曰:缯国名,夏同姓。
> ③［索隐］曰:在新丰县南,故骊戎国也。旧音黎。徐广音力知反。［正义］曰:《括地志》云:“骊山在雍州新丰县南十六里。《土地记》云骊山即蓝田山。”按:骊山之阳即蓝田山。
> ④《汲冢纪年》曰:“自武王灭殷以至幽王,凡二百五十七年也。”［正义］曰:按:《汲冢书》,晋咸和五年汲郡汲县发魏襄王冢,得古书册七十五卷。

　　平王立,东迁于雒邑,^①辟戎寇。

> ①［正义］曰:即王城也。平王以前号东都,至敬王以后及战国为西周也。

　　平王之时,周室衰微,诸侯强并弱,齐、楚、秦、晋始大,政由方伯。^①

> ①《周礼》曰:“九命作伯。”郑众云:“长诸侯为方伯。”

　　四十九年,鲁隐公即位。

　　五十一年,平王崩,太子泄父^①早死,立其子林,是为桓王。桓王,平王孙也。

> ①［正义］曰:音甫。

桓王三年,郑庄公朝,桓王不礼。①五年,郑怨,与鲁易许田。许田,天子之用事太山田也。②

①〔索隐〕曰:在鲁隐公六年。

②〔索隐〕曰:《左传》郑伯以璧假许田,卒易祊。祊是郑祀太山之田,许是鲁朝京师之汤沐邑,有周公庙,郑以其近,故易取之。此云"许田天子用事太山田",误。〔正义〕曰:杜预云:"成王营王城,有迁都之志,故赐周公许田,以为鲁国朝宿之邑,后世因而立周公别庙焉。郑桓公友,周宣王之母弟,封郑,有助祭泰山汤沐邑在祊。郑以天子不能复巡狩,故欲以祊易许田,各从本国所近之宜也。恐鲁以周公别庙为疑,故云已废太山之祀,而欲为鲁祀周公,逊辞以求也。"《括地志》云:"许田许州许昌县南四十里,有鲁城,周公庙在城中,祊田在沂州费县东南。"按:宛,郑大夫。

八年,鲁杀隐公,①立桓公。十三年,伐郑,②郑射伤桓王,桓王去归。③

①〔正义〕曰:子允令公子翚杀隐公也。

②〔索隐〕曰:在鲁桓五年。

③〔索隐〕曰:《左传》繻葛之役,祝聃射王中肩是也。

二十三年,桓王崩,子庄王佗立。

庄王四年,周公黑肩欲杀庄王而立王子克。①辛伯告王,②王杀周公。③王子克奔燕。④

①贾逵曰:"庄王弟子仪也。"

②贾逵曰:"辛伯,周大夫也。"

③〔索隐〕曰:《左传》云:"初,子仪有宠于桓王,桓王属诸周公。辛伯谏曰:'并后匹嫡,两政偶国,乱之本。'周公不从,故及于难。"然周公阿先王旨,自取诛夷,辛伯正君臣之义,卒安王业,二卿优劣诚可识也。

④〔正义〕曰:杜预云:"南燕,姞姓也。"

十五年,庄王崩,子釐王①胡齐立。

①〔正义〕曰:釐,音僖。谥作毋凉也。

釐王三年,齐桓公始霸。

五年,釐王崩,子惠王阆立。①

①[索隐]曰:《世本》名毋凉。

惠王二年。初,庄王嬖姬姚,①生子颓,②颓有宠。及惠王即位,夺其大臣园以为囿,③故大夫边伯等五人作乱,④谋召燕、卫师,⑤伐惠王。惠王奔温,⑥已居郑之栎。⑦立釐王弟颓为王。乐及遍舞,⑧郑、虢君怒。四年,郑与虢君伐杀王颓,⑨复入惠王。

①[正义]曰:杜预云:"姚姓也。"

②[索隐]曰:庄王子釐王弟,惠王之叔父也。

③《左传》曰:大臣,蒍国也。

④《左传》曰:五人者,蒍国、边伯、詹父、子禽、祝跪也。

⑤[正义]曰:南燕,滑州胙城。卫,澶州卫南也。

⑥[正义]曰:《左传》云苏忿生十二邑,桓王夺苏子十二邑与郑,故苏子同五大夫伐惠王。温,十二邑之一也。杜预云河内温县也。

⑦服虔曰:"栎,郑大都。"[正义]曰:杜预云:"栎,今河南阳翟县也。"

⑧贾逵曰:"遍舞,皆舞六代之乐也。"

⑨[正义]曰:贾逵云:"郑厉公突,虢公林父也。"

惠王十年,赐齐桓公为伯。

二十五年,惠王崩,子襄王郑立。襄王母早死,后母曰惠后。①惠后生叔带,②有宠于惠王,襄王畏之。

①《左传》曰:"陈妫归于京师,实惠后也。"[正义]曰:按:陈国,舜后,妫姓也。

②[索隐]曰:惠王子,襄王弟,封于甘,故《左传》称甘昭公。[正义]曰:惠王子,襄王弟,封之于甘。《括地志》云:"故甘城在洛州河南县西南二十五里。《左传》云甘昭公,王子叔带也。《洛阳记》云河南县西南二十五里,有水出焉,北流入洛。山上有甘城,即甘公菜邑也。"

三年,叔带与戎、翟谋伐襄王,襄王欲诛叔带,叔带奔齐。

齐桓公使管仲平戎于周,使隰朋平戎于晋。①王以上卿礼管仲。管仲辞曰:"臣贱有司也,有天子之二守国、高在,②若节春秋来承王命,何以礼焉?③陪臣敢辞。"④王曰:"舅氏,余嘉乃勋,⑤毋逆朕命。"管仲卒受下卿之礼而还。⑥

①服虔曰："戎伐周,晋伐戎救周,故和也。"

②杜预曰："国子、高子,天子所命为齐守臣,皆上卿也。"

③贾逵曰："节,时也。"王肃曰："春秋聘享之节也。"

④服虔曰："陪,重也。诸侯之臣于天子,故曰陪臣。"

⑤贾逵曰："舅氏,言伯舅之使也。"[正义]曰:武王娶太公女为后,故呼舅
　氏,远言之。我善汝有平戎之功勋。

⑥[正义]曰:杜预云："管仲不敢以职自高,卒受本位之礼也。"

　九年,齐桓公卒。

　十二年,叔带复归于周。①

①《左传》曰："王召之。"

　十三年,郑伐滑,①王使游孙、伯服请滑,②郑人囚之。郑文公
怨惠王之入不与厉公爵,③又怨襄王之与卫滑,④故囚伯服。王怒,
将以翟伐郑。富辰谏曰:⑤"凡我周之东徙,晋、郑焉依。子颓之乱,
又郑之由定,今以小怨弃之!"王不听。

①贾逵曰："滑,姬姓之国。"骃案:《左传》曰"滑人叛郑而服于卫"也。[正
　义]曰:杜预云滑国都河南缑氏县,为秦所灭,时属郑、晋,后属周。事在
　鲁釐公二十年。《括地志》云："缑氏故城本费城也,在洛州缑氏县南东
　二十五里也。"

②贾逵曰："二子,周大夫。"

③服虔曰："惠王以后之鞶鉴与郑厉公,而独与虢公玉爵。"[正义]曰:《左
　传》云："庄公二十一年,王巡虢狩,虢公为王宫于玤,王与之酒泉,郑伯
　之享王,王以后之鞶鉴与之。虢公请器,王与之爵。郑伯由是怨王也。"
　杜预云："后鞶带而以镜为饰也。爵,饮酒器也。玤,地。酒泉,周邑。"

④服虔曰："滑,小国,近郑,世世服从,而更违叛,郑师伐之,听命。后自诉
　于王,王以与卫。"

⑤服虔曰："富辰,周大夫。"

　十五年,王降翟师以伐郑。王德翟人,将以其女为后。富辰谏
曰:"平、桓、庄、惠皆受郑劳,王弃亲亲翟,不可从。"王不听。

　十六年,王绌翟后,翟人来诛,杀谭伯。①富辰曰:"吾数谏不
从,如是不出,王以我为怼乎?"乃以其属死之。

①唐固曰:"谭伯,周大夫原伯、毛伯也。"[索隐]曰:按:《国语》亦云"杀谭
　伯",而《左传》太叔之难,获周公忌父、原伯、毛伯,唐固据《传》文读
　"谭"为"原",然《春秋》有谭,何妨此时亦仕王朝,预获被杀?《国语》既
　云"杀谭伯",故太史公依之,不从《左传》说也。

　　初,惠后欲立王子带,故以党开翟人,翟人遂入周,襄王出奔
郑,①郑居王于氾。②子带立为王,取襄王所绌翟后,与居温。③十
七年,襄王告急于晋,晋文公纳王而诛叔带。襄王乃赐晋文公珪鬯
弓矢,为伯,以河内地与晋。④

①[正义]曰:《公羊传》云:"王者无外,此其言出,何? 不能事母也。"
②杜预曰:"郑南氾在襄城县南。"[正义]曰:氾,音凡。《括地志》云:"故氾
　城在许州襄城县一里。《左传》云'天王出居于郑,处于天氾'是。"
③[正义]曰:《括地志》云:"故温城在怀州温县西三十里,汉、晋为县,本
　周司寇苏忿生之邑。《左传》云周与郑人苏忿生十二邑,温其一也。《地
　理志》云温县,故国,己姓,苏忿生所封也。"
④[正义]曰:贾逵云:"晋有功,赏之以地,杨樊、温、原、攒茅之田也。"

　　二十年,晋文公召襄王,襄王会之河阳、践土,①诸侯毕朝,书
讳曰:"天王狩于河阳"。②

①贾逵曰:"河阳,晋之温也。践土,郑地名,在河内。"[正义]曰:《括地志》
　云:"故王宫在郑州荥泽县西北十五里王宫城中。《左传》云晋文公败楚
　于城濮,至于衡雍,作王宫于践土也。"按:王城,则所作在践土,城内东
　北隅有践土一台,东去衡雍三十余里也。
②《左传》曰:"仲尼曰'以臣召君,不可以训',故书曰'狩'。"

　　二十四年,晋文公卒。
　　三十一年,秦穆公卒。
　　三十二年,襄王崩,子顷王壬臣立。
　　顷王六年,崩,子匡王班立。
　　匡王六年,崩,弟瑜立,是为定王。
　　定王元年,楚庄王伐陆浑之戎,①次洛,使人问九鼎。王使王孙

满应设以辞,②楚兵乃去。

①《地理志》陆浑县属弘农郡。[正义]曰:浑,音魂。杜预云:"允姓之戎居
　陆浑,在秦西北,二国诱之徙伊川,遂从戎号,今洛州陆浑县,取其号
　也。"《后汉书》云陆浑戎自瓜州迁于伊川。《左传》云:"初,平王之东迁
　也,辛有适伊川,见被发而祭于野者,曰:'不及百年,此其戎乎?其礼先
　亡矣'。"按:至僖公二十二年秋,秦、晋迁陆浑之戎于伊川,计至辛有
　言,适百年也。《括地志》云:"故麻城谓之蛮中,在汝州梁县界。《左传》
　'单浮余围蛮氏',杜预云'城在河南新城东南,伊洛之戎陆浑蛮氏城
　也。俗以为麻蛮声相近故耳'。"按:新城,今伊阙县是也。

②贾逵曰:"王孙满,周大夫也。"

十年,楚庄王围郑,郑伯降,已而复之。

十六年,楚庄王卒。

二十一年,定王崩,子简王夷立。

简王十三年,晋杀其君厉公,迎子周于周,立为悼公。

十四年,简王崩,子灵王泄心立。

灵王二十四年,齐崔杼弑其君庄公。

二十七年,灵王崩,①子景王贵立。②

①《皇览》曰:"灵王冢在河南城西南柏亭西周山上。盖以灵王生而有髭,
　而神,故谥灵王。其冢,民祀之不绝。"

②[索隐]曰:名贵。按:《国语》景王二十一年铸大钱及无射,单穆公及泠
　州鸠各设辞以谏。今此不言,亦其略耳。

景王十八年,后太子圣而早卒。

二十年,景王爱子朝,①欲立之,②会崩,③子丐之党与争立,
国人立长子猛为王,子朝攻杀猛。猛为悼王。晋人攻子朝而立丐,
是为敬王。④

①贾逵曰:"景王之长庶子。"

②[正义]曰:《左传》云:"子朝用成周之宝珪沉于河,津人得诸河上。"杜
　预云:"祷河求福也,珪自水出也。"按:河神不敢受故。

③《皇览》曰:"景王冢在洛阳太仓中。秦封吕不韦洛阳十万户,故大其城

　　并围景王冢也。"

④贾逵曰："敬王,猛母弟。"

　　敬王元年,晋人入敬王,子朝自立,敬王不得入,居泽。①

①贾逵曰："泽邑,周地也。"

　　四年,晋率诸侯入敬王于周,子朝为臣,①诸侯城周。

①《春秋》曰："子朝奔楚。"《皇览》曰："子朝冢在南阳西鄂县。今西鄂晁氏
　　自谓子朝后也。"

　　十六年,子朝之徒复作乱,敬王奔于晋。

　　十七年,晋定公遂入敬王于周。

　　三十九年,齐田常杀其君简公。

　　四十一年,楚灭陈。孔子卒。

　　四十二年,敬王崩,①子元王仁立。②

①徐广曰："皇甫谥曰敬王四十四年,元己卯,崩壬戌也。"

②徐广曰："《世本》云贞王介也。"

　　元王八年,崩,子定王介立。①

①徐广曰："《世本》云元王赤也。"皇甫谧曰:"元王十一年癸未,三晋灭智
　　伯。二十八年崩,三子争立,立应为贞王。"[索隐]曰:《系本》云元王赤,
　　皇甫谧云贞定王。考据二文,则是元有两名,一名仁,一名赤。如《史
　　记》,则元王为定王父,定王即贞王也;依《系本》,则元王是贞王子。必
　　有一乖误。然此"定"当为"贞",字误耳。岂周家有两定王,代数又非远
　　乎? 皇甫谧见此,疑而不决,遂弥缝《史记》、《系本》之错谬,因谓为贞
　　王,未为得也。

　　定王十六年,三晋灭智伯,分有其地。

　　二十八年,定王崩,①长子去疾立,是为哀王。哀王立三月,弟
叔袭杀哀王而自立,是为思王。思王立五月,少弟嵬攻杀思王而自
立,是为考王。此三王皆定王之子。

　　①徐广曰："皇甫谧曰考哲王元辛丑,崩乙卯。"

　　考王十五年,崩,子威烈王午立。

考王封其弟于河南,①是为桓公,以续周公之官职。桓公卒,子威公代立。威公卒,子惠公代立,乃封其少子于巩②以奉王,号东周惠公。③

①[正义]曰:《帝王世纪》云:"考哲王封弟揭于河南,续周公之官,是为西周桓公。"按:自敬王迁都成周,号东周也。桓公都王城,号西周桓公。

②徐广曰:"惠公之子也。"[正义]曰:巩,音拱。郭缘生《述征记》巩县,周地,巩伯邑。史记周显王二年西周惠公封少子班于巩,以奉王室,为东周惠公也。子武公,为秦所灭。

③[索隐]曰:考王封其弟于河南,为桓公。卒,子威公立。卒,子惠公立。长子曰西周公。又封少子于巩,仍袭父号曰东周惠公。于是有东西二周也。按:《系本》"西周桓公名揭,居河南;东周惠公名班,居洛阳"是也。

威烈王二十三年,九鼎震。命韩、魏、赵为诸侯。

二十四年,崩,①子安王骄立。是岁盗杀楚声王。

①徐广曰:"皇甫谧曰元丙辰,崩己卯。"骃案:宋忠曰"威烈王葬洛阳城中东北隅"也。

安王立二十六年,崩,①子烈王喜立。烈王二年,周太史儋②见秦献公曰:③"始周与秦国合而别,别五百载复合,④合十七岁而霸王者出焉。"⑤

①皇甫谧曰:"安王元庚辰,崩乙巳。"

②[索隐]曰:《老子列传》曰"儋即老子"耳,又曰"非也",验其年代是别人。[正义]曰:幽王时有伯阳甫。唐固曰:"伯阳甫,老子也。"按:幽王元年至孔子卒三百余年,孔子卒后一百二十九年,儋见秦献公。然老子当孔子时,唐固说非也。

③[正义]曰:《秦本纪》云献公十一年见,见后十五年,周显王致文武胙于秦孝公,是复合时也。

④应劭曰:"周孝王封伯翳之后为侯伯,与周别五百载,至昭王时,西周君臣自归受罪,献其邑三十六城,合也。"韦昭曰:"周封秦为始别,谓秦仲也。五百岁,谓从秦仲至孝公强大,显王致伯,与之亲合也。"[索隐]曰:按:周封非子为附庸,邑之秦,号曰秦嬴,是始合也。及秦襄公始列为诸侯,是别之也。自秦列为诸侯,至昭王五十二年,西周君臣献邑三十六

城以入于秦,凡五百一十六年,是合也。云"五百",举其大数。

⑤徐广曰:"从此后十七年而秦昭王立。"骃案:韦昭曰:"武王、昭王皆伯,
　至始皇而王天下。"[索隐]曰:霸王,谓始皇也。自周以邑入秦,至始皇
　初立,政由太后、嫪毐,至九年诛毐,正十七年。[正义]曰:周始与秦国
　合者,谓周、秦俱黄帝之后,至非子未别封,是合也。而别者,谓非子末
　年,周封非子为附庸,邑之秦,后二十九君,至秦孝公二年五伯载,周显
　王致文武胙于秦孝公,复与之亲,是复合也。合十七岁而霸王者出,谓
　从秦孝公三年至十九年周显王致胙于秦孝公,是霸也。孝公子惠王称
　王,是王者出也。然五百载者,非子生秦侯已下二十八君,至孝公二年,
　都合四百八十六年,兼非子邑秦之后十四年,则成五百载。

　十年,烈王崩,弟扁立,①是为显王。

①[正义]曰:扁,边典反。

　显王五年,贺秦献公,献公称伯。

　九年,致文武胙于秦孝公。①

①胙,膰肉也。《左传》曰:"王使宰孔赐齐侯胙,曰天子有事于文武。"

　二十五年,秦会诸侯于周。

　二十六年,周致伯于秦孝公。

　三十三年,贺秦惠王。

　三十五年,致文武胙于秦惠王。

　四十四年,秦惠王称王。①其后诸侯皆为王。②

①[正义]曰:《秦本纪》云惠王十三年,与韩、魏、赵并称王。

②[索隐]曰:谓韩、魏、齐、赵也。

　四十八年,显王崩,子慎靓王定立。

　慎靓王立六年,崩,子赧王延立。①王赧时东西周分治。②王赧
徙都西周。③

①[索隐]曰:皇甫谧云名诞。赧非谥,《谥法》无赧。正以微弱,窃缺逃债,
　赧然惭愧,故号曰"赧"耳。又按:《尚书中候》以"赧"为"然",郑玄云"然
　读曰赧"。王劭按:古音人扇反,今音奴板反。《尔雅》:面惭曰赧。

②[索隐]曰:西周,河南也。东周,巩也。王赧微弱,西周与东分王政理,各
　居一都,故曰东西周。按:高诱曰西周王城,今河南。东周成周,故洛阳

之地。

　③[正义]曰：敬王徙王城东从成周，十世至王赧，徙成周西从王城，西周
　　武公居焉。

西周武公①之共太子死，有五庶子，毋适立。司马翦②谓楚王
曰："不如以地资公子咎，为请太子。"左成曰：③"不可。周不听，是
公之知困而交疏于周也。④不如请周君孰欲立，以微告翦，⑤翦请
令楚贺之以地。"果立公子咎为太子。

　①徐广曰："惠公之长子。"[索隐]曰：按《战国策》作东周武公。
　②[正义]曰：翦，音子践反，楚臣也。
　③[正义]曰：楚臣也。
　④[正义]曰：言以地资公子咎请为太子，周若不许，是楚于周交益疏。
　⑤[正义]曰：楚命翦适周，讽周君欲立谁，以微言告于翦，翦令楚贺之以
　　地，周果立咎为太子也。此以上至"西周武公"，是楚令周立公子咎为太
　　子也。

八年，秦攻宜阳，①楚救之。而楚以周为秦故，将伐之。②苏代
为周说楚王曰："何以周为秦之祸也？③言周之为秦甚于楚者，欲令
周入秦也，故谓'周秦'也。④周知其不可解，必入于秦，此为秦取周
之精者也。⑤为王计者，周于秦因善之，不于秦亦言善之，以疏之于
秦。⑥周绝于秦，必入于郢矣。"⑦

　①[正义]曰：《括地志》云："故韩城一名宜阳城，在洛州福昌县东十四里，
　　即韩宜阳县城也。"
　②[索隐]曰：宜阳，韩地，秦攻而楚救之，周为韩出兵，而楚疑周为秦，因
　　加兵伐周。
　③[索隐]曰：苏代为周说楚王，王何以道周为秦，周实不为秦。今王责周
　　道为秦，周惧楚，必入秦，是为祸也。
　④[索隐]曰：周、秦相近，秦欲并周而外睦于周，故当时诸侯咸谓"周秦"。
　⑤[正义]曰：解，音纪买反。代言周若知楚疑亲秦，其计定不可解免，周必
　　亲于秦也。是为秦取周精妙之计。
　⑥[正义]曰：代言为王计者，周亲我，因而善之；周不亲，亦言善之。楚若
　　善周，周必疏于秦也。

⑦〔正义〕曰：郢，楚都也。楚既亲周，秦必绝周亲楚矣。以上至"八年"，苏代说楚合周。

　　秦借道两周之间，①将以伐韩，周恐借之畏于韩，不借畏于秦。史厌②谓周君曰：③"何不令人谓韩④公叔曰'秦之敢绝周而伐韩者，信东周也。公何不与周地，发质使之楚？'⑤秦必疑楚不信周，是韩不伐也。又谓秦曰'韩强与周地，将以疑周于秦也，周不敢不受。'秦必无辞而令周不受，⑥是受地于韩而听于秦。"⑦

①〔正义〕曰：上"借"，音精夕反，下音子夜反。

②〔正义〕曰：久乌灭反，又于点反。

③〔索隐〕曰：周君，西周武公也。时王赧微弱，不主盟会，寄居西周耳。

④徐广曰："一作'何'。"应劭曰："《氏姓注》云以何姓为韩后。"

⑤〔正义〕曰：质，音竹利反。使，音所吏反。质使，令公子及重臣等往楚为质，使秦疑楚，又得不信周也。质平敌不相负也。

⑥〔正义〕曰：又谓秦曰："韩强与周地，令秦疑周亲，则周不敢不受，秦必无巧辞而令周不敢不受韩地也。"

⑦〔索隐〕曰：此史厌说韩，令与周地，使质于楚，令秦疑楚不信周，得不假道伐韩，而犹听命于秦。

　　秦召西周君，西周君恶往，故令人谓韩王①曰："秦召西周君，将以使攻王之南阳也，王何不出兵于南阳？周君将以为辞于秦。②周君不入秦，秦必不敢逾河而攻南阳矣。"③

①〔索隐〕曰：按《战国策》云或人为周君谓魏王。

②〔索隐〕曰：高诱注《战国策》曰："以魏兵在河南为辞，周君不往朝秦也。"

③〔正义〕曰：南阳，今怀州也。杜预云在晋山南。以上至"秦召西周君"，是西周君说韩令出兵河南谋秦也。

　　东周与西周战，韩救西周。或为东周说韩王曰：①"西周故天子之国，多名器重宝。王案兵毋出，可以德东周，②而西周之宝必可以尽矣。"③

①〔正义〕曰：为，音于伪反。及或人为东周说王，令按兵无出，则周德韩矣。

②〔正义〕曰：韩按兵不出伐东周，而东周甚愧韩之恩德也。

③〔正义〕曰：韩出兵助西周，虽不攻东周，西周愧其佐助，宝器必尽归于韩。以上至"东周与西周战"，是或人说韩令无救西周也。

王赧谓成君。楚围雍氏，①韩征甲与粟于东周，东周君恐，召苏代而告之。代曰："君何患于是。臣能使韩毋征甲与粟于周，又能为君得高都。"②周君曰："子苟能，请以国听子。"代见韩相国曰：③"楚围雍氏，期三月也，今五月不能拔，是楚病也。④今相国乃征甲与粟于周，是告楚病也。"韩相国曰："善！使者已行矣。"⑤代曰："何不与周高都？"韩相国大怒曰："吾毋征甲与粟于周亦已多矣，⑥何故与周高都也？"代曰："与周高都，是周折而入于韩也，秦闻之必大怒忿周，即不通周使，是以弊高都得完周也。曷为不与？"相国曰："善！"果与周高都。⑦

①徐广曰："阳翟雍氏城也。《战国策》曰'韩兵入西周，西周令成君辩说秦求救'，当是说此事而脱误也。"〔索隐〕曰：如徐此说，自合当改而注结之，不合与"楚围雍氏"连注。〔正义〕曰：雍，音于恭反。《括地志》云："故雍城在洛州阳翟县东北二十五里，故老云黄帝雍作杵臼所封也。"按：其地时属韩也。

②徐广曰："今河南新城县高都城也。"〔索隐〕曰：高诱云："高都，韩邑，今属上党也。"〔正义〕曰：《括地志》云："高都故城一名郜都城，在洛州伊阙县北三十五里。"

③《汉书·百官表》曰："相国，秦官。"駰谓韩亦有相国，然则诸国共放秦也。〔索隐〕曰：相国，公仲侈也。

④〔正义〕曰：谓楚兵弊弱也。

⑤〔索隐〕曰：已，止也。

⑥〔正义〕曰：言幸甚也。

⑦〔正义〕曰：以上至"楚围雍氏"，是苏代为东周说韩，令不徵甲而得高都。

三十四年，苏厉谓周君曰："秦破韩、魏，扑师武，①北取赵蔺、离石者，②皆白起也。是善用兵，又有天命。今又将兵出塞攻梁，③

梁破则周危矣！君何不令人说白起乎？曰'楚有养由基者，善射者也。去柳叶百步而射之，百发而百中之。左右观者数千人，皆曰善射。有一夫立其旁，曰"善，可教射矣。"养由基怒，释弓扼剑，曰"客安能教我射乎？"客曰"非吾能教子支左诎右也。④夫去柳叶百步而射之，百发而百中之，不以善息，⑤少焉气衰力倦，弓拨矢钩，一发不中者，百发尽息"。⑥今破韩、魏，扑师武，北取赵蔺、离石者，公之功多矣。今又将兵出塞，过两周，倍韩，攻梁，一举不得，前功尽弃。公不如称病而无出'。"⑦

①徐广曰："扑，一作'仆'。《战国策》曰秦败魏将犀武于伊阙。"

②《地理志》曰西河郡有赵蔺、离石二县。[正义]曰：蔺，音力刃反。《括地志》云："离石县，今石州所理县也。"蔺近离石，皆赵二邑。

③[正义]曰：谓伊阙塞也，在洛州南十九里。伊阙山今名钟山。郦元《注水经》云："两山相对，望之若阙，伊水历其间，故谓之伊阙。"按：今谓之龙门，禹凿以通水也。

④[索隐]曰：按《列女传》云："左手如拒，右手如附枝，右手发之，左手不知，此射之道也。"又《越绝书》曰："左手如附太山，右手如抱婴儿。"

⑤[索隐]曰：言不以其善而且停息。息，止也。

⑥[索隐]曰：息犹弃。言并弃前射。

⑦[正义]曰：以上至"三十四年"，是苏厉为周说白起无伐梁也。

四十二年，秦破华阳约。①马犯谓周君曰："请令梁城周。"②乃谓梁王曰："周王病若死，则犯必死矣。③犯请以九鼎自入于王，王受九鼎而图犯。"④梁王曰："善。"遂与之卒，言戍周。⑤因谓秦王曰："梁非戍周也，将伐周也。王试出兵境以观之。"⑥秦果出兵。又谓梁王曰：⑦"周王病甚矣，犯请后可而复之。⑧今王使卒之周，诸侯皆生心，后举事且不信。不若令卒为周城，以匿事端。"⑨梁王曰："善。"遂使城周。⑩

①徐广曰："一作'厄'。"[正义]曰：司马彪云："华阳，亭名，在密县。秦昭王三十三年，秦背魏约，使客卿胡伤击魏将芒卯华阳，破之。"《六国年表》云："白起击魏华阳，芒卯走。"《括地志》云："故华阳城在郑州管城

县南四十里是。"按：马犯见秦破魏华阳约，惧周危，故谓"请梁城周"
也。

②［索隐］曰：华阳，地名。司马彪曰："华阳，亭名，在密县。秦昭王三十三
年，秦背魏约，使客卿胡伤击魏将芒卯华阳，破之。"是马犯见秦破魏
约，惧周危，故谓周君请梁城周，而设诡计也。

③［正义］曰：马犯，周臣也。乃说梁王曰，秦破魏华阳之军，去周甚近，周
王忧惧国破，犹身之重病，若死，则犯必死也。

④［索隐］曰：图，谋也。犯谓梁王，我方入鼎于王，王当谋救援己也。

⑤［正义］曰：戍，守也。周虽未入九鼎于梁，而梁信马犯矫言，遂与之卒，
今守周。

⑥［正义］曰：梁兵非戍周也，将渐伐周而取九鼎宝器，王若不信，试出师
于境，以观梁王之变也。

⑦［正义］曰：马犯说秦，得秦出兵于境，又重归说梁王也。

⑧［索隐］曰：按《战国策》"甚"作"愈"。犯请后可而复之者，言王病愈，所
图不遂，请得在后有可之时以鼎入梁也。［正义］曰：复，音扶富反。复，
重也。秦既破华阳军，今又出兵境上，是周国病秦久矣。犯前请卒戍周，
诸侯皆心疑梁取周，后可更重请益卒守周乎？

⑨［索隐］曰：梁实图周九鼎，且外遣卒戍周和合。秦举兵欲侵周，梁不救
周，是本无善周之事，止是欲周危而取九鼎，故诸侯皆心不信梁矣。故
不如匿事端，使卒为周城。［正义］曰：既诸侯生心，不如令卒便为筑城，
以隐匿疑伐周之事端，绝诸侯不信之心。梁王遂使城周，解诸侯之疑
也。

⑩［正义］曰：以上至"四十二年"，是马犯说梁王为周筑城也。

四十五年，周君之秦客谓周最①曰："公不若誉秦王之孝，因以
应为太后养地，②秦王必喜，是公有秦交。交善，周君必以为公功。
交恶，劝周君入秦者必有罪矣。"③秦攻周，而周最谓秦王曰："为王
计者不攻周。攻周，实不足以利，声畏天下。天下以声畏秦，必东合
于齐。兵弊于周，合天下于齐，则秦不王矣。天下欲弊秦，劝王攻周。
秦与天下弊，则令不行矣。"④

①［索隐］曰：最，音词喻反，周之公子也。

②徐广曰:"《地理志》云应,今颍川父城县应乡是也。"[索隐]曰:《战国
　策》作"原"。原,周地。太后,秦昭王母宣太后芊氏也。[正义]曰:《括
　地志》云:"故应城,殷时应国,在城父城。"按:应城此时属周。太后,秦
　昭王母宣太后芊氏。

③[正义]曰:客谓周最曰,周君与秦交善,是最之功也。与秦交恶,劝周君
　入秦者周最,今必得劝周君之罪也。以上至"四十五年",是周客说周
　最,令周君以应入秦,得交善而归也。

④[正义]曰:令,音力政反。秦欲攻周,最说秦曰,周天子之国,虽有重器
　名宝,土地狭少,不足利秦国。王若攻之,乃有攻天子之声,而令天下以
　攻天子之声畏秦,使诸侯归于齐,秦兵空弊于周,则秦不王矣。是天下
　欲弊秦,故劝王攻周,令秦受天下弊,而令教命不行于诸侯矣。以上至
　"秦攻周",是周最说秦也。

　　五十八年,三晋距秦。周令其相国之秦,以秦之轻也。还其
行。①客谓相国曰:"秦之轻重未可知也。②秦欲知三国之情。公不
如急见秦王曰'请为王听东方之变'。秦王必重公。重公,是秦重周,
周以取秦也;齐重,则固有周聚③以收齐,是周常不失重国之交
也。"秦信周,发兵攻三晋。④

①[正义]曰:以秦轻易周相,故相国于是反归周也。

②[正义]曰:言秦之轻相国重相国,亦未可知。

③徐广曰:"一作'最'。最亦古之聚字。"[正义]曰:按:周聚事齐而和于
　齐,周,故得齐重。今相国,又得秦重,是相国收秦,周聚收齐,周常不失
　大国之交也。

④[正义]曰:三晋,韩、魏、赵也。以上至"五十八年",是客说周相国,令报
　三国之情,得秦重也。

　　五十九年,秦取韩阳城负黍,①西周恐,倍秦,与诸侯约从,②
将天下锐师出伊阙攻秦,③令秦无得通阳城。秦昭王怒,使将军
摎④攻西周。西周君奔秦,⑤顿首受罪,尽献其邑三十六,口三
万。⑥秦受其献,归其君于周。

①徐广曰:"阳城有负黍聚。"[正义]曰:《括地志》云:"阳城,洛州县也。负

黍亭在阳城县西南三十五里。故周邑。《左传》云'郑伐周负黍'是也。"今属韩国也。

②文颖曰："关东为从，关西为横。"孟康曰："南北为从，东西为横。"瓒曰："以利合曰从，以威势相胁曰横。"[正义]曰：按：诸说未允。关东地南北长，长为从，六国共居之。关西地东西广，广为横，秦独居之。

③[正义]曰：西周以秦取韩阳城、负黍，恐惧，倍秦之约，共诸侯连从，领天下锐师，从洛州南出伊阙攻秦军，令不得通阳城。

④《汉书·百官表》曰："前、后、左、右将军，皆周末官也。"[正义]曰：摎，音纠虬反。

⑤[正义]曰：谓西周武公。

⑥[索隐]曰：秦昭王之五十一年。

　　周君、王赧卒，①周民遂东亡。秦取九鼎宝器，而迁西周公于𢠠狐。②后七岁，秦庄襄王灭东西周。③东西周皆入于秦，周既不祀。④

①宋忠曰："谥曰西周武公。"[索隐]曰：非也。徐以西周武公是惠公之长子，此周君即西周武公也。盖此时武公与王赧皆卒，故连言也。[正义]曰：刘伯庄云："赧是惭耻之甚，轻微危弱，寄住东西，足为惭赧，故号之曰赧。"《帝王世纪》云："名诞。虽居天子之位号，为诸侯之所役逼，与家人无异。名负责于民，无以得归，乃上台避之，故周人名其台曰逃责台。"

②徐广曰："𢠠，音惮。𢠠狐聚与阳人聚相近，在洛阳南百五十里梁、新城之间。"[索隐]曰：西周，盖武公之太子文公也。武公卒而立，为秦所迁。而东周亦不知其名号。《战国策》虽有周文君，亦不知灭时定当何主。盖周室衰微，略无纪录，故太史公虽考众书以卒其事，然二国代系甚不分明。[正义]曰：《括地志》云："汝州外古梁城即𢠠狐聚也。阳人故城即阳人聚也，在汝州梁县西四十里，秦迁东周居也。梁亦古梁城也，在汝州梁县西南十五里。新城，今洛州伊阙县也。"按：𢠠狐、阳人傍在三城之间。

③徐广曰："周比亡之时，凡七县，河南、洛阳、谷城、平阴、偃师、巩、缑氏。"[正义]曰：《括地志》云："故谷城在洛州河南县西北十八里苑中。河阴县城本汉平阴县，在洛州洛阳县东北五十里。《十三州志》云在平

津大河之南也。魏文帝改曰河阴。"

④皇甫谧曰："周凡三十七王,八百六十七年。"[索隐]曰:既,尽也。日食
尽曰既。言周祚尽灭,无主祭祀。[正义]曰:按:王赧卒后,天下无主三
十五年,七雄并争。至秦始皇立,天下一统,十五年,海内咸归于汉矣。

太史公曰:学者皆称周伐纣,居洛邑,综其实不然。武王营之,
成王使召公卜居,居九鼎焉,而周复都丰、镐。至犬戎败幽王,周乃
东徙于洛邑。所谓"周公葬我毕",毕在镐东南杜中。①秦灭周。汉兴
九十有余载,天子将封太山,东巡狩至河南,求周苗裔,封其后嘉三
十里地,号曰周子南君,②比列侯,以奉其先祭祀。③

①徐广曰:"一作'社'。"

②瓒曰:"《汲冢古文》谓卫将军文子为子南弥牟,其后有子南劲,朝于魏,
后惠成王如卫,命子南为侯。秦并六国,卫最为后,疑嘉是卫后,故氏子
南而称君也。"[正义]曰:《括地志》云:"周承休城一名梁雀坞,在汝州
梁县东北二十六里。《帝王世纪》云:'汉武帝元鼎四年,东巡河、洛,思
周德,乃封姬嘉三千户,地方三十里,为周子南君,以奉周祀。元鼎三
年,嘉弟昭进爵为承休侯',在此城也。平帝元始四年,进为郑公。光武
建武三年,封姬观,为卫公。"颜师古云:"子南,其封邑之号,故总言周
子南君。"按:自嘉以下皆姓姬氏,著在史传。瓒言子南为氏,恐非。

③徐广曰:"自周亡乙巳至元鼎四年戊辰,一百四十四年,汉之九十四年
也。汉武元鼎四年封周后也。"

索隐述赞曰:后稷居邰,太王作周。丹开雀录,火降乌流。三分
既有,八百不谋。苍兕誓众,白鱼入舟。大师抱乐,箕子拘囚。成康
之日,政简刑措。南巡不还,西服莫附。共和之后,王室多故。犀弧
兴谣,龙漦作蠹。颓带挂祸,实倾周祚。

史记卷五
本纪第五

秦

[索隐]曰：秦虽嬴政之祖，本西戎附庸之君，岂以诸侯之邦而与五帝、三王同称本纪？斯必不可，可降为秦世家。

秦之先，帝颛顼之苗裔，①孙曰女修。女修织，玄鸟陨卵，女修吞之，生子大业。②大业取少典之子，曰女华。女华生大费，③与禹平水土。已成，帝锡玄圭。禹受曰："非予能成，亦大费为辅。"帝舜曰："咨尔费，赞禹功，其赐尔皂游。④尔后嗣将大出。"⑤乃妻之姚姓之玉女。⑥大费拜受，佐舜调驯鸟兽，鸟兽多驯服，是为柏翳。舜赐姓嬴氏。

①[正义]曰：黄帝之孙，号高阳氏。

②[索隐]曰：女修，颛顼之裔女，吞乙子而生大业。其父不著。而秦、赵以母族而祖颛顼，非生人之义也。按《左传》郯国，少昊之后，而嬴姓盖其族也，则秦、赵宜祖少昊氏。[正义]曰：《列女传》云："陶子生五岁而佐禹。"曹大家注云："陶子者，皋陶之子伯益也。"按：此即知大业是皋陶。

③[索隐]曰：扶味反，一音秘。寻费后以为氏，则扶味反为得。此则秦、赵之祖，嬴姓之先，一名伯翳，《尚书》谓之"伯益"，《系本》、《汉书》谓之"伯益"是也。寻检《史记》上下诸文，伯翳与伯益是一人不疑。而《陈杞系家》即叙伯医与伯益为二，未知太史公疑而未决邪？抑亦谬误尔？

④[索隐]曰：游，音旒。谓赐以皂色旌旆之旒，色与玄圭色副，言其大功成也。然其事亦当有所出。

⑤[索隐]曰：出，犹生也。言尔后嗣繁昌，将大生出子孙也。故《左传》亦云"晋公子姬出也。"

⑥徐广曰："皇甫谧云赐之玄玉，妻以姚姓之女也。"

　　大费生子二人，一曰大廉，实鸟俗氏；二曰若木，实费氏。①其玄孙曰费昌，子孙或在中国，或在夷狄。②费昌当夏桀之时，去夏归商，为汤御，以败桀于鸣条。大廉玄孙曰孟戏、中衍，③鸟身人言。④帝太戊闻而卜之使御，吉，遂致使御而妻之。

①[索隐]曰：以仲衍鸟身人言，故为鸟俗氏。俗，一作"洛"。若木以王父字为费氏也。

②[索隐]曰：殷纣时费仲，即昌之后也。

③[索隐]曰：旧解以孟戏仲衍是一人，今以孟仲分字，当是二人名也。

④[正义]曰：身体是鸟而能人言。又云口及手足似鸟也。

　　自太戊以下，中衍之后，遂世有功，①以佐殷国，故嬴姓多显，遂为诸侯。

①[正义]曰：谓费昌及仲衍。

　　其玄孙曰中潏，①在西戎，保西垂。生蜚廉。蜚廉生恶来。恶来有力，②蜚廉善走，父子俱以材力事殷纣。周武王之伐纣，并杀恶来。是时蜚廉为纣石北方，③还，无所报，为坛霍太山④而报，得石棺⑤铭曰："帝令处父不与殷乱。⑥赐尔石棺以华氏。"死，遂葬于霍太山。⑦

①徐广曰："一作'滑'。"[正义]曰：中，音仲。潏，音决。宋忠注《世本》云仲滑生飞廉。

②《晏子春秋》曰："手裂虎兕。"

③徐广曰："皇甫谧云作石椁于北方。"[索隐]曰："石"下无字则不成文，意亦无所见，必是史记本脱。皇甫谧尚得其说。徐虽引之，而竟不云是脱何字，专质之甚也。[正义]曰：为，于伪反。刘伯庄云："霍太山，纣都之北也。霍太山在晋州霍邑县。"按：在卫州朝歌之西方也。

④《地理志》霍太山在河东彘县。

⑤[正义]曰：纣既以崩，无所归报故，为坛就霍太山而祭纣，报云作得石椁。

⑥[索隐]曰：处父，蜚廉别号。

⑦皇甫谧云:"去虢县十五里有冢,常祠之。"[索隐]曰:言处父至忠,国灭
　　君死而不忘臣节,故天赐石棺,以光华其族。事盖非实,谯周深所不信。

蜚廉复有子曰季胜。①季胜生孟增。孟增幸于周成王,是为宅
皋狼。②皋狼生衡父,衡父生造父。造父以善御幸于周缪王,得骥、
温骊、③骅骝、④耳之驷,⑤西巡狩,乐而忘归。⑥徐偃王作乱,⑦
造父为缪王御,长驱归周以救乱。⑧缪王以赵城封造父。⑨

①[正义]:音升。

②[正义]曰:《地理志》云西河郡皋狼县也。按:孟增居皋狼而生衡父。

③徐广曰:"温,一作'盗'。"骃案:郭璞云"为马细颈,骊,黑色"。[索隐]
　　曰:温,音盗。徐广亦作"盗"。邹诞生本作"駣",音陶。刘氏《音义》云:
　　"盗骊,骕骊也。骕,浅黄色。"八骏既因色为名,骕骊为得之也。

④郭璞曰:"色如华而赤。今名马骠赤者,为枣骝。駵,马赤也。"

⑤郭璞曰:"《纪年》云:'北唐之君来见以一骊马,是生绿耳。'八骏皆因其
　　毛色以为名号。"骃案:《穆子传》穆王有八骏之乘,此纪不具者也。[索
　　隐]曰:按:《穆王传》曰赤骥、盗骊、白义、渠黄、骅骝、𫘝𫘧、耳、山子。
　　[正义]曰:騄,音录。

⑥郭璞:"《纪年》云穆王十七年,西征于昆仑丘,见西王母。"[正义]曰:
　　《括地志》云:"昆仑山在肃州酒泉县南八十里。《六国春秋》云前梁张骏
　　酒泉守马岌上言:酒泉南山即昆仑之丘也。周穆王见西王母乐而忘归,
　　即谓此。有石室王母堂,珠玑楼严饰,焕若神宫。"按:肃州在京西北二
　　千九百六十里,即小昆仑也,非河源出处者。

⑦《地理志》曰:临淮有徐县,云故徐国。《尸子》曰:"徐偃王有筋而无骨。"
　　骃谓号偃由此。[正义]曰:《括地志》云"大徐城在泗州徐城县北三十
　　里,古徐国也。《博物志》云徐君宫人有娠而生卵,以为不祥,弃于水滨
　　洲。孤独无有大鹄苍,衔所弃卵以归,覆暖之,乃成小儿。生偃故。宫人
　　闻之,更取养之。及长,袭为徐君。后鹄苍临死,生角而九尾,化为黄龙
　　也。鹄苍或名后苍。"《括地志》又云:"徐城在越州鄮县东南入海二百
　　里。夏侯《志》云翁洲上有徐偃王城。传云昔周穆王巡狩,诸侯共尊偃
　　王,穆王闻之,令造父御,乘骒騄之马,日行千里,自还讨之。或云命楚
　　王帅师伐之,偃王乃于此处立城以终。"

⑧[正义]曰:《古史考》云:"徐偃王与楚文王同时,去周穆王远矣。且王者

行有周卫,岂得救乱而独长驱日行千里乎!"并言此事非实。按:年表穆
王元年去楚文王元年三百一十八年矣。

⑨徐广曰:"赵城在河东永安县。"[正义]曰:《括地志》云:"赵城,今晋州
赵城县是。本彘县地,后改曰永安,即造父之邑也。"

　　造父族由此为赵氏。自蜚廉生季胜,已下五世至造父,别居赵。
赵衰其后也。

　　恶来革者,蜚廉子也,早死。有子曰女防。女防生旁皋,旁皋生
太几,太几生大骆,大骆生非子。以造父之宠,皆蒙赵城,姓赵氏。

　　非子居犬丘,①好马及畜,②善养息之。犬丘人言之周孝王,孝
王召使主马于汧、渭之间,③马大蕃息。孝王欲以为大骆嫡嗣。申侯
之女为大骆妻,生子成为嫡。申侯乃言孝王曰:"昔我先郦山之
女,④为戎胥轩妻,⑤生中潏,以亲故归周,保西垂,西垂以其故和
睦。今我复与大骆妻,生嫡子成。申、骆重婚,西戎皆服,所以为
王。⑥王其图之。于是孝王曰:"昔柏翳为舜主畜,畜多息,故有土,
赐姓嬴。今其后世亦为朕息马,朕其分土为附庸。"邑之秦,⑦使复
续嬴氏祀,号曰秦嬴。亦不废申侯之女子为骆嫡者,以和西戎。

①徐广曰:"今槐里也。"[正义]曰:《括地志》云:"犬丘故城一名槐里,亦
　曰废丘,在雍州始平县东南十里。《地理志》云扶风槐里县,周曰犬丘,
　懿王都之,秦更名废丘,高祖三年更名槐里也。"

②[正义]曰:好,火到反。畜,许救反。

③[正义]曰:汧,音牵。言于二水之间,在陇州以东。

④[正义]曰:申侯之先,娶于郦山。

⑤[正义]曰:胥轩,仲衍曾孙也。

⑥[正义]曰:言申骆重婚重,直龙反。西戎皆从,所以得为王。王即孝王。

⑦徐广曰:"今天水陇西县秦亭也。"[正义]曰:《括地志》云:"秦州清水县
　本名秦,嬴姓邑。《十三州志》云秦亭,秦谷是也。周太史儋云'始周与秦
　国合而别',故天子邑之秦。"

　　秦嬴生秦侯。秦侯立十年,卒。生公伯。公伯立三年,卒。生
秦仲。

　　秦仲立三年,周厉王无道,诸侯或叛之。西戎反王室,灭犬丘大

骆之族。周宣王即位，①乃以秦仲为大夫，诛西戎。西戎杀秦仲。秦仲立二十三年，死于戎。②有子五人，其长者曰庄公。周宣王乃召庄公昆弟五人，与兵七千人，使伐西戎，破之。于是复予秦仲后，及其先大骆地犬丘并有之，为西垂大夫。③

①徐广曰："秦仲之十八年也。"

②《毛诗序》曰："秦仲始大，有车马礼乐侍御之好也。"

③[正义]曰：《注水经》云："秦庄公伐西戎，破之，周宣与大骆犬丘之地，为西垂大夫。"《括地志》云："秦州上邽县西南九十里，汉陇西郡县是也。"

庄公居其故西犬丘，生子三人，其长男世父。世父曰："戎杀我大父仲，我非杀戎王则不敢入邑。"遂将击戎，让其弟襄公。襄公为太子。

庄公立四十四年，卒，太子襄公代立。

襄公元年，以女弟缪嬴为丰王妻。

襄公二年，①戎围犬丘世父，世父击之，为戎人所虏。岁余，复归世父。

①[正义]曰：《括地志》云："故汧城在陇州汧源县东南三里。《帝王世纪》云秦襄公二年徙都汧，即此城。"

七年春，周幽王用褒姒，废太子，立褒姒子为嫡，数欺诸侯，诸侯叛之。西戎犬戎与申侯伐周，杀幽王郦山下。而秦襄公将兵救周，战甚力，有功。周避犬戎难，东徙雒邑，①襄公以兵送周平王。平王封襄公为诸侯，赐之岐以西之地。曰："戎无道，侵夺我岐、丰之地，秦能攻逐戎，即有其地。"与誓，封爵之。襄公于是始国，与诸侯通使聘享之礼。乃用骊驹、②黄牛、羝羊各三，祠上帝西畤。③

①[正义]曰：周平王徙居王城，即《雒邑》云："我卜涧水东，瀍水西"者也。

②徐广曰："赤马黑鬣曰骊。"

③徐广曰："年表云立西畤，祠白帝。"[索隐]曰：襄公始列为诸侯，自以居西畤，西畤，县名，故作西畤，祠白帝。畤，止也，言神灵之所依止也。亦音市，谓为坛以祭天也。

十二年，伐戎而至岐，卒。生文公。

文公元年,居西垂宫。①

①[正义]曰:即上西县是也。

三年,文公以兵七百人东猎。

四年,至汧、渭之会。曰:"昔周邑我先秦嬴于此,后卒获为诸侯。"乃卜居之,占曰吉,①即营邑之。

①[正义]曰:《括地志》云:"郿县故城在岐州郿县东北十五里,毛苌云郿,地名也。秦文公东猎汧渭之会,卜居之,乃营邑焉,即此城也。"

十年,初为鄜畤,①用三牢。

①徐广曰:"鄜县属冯翊。"[索隐]曰:音敷,亦县名。于鄜地作畤,故曰鄜畤。故《封禅书》曰:"秦文公梦黄蛇自天而下属之地,止于鄜衍",史敦以为神,故立畤也。[正义]曰:《括地志》云:"三畤原在岐州雍县南二十里,《封禅书》云秦文公作鄜畤,襄公作西畤,灵公作吴阳上畤,并此原上,因名也。"

十三年,初有史以纪事,民多化者。

十六年,文公以兵伐戎,戎败走。于是文公遂收周余民有之,地至岐,岐以东献之周。

十九年,得陈宝。①

①[索隐]曰:按:《汉书·郊祀志》云:"文公获若石云,于陈仓北坂城祠之,其神来,若雄雉,其声殷殷云,野鸡夜名,以一牢祠之,号曰陈宝。"又臣瓒云:"陈仓县有宝夫人祠,岁与叶君神会也。"苏林云:"质如石,似肝。"云,语辞。[正义]曰:《括地志》云:"宝鸡神在岐州陈仓县东二十里故陈仓城中。《晋太康地志》云:'秦文公时,陈仓人猎得兽,若彘,不知名,牵以献之。逢二童子,童子曰:"此名为媦,常在地中,食死人脑。"即欲杀之,拍捶其首。媦亦语曰:"二童子名陈宝,得雄者王,得雌者霸。"陈仓人乃逐二童子,化为雉,雌上陈仓北坂,为石,秦祠之。'《搜神记》云其雄者飞至南阳,其后光武起于南阳,皆如其言也。"

二十年,法初有三族之罪。①

①张晏曰:"父母、兄弟、妻子也。"如淳曰:"父族、母族、妻族也。"

二十七年,伐南山大梓,丰大特。①

①徐广曰:"今武都故道有怒特祠,图大牛,上生树本,有牛从木中出,后见于丰水之中。"[正义]曰:《括地志》云:"大梓树在岐州陈仓县南十里

仓山上。"《录异传》云:"秦文公时,雍南山有大梓树,文公伐之,辄有大
风雨,树生合不断。时有一人病,夜往山中,闻有鬼语树神曰:'秦若使
人被发,以朱丝绕树伐汝,汝得不困耶?'树神无言。明日,病人语闻,公
如其言伐树,断,中有一青牛出,走入丰水中。其后牛出丰水中,使骑击
之,不胜。有骑堕地复上,发解,牛畏之,入不出,故置髦头。汉、魏、晋因
之。武都郡立怒特祠,是大梓牛神也。"按:今俗画青牛障是。

四十八年,文公太子卒,赐谥为竫公。①竫公之长子为太子,是
文公孙也。

①徐广曰:"文公之四十四年,鲁隐之元年。"

五十年,文公卒,葬西山。①竫公子立,是为宁公。②

①徐广曰:"皇甫谧云葬于西山,在今陇西之西县。"

②徐广曰:"一作'曼'。"

宁公二年,公徙居平阳,①遣兵伐荡社。②

①徐广曰:"郿之平阳亭。"[正义]曰:《帝王世纪》云秦宁公都平阳。按:岐
　山县有阳平乡,乡内有平阳聚。《括地志》云:"平阳故城在岐州岐山县
　西四十六里,秦宁公徙都之处。"

②徐广曰:"荡,音汤。社,一作'杜'。"[索隐]曰:西戎之君号曰亳王,盖成
　汤之胤。其邑曰荡社。徐广云一作"汤杜"。言汤邑在杜县之界,故曰汤
　杜也。[正义]曰:《括地志》云:"雍州三原县有汤陵。又有汤台,在始平
　县西北八里。"按:其国盖在三原始平之界矣。

三年,与亳战,亳王奔戎,遂灭荡社。①

①皇甫谧云:"亳王号汤,西夷之国也。"

四年,鲁公子翚①弑其君隐公。

①[正义]曰:音晖,即羽父也。

十二年,伐荡氏,取之。宁公生十岁立,立十二年卒,葬西山。①
生子三人,长男武公为太子,武公弟德公,同母鲁姬子。②生出子。
宁公卒,大庶长弗忌威垒。③三父废太子而立出子为君。

①[正义]曰:《括地志》云:"秦宁公墓在岐州陈仓县西北三十七里秦陵
　山。《帝王世纪》云秦宁公葬西山大麓,故号秦陵山也。"按:文公亦葬
　西山,盖秦陵山也。

②[正义]曰:德公母号鲁姬子。

③［正义］音力追反。

　　出子六年，三父等复共令人贼杀出子。出子生五岁立，立六年卒。三父等乃复立故太子武公。

　　武公元年伐彭戏氏①至于华山下，②居平阳封宫。③

①［正义］曰：戏，音许宜反，戎号也。盖同州彭衙故城是也。

②［正义］曰：即华岳之下也。

③［正义］曰：宫名，大岐州平阳城内也。

　　三年，诛三父等而夷三族，以其杀出子也。郑高渠眯杀其君昭公。①

①［索隐］曰：《春秋》鲁桓公十七年《左传》作"高渠弥"也。

　　十年伐，邽、冀戎，初县之。①

①《地理志》陇西有上邽县。应劭曰："即邽戎邑也。"冀县属天水郡。

　　十一年，初县杜、郑。①灭小虢。②

①《地理志》京兆有郑县、杜县也。［正义］曰：《括地志》云："下杜故城在雍州长安县东南九里，古杜伯国。华州郑县也。《毛诗谱》云郑国者，周畿内之地。宣王封其弟于咸林之地，是为郑桓公。"按：秦得皆县之。

②班固曰西虢在雍州。［正义］曰：虢，音古伯反。《括地志》云："故虢城在岐州陈仓县东四十里。次西十余里又有城，亦名虢城。《舆地志》云此虢文王母弟虢叔所封，是曰西虢。"按：此虢灭时，陕州之虢犹谓之小虢。又云，小虢，羌之别种。

　　十三年，齐人管至父、连称等杀其君襄公，而立公孙无知。晋灭霍、魏、耿。①齐雍廪②杀无知、管至父等，而立齐桓公。齐、晋为强国。

①［索隐］曰：《春秋》鲁闵公元年《左传》云"晋灭耿，灭魏，灭霍"，又曰："赐赵夙耿，赐毕万魏。"杜预注曰："平阳皮氏县东南有耿乡，永安县东北有霍太山。三国皆姬姓。"［正义］曰：《括地志》云："霍，晋州霍邑县，又春秋时霍伯国。韦昭云霍，姬姓也。"《括地志》云："故耿城今名耿仓城，在绛州龙门县东南十二里，故耿国也。《都城记》云耿，嬴姓国也。"

②［正义］曰：雍，于宫反。廪，力甚反。是雍林邑人姓名也。

　　十九年，晋曲沃始为晋侯。①齐桓公伯于鄄。②

①[索隐]曰:晋穆侯少子成师居曲沃,号曲沃桓叔,至武公称灭晋侯缗,
始为晋君也。

②[正义]伯音霸。

二十年,武公卒,葬雍平阳。初以人从死,从死者六十六人。有
子一人,名曰白。白不立,封平阳。①立其弟德公。

①[正义]曰:即雍平阳也。平阳时属雍,并在岐州。解在上也。

德公元年,初居雍城①大郑宫。②以牺三百牢祠鄜畤。卜居雍,
后子孙饮马于河。③梁伯、芮伯来朝。④

①徐广曰:“今县在扶风。”

②[正义]曰:《括地志》云:“岐州雍县南七里故雍城,秦德公大郑公城
也。”

③[正义]曰:卜居雍之后,国益广大,后代子孙得东饮马于龙门之河。

④[索隐]曰:梁,嬴姓。芮,姬姓。梁国冯翊夏阳,芮国冯翊临晋。[正义]
曰:《括地志》云:“南芮乡,故城在同州朝邑县南三十里,又有北芮城,
皆古芮伯国。郑玄云周同姓之国,在畿内为王卿士者。《左传》云桓公三
年,芮伯万之母芮姜恶芮伯之多宠人,故逐之,出居魏。”今按:州芮城
县界有芮国城,盖是殷末虞芮争田之芮国是也。

二年,初伏,①以狗御蛊。②德公生三十三岁而立,立二年卒。
生子三人:长子宣公,中子成公,少子穆公。长子宣公立。

①孟康曰:“六月伏日初也。周时无,至此乃有之。”[正义]曰:六月三伏之
节起秦德公为之,故云初伏。庚伏者,隐伏避盛暑也。《历忌释》云:“伏
者何?以金气伏藏之日也。四时代谢,皆以相生;立春,木代水,水生木;
立夏,火代木,木生火;立冬,水代金,金生水;立秋,以金代火,故至庚
日必伏。庚者金,故曰伏也。”

②徐广曰:“年表云初作伏,祠社磔狗邑四门也。”[正义]曰:蛊者,热毒恶
气为伤害人,故磔狗以御之。年表云:“初作伏,祠社,磔狗邑四门。”按:
磔,禳也。狗,阳畜也。以狗张磔于郭四门,禳却热毒气也。《左传》云皿
虫为蛊,顾野王云谷比皆积变为飞蛊也。

宣公元年,卫、燕伐周,①出惠王,立王子颓。三年,郑伯、虢
叔②杀子颓而入惠王。四年,作密畤③与晋战河阳,胜之。

①[正义]曰:卫惠公都,即今卫州也。燕,南燕也。周,天王也。《括地志》

云:"滑州故城古南燕国。应劭云南燕,姞姓之国,黄帝之后。"

②[正义]曰:《括地志》云:"洛州汜水县,古东虢国,亦郑之制邑,汉之城
　皋,亦周穆王虎牢城。"《左传》云宫之奇曰:"虢仲虢叔,王季之穆也。"

③[正义]曰:《括地志》云:"汉有五畤,在岐州雍县南,则鄜畤、吴阳上畤、
　下畤、密畤、北畤。秦文公梦黄蛇自天而下,属地,其口止于鄜衍,作畤,
　郊祭白帝,曰鄜畤。秦宣公作密畤于渭南,祭青帝。秦灵公作吴阳上畤,
　祭黄帝;作下畤,祠黄帝。汉高帝曰:'天有五帝,今四,何也?待我而具
　五'。遂立黑帝,曰北畤是也。"

十二年,宣公卒。生子九人,莫立,立其弟成公。

成公元年,梁伯、①芮伯来朝。齐桓公伐山戎,次于孤竹。②

①[正义]曰:《括地志》云:"同州韩城县南二十二里少梁故城,古少梁国。
　《都城记》云梁伯国,嬴姓之后,与秦同祖。秦穆公二十二年灭之。"

②[正义]曰:《括地志》云:"孤竹故城在平州卢龙县十二里,殷时诸侯竹
　国也。"

成公立四年,卒。子七人,莫立,立其弟缪公。①

①[索隐]曰:秦自宣公已上皆史失其名。今按《世本》、《古史考》,得缪公
　名任好。

缪公任好元年,自将伐茅津,①胜之。

①[正义]曰:刘伯庄云:"戎号也。"《括地志》云:"茅津及茅城在陕州河北
　县西二十里。《注水经》云茅亭,茅戎号。"

四年,迎妇于晋,晋太子申生姊也。其岁,齐桓公伐楚,至邵陵。

五年,晋献公灭虞、虢,虏虞君与其大夫百里傒,以璧马赂于虞
故也。既虏百里傒,以为秦缪公夫人媵于秦。百里傒亡秦走宛,①楚
鄙人执之。缪公闻百里傒贤,欲重赎之,恐楚人不与,乃使人谓楚
曰:"吾媵臣百里傒在焉,请以五羖羊皮赎之。"楚人遂许与之。当是
时,百里傒年已七十余。缪公释其囚,与语国事。谢曰:"臣亡国之
臣,何足问。"缪公曰:"虞君不用子,故亡,非子罪也。"固问,语三
日,缪公大说,授之国政,号曰五羖大夫。百里傒让曰:"臣不及臣友
蹇叔,蹇叔贤,而世莫知。臣常游困于齐而乞食铚人,②蹇叔收臣。
臣因而欲事齐君无知,蹇叔止臣,臣得脱齐难,遂之周。周王子颓好

牛,臣以养牛干之。及虢欲用臣,蹇叔止臣,臣去,得不诛。事虞君,
蹇叔止臣。臣知虞君不用臣,臣诚私利禄爵,且留。再用其言,得脱;
一不用,及虞君难。是以知其贤。"于是缪公使人厚币迎蹇叔,以为
上大夫。

　　①《地理志》南阳有宛县。[正义]曰:宛,于元反,今邓州县。

　　②徐广曰:"佞,一作'铚'。"[正义]曰:佞,音珍栗反。铚,地名,在沛县。

　　秋,缪公自将伐晋,战于河曲。①晋骊姬作乱,太子申生死新
城,②重耳、夷吾出奔。③

　　①徐广曰:"一作'西'。"骃按:《公羊传》曰:"河千里而一曲也。"服虔曰:
　　　"河曲,晋地。"杜预曰:"河曲在蒲坂南。"[正义]曰:按:河曲在华阴县
　　　界也。

　　②[正义]曰:韦昭云:"曲沃新为太子城。"《括地志》云:"绛州曲沃县有曲
　　　沃故城,土人以为晋曲沃新城。"

　　③[正义]曰:重耳奔翟,夷吾奔少梁也。

　　九年,齐桓公会诸侯于葵丘。①

　　①[正义]曰:《括地志》云:"葵丘在曹州考城县东南一里一百五十步郭
　　　内,即桓公会处。又青州临淄县有葵丘,即《传》连称管至父所戍处。"

　　晋献公卒。立骊姬子奚齐,其臣里克杀奚齐。荀息立卓子,①克
又杀卓子及荀息。夷吾使人请秦,求入晋。于是缪公许之,使百里
傒将兵送夷吾。夷吾谓曰:"诚得立,请割晋之河西八城②与秦。"及
至,已立,而使丕郑谢秦,背约不与河西城,而杀里克。丕郑闻之恐,
因与缪公谋曰:"晋人不欲夷吾,实欲重耳。今背秦约而杀里克,皆
吕甥、郤芮之计也。愿君以利急召吕、郤,吕、郤至,则更入重耳便。"
缪公许之,使人与丕郑归,召吕、郤。吕、郤等疑丕郑有间,乃言夷吾
杀丕郑。丕郑子丕豹奔秦,说缪公曰:"晋君无道,百姓不亲,可伐
也。"缪公曰:"百姓苟不便,何故能诛其大臣?能诛其大臣此其调
也。"③不听,而阴用豹。

　　①徐广曰:"一作'倬'。"

　　②[正义]曰:谓同、华等州地。

③[正义]曰:调,音徒聊反。言能诛大臣丕郑,云是夷吾于百姓调和也。刘
　伯庄音徒吊反。按:调,选也。邪臣诛,忠臣用,是夷吾能调选。两通也。

　　十二年,齐管仲、隰朋死。晋旱,来请粟。丕豹说缪公勿与,因
其饥而伐之。缪公问公孙支,①支曰:"饥穰更事耳,不可不与。"问
百里傒,傒曰:"夷吾得罪于君,其百姓何罪?"于是用百里傒、公孙
支言,卒与之粟。以船漕车转,自雍相望至绛。②
　　①服虔曰:"秦大夫公孙子桑。"
　　②贾逵曰:"雍,秦国都;绛,晋国都也。"
　　十四年,秦饥,请粟于晋。晋君谋之群臣。虢射曰:①"因其饥伐
之,可有大功。"晋君从之。
　　①[正义]曰:射,音石也。
　　十五年,兴兵将攻秦。缪公发兵,使丕豹将,自往击之。九月壬
戌,与晋惠公夷吾合战于韩地。①晋君弃其军,与秦争利,还而马
鸷。②缪公与麾下驰追之,不能得晋君,反为晋军所围。晋击缪公,
缪公伤。于是岐下食善马者三百人驰冒晋军。晋军解围,遂脱缪公
而反生得晋君。初,缪公亡善马,岐下野人共得而食之者三百余
人,③吏逐得,欲法之。缪公曰:君子不以畜产害人。吾闻食善马肉
不饮酒,伤人。"乃皆赐酒而赦之。三百人者闻秦击晋,皆求从,从而
见缪公窘,亦皆推锋争死,以报食马之德。于是缪公虏晋君以归,令
于国,"斋宿,吾将以晋君祠上帝。"周天子闻之,曰"晋我同姓",为
请晋君。夷吾姊亦为缪公夫人,夫人闻之,乃衰绖跣,曰:"妾兄弟不
能相救,以辱君命。"缪公曰:"我得晋君以为功,今天子为请,夫人
是忧。"乃与晋君盟,许归之,更舍上舍,而馈之七牢。④十一月,归
晋君夷吾,夷吾献其河西地,使太子圉为质于秦。秦妻子圉以宗女。
是时秦地东至河。⑤
　　①[正义]曰:《左传》云僖公十五年,秦、晋战于韩原,秦获晋侯以归。《括
　　地志》云:"韩原在同州韩城县西南十八里。《十六国春秋》云魏颗梦父
　　结草抗秦将杜回,亦在韩原。"

②[正义]曰:骘,音致,又敕利反。《国语》云:"晋师溃,戎马还泞而止。"韦
　昭云:"泞,深泥也。"

③[正义]曰:《括地志》云:"野人坞在岐州雍县东北二十里。"按:野人盗
　马食处,因名焉。

④贾逵曰:"诸侯雍饩七牢。牛一羊一豕一为一牢也。"

⑤[正义]曰:晋河西八城入秦,秦东境至河,即龙门河也。

十八年,齐桓公卒。

二十年,秦灭梁、芮。①二十二年,晋公子圉闻晋君病,曰:"梁,
我母家也,②而秦灭之。我兄弟多,即君百岁后,秦必留我,而晋轻,
亦更立他子。"子圉乃亡归晋。

①[正义]曰:梁、芮国皆在同州。秦得其地,故灭二国之君。

②[正义]曰:子圉母,梁伯之女也。

二十三年,晋惠公卒,子圉立为君。秦怨圉亡去,乃迎晋公子重
耳于楚,而妻以故子圉妻。重耳初谢,后乃受。缪公益礼厚遇之。

二十四年春,秦使人告晋大臣,欲入重耳,晋许之,于是使人送
重耳。二月,重耳立为晋君,是为文公。文公使人杀子圉。子圉是
为怀公。其秋,周襄王弟带以翟伐王,王出居郑。①

①[正义]曰:王居于氾邑也。

二十五年,周王使人告难于晋、秦。秦缪公将兵助晋文公入襄
王,杀王弟带。

二十八年,晋文公败楚于城濮。①

①[正义]曰:卫地也,今濮州。

三十年,缪公助晋文公围郑。①郑使人言缪公曰:"亡郑厚晋,
于晋而得矣,而秦未有利。晋之强,秦之忧也。缪公乃罢兵归。晋
亦罢。

①[正义]曰:《左传》僖公三十年,晋侯、秦伯围郑。杜预云:"文公过郑,郑
　不礼之。"

三十二年冬,晋文公卒。

郑人有卖郑于秦曰:"我主其城门,郑可袭也。"缪公问蹇叔、百
里傒,对曰:"径数国千里而袭人,希有得利者。且人卖郑,庸知我国

人不有以我情告郑者乎？不可。"缪公曰："子不知也，吾已决矣。"遂
发兵，使百里傒子孟明视、蹇叔子西乞术及白乙丙将兵。行日，百里
傒、蹇叔二人哭之。缪公闻，怒曰："孤发兵而子沮哭吾军。何也？"①
二老曰："臣非敢沮君军。军行，臣②子与往；③臣老，迟还恐不相
见，故哭耳。"二老退，谓其子曰："汝军即败，必于殽阸矣。"④

　①[正义]曰：沮，自吕反。沮，毁也。《左传》云蹇叔哭之曰："孟子，吾见师
　　之出，不见其入也。"

　②监本作"吾"。

　③[正义]曰：与，音预。

　④[正义]曰：殽，音故交反。阸，音厄。《春秋》云鲁僖公三十三年，晋人及
　　姜戎败秦师于殽。《括地志》云："三殽山又名嶔岑山，在洛州永宁县西
　　北二十里，即古之殽道也。"

　　三十三年春，秦兵遂东，更晋地，过周北门。周王孙满曰："秦师
无礼，①不败何待！"兵至滑，②郑贩卖贾人③弦高④持十二牛将卖
之周，见秦兵，恐死虏，因献其牛，曰："闻大国将诛郑，郑君谨修守
御备，使臣以牛十二劳军士。"秦三将军相谓曰："将袭郑，郑今已觉
之，往无及已。"灭滑。滑，晋之边邑也。

　①[正义]曰：《左传》云："秦师过周北门，左右免胄而下，超乘者三百乘。
　　王孙满尚幼，观之，言于王曰：'秦师轻而无礼，必败。'"杜预云："王城
　　北门也。谓过天子门不卷甲束兵。超乘，示勇也。"

　②[正义]曰：为八反。《括地志》云："缑氏故城在洛州缑氏县东二十五里，
　　滑伯国也。韦昭云，姬姓小国也。"

　③[正义]曰：卖，麦卦反。贾，音古。《左传》作"商人"也。

　④人姓名。

　　当是时，晋文公丧尚未葬。太子襄公怒曰："秦侮我孤，因丧破
我滑。"遂墨衰绖，发兵遮秦兵于殽，击之，大破秦军。无一人得脱
者。虏秦三将以归。文公夫人，秦女也，①为秦三囚将请曰："缪公之
怨此三人入于骨髓，愿令此三人归，令我君得自快烹之。"晋君许
之，归秦三将。三将至，缪公素服郊迎，向三人哭曰："孤以不用百里

侯、蹇叔言,以辱三子,三子何罪乎? 子其悉心雪耻,毋怠。"遂复三
人官秩如故,愈益厚之。

①服虔曰:"缪公女。"

三十四年,楚太子商臣弑其父成王代立。缪公于是复使孟明视
等将兵伐晋,战于彭衙。①秦不利,引兵归。

①杜预曰:"冯翊郃阳县西北有衙城。"[正义]曰:《括地志》云:"彭衙故城
在同州白水县东北六十里。"

戎王使由余①于秦。由余,其先晋人也,亡入戎,能晋言。闻缪
公贤,故使由余观秦。秦缪公示以宫室积聚。由余曰:"使鬼为之,
则劳神矣。使人为之。亦苦民矣。"缪公怪之,问曰:"中国以诗书礼
乐法度为政,然尚时乱,今戎夷无此,何以为治,不亦难乎?"由余笑
曰:"此乃中国所以乱也! 夫自上圣黄帝作为礼乐法度,身以先之,
仅以小治。及其后世,日以骄淫。阻法度之威,以责督于下,下罢
极②则以仁义怨望于上,上下交争怨而相篡弑,至于灭宗,皆以此
类也。夫戎夷不然:上含淳德以遇其下,下怀忠信以事其上;一国之
政,犹一身之治;不知所以治,此真圣人之治也!"于是缪公退而问
内史廖曰③:"孤闻邻国有圣人,敌国之忧也。今由余贤,寡人之害,
将奈之何?"内史廖曰:"戎王处辟匿,未闻中国之声。君试遗其女
乐,以夺其志;④为由余请,以疏其间;留而莫遣,以失其期。戎王怪
之,必疑由余。君臣有间,乃可虏也。且戎王好乐,必怠于政。"缪公
曰:"善!"因与由余曲席而坐,⑤传器而食,问其地形与其兵势尽
察,而后令内史廖以女乐二八遗戎王。戎王受而说之,终年不还。于
是秦乃归由余。由余数谏不听,缪公又数使人间要由余,由余遂去
降秦。缪公以客礼礼之,问伐戎之形。⑥

①[正义]曰:戎人姓名。

②[正义]曰:罢,音皮。

③《汉书·百官表》曰:"内史,周官也。"

④徐广曰:"夺,一作'徇'。"

⑤[正义]曰:按:床在穆公左右,相连而坐,谓之曲席也。

⑥[正义]曰:韩国云秦穆公都地方三百里。并国十四,辟地千里,陇西北

地郡是也。

三十六年,缪公复益厚孟明等,使将兵伐晋,渡河焚船,大败晋人,取王官及鄗,①以报郩之役。晋人皆城守不敢出。于是缪公乃自茅津②渡河,③封郩中尸,④为发丧,哭之三日。乃誓于军曰:"嗟!士卒,听无哗,余誓告汝:古之人谋黄发番番,⑤则无所过。以申思不用蹇叔、百里傒之谋,故作此誓,令后世以记余过。"君子闻之,皆为垂涕,曰:"嗟乎!秦缪公之与人周也,⑥卒得孟明之庆。"

①徐广曰:"《左传》作'郊'。"骃案:服虔曰"皆晋地,不能有"。[正义]曰:鄗,音郊。《左传》作郊。杜预云:"书取,言易也。"《括地志》云:"王官故城在同州澄城县西北九十里。又云南郊故城在县北十七里。又有北郊故城,又有西郊古城。《左传》云文公三年,秦伯伐晋,济河焚舟,取王官及郊也。"《括地志》云:"蒲州猗氏县南二里又有王官故城,亦秦伯取者。"上文云"秦东地至河"盖猗氏王官是也。

②徐广曰:"在太阳。"[正义]曰:《括地志》云:"茅津在陕州河北县、太阳县也。"

③[正义]曰:自茅津南渡河也。

④贾逵曰:"封识之。"[正义]曰:《左传》云:"秦伯伐晋,济河焚舟,晋人不出,遂自茅津济,封郩尸而还。"杜预云:"封,埋藏也。"

⑤[正义]曰:音婆,字当作"皤"。皤,白头貌。言发白而更黄,故云黄发番番以申思谓蹇叔、百里傒也。

⑥服虔曰:"周,备也。"

三十七年,秦用由余谋伐戎王,益国十二,开地千里,遂霸西戎。天子使召公过贺缪公以金鼓。

三十九年,缪公卒,葬雍。①从死者百七十七人,秦之良臣子舆氏三人②名曰奄息、仲行、鍼虎,亦在从死之中。③秦人哀之,为作歌《黄鸟》之诗。君子曰:"秦缪公广地益国。东服强晋,西霸戎夷,然不为诸侯盟主,亦宜哉!死而弃民,收其良臣而从死。且先王崩,尚犹遗德垂法,况夺之善人良臣百姓所哀者乎?是以知秦不能复东征也。"缪公子四十人,其太子罃代立,是为康公。

①皇览曰:"秦缪公冢在橐泉宫祈年观下。"[正义]曰:《庙记》云:"橐泉

宫,秦孝公造。祈年观,德公起。盖在雍州城内。"《括地志》云:"秦穆公
冢在岐州雍县东南二里。"

②[正义]曰:毛苌云:"良,善也。"三善臣也,《左传》云:"子车氏之三子。"
　　杜预云:"子车,秦大夫也。"

③《正义》曰:行,音胡郎反。铖,音其廉反。应劭云:"秦缪公与群臣饮酒
　　酣,公曰:'生共此乐,死共此哀'。于是奄息、仲行、铖虎许诺。及公薨,
　　皆从死。《黄鸟》诗所为作也。"杜预云:"以人葬为殉也。"《括地志》云:
　　"三良冢在岐州雍县一里故城内。"

康公元年。往岁缪公之卒,晋襄公亦卒。襄公之弟名雍,秦出
也,①在秦。晋赵盾欲立之,使随会②来迎雍,秦以兵送至令狐。③
晋立襄公子而反击秦师,秦师败,随会来奔。

①[正义]曰:雍母秦女,故言秦出也。

②[正义]曰:韩昭云:"晋正卿士芳之孙,成伯之子季武子也。食采于随
　　范,故曰随会,或曰范会。季,范子字也。"

③杜预曰:"在河东。"[正义]曰:令,音零。《括地志》云:"令狐故城在蒲州
　　猗氏县界十五里也。"

二年,秦伐晋,于武城,①报令狐之役。

①[正义]曰:《括地志》云:"故武城一名武平城,在华州郑县东北十三里
　　也。"

四年,晋伐秦,取少梁。①

①[正义]曰:前入秦,后归晋,今秦又取之。

六年,秦伐晋,取羁马。①战于河曲,大败晋军。晋人患随会在
秦为乱,乃使魏雠余②详反,③合谋会,诈而得会,会遂归晋。

①服虔曰:"晋邑也。"

②服虔曰:"晋之魏邑大夫。"[正义]曰:雠,音受。又作"犨",音同。

③[正义]曰:详,音羊。

康公立十二年卒,子共公立。①

①[索隐]曰:名貑。十代至灵公,又并失名。

共公二年,晋赵穿弑其君灵公。

三年,楚庄王强,北兵至雒,问周鼎。

共公立五年卒,子桓公立。

桓公三年,晋败我一将。

十年,楚庄王服郑,北败晋兵于河上。当是之时,楚霸,为会盟合诸侯。

二十四年,晋历公初立,与秦桓公夹河而盟。归而秦倍盟,与翟合谋击晋。

二十六年,晋率诸侯伐秦,秦军败走,追至泾而还。

桓公立二十七年卒,子景公立。①

①徐广曰:“《世本》云景公名后伯车也。”[索隐]曰:景公已下,名又错乱,《始皇本记》作哀公。

景公四年,晋栾书弑其君历公。

十五年,救郑,败晋兵于栎。①是时晋悼公为盟主。

①杜预曰:“晋地也。”[正义]曰:栎,音历。《括地志》云:“洛州阳翟县,古栎邑也。”

十八年,晋悼公强,数会诸侯,率以伐秦,败秦军。秦军走,晋兵追之,遂渡泾,至棫林而还。①

①徐广曰:“棫,音域。”骃案:杜预曰“秦地也,”

二十七年,景公如晋,与平公盟,已而背之。

三十六年,楚公子围弑其君而自立,是为灵王。景公母弟后子鍼①有宠,景公母弟富,或谮之,恐诛,乃奔晋,车重千乘。晋平公曰:“后子富如此,何以自亡?”对曰:“秦公无道,畏诛,欲待其后世乃归。”

①[正义]曰:音钳。

三十九年,楚灵王强,会诸侯于申,①为盟主,杀齐庆封。

①[正义]曰:在邓州南阳县三十里。

景公立四十年卒,子哀公立。①后子复来归秦。

①[索隐]曰:《始皇本纪》作毕公。

哀公八年,楚公子弃疾弑灵王而自立,是为平王。

十一年,楚平王来求秦女为太子建妻。至国,女好而自娶之。

十五年,楚平王欲诛建,建亡。①伍子胥奔吴。晋公室卑而六卿强,欲内相攻,是以久秦晋不相攻。

①[正义]曰:太子建亡之郑,郑杀之。

三十一年,吴王阖闾与伍子胥伐楚,楚王亡奔随,吴遂入郢。楚大夫申包胥来告急,①七日不食,日夜哭泣。②于是秦乃发五百乘救楚,③败吴师。吴师归,楚昭王乃得复入郢。

①[正义]曰:包胥姓公孙,封于申,故号申包胥,《左传》云:"申包胥如秦乞师,曰:'吴为封豕长蛇,以荐食上国,虐始于楚。寡君失守社稷,越在草莽,使下臣告急曰,夷德无厌,若邻于君,疆场之患也。逮吴之未定,君其取分焉。若楚之遂亡,君之土也,若以君灵抚之,世以事君。'"

②[正义]曰:《左传》云:"申包胥对秦伯曰:'寡君越在草莽,未获所伏,下臣何敢即安。'立依于庭墙而哭,日夜不绝声,勺饮不入口七日。秦哀公为赋《无衣》,九顿首而坐。秦师乃出。"

③[正义]曰:《左传》鲁定公五年,秦子蒲、子虎帅车五百乘以救楚,败吴师于军祥。

哀公立三十六年卒,太子夷公,夷公早死不得立,立夷公子,是为惠公。

惠公元年,孔子行鲁相事。

五年,晋卿中行、范氏反晋,晋使智氏、赵简子攻之,范中行氏亡奔齐。

惠公立十年卒,子悼公立。

悼公二年,齐臣田乞弑其君孺子,立其兄阳生,为悼公。

六年,吴败齐师。齐人弑悼公,立其子简公。

九年,晋定公与吴王夫差盟,争长于黄池,卒先吴。①吴强,陵中国。

①徐广曰:"《外传》云吴王先歃。"

十二年,齐田常弑简公,立其弟平公,常相之。

十三年,楚灭陈。秦悼公立十四年卒,子厉共公立。孔子以悼公十二年卒。

厉共公二年，蜀人来赂。

十六年，堑河旁。以兵二万伐大荔，取其王城。①

①徐广曰："今之临晋也。临晋有王城。"[正义]曰：荔，音戾。《括地志》云：
　　"同州东三十里朝邑县东三十步故王城。大荔近王城邑。"

二十一年，初县频阳。①晋取武成。

①《地理志》冯翊有频阳县。[正义]曰：《括地志》云："频阳故城在雍州同
　　官县界，古频阳县城也。"

二十四年，晋乱，杀智伯，分其国与赵、韩、魏。

二十五年，智开与邑人来奔。①

①徐广曰："一本二十六年城南郑也。"[正义]曰：开，智伯子。伯被赵襄子
　　等灭其国，其子与从属来奔秦。

三十三年，伐义渠，虏其王。①

①应劭曰："义渠，北地也。"[正义]曰：《括地志》云："宁、庆二州，春秋及
　　战国时为义渠戎国之地也。"

三十四年，日食。

厉共公卒，子躁公立。

躁公二年，南郑反。①

①[正义]曰：南郑，今梁州所理县也。春秋及战国时，其地属于楚也。

十三年，义渠来伐，至渭南。

十四年，躁公卒，立其弟怀公。①

①[索隐]曰：厉共公子也。生昭太子，未立而卒。太子之子，是为灵公。

怀公四年，庶长晁①与大臣围怀公，怀公自杀。怀公太子曰昭
子，早死，大臣乃立太子昭子之子，是为灵公。②灵公，怀公孙也。

①[正义]曰：长，丁丈反晁，竹遥反。晁，人名也。刘伯庄音潮。

②[索隐]曰：生献公也。

灵公六年，晋城少梁，秦击之。

十三年，城籍姑。①

①[正义]曰：《括地志》云："籍姑故地在同州韩城县北三十五里。"

灵公卒,子献公[1]不得立,立灵公季父悼子,是为简公。简公,
昭之弟而怀公子也。[2]

①[索隐]曰:献公名师隰。

②[索隐]曰:简公,怀公弟,灵公季父也。子惠公立。《始皇本纪》云灵公生
　简公,误也。又《纪年》云简公九年卒,次敬公立,十二年卒,乃立惠公。
　[正义]曰:刘伯庄云简公是昭子之弟,怀公之子,厉公之孙。今《史记》
　谓简公是厉公子者,抄写之误。

简公六年,令吏初带剑。[1]堑洛。城重泉。[2]

①[正义]曰:春秋官吏各得带剑。

②《地理志》重泉县属冯翊。[正义]曰:重,直龙反。《括地志》云:"重泉故
　城在同州蒲城县东南四十五里也。"

十六年卒,[1]子惠公立。

①徐广曰:"表云十五年也。"

惠公十二年,子出子生。

十三年,伐蜀,取南郑。

惠公卒,出子立。

出子二年,庶长改迎灵公之子献公于河西而立之。[1]杀出子及
其母,沉之渊旁。秦以往者数易君,君臣乖乱,故晋复强,夺秦河西
地。[2]

①[正义]曰:西者,秦州西县,秦之旧地,时献公在西县,故迎立之。

②[正义]曰:夺前所上八城也。

献公元年,[1]止从死。

①徐广曰:"丁酉。"

二年,城栎阳。[1]

①徐广曰:"徙都之,今万年是也。"[正义]曰:《括地志》云:"栎阳故城一
　名万年城,在雍州东北百二十里。栎阳,汉七年,分栎阳城内为万年县;
　隋文帝开皇三年,迁都于龙首川,今京城也。改万年为大兴县。至唐武
　德元年,又改曰万年,置在州东七里。"

四年正月庚寅,孝公生。

十一年,周太史儋见献公曰:"周故与秦国合而别。别五百岁复合。合七十七岁而霸王出,"

十六年,桃冬花。

十八年,雨金栎阳。①

①〔正义〕曰:言雨金于秦国都,明金瑞见也。

二十一年,与晋战于石门,①斩首六万,天子贺以黼黻。②

①〔正义〕曰:《括地志》云:"尧门山俗名石门,在雍州三原县西北三十三里。上有路,其状若门。故老云尧凿山为门,因名之。武德年中于此山南置石门县,贞观年中改为云阳县。"

②《周礼》曰:"白与黑谓之黼,黑与青谓之黻。"

二十三年,与魏晋战少梁,虏其将公孙痤。①

①〔正义〕曰:在戈反。

二十四年,献公卒,①子孝公立,②年已二十一岁矣。

①徐广曰:"表云二十三年。"

②〔索隐〕曰:名渠梁。

孝公元年,①河山以东强国六,与齐威、楚宣、魏惠、燕悼、韩哀、赵成侯并。淮泗之间②小国十余。楚、魏与秦接界。③魏筑长城,自郑滨洛以北,有上郡。楚自汉中,南有巴、黔中。周室微,诸侯力政,争相并。秦僻在雍州,不与中国诸侯之会盟,夷翟遇之。孝公于是布惠,振孤寡,招战士,明功赏。下令国中曰:"昔我穆公自岐、雍之间,修德行武,东平晋乱,以河为界,④西霸戎翟,广地千里,天子致伯,诸侯毕贺,为后世开业甚光美。会往者厉、躁、简公、出子之不宁,国家内忧,未遑外事,三晋攻夺我先君河西地,诸侯卑秦。丑莫大焉。献公即位,镇抚边境,徙治栎阳,且欲东伐复穆公之故地,修穆公之政令。寡人思念先君之意,常痛于心。宾客群臣有能出奇计强秦者,吾且尊官,与之分土。"于是乃出兵东围陕城。西斩戎之獂王。⑤

①徐广曰:"庚申也。"

②〔正义〕曰:并,白浪反。谓淮泗二水。

③[正义]曰:楚北及魏西与秦相接,北自梁州汉中郡,南有巴、渝,过江南
　　有黔中、巫郡也。魏西界与秦相接,南自华州郑县,西北过渭水,滨洛水
　　东岸,向北有上郡鄜州之地,皆筑长城以界秦境。洛即漆沮水也。

④[正义]曰:即龙门河也。

⑤《地理志》天水有豲道县。应劭曰:"豲,戎邑,音桓。"

　　卫鞅闻是令下,西入秦,因景监①求见孝公。

①[正义]曰:监,甲暂反,阉人也。

　　二年,天子致胙。

　　三年,卫鞅说孝公变法修刑,内务耕稼,外劝战死之赏罚,孝公
善之。甘龙、杜挚等弗然,相与争之。卒用鞅法,百姓苦之。居三年,
百姓便之。乃拜鞅为左庶长。其事在《商君》语中。

　　七年,与魏惠王会杜平。①

①[正义]曰:在同州澄城县界也。

　　八年,与魏战元里,①有功。

①[正义]曰:祁城在同州城县界。

　　十年,卫鞅为大良造,将兵围魏安邑,降之。①

①《地理志》曰河东有安邑县。[正义]曰:《括地志》云:"安邑故城在绛州
　　夏县东北十五里,本夏之都。"

　　十二年,作为咸阳,①筑冀阙,②秦徙都之。并诸小乡聚,③集
为大县,县一令,④四十一县。为田开阡陌,⑤东地渡洛。

①[正义]曰:《括地志》云:"咸阳故城亦名渭城,在雍州咸阳县东十五里,
　　京城北里四十五里,即秦公徙都之者。今咸阳县,古之杜邮,白起死
　　处。"

②[正义]曰:刘伯庄云:"冀犹记事,阙即象魏也。"

③[正义]曰:万二千五百家为乡。聚犹村落之类也。

④《汉书·百官表》曰:"县令长皆秦官。万户以上为令,秩千石至六百石;
　　减万户为长,秩五百石至三百石。皆有丞尉。"

⑤[索隐]曰:《风俗通》曰:"南北曰阡,东西曰陌。河东以东西为阡,南北
　　为陌。"

　　十四年,初为赋。①

①徐广曰:"制贡赋之法也。"[索隐]曰:谯周云:"初为军赋也。"

十九年,天子致伯。①

①[正义]曰:伯,音霸,又如字。孝公十九年,天子始封爵为霸,即太史儋
云"合七十七岁而霸王出"之年,故天子致伯。桓谭《新论》云:"夫上古
称三皇、五帝,而次有三王、五伯,此天下君之冠首也。故言三皇以道
理,而五帝用德化;三王由仁义,五伯以权智。其说之曰,无制令刑罚谓
之皇;有制令而无刑罚谓之帝,赏善诛恶、诸侯朝事谓之王,兴兵约盟、
以信义矫世谓之伯。"

二十年,诸侯毕贺。秦使公子少官率师会诸侯逢泽,①朝天子。

①徐广曰:"开封东北有逢泽。"[正义]曰:《括地志》云:"逢泽亦名逢池。
在汴州浚仪县东南十四里。"

二十一年,齐败魏马陵。①

①[正义]曰:虞喜《志林》云:"濮州甄城县东北六十余里有马陵,洞谷深,
可以置伏。"按:庞涓败即此也。

二十二年,卫鞅击魏,虏魏公子卬。封鞅为列侯,号商君。①

①[正义]曰:商州商洛县在州东八十九里,鞅所封也。契所封地。

二十四年,与晋战雁门,①虏其将魏错。②

①[索隐]曰:《纪年》云与魏战岸门,此云"雁门",恐声误也。又下云"败韩
岸门",盖一地也。寻秦与韩、魏战,不当还至雁门也。[正义]曰:《括地
志》云:"岸门在许州长社县西北二十八里,今名西武亭。"

②[正义]曰:七故反。

孝公卒,子惠文君立。①

①[索隐]曰:名驷。

是岁,诛卫鞅。鞅之初为秦施法,①法不行,太子犯禁。鞅曰:
"法之不行,自于贵戚。君必欲行法,先于太子。太子不可黥,黥其
傅师。"于是法大用,秦人治。及孝公卒,太子立,宗室多怨鞅,鞅亡,
因以为反,而卒车裂以徇秦国。②

①[正义]曰:为,于伪反。

②《汉书》曰:"商君为法于秦,战斩一首赐爵一级,欲为官者五千石。其爵

名,一为公士,二上造,三簪袅,四不更,五大夫,六公大夫,七官大夫,八公乘,九五大夫,十左庶长,十一右庶长,十二左更,十三中更,十四右更,十五少上造,十六大上造,十七驷车庶长,十八大庶长,十九关内侯,二十彻侯。"

惠文君元年,楚、韩、赵、蜀人来朝。

二年,天子贺。

三年,王冠。①

①[正义]曰:冠,音馆。《礼记》云年二十行冠礼也。

四年,天子致文武胙。齐、魏为王。①

①[索隐]曰:齐威王、魏惠王。

五年,阴晋人犀首①为大良造。②

①[正义]曰:犀,音西。《地理志》云华阴县,故阴晋,秦惠王五年,更名宁秦,高祖八年更名华阴。

②[正义]犀首,官名,姓公孙,名衍。[索隐]曰:官名,若虎牙之类。姓公孙名衍,魏人也。

六年,魏纳阴晋,阴晋更名宁秦。①

①徐广曰:"今之华阴也。"

七年,公子邛与魏战,虏其将龙贾,斩首八万。

八年,魏纳河西地。

九年,渡河取汾阴、皮氏。①与魏王会应。②围焦,降之。③

①《地理志》云二县属河东。[正义]曰:渡河东取之。《括地志》云:"汾阴故城俗名殷汤城,在蒲州汾阴县北也。皮氏在绛州龙门县西一里八十步,即古皮氏城也。"

②[正义]曰:应,乙陵反。《括地志》云:"故应城因应山为名,古之应国,在汝州鲁山县东三十里。《左传》云:'邗、晋、应、韩,武之穆也'。"

③[正义]曰:《括地志》云:"焦城在陕州城内东北百步,因焦水为名。周同姓所封,《左传》云虞、虢、焦、滑、霍、阳、韩、魏皆姬姓也。"杜预云八国皆为晋所灭。按:武王克商,封神农之后于焦,而后封姬姓也。

十年,张仪相秦。魏纳上郡十五县。①

①[正义]曰:今鄜、绥等州也。魏前纳阴晋,次纳同、丹二州,今纳上郡,而尽河西滨洛之地矣。

十一年,县义渠。① 归魏焦、曲沃。② 义渠君为臣。更名少梁曰夏阳。

①[正义]曰:《地理志》云北地郡义渠道,秦县也。《括地志》云:"宁、原、庆三州,秦北地郡,战国及春秋时为义渠戎国之地,周先公刘、不窋居之,古西戎也。"

②[正义]曰:《括地志》云:"曲沃在陕州县西南三十二里,因曲沃水为名。"按:焦、曲沃二城相近,本魏地,适属秦,今还魏,故言归也。

十二年,初腊。①

①[正义]曰:腊,卢盍反,十二月腊日也。秦惠文王始效中国为之,故云初腊。猎禽兽以岁终祭先祖,因立此日也。《风俗通》云:"《礼传》云'夏曰嘉平,殷曰清祀,周曰蜡,汉改曰腊'。《礼》曰:'天子大蜡八,伊耆氏始为蜡'。蜡者,索也。岁十二月合聚万物而索飨之。"

十三年四月戊午,魏君为王,韩亦为王。① 使张仪伐取陕,出其人与魏。

①[正义]曰:魏襄王、韩宣惠王也。

十四年,更为元年。

二年,张仪与齐、楚大臣会啮桑。

三年,韩、魏太子来朝。张仪相魏。

五年,王游至北河。①

①徐广曰:"戎地,在河上。"[正义]曰:按:王游观北河,至灵、夏州之黄河也。

七年,乐池① 相秦。韩、赵、魏、燕、齐帅匈奴共攻秦。秦使庶长疾与战修鱼,虏其将申差,② 败赵公子渴、韩太子奂,斩首八万二千。

①[正义]曰:乐,音岳。池,徒何反。裴氏音池也。

②[正义]曰:修鱼,韩邑也。年表云秦败我修鱼,得韩将军申差。

八年,张仪复相秦。

九年,司马错伐蜀,灭之。① 伐取赵中都、西阳。②

①[索隐]曰:蜀西南夷旧有君长,故昌意娶蜀山氏女也。其后有杜宇,自

立为王，号曰望帝。蜀王元年秦惠本纪曰："张仪伐蜀，蜀王开战不胜，
为仪所灭也。"

②《地理志》太原有中都县。〔正义〕曰：《括地志》云："中都故县在汾州平
　遥县西十二里，即西都也。西阳即中阳也，在汾州隰城县南十里。《地理
　志》云西都，中阳属西河郡。"此云"伐取赵中都西阳"。《赵世家》云："秦
　即取我西都及中阳。"年表云："秦惠文王后元九年，取赵中都、西阳、安
　邑。赵武灵王十年，秦取中都安阳。"本纪、世家年表其县名异，年岁实
　同，所伐唯一处，故具录之，以示后学。

　十年，韩太子苍来质。伐取韩石章。①伐败赵将泥。②伐取义渠
二十五城。

①〔正义〕曰：韩地名也。
②徐广曰："将，一作'庄'。"〔正义〕曰：赵将名也。

　十一年，樗里疾攻魏焦，降之。败韩岸门，斩首万，其将犀首走。
公子通封于蜀，①燕君让其臣子之。

①徐广曰："是岁王赧元年。"〔索隐〕曰：《华阳国志》曰："赧王元年，秦惠
　王封子通国为蜀侯，以陈庄为相。"徐广所云，亦据《国志》而言之。

　十二年，王与梁王会临晋。庶长疾攻赵，虏赵将庄。张仪相楚。
　十三年，庶长章击楚于丹阳，虏其将屈匄，斩首八万。又攻楚汉
中，取地六百里，置汉中郡。楚围雍氏，秦使庶长疾助韩而东攻齐，
到满①助魏攻燕。

①〔正义〕曰：满，或作"蒲"。秦将姓名也。

　十四年，伐楚，取召陵。丹、犁臣，蜀①相壮②杀蜀侯来降。

①〔正义〕曰：二戎号也。臣伏于蜀。蜀相杀蜀侯，并丹、犁二国降秦。在蜀
　西南桃府管内，本西南夷，战国时蜀、滇国，唐初置犁州、丹州也。
②徐广曰："一作'状'。"

　惠王卒，子武王立。①韩、魏、齐、楚、越②皆宾从。

①〔索隐〕曰：名荡。
②徐广曰："一作'赵'。"

　武王元年，与魏惠王会临晋。诛蜀相壮。张仪、魏章皆东出之

魏。伐义渠、丹、犁。①

①徐广曰:"表云哀王。"[正义]曰:按:魏惠王卒已二十五年矣。

二年,初置丞相,樗里疾、甘茂为左右丞相。①张仪死于魏。

①应劭曰:"丞者,承也。相,助也。"

三年,与韩襄王会临晋外。①南公揭卒,樗里疾相韩。武王谓甘茂曰:"寡人欲容车通三川,窥周室,死不恨矣。"其秋,使甘茂、庶长封伐宜阳。②

①[正义]曰:外,谓临晋城外。"外"字一作"水"。

②[正义]曰:在河南府福昌县东十四里,故韩城是也。此韩之大郡,伐取之,三川路乃通也。

四年,拔宜阳,斩首六万。涉河,城武遂。①魏太子来朝。

①徐广曰:"韩邑也。"[正义]曰:按:此邑本属韩,近平阳。《韩世家》云"贞子居平阳,九世至哀侯,徙郑"。《楚世家》云"而韩犹服事秦者,以先王墓在平阳。"而秦之武遂去之七十里,故知近平阳。

武王有力好戏,力士任鄙、乌获、孟说皆至大官。王与孟说举鼎,绝膑。①八月,武王死。②族孟说。

①徐广曰:"一作'脉'。"[正义]曰:膑,音频忍反。绝,断也。膑,胫骨也。

②《皇览》曰:"秦武王冢在扶风安陵县西北,毕陌中大冢是也。人以为周文王冢,非也。周文王冢在杜中。"[正义]曰:《括地志》云:"秦悼武王陵在雍州咸阳县西北十五里也。"

武王取魏女为后,无子。立异母弟,是为昭襄王。①昭襄母楚人,姓芈氏,号宣太后。武王死时昭襄王为质于燕,燕人送归,得立。

①[索隐]曰:名则,一名稷。武王弟。

昭襄王元年,严君疾为相。①甘茂出之魏。

①[正义]曰:盖封蜀郡严道县,因号严君。疾,名也。

二年,彗星见。①庶长壮与大臣、诸侯、公子为逆,皆诛,及惠文后皆不得良死。②悼武王后出归魏。

①[正义]曰:彗,似岁反,又先到反。

②徐广曰:"迎妇于楚者。"

三年,王冠。与楚王会黄棘,①与楚上庸。②

①[正义]曰:棘,纪力反。盖在房、襄二州也。

②《地理志》汉中有上庸县。[正义]曰:《括地志》云:"上庸,今房州竹邑县及金州是也。"

四年,取蒲坂。①彗星见。

①[正义]曰:《括地志》云:"蒲坂故城在蒲州河东县南二里,即尧舜所都也。"

五年,魏王来朝应亭,①复与魏蒲坂。

①徐广曰:"《魏世家》云会临晋。"[正义]曰:应,音乙陵反。

六年,蜀侯辉反,①司马错定蜀。庶长奂伐楚,斩首二万。泾阳君②质于齐。日食,昼晦。

①[索隐]曰:辉,音晖。《华阳国志》曰:"秦封王子辉为蜀侯。蜀侯祭,归胙于王,后母疾之,加毒以进,王大怒,使司马错赐辉剑。"此辉不同也。

②[索隐]曰:名市。

七年,拔新城,①樗里子卒。

①[正义]曰:《楚世家》云:"怀王二十九年,秦复伐楚,大破楚军,楚军死二万,杀我将军景缺。"年表云:"秦败我襄城,杀景缺。"《括地志》云:"许州襄城县即古新城县也。"按世家、年表,则"新"字误作"襄"字。

八年,使将军芈戎攻楚,取新市。①齐使章子,魏使公孙喜,韩使暴鸢②共攻楚方城,取唐昧。赵破中山,其君亡,竟死齐。魏公子劲、韩公子长为诸侯。③

①《晋帝记》曰:"江夏有新市县。"

②[索隐]曰:暴鸢,韩将姓名。

③[索隐]曰:别封之邑,比之诸侯,犹商君、赵长安君然。

九年,孟尝君薛文来相秦。奂攻楚,取八城,杀其将景快。

十年,楚怀王入朝秦,秦留之。薛文以金受免。①楼缓为丞相。

①[正义]曰:金受,秦丞相姓名。免,夺其丞相。

十一年,齐、韩、魏、赵、宋、中山五国共攻秦,①至盐氏而还。②秦与韩、魏河北及封陵以和。③彗星见。楚怀王走之赵,赵不受;还之秦,即死,归葬。

①[正义]曰：盖中山此时属赵，故云五国也。

②徐广曰："盐，一作'监'。"[正义]曰：《括地志》云："盐故城一名司盐城，在蒲州安邑县。"按：掌盐池之官，因称氏。

③[正义]曰：年表云："秦与魏封陵，与韩武遂以和。"按：河外陕、虢、曲沃等地。封陵在古蒲坂县西南河曲之中。武遂，平阳地也。

十二年，楼缓免，穰侯①魏冉为相。予楚粟五万石。

①[正义]曰：《括地志》云："穰，邓州所理县，即古穰侯国。"

十三年，向寿伐韩，取武始。①左更白起攻新城。②五大夫礼出亡奔魏。任鄙为汉中守。③

①《地理志》魏郡有武始县。[正义]曰：《括地志》云："武始故城在洛州武始县西南十里。"

②[正义]曰：《白起传》云："白起为左庶长，将兵击韩之新城。"《括地志》云："洛州伊阙县本是汉新城县，隋文帝改为伊阙，在洛州南七十里。"

③《汉书·百官表》曰："郡守，秦官。"

十四年，左更白起攻韩、魏于伊阙，①斩首二十四万，虏公孙喜，拔五城。

①[正义]曰：《括地志》云："伊阙在洛州南十九里。《注水经》云'昔大禹疏龙门以通水，两山相对，望之若阙，伊水历其间，故谓之伊阙'。"按：今洛南犹谓之龙门也。

十五年，大良造白起攻魏，取垣，①复予之。攻楚，取宛。

①[正义]曰：垣，音袁。前秦取蒲坂，复以蒲坂与魏，魏以为垣。今又取魏垣，复与之，后秦以为蒲坂皮氏。

十六年，左更错取轵及邓。①冉免。封公子市宛，公子悝邓，②魏冉陶，为诸侯。

①《地理志》河内有轵县，南阳有邓县。[正义]曰：《括地志》云："故轵城在怀州济源县东南十三里，故邓城在怀州河阳县西三十一里，并六国时魏邑也。"按：二城相连，故云及也。

②[索隐]曰：悝号高陵君，初封于彭，昭襄王弟也。

十七年，城阳君①入朝，及东周君来朝。秦以垣为蒲坂、皮氏。②王之宜阳。

①[正义]曰:《括地地》云:"濮州雷泽县本汉郕阳县,古郕伯姬姓之国。周武王封弟季载于郕,其后迁城之阳也。"

②[索隐]曰:"为"当为"易",盖字讹也。[正义]曰:蒲坂,今河东县也。皮氏故县在绛州龙门县西一里八十步。

十八年,错攻垣、①河雍,决桥取之。②

①[正义]曰:盖蒲坂、皮氏又已归魏,魏复以为垣,今重攻取之也。

②徐广曰:"《汲冢纪年》云魏哀王二十四年,改宜阳曰河雍,改向曰高平。向在轵之西。"

十九年,王为西帝,齐为东帝,皆复去之。吕礼来自归。齐破宋,宋王在魏,死温。任鄙卒。

二十年,①王之汉中,又之上郡、北河。

①徐广曰:"秦地有父马生驹。"

二十一年,①错攻魏河内。魏献安邑,秦出其人,募徙河东赐爵,赦罪人迁之。泾阳君封宛。

①徐广曰:"有牡马生牛而死。"

二十二年,蒙武伐齐。河东为九县。与楚王会宛。与赵王会中阳。①

①《地理志》西河有中阳县。

二十三年,尉斯离①与三晋、燕伐齐②,破之济西。王与魏王会宜阳,与韩王会新城。

①[正义]曰:尉,都尉。斯离,名也。

②[索隐]曰:尉,秦官,斯离,其姓名。

二十四年,与楚王会鄢,①又会穰。秦取魏安城,②至大梁,燕、赵救之,秦军去。魏冉免相。

①[正义]曰:鄢,于建反,又音偃。《括地志》云:"故偃城在襄州安养县北三里,古鄾子之国。"

②《地理志》云:汝南有安城县。[正义]曰:《括地志》云:"安城在豫州汝阳县东南十七里。"

二十五年,拔赵二城。与韩王会新城,与魏王会新明邑。

二十六年,赦罪人迁之穰。侯冉复相。

二十七年,错攻楚。赦罪人迁之南阳。①白起攻赵,取代光狼城。②又使司马错发陇西,因蜀攻楚黔中,③拔之。

①[正义]曰:南阳及上迁之穰,皆今邓州也。

②[正义]曰:《括地志》云:"光狼故城在今泽州高平县西二十里。"

③[正义]曰:今黔府也。

二十八年,大良造白起攻楚,取鄢、邓,①赦罪人迁之。

①[正义]曰:鄢、邓二城并在襄州。

二十九年,大良造白起攻楚,取郢为南郡,①楚王走。周君来。王与楚王会襄陵。②白起为武安君。③

①[正义]曰:《括地志》云:"郢城在荆州江陵县东北六里,楚平王筑都之地也。"

②《地理志》河东有襄陵县。[正义]曰:《括地志》云:"襄陵在晋州临汾县东南三十五里。土地《十三州志》云襄陵,晋大夫犫邑也。"

③[正义]曰:言能抚养军士,战必克,得百姓安集,故号武安。故城在潞州武安县西南五十里。七国时赵邑,即赵奢救阏与处也。

三十年,蜀守若伐取巫郡,①及江南为黔中郡。②

①[正义]曰:《华阳国志》张若为蜀中郡守。《括地志》云:"巫郡在夔州东百里。"

②[正义]曰:《括地志》云:"黔中故城在辰州沅陵县西二十里。江南,今黔府亦其地也。"

三十一年,白起伐魏,取两城。楚人反我江南。①

①[正义]曰:黔中郡反归楚。

三十二年,相穰侯攻魏,至大梁,破暴鸢,斩首四万,鸢走,魏入三县请和。

三十三年,客卿胡伤攻魏卷、①蔡阳、长社,取之。②击芒卯华阳,破之,③斩首十五万。魏入南阳以和。④

①《地理志》河南有卷县。[正义]曰:卷,音丘袁反。《括地志》云:"故卷城在郑州原武县西北七里,即衡雍也。"

②《地理志》颍川有长社县。[正义]曰:《括地志》云:"蔡阳,今豫州上蔡水之阳,古城在豫州北七十里。长社故城在许州长社县西一里。皆魏邑也。"

③司马彪曰："华阳,亭名,在密县。"[索隐]曰:芒卯,魏将。谯周云孟卯也。[正义]曰:《括地志》云:"故华城在郑州管城县南三十里。《国语》云史伯对郑桓公,虢郐十邑,华其一也。华阳即此城也。"按:是时韩、赵聚兵于华阳攻秦,即此矣。

④徐广曰:"河内修武,古曰南阳,秦始皇更名河内,属魏地。荆州之南阳郡,本属韩地。"[正义]曰:《括地志》云:"怀获嘉县即古之南阳。杜预云在晋州山南河北,故曰南阳。秦破芒卯军,斩首十五万,魏入南阳以和。"

三十四年,秦与魏、韩上庸地为一郡,南阳免臣迁居之。

三十五年,佐韩、魏、楚伐燕。初置南阳郡。①

①[正义]曰:今邓州也。前已属秦,秦置南阳郡,在汉水之北。《释名》云:"在中国之南而名阳地,故以为名焉。"张衡《南都赋》云:"陪京之南,居汉之阳。"

三十六年,客卿灶攻齐,取刚、寿,①予穰侯。

①[正义]曰:《括地志》云:"故刚城在兖州龚丘县界。寿,郓州之县。"

三十八年,中更胡伤攻赵阏与,①不能取。

①孟康曰:"音焉与,邑名,在上党涅县西。"[正义]曰:阏,于达反。与音预。阏与聚城一名乌苏城,在潞州铜鞮县西北二十里,赵破秦军处。又仪州和顺县即古阏与城,亦云赵奢破秦军处。然仪州与潞州相近,二所未详。又阏与山在潞州武安县西南五十里,赵奢拒秦军于阏与,即山北也。按:阏与山在武安故城西南,又近武安故城,盖仪州是所封故地。

四十年,悼太子死魏,归葬芷阳。①

①徐广曰:"今霸陵。"[正义]曰:《括地志》云:"芷阳在雍州蓝田县西六里。《三秦记》云鹿原东有霸川之西坂,故芷阳也。"

四十一年夏,攻魏,取邢丘、怀。①

①徐广曰:"邢丘在平皋。"骃案:《韩诗外传》武王伐纣,到于邢丘,勒兵于宁,更名邢丘曰怀,宁曰修武。[正义]曰:《括地志》云:"平皋故城本邢丘邑,汉置平皋县,在怀州武德县东南二十里。故怀城,周之怀邑,在怀州武陟县西十一里。"

四十二年,安国君为太子。十月,宣太后薨,①葬芷阳郦山。②

九月,穰侯出之陶。

①徐广曰:"芈氏。"

②[正义]曰:郿,力知反,在雍州新丰县南十四里也。

四十三年,武安君白起攻韩,拔九城,斩首五万。

四十四年,攻韩南郡,取之。

四十五年,五大夫贲①攻韩,取十城。叶阳②悝出之国,未至而死。

①[正义]曰:音奔。五大夫,官。疑贲,名也。

②一云"华阳。"[正义]曰:叶,车涉反,

四十七年,秦攻韩上党,上党降赵,秦因攻赵,赵发兵击秦,相距。秦使武安君白起击,大破赵于长平,四十余万尽杀之。

四十八年十月,韩献垣雍。①秦军分为三军。武安君归。王龁将伐赵武安、皮牢,拔之。司马梗北定太原,尽有韩上党。正月,兵罢,复守上党。其十月,五大夫陵攻赵邯郸。

①司马彪曰:"河南卷县有垣雍城。"

四十九年正月,益发卒佐陵。陵战不善,免,王龁代将。其十月,将军张唐攻魏,为蔡尉①捐弗守,还斩之。

①[正义]曰:为,于伪反。蔡,姓;尉,名。

五十年十月,武安君白起有罪。为士伍,迁阴密。①张唐攻郑,拔之。十二月,益发卒军汾城旁。②武安君白起有罪,死。龁攻邯郸,不拔,去,还奔汾军二月余。攻晋军,斩首六千,晋楚流死河二万人。③攻汾城,即从唐拔宁④新中,宁新中更名安阳。⑤初作河桥。⑥

①如淳曰:"尝有爵而以罪夺爵,皆称士伍。"[正义]曰:《括地志》云:"阴密故城在泾州鹑觚县西,即古密须国也。"

②[正义]曰:《括地志》云:"临汾故城在绛州正平县东北二十五里,即古临汾县城也。"按:汾城即此城是也。

③徐广曰:"楚,一作'走'。"[正义]曰:按:此时无楚军,"走"字是也。

④徐广曰:"一作'曼'。此赵邑也。"[正义]曰:唐,今晋州平阳,尧都也。《括地志》云:"宁新中,七国时魏邑,秦昭襄王拔魏宁新中,更名安阳

城,即今相州外城是也。"

⑤徐广曰:"魏郡有安阳县。"[正义]曰:今相州外城古安阳城。

⑥[正义]曰:此桥在同州临晋县东,渡河至蒲州,今蒲津桥也。

五十一年,将军摎攻韩,取阳城、负黍,①斩首四万。攻赵,取二十余县,首虏九万。西周君②背秦,与诸侯约从,将天下锐兵出伊阙攻秦,令秦毋得通阳城。于是秦使将军摎攻西周。西周君走来自归,顿首受罪,尽献其邑三十六城,口三万。秦王受献,归其君于周。

①[正义]曰:今河南府县也。负黍亭在阳城县西南三十五里,本周邑,亦时属韩也。

②[正义]曰:武公。

五十二年,周民东亡,其器九鼎入秦。①周初亡。

①[正义]曰:器,谓宝器也。禹贡金九牧,铸鼎于荆山下,各象九州之物,故言九鼎。历殷至周赧王十九年,秦昭王取九鼎,然一飞入泗水,余八入于秦中。

五十三年,天下来宾。魏后,秦使摎伐魏,取吴城。①韩王入朝,魏委国听令。

①徐广曰:"在大阳。"[正义]曰:《括地志》云:"虞城故城在陕州河北县东北五十里虞山之上,亦名吴山,周武王封弟虞仲于周之北故夏墟吴城,即此城也。"

五十四年,王郊见上帝于雍。

五十六年秋,昭襄王卒,子孝文王立。①尊唐八子为唐太后,②而合其葬于先王。③韩王衰绖入吊祠,诸侯皆使其将相来吊祠,视丧事。

①[索隐]曰:名柱,五十三而立,立一年卒,葬寿陵。子庄襄王。

②徐广曰:"八子者,妾媵之号,姓唐。"[正义]曰:孝文王之母也。先死,故尊之。晋灼云:"除皇后,自昭仪以下,秩至百石,凡十四等。"《汉书·外戚传》云:"八子视千石,比中更。"

③[正义]曰:以其母唐太后与昭王合葬。

孝文王元年,赦罪人,修先王功臣,褒厚亲戚,弛苑囿。孝文王除丧，十月己亥即位，三日辛丑卒，子庄襄王立。①

①［索隐］曰：名子楚。三十二而立，立四年卒，葬阳陵。子始皇帝。

庄襄王元年，大赦罪人，修先王功臣，施德厚骨肉，而布惠于民。东周君与诸侯谋秦，秦使相国吕不韦诛之，尽入其国。秦不绝其祀，以阳人地①赐周君，奉其祭祀。使蒙骜伐韩，韩献成皋、巩。②秦界至大梁，初置三川郡。③

①《地理志》河南梁县有阳人聚。

②［正义］曰：《括地志》云："洛州汜水县，古之虢国，亦郑之制邑，又名虎牢，汉之成皋。"巩，恭竦反，今洛州巩县。尔时秦灭东周，韩亦得其地，又献于秦。

③韦昭曰："有河、洛、伊，故曰三川。"骃案：《地理志》汉高祖更曰河南郡。

二年，使蒙骜攻赵，定太原。

三年，蒙骜攻魏高都、汲，①拔之。攻赵榆次、新城、狼孟，②取三十七城。四月日食。

①徐广曰："一作'波'。波县亦在河内。"［正义］曰：汲，音急。《括地志》云："高都故城今泽州是。汲故城在卫州所理汲县西南二十五里。臣瓒云汉波县，今郫城是也。"《括地志》云："故郫城在怀州河内县西三十二里。《左传》云苏忿生七十二邑，郫其一也。"

②［正义］曰：《括地志》云："榆次，并州县，即古榆次地也。新城一名小平城，在朔州善阳县西南四十七里。狼孟故城在并州阳曲县东北二十六里。"按：取三十七城，并、代、朔三州之地矣。

四年王龁攻上党。①初置太原郡。②魏将无忌率五国兵击秦，③秦却于河外。④蒙骜败，解而去。五月丙午，庄襄王卒，子政立，是为秦始皇帝。⑤

①［正义］曰：上党又反秦，故攻之。

②［正义］曰：上党以北皆太原地，即上三十七城也。

③［正义］曰：信陵君也。率燕、赵、韩、楚、魏之兵击秦也。

④［正义］曰：蒙骜被五国兵败，遂解而却至于河外。河外，陕、华二州也。

⑤［索隐］曰：十三而立，立三十七年崩，葬郦邑。子二世皇帝。

　　秦王政立二十六年,初并天下为三十六郡,号为始皇帝。始皇帝五十一年而崩,子胡亥立,是为二世皇帝。①三年,诸侯并起叛秦,赵高杀二世,立子婴。子婴立月余,诸侯诛之,遂灭秦。其语在《始皇本纪》中。

　　①[索隐]曰:十二而立。纪云二十一。立三年,葬宜春。秦自襄公至二世,凡六百一十七岁。此实本纪而注别举之,以非本文耳。

　　太史公曰:秦之先为嬴姓。其后分封,以国为姓,有徐氏、郯氏、莒氏、终黎氏、①运奄氏、菟裘氏、将梁氏、黄氏、江氏、修鱼氏、白冥氏、蜚廉氏、秦氏。然秦以其先造父封赵城,为赵氏。

　　①徐广曰:"《世本》作'锺离'。"应劭曰:"《氏姓注》云有姓终黎者是。"

　　索隐述赞曰:柏翳佐舜,皂游是旌。蜚廉事纣,石椁斯营。造父善驭,封之赵城。非子息马,厥号秦嬴。礼乐射御,西垂有声。襄公救周,始命列国。金祠白帝,龙祚水德。祥应陈宝,妖除灵特。里奚致霸,卫鞅任刻。厥后吞并,卒成凶慝。

史记卷六
本纪第六

秦始皇

　　秦始皇帝者,秦庄襄王子也。①庄襄王为秦质子于赵,②见吕
不韦姬,悦而取之,③生始皇。以秦昭王四十八年正月生于邯郸。及
生,名为政。姓赵氏。④年十三岁,庄襄王死,政代立为秦王。当是
之时,秦地已并巴、蜀、汉中,越宛有郢,置南郡矣;北收上郡以东,
有河东、太原、上党郡;东至荥阳,灭二周,置三川郡。吕不韦为相,
封十万户,号曰文信侯。招致宾客游士,欲以并天下。李斯为舍
人。⑤蒙骜、王齮、⑥麃公等为将军。⑦王年少,初即位,委国事大
臣。

　　①[索隐]曰:庄襄王者,孝文王之中子,昭襄王之孙也,名子楚。按:《战国
　　　策》本名子异,后为华阳夫人嗣,夫人楚人,因改名子楚也。
　　②[正义]曰:质音致。国强欲待弱之来相事,故遣子及贵臣为质,如上音。
　　　国弱惧其侵伐,令子及贵臣往为质,音直实反。又二国政亦为交质,音
　　　致。《左传》云周、郑交质,王子狐为质于郑,郑公子忽为质于周是也。
　　③[索隐]曰:按:《不韦传》云不韦,阳翟大贾也。其姬邯郸豪家女,善歌
　　　舞,有娠而献于子楚。
　　④徐广曰:"一作'正'。"宋忠云:"以正月旦生,故名正。"[索隐]曰:《系
　　　本》作"政",又生于赵,故曰赵政。一曰秦与赵同祖,以赵城为荣,故姓
　　　赵氏。[正义]曰:正,音政,"周正建子"之"正"也。始皇以正月旦生于
　　　赵,因为政,后以始皇讳,故音征。
　　⑤文颖曰:"主厮内小吏官名。或云侍从宾客谓之舍人也。"

⑥徐广曰："一作'龁'。"[索隐]曰：蒙骜，齐人，蒙武之父，蒙恬之祖。王齮
　　即王骑，昭王二十九年代大夫陵伐赵者。[正义]曰：齮，鱼绮反。刘伯庄
　　云音绮。后同。

⑦应劭曰："麃，秦邑。"[索隐]曰：麃公盖麃邑公，史失其姓名。[正义]曰：
　　麃，彼苗反，盖秦之县邑。大夫称公，若楚制。

晋阳反。元年，将军蒙骜击定之。

二年，麃公将卒攻卷，①斩首三万。

①[正义]曰：将，子匠反。卒，子必反。卷，丘员反。

三年，蒙骜攻韩，取十三城。王齮死。十月，将军蒙骜攻魏氏畅、
有诡。①岁大饥。

①徐广曰："畅，音场。"[索隐]曰：音畅，魏之邑名。

四年，拔畅、有诡。三月，军罢。秦质子归自赵，赵太子出归国。
十月庚寅，蝗虫从东方来，蔽天。天下疫。百姓内粟千石拜爵一级。

五年，将军骜攻魏，定酸枣、①燕、虚、长平、②雍丘、山阳城，③
皆拔之，取二十城。初置东郡。冬雷。

①《地理志》陈留有酸枣县。[正义]曰：《括地志》云："酸枣故城在滑州酸
　　枣县北十五里古酸枣县南。"

②徐广曰："一作'千'。"骃案：《地理志》汝南有长平县也。[索隐]曰：二邑
　　名。《春秋》桓十二年"会于虚"。又《战国策》曰："拔燕酸枣、虚、桃人，"
　　桃人亦魏邑，虚地今阙，盖与诸县相近。按：今东郡燕县东三十里有故
　　桃城，则亦非远。[正义]曰：燕，乌田反。《括地志》云："南燕城，古燕国
　　也，滑州胙城县是也。姚虚在濮州雷泽县东十三里。《孝经援神契》云帝
　　舜生于姚墟，即东郡也。长平故城在陈州宛丘县西六十六里。"

③《地理志》陈留有雍丘县，河内有山阳县。[正义]曰：雍，于用反，汴州
　　县。

六年，韩、魏、赵、卫、楚共击秦，取寿陵。①秦出兵，五国兵罢。
拔卫，迫东郡，其君角率其支属徙居野王，阻其山以保魏之河内。

①[正义]曰：徐广云："在常山。"按：本赵邑也。

七年，彗星先出东方，见北方，五月见西方。①将军骜死。以攻

龙、孤、庆都,②还兵攻汲。彗星复见西方③十六日。夏太后死。④

①[正义]曰:彗,音似岁反。见,并音行练反。《孝经内记》云:"彗出北斗,
兵大起。彗在三台,臣害君。彗在太微,君害臣。彗在天狱,诸侯作乱。
所指其处大恶。彗在日旁,子欲杀父。"

②徐广曰:"庆,一作'廉'。"[正义]曰:《括地志》云:"定州恒阳县西南四
十里有白龙水,又有挟龙山。又定州唐县东北五十四里有孤山,盖都山
也。《帝王纪》云望尧母庆都所居。张晏云尧山在北,尧母庆都山在南,
相去五十里,北登尧山,南望庆都山也。《注水经》云'望都故城东有山,
不连陵,名之曰孤。'孤都声相近,疑即都山,孤山及望都故城三处相
近。"

③[正义]曰:复,扶富反。见,行见反。

④[索隐]曰:庄襄王所生母。[正义]曰:子楚母也。

　　八年,王弟长安君成蟜①将军击赵,反,②死屯留,③军吏皆斩
死,迁其民于临洮。④将军壁死,⑤卒屯留、蒲鹬反,戮其尸。⑥河鱼
大上,⑦轻车重马东就食。⑧

①[正义]曰:蟜,音纪兆反。成蟜者,长安君名也,号为长安君。

②[正义]曰:将,如字。将犹领也。又子匠反。

③[正义]曰:《括地志》云:"屯留故城在潞州长子县东北三十里,汉屯留,
留吁国也。"

④[正义]曰:临洮水,故名临洮。洮州在陇右,去京千五百五十一里。言屯
留之民被成蟜略众共反,故迁之于临洮郡。

⑤[正义]曰:壁,边觅反。言成蟜自杀壁垒之内。

⑥徐广曰:"鹬,一作'鹤'。屯留,蒲鹬,皆地名也。壁于此地时,士卒死者
皆戮其尸。"[索隐]曰:临洮在陇西。高诱云:屯留,上党之县名。谓成蟜
为将军而反,秦兵击之,而蟜壁于屯留而死。屯留、蒲蟜二邑之反卒虽
死,犹皆戮其尸。鹬,古"鹤"字。[正义]曰:卒,子忽反。鹬音高,注同。
蒲、鹬,皆地名。

⑦[索隐]曰:谓河水溢,鱼大上平地,亦言遭水害也。即《汉书·五行志》
刘向所谓"豕虫之孽"。明年,嫪毒诛。鱼,阴类,小人象。[正义]曰:始
皇八年,黄河之鱼西上入渭。渭,渭水也。《汉书·五行志》云"鱼者阴
类,臣民之象也。"十七年,灭韩。二十六年,尽并天下。自灭韩至并天

下,盖十年矣。《周本纪》云:"十年,数之纪也。天下之所弃,不过其纪"。
明关东后属秦,其象类先见也。

⑧徐广曰:"一无此'重'字。"[索隐]曰:言河鱼大上,秦人皆轻车重马,并
就食于东。言往河旁食鱼也。一云,河鱼大上为灾,人遂东就食,皆轻车
重马而去。

　嫪毐①封为长信侯,予之山阳地,②令毐居之。③宫室、车马、
衣服、苑囿、驰猎恣毐。事无小大皆决于毐。又以河西④太原郡更为
毐国。

①[正义]曰:上躬虬反,下酷改反。

②[正义]曰:予,音与。《括地志》云:"山阳故城在怀州修武县西北太行山
东南。"

③[索隐]曰:嫪,姓;毐,字。按:《汉书》嫪氏出邯郸。王劭云:"贾侍中说秦
始皇母予嫪毐淫坐诛,故世人骂淫曰'嫪毐'也。"

④徐广曰:"河,一作'汾'。"

　九年,彗星见,或竟天。攻魏垣、蒲阳。①四月,上宿雍。②己酉,
王冠,带剑。③长信侯毐作乱而觉,矫王御玺④及太后玺,以发县
卒⑤及卫卒、官骑、戎翟君公、舍人,将欲攻蕲年宫为乱。⑥王知之,
令相国昌平君、昌文君发卒攻毐。⑦战咸阳,⑧斩首数百,皆拜爵,
及宦者皆在战中,亦拜爵一级。毐等败走。即令国中:有生得毐赐
钱百万,杀之五十万。尽得毐等。卫尉竭、⑨内史肆、佐弋竭、⑩中大
夫令齐等⑪二十人皆枭首。⑫车裂以徇,灭其宗。⑬及其舍人,轻者
为鬼薪。⑭及夺爵迁蜀四千余家,家房陵。⑮四月寒冻,有死者。⑯

①[正义]曰:垣,作"垣"。垣,音袁。《括地志》云:"故垣城,汉县治,本魏王
垣也,在绛州垣县西北二十里。蒲邑故城在隰州县北四十五里。在蒲水
之北,故言蒲阳。即晋公子重耳所居邑也。"

②蔡邕曰:"上者,尊位所在也。"裴骃云:司马迁记事,当言"帝"则依违但
言"上",不敢媟言,尊尊之意也。

③徐广曰:"年二十二。"[正义]曰:冠,音灌。《礼记》云年二十而冠。按:年
二十一也。

④蔡邕曰:"御者,进也。凡衣服加于身,饮食入于口,妃妾接于寝,皆曰
御。御之亲爱者曰幸。玺者,印信也。天子玺白玉螭虎钮。古者尊卑

共之。《月令》曰'固封玺',《左传》曰'季武子玺书追而与之',此诸侯大
夫印称玺也。"卫宏曰:"秦以前,民皆以金玉为印,龙虎钮,唯其所好。
秦以来,天子独以印称玺,又独以玉,群臣莫敢用。"[正义]曰:崔浩云:
"李斯磨和璧作之,汉诸帝世世传服之,谓'传国玺'。"韦曜《吴书》云玺方
四寸,上句交五龙,文曰"受命于天既寿永昌"。《汉书》云文曰:"昊天之
命皇帝寿昌。"按:二文不同。《汉书·元后传》云王莽令王舜逼太后取
玺,王太后怒,投地,其角小缺。《吴志》云孙坚入洛,埽除汉陵庙,军于
甄官井得玺,后归魏。晋怀帝永嘉五年六月,帝蒙尘平阳,玺入前赵刘
聪。至东晋成帝咸和四年,石勒灭前赵得玺。穆帝永和八年,石勒为慕
容俊灭,濮阳太守戴施入邺,得玺,使何融送晋。传宋,宋传南齐,南齐
传梁。梁传至天正二年,侯景破梁至广陵,北齐将辛术定广陵得玺,送
北齐。至周建德六年正月,平北齐,玺入周。周传隋,隋传唐也。

⑤[正义]曰:子忽反,下同。

⑥《地理志》蕲年宫在雍。[正义]曰:蕲,巨衣反。《括地志》云:"蕲年宫在
岐州城西故城内。"

⑦[索隐]曰:昌平君,楚之公子,立以为相,后徙于郢,项燕立为荆王,史
失其名。昌文君亦不知也。

⑧[正义]曰:《括地志》云:"咸阳故城亦名渭城,在雍州北五里,今咸阳县
东十五里。秦孝公已下并都此城。始皇铸金人十二于咸阳,即此也。"

⑨《汉书·百官表》曰:"卫尉,秦官。"

⑩《汉书·百官表》曰:"秦时少府有佐弋,汉武帝改为佽飞,掌弋射者。"
[正义]曰:弋,音翊。

⑪[正义]曰:令,力政反。中大夫令,秦官也。齐,名也。

⑫悬首于木上曰枭。[正义]曰:枭,古尧反。悬首于木上曰枭。

⑬[正义]曰:《说苑》云:"秦始皇太后不谨,幸郎嫪毐,始皇取毐四支车裂
之,取两弟扑杀之,取太后迁之咸阳宫。下令曰:'以太后事谏者,戮而
杀之,蒺藜其脊。'谏而死者二十七人。茅焦乃上说曰:'齐客茅焦,愿以
太后事谏。'皇帝曰:'走告若,不见阙下积死人耶?'使者问焦。焦曰:
'陛下车裂假父,有嫉妒之心;囊扑两弟,有不慈之名;迁母咸阳,有不
孝之行;蒺藜谏士,有桀纣之治。天下闻之,尽瓦解,无向秦者。'王乃自
迎太后归咸阳,立茅焦为傅,又爵之上卿。"《括地志》云:"茅焦,沧州人
也。"

⑭应劭曰："取薪给宗庙为鬼薪也。"如淳曰："《律说》鬼薪作三岁。"[正义]曰:言毒舍人罪重者已刑戮,轻者罚徒役三岁。

⑮[正义]曰:《括地志》云:"房陵即今房州房陵县,古楚汉中郡地也,是巴蜀之境。《地理志》云房陵县属汉中郡,在益州部,接东南一千三百一十里也。"

⑯[正义]曰:四月建巳之月,孟夏寒冻,民有死者,以秦法酷急,则天应之而史书之。故《尚书·洪范》云"急常寒若",孔注云:"君行急则常寒顺之"。

杨端和攻衍氏。①彗星见西方,又见北方,从斗以南八十日。

①[索隐]曰:端和,秦将。衍氏,魏邑。[正义]曰:衍,羊善反。在郑州。

十年,①相国吕不韦坐嫪毐免。桓齮为将军。齐、赵来置酒。齐人茅焦说秦王曰:"秦方以天下为事,而大王有迁母太后之名,恐诸侯闻之,由此倍秦也。"秦王乃迎太后于雍而入咸阳,②复居甘泉宫。③

①徐广曰:"甲子。"

②《说苑》曰:"始皇帝立茅焦为傅,又爵之上卿。太后大喜,曰:'天下亢直,使败复成,安秦社稷,使妾母子复相见者,茅君之力也'。"

③徐广曰:"表云咸阳南宫也。"

大索,逐客。李斯上书说,乃止逐客令。李斯因说秦王,请先取韩以恐他国,于是使斯下韩。韩王患之,与韩非谋弱秦。大梁人尉缭来,说秦王曰:"以秦之强,诸侯譬如郡县之君,臣但恐诸侯合从,翕而出不意,此乃智伯、夫差、湣王之所以亡也。愿大王勿爱财物,赂其豪臣,以乱其谋,不过亡三十万金,则诸侯可尽。"秦王从其计,见尉缭亢礼,衣服食饮与缭同。缭曰:"秦王为人,蜂准,①长目,挚鸟膺,②豺声,少恩而虎狼心,居约易出人下,③得志亦轻食人。④我布衣,然见我常身自下我。诚使秦王得志于天下,天下皆为虏矣。不可与久游。"乃亡去。秦王觉,固止,以为秦国尉,⑤卒用其计策。而李斯用事。

①徐广曰:"蜂,一作'隆'。"[正义]曰:蜂,孚逢反。准,章允反。蜂,虿也,

高鼻也。文颖曰："准,鼻也。"

②［正义］曰:鸷鸟,鹘。膺突向前,其性悍勇。

③［正义］曰:易,以豉反。言始皇居俭约之时易以谦卑。

④［正义］曰:言始皇得天下之志,亦轻易而啖食于人。

⑤［正义］曰:若汉太尉、大将军之比也。

十一年,王翦、桓齮、杨端和攻邺,取九城。王翦攻阏与、橑杨,①皆并为一军。翦将十八日,军归斗食以下,②什推二人从军。③取邺安阳,桓齮将。

①徐广曰:"橑,音老,在并州。"［正义］曰:《汉表》在清河。《十三州志》云:"橑阳,上党西北百八十里也。"

②《汉书·百官表》曰:"百石以下,有斗食,佐史之秩。"［正义］一日得斗粟为料。

③［索隐］曰:言王翦为将,诸军中皆归斗食以下无功佐史,什中唯推择二人令从军耳。

十二年,文信侯不韦死,窃葬。①其舍人临者,晋人也逐出之;②秦人六百石以上夺爵,迁;③五百石以下不临,迁,勿夺爵。④自今以来,操国事不道如嫪毐、不韦者籍其门,⑤视此。秋,复嫪毐舍人迁蜀者。当是之时,天下大旱,六月至八月乃雨。

①［索隐］曰:按:不韦饮鸩死,其宾客数千人窃共葬于洛阳北芒山。

②［正义］曰:临,力禁反,临哭也。若是三晋之人,逐出令归也。

③［正义］曰:上,音时掌反。若是秦人哭临者,夺其官爵,迁移于房陵。

④［正义］曰:若是秦人不哭临不韦者,不夺官爵,亦迁移于房陵。

⑤徐广曰:"门,一作'文'。"［索隐］曰:谓籍没其一门皆为徒隶,后并视此为常故也。［正义］曰:籍录其子孙,禁不得仕宦。

十三年,桓齮攻赵平阳,①杀赵将扈辄,②斩首十万。王之河南。正月,彗星见东方。十月,桓齮攻赵。

①［正义］曰:《括地志》云:"平阳故城在相州临漳县西二十五里。"又云:"平阳,战国时属韩,后属赵。"

②[正义]曰:扈,音户。辄,张猎反,赵之将军。

　　十四年,攻赵军于平阳,取宜安,①破之,杀其将军。桓齮定平阳、武城。②韩非使秦,秦用李斯谋,留非,非死云阳。③韩王请为臣。

　　①[正义]曰:《括地志》云:"宜安故城在常州藁城县西南二十五里也。"

　　②[正义]曰:即贝州武城县外城是也。七国时赵邑。

　　③[正义]曰:《括地志》云:"云阳城在雍州云阳县西八十里,秦始皇甘泉宫在焉。"

　　十五年,大兴兵,一军至邺,一军至太原,取狼孟。①地动。

　　①《地理志》太原有狼孟县。

　　十六年九月,发卒受地韩南阳假守①腾。初令男子书年。魏献地于秦。秦置丽邑。②

　　①[正义]曰:假,格雅反。守,音狩。

　　②[正义]曰:丽,力知反。《括地志》云:"雍州新丰县,本周时骊戎邑。《左传》云晋献公伐骊戎,杜注云在京兆新丰县,其后秦灭之以为邑。"

　　十七年,内史腾攻韩,得韩王安,尽纳其地,①以其地为郡,命曰颍川。地动。华阳太后卒。民大饥。

　　①[正义]曰:韩王安之九年,秦尽灭之。

　　十八年,①大兴兵攻赵,王翦将上地,②下井陉,③端和将河内,羌瘣④伐赵,端和围邯郸城。

　　①徐广曰:"巴郡出大人,长二十五丈六尺。"

　　②[正义]曰:上郡上县,今绥州等是也。

　　③服虔曰:"山名,在常山。今为县。音刑。"

　　④[正义]曰:胡罪反。

　　十九年,王翦、羌瘣尽定取赵地东阳,得赵王。①引兵欲攻燕,屯中山。秦王之邯郸,诸尝与王生赵时母家有仇怨,皆坑之。秦王还,从太原、上郡归。始皇帝母太后崩。赵公子嘉率其宗数百人之代,自立为代王,东与燕合兵,军上谷。大饥。

　　①[索隐]曰:赵王迁也。[正义]曰:赵幽缪王迁八年,秦取赵地至平阳。平

阳在贝州历亭县界。迁王于房陵。

二十年,燕太子丹患秦兵至国,恐,使荆轲刺秦王。秦王觉之,体解①轲以徇,而使王翦、辛胜攻燕。燕、代发兵击秦军,秦军破燕易水之西。

①[正义]曰:纪买反。

二十一年,王贲①攻蓟。乃益发卒诣王翦军,遂破燕太子军,取燕蓟城,得太子丹之首。燕王东收辽东而王之。②王翦谢病老归。新郑反。昌平军徙于郢。大雨雪,③深二尺五寸。

①[正义]曰:音奔。

②[正义]曰:王,于放反。

③[正义]曰:雨,于遇反。

二十二年,王贲攻魏,引河沟灌大梁,大梁城坏,其王请降,①尽取其地。

①[索隐]曰:魏王假也。

二十三年,秦王复召王翦,强起之,使将击荆。①取陈以南至平舆,②虏荆王。③秦王游至郢陈。荆将项燕立昌平君为荆王,反秦于淮南。④

①[正义]曰:秦号楚为荆,以庄襄王名子楚,讳之,故言荆也。

②《地理志》汝南有平舆县。[正义]曰:舆音余。平舆,豫州县也。楚淮北之地尽入于秦。

③[索隐]曰:荆王负刍也。楚称荆者,以避庄襄王讳,故称荆。

④徐广曰:"淮,一作‘江’。"[正义]曰:昌平也。楚淮北之地尽入于秦。

二十四年,王翦、蒙武攻荆,破荆军,昌平君死,项燕遂自杀。

二十五年,大兴兵,使王贲将,攻燕辽东,得燕王喜。①还攻代,虏代王嘉。王翦遂定荆江南地;②降越君,③置会稽郡。五月,天下大酺。④

①[正义]曰:燕王喜之五十三年,燕亡。

②[正义]曰:言王翦遂平定楚及江南地,降越君,置为会稽郡。

③[正义]曰:降,闲江反。楚威王已灭越,其余自称君长,今降秦。

④服虔曰:"酺,音蒲。"文颖曰:"酺,《周礼》族师掌春秋祭酺,为人物灾害
　之神。"苏林曰:"陈留俗,三月上巳水上饮食为酺。"[正义]曰:天下欢
　乐大饮酒也。秦既平韩、赵、魏、燕、楚五国,故天下大酺也。

　　二十六年,齐王建与其相后胜①发兵守其西界,不通秦。秦使
将军王贲从燕南攻齐,得齐王建。②

①[正义]曰:音升,齐相姓名。

②[索隐]曰:六国皆灭也。十七年得韩王安,十九年得赵王迁,二十二年
　魏王假降,二十三年虏荆王负刍,二十五年得燕王喜,二十六年得齐王
　建。[正义]曰:齐王建之三十四年,齐国亡。

　　秦初并天下,令丞相、御史曰:①异日韩王纳地效玺,②请为藩
臣,已而倍约,与赵、魏合从畔秦,故兴兵诛之,虏其王。寡人以为
善,庶几息兵革。赵王使其相李牧来约盟,故归其质子。③已而倍
盟,反我太原,故兴兵诛之,得其王。赵公子嘉乃自立为代王,故举
兵击灭之。魏王始约服入秦,已而与韩、赵谋袭秦,秦兵吏诛,遂破
之。荆王献青阳以西,④已而畔约,击我南郡,故发兵诛,得其王,遂
定其荆地。燕王昏乱,其太子丹乃阴令荆轲为贼,兵吏诛,灭其国。
齐王用后胜计,绝秦使,欲为乱,兵吏诛,虏其王,平齐地。寡人以眇
眇之身,兴兵诛暴乱,赖宗庙之灵,六王咸伏其辜,天下大定。今名
号不更,无以称成功,传后世。其议帝号。"丞相绾、御史大夫劫、⑤
廷尉斯等⑥皆曰:"昔者五帝地方千里,其外侯服、夷服,诸侯或朝
或否,天子不能制。今陛下⑦兴义兵,诛残贼,平定天下,海内为郡
县,⑧法令由一统,自上古以来未尝有,五帝所不及。臣等谨与博士
议曰:⑨'古有天皇,有地皇,有泰皇,⑩泰皇最贵。'臣等昧死上尊
号,王为'泰皇'。命为'制',令为'诏',⑪天子自称曰'朕'。"⑫王
曰:"去'泰'⑬著'皇',采上古'帝'位号,号曰'皇帝',他如议。"制
曰:"可"。⑭追尊庄襄王为太上皇。⑮制曰:"朕闻太古有号毋谥,中
古有号,死而以行为谥。如此,则子议父,臣议君也,甚无谓,朕弗取
焉。自今已来,除谥法。⑯朕为始皇帝。后世以计数,⑰二世、三世至

于万世,传之无穷。”

① [正义]曰:令,力政反。乃今之赦令、赦书。

② [正义]曰:效犹至见。

③ [正义]曰:质,音致。

④《汉书·邹阳传》曰:“越水长沙,还舟青阳。”张晏曰:“青阳,地名。”苏林曰:“青阳,长沙县是也。”

⑤《汉书·百官表》曰:“御史大夫,秦官。”应劭曰:“侍御史之率,故称大夫也。”[索隐]曰:绾姓王。劫姓冯。

⑥《汉书·百官表》曰:“廷尉,秦官。”应劭曰:“听狱必质诸朝廷,与众共之,兵狱同制,故称廷尉。”

⑦蔡邕曰:“陛,阶也,所由升堂也。天子必有近臣立于陛侧,以戒不虞。谓之‘陛下’者,群臣与天子言,不敢指斥,故呼在陛下者与之言,因卑达尊之意也。上书亦如之。”

⑧ [正义]曰:郡,人所群聚也。

⑨《汉书·百官表》曰:“博士,秦官,掌通古今。”

⑩ [索隐]曰:按:天皇、地皇之下即云泰皇,当人皇也。而《封禅书》云“昔者太帝使素女鼓瑟而悲”,盖三皇已前称泰皇。一云泰皇,太昊也。’

⑪蔡邕曰:“制书,帝者制度之命也,其文曰‘制’。诏,诏书。诏,告。”[正义]曰:令,音力政反。制诏三代无文,秦始有之。

⑫蔡邕曰:“朕,我也。古者上下共称之,贵贱不嫌,则可以同号之义也。皋陶与舜言‘朕言惠,可底行’。屈原曰‘朕皇考’。至秦,然后天子独以为称。汉因而不改。”

⑬ [正义]曰:去,音丘吕反。

⑭蔡邕曰:“群臣有所奏,请尚书令奏之,下有司曰‘制’,天子答之曰‘可’。”

⑮汉高祖尊父曰太上皇,亦放此也。

⑯《谥法》,周公所作。

⑰ [正义]曰:色主反。

始皇推终始五德之传,①以为周得火德,秦代周德,从所不胜。②方今水德之始,③改年始,朝贺皆自十月朔。④衣服旄旌节旗⑤皆上黑。⑥数以六为纪,符、法冠皆六寸,而舆六尺,六尺为步,乘六马。⑦更名河曰德水,以为水德之始。刚毅戾深,事皆决于法,刻削毋仁恩和义,然后合五德之数。⑧于是急法,久者不赦。

①郑玄曰:"音亭传。"[索隐]曰:音张恋反。传,次也。谓五行之德始终相次也。《汉书·郊祀志》曰:"齐人邹子之徒论著终始五德之运,始皇采用。"

②[正义]曰:胜,申证反。秦以周为火德。能灭火者水也,故称从其所不胜于秦。

③[索隐]曰:《封禅书》曰秦文公获黑龙,以为水瑞,秦始皇因自谓为水德也。

④[正义]曰:周以建子之月为正,秦以建亥之月为正,故其年始用十月而朝贺。

⑤[正义]曰:旌,音精。旄,音毛。旗,音其。《周礼》云:"析羽为旌,熊虎为旗。"旄节者编毛为之,以象竹节,《汉书》云"苏武执节在匈奴牧羊,节毛尽落"是也。韦昭云:"节者,山国用人节,泽国用龙节,皆以金为之。道路以旌节,门关用符节,都鄙用管节,皆用竹为之。"

⑥[正义]曰:以水德属北方,故上黑。

⑦张晏曰:"水,北方,黑,终数六,故以六寸为符,六尺为步。"瓒曰:"水数六,故以六为名。"谯周曰:"步以人足为数,非独秦制然。"[索隐]曰:《管子》、《司马法》皆云六尺为步。谯周以为步以人足,非独秦制。又按:《礼记·王制》曰"古者八尺为步",今以周尺六尺四寸为步,步之尺数亦不同。

⑧[索隐]曰:水主阴,阴刑杀,故急法刻削,以合五德之数。

丞相绾等言:"诸侯初破,燕、齐、荆地远,不为①置王,毋以填之。请立诸子,唯上幸许。"始皇下其议于群臣,群臣皆以为便。廷尉李斯议曰:"周文武所封子弟同姓甚众,然后属疏远,相攻击如仇雠,诸侯更相诛伐,周天子弗能禁止。今海内赖陛下神灵一统,皆为郡县,诸子功臣以公赋税重赏赐之,甚足易制。天下无异意,②则安宁之术也。置诸侯不便。"始皇曰:"天下共苦战斗不休,以有侯王。赖宗庙,天下初定,又复立国,是树兵也,而求其宁息,岂不难哉!廷尉议是。"

①〔正义〕曰：于伪反。

②〔正义〕曰：易，音以职反。

　　分天下以为三十六郡，①郡置守、尉、监。②更名民曰“黔首”。③大酺。收天下兵④聚之咸阳，销以为钟镰，⑤金人十二，重各千石，⑥置廷宫中。一法度衡石丈尺。车同轨。书同文字。地东至海暨朝鲜，⑦西至临洮、羌中，⑧南至北向户，⑨北据河为塞，并阴山至辽东。⑩徙天下豪富于咸阳十二万户。诸庙及章台、上林皆在渭南。秦每破诸侯，写放其宫室，作之咸阳北阪上，⑪南临渭；自雍门⑫以东至泾、渭，殿屋复道周阁相属。⑬所得诸侯美人钟鼓，以充入之。⑭

①三十六郡者，三川、河东、南阳、南郡、九江、鄣郡、会稽、颍川、砀郡、泗水、薛郡、东郡、琅邪、齐郡、上谷、渔阳、右北平、辽西、辽东、代郡、巨鹿、邯郸、上党、太原、云中，九原、雁门、上郡、陇西、北地、汉中、巴郡、蜀郡、黔中、长沙凡三十五，与内史为三十六郡。〔正义〕曰：《风俗通》云：“周制，天子方千里，分为百县，县有四郡，故《左传》云上大夫受县，下大夫受郡。秦始皇初置三十六郡以监县也。”

②《汉书·百官表》曰：“秦郡守掌治其郡，有丞；尉掌佐守典武职甲卒；监御史掌监郡。”

③应劭曰“黔亦黎黑也。”

④应劭曰：“古者以铜为兵。”

⑤徐广曰：“音巨。”

⑥〔正义〕曰：《汉书·五行志》云：“二十六年，有大人长五丈，足履六尺，皆夷狄服，凡十二人，见于临洮，故销兵器，铸而象之。”谢承《后汉书》云：“铜人，翁仲其名也。”《三辅旧事》云：“聚天下兵器，铸铜人十二，各重二十四万斤。汉世在长乐宫中。”《魏志·董卓传》云：“椎破铜人十及钟镰，以铸小钱。”《关中记》云：“董卓坏铜人，余二枚，徙清门里。魏明帝欲将诣洛，载到霸城，重不可致。后石季龙徙之邺，苻坚又徙入长安而销之。”《英雄记》云：“昔大人见临洮而铜人铸，至董卓而铜人毁也。”

⑦〔正义〕曰：暨，其记反。朝，音潮。鲜，音仙。海谓渤海南至扬、苏、台等州之东海也。暨，及也。东北朝鲜国。《括地志》云：“高骊治平壤城，本汉乐浪郡王险城，即古朝鲜也。”

⑧[正义]曰:洮,吐高反。《括地志》云:"临洮郡即今洮州,亦古西羌之地,在京西千五百五十一里羌中。从临洮西南芳州扶松府以西,并古诸羌地也。"

⑨《吴都赋》曰:"开北户以向日"刘逵曰:"日南之北户,犹日北之南户也。"

⑩《地理志》西河有阴山县。[正义]曰:塞,先代反。并,白浪反。谓灵、夏、胜等州之北黄河。阴山在朔州北塞外。从河傍阴山,东至辽东,筑长城为北界。

⑪徐广曰:"在长安西北,汉武时别名渭城。"[正义]曰:今咸阳县北阪上。

⑫徐广曰:"在高陵县。"[正义]曰:今岐州雍县东。

⑬[正义]曰:复,音福。属,之欲反。《厢记》云:"北至九嵕、甘泉,南至长杨、五柞,东至河,西至汧渭之交,东西八百里,离宫别馆相望属也。木衣绨绣,土被朱紫,宫人不徙。穷年忘归,犹不能遍也。"

⑭[正义]曰:《三辅旧事》云:"始皇表河以为秦东门,表汧以为秦西门,表中外殿观百四十五,后宫列女万余人,气上冲于天。"

　　二十七年,始皇巡陇西、①北地,②出鸡头山,③过回中焉。④作信宫渭南,已更命信宫为极庙,象天极。⑤自极庙道通郦山,作甘泉前殿。筑甬道⑥,自咸阳属之。是岁,赐爵一级。治驰道。⑦

①[正义]曰:陇西,今陇右。

②[正义]曰:今宁州也。

③[正义]曰:《括地志》云:"鸡头山在成州上禄县东北二十里,在京西南九百六十里。郦元云盖大陇山异名也。《后汉书·隗嚣传》云'王莽塞鸡头',即此也。"按:原州高县西百里亦有笄头山,在京西北八百里,黄帝鸡山之所。

④应劭曰:"回中在安定高平。"孟康曰:"回中在北地。"[正义]曰:《括地志》云:"回中宫在雍州西四十里。"言始皇欲西巡陇西之北,从咸阳向西北出宁州,西南行至成州,出鸡头山,东还,过岐州回中宫。

⑤[索隐]曰:为宫庙象天极,故曰极庙。《天官书》曰"中宫曰天极"是也。

⑥应劭曰:"筑垣墙如街巷。"[正义]曰:筑,音竹。甬,音勇。应劭云:"谓于驰道外筑墙,天子于中行,外人不见。"

⑦应劭曰："驰道,天子道也,道若今之中道然。"《汉书·贾山传》曰:"秦
　　为驰道于天下,东穷燕、齐,南极吴、楚,江湖之上,滨海之观毕至。道广
　　五十步,三丈而树,厚筑其外,隐以金椎,树以青松。"

　　二十八年,始皇东行郡县,上邹峄山。①立石,与鲁诸儒生议刻
石颂秦德,议封禅望祭山川之事。②乃遂上泰山,③立石,封,祠
祀。④下,风雨暴至,休于树下,因封其树为五大夫。⑤禅梁父。⑥刻
所立石,其辞曰:

①韦昭曰:"邹,鲁县,山在其北。"[正义]曰:上,时掌反。邹,侧留反。峄,
　　音亦。《国系》云:"邾峄山亦名邹山,在兖州邹县南二十二里。鲁穆公改
　　'邾'作'邹',其山遂从'邑'变。山北去黄河三百余里。"

②[正义]曰:《晋太康地记》云:"为坛于太山以祭天,示增高也。为墠于梁
　　父以祭地,示增广也。祭尚玄酒而俎鱼。墠皆广长十二丈。坛高二尺,
　　阶三等。而树石太山之上,高二丈一尺,广三尺,秦之刻石云文。"

③[正义]曰:泰山一曰岱宗,东岳也,在兖州博城县西北三十里。《山海
　　经》云:"泰山其上多玉,其下多石。"郭璞云:"从泰山下至山头,百四十
　　八里三百步。"道书《福地记》云:"泰山高四千九百丈二尺,周回二千
　　里,多芝草玉石,长津甘泉,仙人室。又有地狱六,曰鬼神之府,从西上,
　　下有洞天,周回三千里,鬼神考谪之府。"

④服虔曰:"增天之高,归功于天。"张晏曰:"天高不可及,于泰山上立封
　　禅而祭之,冀近神灵也。"瓒曰:"积土为封。谓负土于泰山上,为坛而祭
　　之。"

⑤[正义]曰:封,作"复",音福。

⑥服虔曰:"禅,阐广土地也。"瓒曰:"古者圣王封泰山。禅亭亭或梁父,皆
　　泰山下小山。除地为墠,祭于梁父。后改'墠'曰'禅'。"[正义]曰:父,音
　　甫。在兖州泗水县北八十里。

　　皇帝临位,作制明法,臣下修饬。①二十有六年初并天下,
罔不宾服,亲巡远方黎民,登兹泰山,周览东极。从臣思迹,②
本原事业,祗诵功德。③治道运行,诸产得宜,皆有法式,大义
休明,垂于后世,顺承勿革。皇帝躬圣,既平天下,不懈于治。夙
兴夜寐,建设长利,④专隆教诲。训经宣达,远近毕理,咸承圣
志。贵贱分明,男女礼顺,慎遵职事。昭隔内外,⑤靡不清净。施

于后嗣,化及无穷。遵奉遗诏,永承重戒。

①[索隐]曰:此泰山刻石铭。其词每三句为韵,凡十二韵。下之罘、碣石、
会稽三铭皆然。[正义]饬,音勅。

②[正义]曰:从,财用反。

③[正义]曰:祗,音脂。

④[正义]曰:长,直良反。

⑤徐广曰:"隔,一作'融'。"

于是乃并勃海以东,①过黄、腄,②穷成山,登之罘,③立石颂
秦德焉而去。

①[正义]白浪反。勃作渤,蒲忽反。

②《地理志》东莱有黄县、腄县。[正义]曰:腄,逐瑞反。字或作"陲"。《括
地志》云:"黄县故城在莱州黄县东南二十五里,古莱子国也。牟平县城
在黄县南百三十里。《十三州志》云牟平县古腄县也。"

③《地理志》之罘山在腄县。[正义]曰:罘,音浮。《括地志》云:"在莱州文
登县东北百八十里,成山在文登县西北百九十里。穷,犹登极也。"《封
禅书》云:"八神,五曰阳主,祠之罘;七曰日主,祠成山,成山斗入海。"
又云:"之罘山在海中。文登县,古腄县也。"

南登琅邪,①大乐之,留三月。乃徙黔首三万户琅邪台下,②复
十二岁。③作琅邪台,立石刻,颂秦德,明德意曰:④

①[正义]曰:今兖州东沂州、密州,即古琅邪也。

②《地理志》曰:越王勾践尝治琅邪县,起台馆。[索隐]曰:《山海经》琅邪
台在渤海间。盖海畔有山,形如台,在琅邪,故曰琅邪台。[正义]曰:《括
地志》云:"密州诸城县东南百七十里有琅邪台,越王勾践观台也。台西
北十里有琅邪故城。《吴越春秋》云:'越王勾践二十五年,徙都琅邪,立
观台以望东海,遂号令秦、晋、齐、楚,以尊辅周室,歃血盟。'即勾践起
台处。"《括地志》云:"琅邪山在密州诸城县东南百四十里。始皇立层台
于山上,谓之琅邪台,孤立众山之上。秦王乐之,留三月,立石山上,颂
秦德也。"

③[正义]曰:复,音福。复三万户徙台下者。今琅邪台。

④[索隐]曰:二句为韵。

维二十六年,皇帝作始。端平法度,万物之纪。以明人事,

合同父子。圣智仁义,显白道理。东抚东土,以省卒士。①事已
大毕,乃临于海。皇帝之功,勤劳本事。上农除末,黔首是富。
普天之下,抟心揖志。②器械一量,③同书文字。日月所照,舟
舆所载,皆终其命,莫不得意,应时动事,是维皇帝。匡饬异俗,
陵水经地。④忧恤黔首,朝夕不懈。除疑定法,咸知所辟。⑤方
伯分职,诸治经易。⑥举错必当,莫不如画。⑦皇帝之明,临察
四方。尊卑贵贱,不逾次行。⑧奸邪不容,皆务贞良。细大尽力,
莫敢怠荒。远迩辟隐,⑨专务肃庄。端直敦忠,事业有常。皇帝
之德,存定四极。诛乱除害,兴利致福。节事以时,诸产繁殖。
黔首安宁,不用兵革。⑩六亲相保,终无寇贼。欢欣奉教,尽知
法式。六合之内,皇帝之土。西涉流沙,⑪南尽北户。东有东海,
北过大夏。⑫人迹所至,无不臣者。功盖五帝,泽及牛马。莫不
受德,各安其宇。

①[正义]曰:省,山井反。卒,子忽反。

②[索隐]曰:抟,古"专"字。《左传》云:"如琴瑟之抟壹。"揖,音集。

③[正义]曰:内成曰器,甲胄兜鍪之属。外成曰械,戈矛弓戟之属。壹量
　者,同度量也。

④[正义]曰:陵作"凌",犹历也。经,界也。

⑤[正义]曰:音避。

⑥[正义]曰:易,音以豉反。言方伯分职治,所理常在平易。

⑦[正义]曰:画,音户卦反。谓政理齐整,分明若画,无邪恶。

⑧[正义]曰:音胡郎反。

⑨[正义]曰:辟,匹亦反。

⑩[正义]曰:协韵音棘。

⑪[正义]曰:解见《夏纪》。

⑫[索隐]曰:协韵音户。下"无不臣者"音渚。"泽及牛马"音姥。[正义]曰:
　杜预云:"大夏,太原晋阳县。"按:在今并州,"迁实沉于大夏,主参",即
　此也。

　　维秦王兼有天下,立名为皇帝,乃抚东土,至于琅邪。列

侯①武城侯王离、列侯通武侯王贲、伦侯建②成侯赵亥、伦侯
昌武侯成、伦侯武信侯冯毋择、丞相隗林、③丞相王绾、卿李
斯、卿王戊、五大夫赵婴、五大夫杨樛④从，与⑤议于海上。⑥
曰："古之帝者，地不过千里，⑦诸侯各守其封域，或朝或否，相
侵暴乱，残伐不止，犹刻金石，以自为纪。古之五帝三王，知教
不同，法度不明，假威鬼神，⑧以欺远方，实不称名。⑨故不久
长。其身未殁，诸侯倍叛，法令不行。今皇帝并一海内以为郡
县，天下和平。昭明宗庙，体道行德，尊号大成。群臣相与诵皇
帝功德，刻于金石，以为表经。"

①张晏曰："列侯者，见序列。"

②［索隐］曰：爵卑于列侯，无封邑者。伦，类也，亦列侯之类。

③［索隐］曰：隗，姓；林，名。有本作"状"者非。颜之推云："隋开皇初，京师
　穿地得铸秤权，有铭，云始皇时量器，丞相隗状、王绾二人列名，其作
　'状'貌之字，时令校写，亲所按验。"王劭亦云然。斯远古之证也。［正
　义］曰：隗，音五罪反。

④［正义］曰：音居虬反。

⑤［正义］曰：上才用反。下预。言王离以下十人从始皇，咸与始皇议功德
　于海上，立石于琅邪台下，十人名字并刻颂。

⑥［正义］曰：此颂前后序两句为韵，此三句为韵。

⑦［正义］曰：过，音戈。千里谓王畿。

⑧［正义］曰：言五帝、三王假借鬼神之威，以欺服远方之民，若苌弘之比
　也。

⑨［正义］曰：称，尺证反。

既已，齐人徐市等上书，言海中有三神山，名曰蓬莱、方丈、瀛
州，①仙人居之。请得斋戒，与童男女求之。于是遣徐市发童男女数
千人，入海求仙人。②

①［正义］曰：《汉书·郊祀志》云："此三神山者，其传在渤海中，去人不
　远，盖曾有至者，诸仙人及不死之药皆在焉。其物禽兽尽白，而黄金白
　银为宫阙。未至望之如云；及至，三神山乃居水下。临之，患且至，风辄
　引船而去，终莫能至云。世主莫不甘心焉。"

②[正义]曰:《括地志》云:"亶洲在东海中,秦始皇使徐福将童男女入海
　　求仙人,止在此洲,其数万家,至今洲上人有至会稽市易者。吴人《外
　　国图》云亶洲去琅邪万里。"

　　始皇还,过彭城,①斋戒祷祠,欲出周鼎泗水。使千人没水求之
弗得。乃西南渡淮水,之衡山、②南郡。③浮江,至湘山祠。④逢大
风,几不得渡。上问博士曰:"湘君何神?"博士对曰:"闻之,尧女,舜
之妻,而葬此。"⑤于是始皇大怒,使刑徒三千人皆伐湘山树,赭其
山。⑥上自南郡由武关归。⑦

　　①[正义]曰:彭城,徐州所理县也。州东外城,古之彭国也。《搜神记》云陆
　　　终弟三子曰篯铿,封于彭,为商伯。《外传》云殷末,灭彭祖氏。
　　②[正义]曰:《括地志》云:"衡山。一名岣嵝山,在衡州湘潭县西四十一
　　　里。"岣,音苟。嵝,音楼。
　　③[正义]曰:今荆州也。言欲向衡山,即西北过南郡,入武关至咸阳。
　　④[正义]曰:《括地志》云:"黄陵庙在岳州湘阴县北五十七里,舜二妃之
　　　神,二妃冢在湘阴北一百六十里青草山上。盛弘之《荆州记》云青草湖
　　　南有青草山,湖因山名焉。《列女传》云舜陟方,死于苍梧。二妃死于江
　　　湘之间,因葬焉。"按:湘山者,乃青草山。山近湘水,庙在山南,故言湘
　　　山祠。
　　⑤[索隐]曰:《列女传》亦以湘君为尧女。按:《楚词·九歌》有湘君、湘夫
　　　人。夫人是尧女,则湘君当是舜。今此文以湘君为尧女,是总而言之。
　　⑥[正义]曰:赭,音者。
　　⑦应劭曰:"武关,秦南关,通南阳。"文颖曰:"武关在析西百七十里弘农
　　　界。"[正义]曰:《括地志》云:"故武关在商州商洛县东九十里,春秋时
　　　少习也。杜预云少习,商县武关也。"

　　二十九年,始皇东游。至阳武博狼沙中①为盗所惊。求弗得,乃
令天下大索十日。
　　①《地理志》河南阳武县有博狼沙。[正义]曰:狼,音浪。
　　登之罘,刻石。其辞曰:①
　　①[索隐]曰:三句为韵。

维二十九年,时在中春,①阳和方起。皇帝东游,巡登之罘,临照于海。从臣嘉观,②原念休烈,追诵本始。大圣作治,建定法度,显著纲纪。外教诸侯,光施文惠,明以义理。六国回辟,③贪戾无厌,④虐杀不已。皇帝哀众,遂发讨师,奋扬武德。义诛信行,威烨旁达,⑤莫不宾服。烹灭强暴,振救黔首,周定四极。普施明法,经纬天下,永为仪则。大矣哉!宇县之中,⑥承顺圣意。⑦群臣诵功,请刻于石,表垂于常式。

①[正义]曰:中,音仲。古者帝王巡狩,常以仲月。

②[正义]曰:从,才用反。观,音琯。

③[正义]曰:必亦反。

④[正义]曰:于廉反。

⑤徐广曰:"烨,充善反。"

⑥宇,宇宙。县,赤县。

⑦[索隐]曰:协韵音忆。

其东观曰:

维二十九年,皇帝春游,览省远方。逮于海隅,遂登之罘,昭临朝阳。观望广丽,从臣咸念,原道至明。圣法初兴,清理强内,外诛暴强。武威旁畅,振动四极,禽灭六王。阐并天下,灾害绝息,永偃戎兵。皇帝明德,经理宇内,视听不怠。①作立大义,昭设备器,咸有章旗。职臣遵分,各知所行,事无嫌疑。黔首改化,远迩同度,临古绝尤。常职既定,后嗣循业,长承圣治。群臣嘉德,祗诵圣烈,请刻之罘。

①[索隐]曰:怠,协旗、疑韵,怠音铜綦反。故《国语》范蠡曰"得时不怠,时不再来",亦以怠与台来为韵。

旋,遂之琅邪,道上党入①

①[索隐]曰:道,犹从也。

三十年,无事。

三十一年①十二月,更名腊曰"嘉平"。②赐黔首里六石米,二羊。始皇为微行咸阳,③与武士四人俱,夜出逢盗兰池,④见窘,武士击杀盗，关中大索二十日。米石千六百。

①徐广曰："使黔首自实田也。"

②《太原真人茅盈内纪》曰："始皇三十一年九月庚子，盈曾祖父蒙，乃于华山之中，乘云驾龙，白日升天。先是其邑谣歌曰：'神仙得者茅初成，驾龙上升入泰清，时下玄洲戏赤城，继世而往在我盈，帝若学之腊嘉平'。始皇闻谣歌而问其故，父老具对此仙人之谣歌，劝帝求长生之术。于是始皇欣然，乃有寻仙之志，因改腊曰'嘉平'。"[索隐]曰：《广雅》曰："夏曰'清祀'，殷曰'嘉平'，周曰'大蜡'，亦曰'腊'，秦更曰'嘉平'。"盖应歌谣之词而改从殷号也。道书茅濛字初成，今此云"茅濛初成"者为神仙之道，其意失也。盖由裴氏所引不明，或后人增益"濛"字，遂令七言之词有衍尔。

③张晏曰："若微贱之所为，故曰微行也。"

④《地理志》渭城县有兰池宫。[正义]曰：《括地志》云："兰池陂即古之兰池，在咸阳县界。《秦记》云'始皇都长安，引渭水为池，筑为蓬、瀛，刻石为鲸，长二百丈'。逢盗之处也。"

三十二年，始皇之碣石，使燕人卢生求羡门、①高誓。②刻碣石门。③坏城郭，决通堤防。其辞曰：④

①韦昭曰："古仙人。"

②[正义]曰：亦古仙人。

③徐广曰："一作'盟'。"

④[正义]曰：此一颂三句为韵。

遂兴师旅，诛戮无道，为逆灭息。武殄暴逆，文复无罪，①庶心咸服。惠论功劳，赏及牛马，恩肥土域。皇帝奋威，德并诸侯，初一泰平。堕坏城郭，②决通川防，夷去险阻。地势既定，黎庶无繇，③天下咸抚。男乐其畴，女修其业，事各有序。惠被诸产，久并来田，④莫不安所。群臣诵烈，请刻此石，垂著仪矩。

①徐广曰："复，一作'优'。"[正义]曰：复，音福。言秦以武力能殄息暴逆，以文训道令无罪失，故复除之。

②[正义]曰：堕，音许规反。坏，音怪。堕，毁也。坏，坼也。言始皇毁坼关东诸侯旧城郭也。夫自颓曰坏，音户怪反。

③［正义］曰：音遥。

④徐广曰："久，一作'分'。"

因使韩终、侯公、石生求仙人不死之药。始皇巡北边，从上郡入。燕人卢生使①入海还，以鬼神事，因奏录图书，曰"亡秦者胡也。"②始皇乃使将军蒙恬发兵三十万人北击胡，略取河南地。③

①［正义］曰：音所吏反。

②郑玄曰："胡，胡亥，秦二世名也。秦见图书，不知此为人名，反备北胡。"

③［正义］曰：今灵、夏、胜等州，秦略取之。

三十三年，发诸尝逋亡人、赘婿、①贾人略取陆梁地，②为桂林、③象郡、④南海，⑤以适遣戍。⑥西北斥逐匈奴。自榆中⑦并河以东，⑧属之阴山，⑨以为三十四县，城河上为塞。又使蒙恬渡河取高阙、⑩陶山、北假中，⑪筑亭障以逐戎人。徙谪，实之初县。⑫禁不得祠。明星出西方。⑬

①瓒曰："赘，谓居穷有子，使就其妇家为赘婿。"

②［正义］曰：岭南之人多处山陆，其性强梁，故曰陆梁。

③韦昭曰："今郁林是也。"［索隐］曰：谓南方之人，其性陆梁，故曰陆梁。

④韦昭曰："今日南。"

⑤［正义］曰：即广州南海县。

⑥徐广曰："五十万人守五岭。"［正义］曰：适，音直革反。戍，守也。《广州记》云："五岭者，大庾、始安、临贺、揭杨、桂阳。"《舆地志》云："一曰台岭，亦名塞上，今名大庾；二曰骑田；三曰都庞；四曰萌诸；五曰越岭。"

⑦徐广曰："在金城。"

⑧服虔曰："并，音傍。傍，依也。"

⑨徐广曰："在五原北。"［正义］曰：属，之欲反。按：五原，今胜州也。

⑩［正义］曰：山名，在五原北。两山相对若阙，甚高，故言高阙。

⑪晋灼曰："《王莽传》云'五原北假，膏壤殖谷'。北假，地名也。"［索隐］曰：高阙，山名；北假，地名。近五原。［正义］曰：郦元注《水经》云："黄河迳河目县故城西，县在北假中。"北假，地名。按：河目县属胜州，名河北。《汉书·地理志》云属五原郡。

⑫[索隐]曰:徙有罪而谪之,以实初县,即上"自榆中属阴山。以为三十四县"是也,故汉七科谪亦因于秦。

⑬徐广曰:"皇甫谧云彗星见。"

三十四年,谪治狱吏不直者,筑长城及南越地。①

①[正义]曰:谓戍五岭,是南方越地。

始皇置酒咸阳宫,博士七十人前为寿。仆射①周青臣②进颂曰:"他时秦地不过千里,赖陛下神灵明圣,平定海内,放逐蛮夷。日月所照,莫不宾服。以诸侯为郡县,人人自安乐,无战争之患,传之万世,自上古不及陛下威德。"始皇悦。博士齐人淳于越进曰:"臣闻殷、周之王千余岁,封子弟功臣自为枝辅。今陛下有海内,而子弟为匹夫,卒有田常、六卿之臣,无辅拂,③何以相救哉?事不师古而能长久者,非所闻也。今青臣又面谀以重陛下之过,非忠臣。"始皇下其议。丞相李斯曰:"五帝不相复,三代不相袭,各以治,非其相反,时变异也。今陛下创大业,建万世之功,固非愚儒所知。且越言乃三代之事,何足法也?异时诸侯并争,厚招游学。今天下已定,法令出一,百姓当家则力农,工士则学习法令辟禁。④今诸生不师今而学古,以非当世,惑乱黔首。丞相臣斯昧死言:古者天下散乱,莫之能一,是以诸侯并作,语皆道古以害今,饰虚言以乱实,人善其所私学,⑤以非上之所建立。今皇帝并有天下,别黑白而定一尊。私学而相与非法教,人闻令下,则各以其学议之,入则心非,出则巷议,夸主以为名,⑥异取以为高,率群下以造谤。如此弗禁,则主势降乎上党与成乎下。禁之便。臣请史官非秦记皆烧之。非博士官所职,天下敢有藏《诗》、《书》、百家语者,悉诣守、尉杂烧之。有敢偶语《诗》《书》者弃市,⑦以古非今者族。吏见知不举者与同罪。令下三十日不烧,黥为城旦。⑧所不去者,医药卜筮种树之书。若欲有学法令,⑨以吏为师。"制曰:"可"。

①[正义]曰:音夜。

②《汉书·百官表》曰:"仆射,秦官。古者重武,官有主射以督课之。"应劭

曰："仆,主也。"

③[正义]曰:蒲笔反。

④[正义]曰:令,力性反。辟,音避。

⑤徐广曰:"私,一作'知'。"

⑥[正义]曰:夸,口瓜反。

⑦应劭曰:"禁民聚语,畏其谤己。"[正义]曰:偶,对也。

⑧如淳曰:"《律说》'论决为髡钳,输边筑长城,昼日伺寇虏,夜暮筑长城'。城旦,四岁也。"

⑨徐广曰:"一无'法令'二字。"

　　三十五年,除道。道九原①抵云阳,②堑山堙谷,直通之。于是始皇以为咸阳人多,先王之宫廷小,吾闻周文王都丰,武王都镐,丰、镐之间帝王之都也。乃营作朝宫渭南上林苑中。先作前殿阿房,③东西五百步,南北五十丈,上可以坐万人,下可以建五丈旗。④周驰为阁道,自殿下直抵南山。表南山之颠以为阙。为复道,自阿房渡渭,属之咸阳,以象天极阁道绝汉抵营室也。⑤阿房宫未成,成欲更择令名名之。作宫阿房,故天下谓之阿房宫。隐宫⑥徒刑者七十余万人,乃分作阿房宫,或作丽山。发北山石椁。乃写蜀、荆地材皆至。关中计宫三百,关外四百余。于是立石东海上朐界中,以为秦东门。因徙三万家丽邑,⑦五万家云阳,皆复不事十岁。

①《地理志》五原郡有九原县。

②徐广曰:"表云道九原,通甘泉。"

③[正义]曰:房,白郎反。《括地志》云:"秦阿房宫亦曰阿城,在雍州长安县西北一十四里。"按:宫在上林苑中,雍州郭城西南面,即阿房宫城东面也。颜师古云:"阿,近也。以其去咸阳近,且号阿房。"

④[索隐]曰:此以其形名宫也,言其宫四阿旁广也,故云下可建五丈之旗也。阿房,后为宫名。[正义]曰:《三辅旧事》云:"阿房宫东西三里,南北五百步,庭中可受万人。又铸铜人十二于宫前。阿房宫以慈石为门,阿房宫之北阙门也。"

⑤[索隐]曰:谓为复道,渡渭属咸阳,象天文阁道绝汉抵营室也。《天官

书》曰:"天极紫宫后十七星绝汉抵营室,曰阁道。"

⑥[正义]曰:余刑见于市朝。宫刑,一百日隐于阴室养之乃可,故曰隐宫,
　　下蚕室是。

⑦[正义]曰:丽音离。

卢生说始皇曰:"臣等求芝奇药仙者常弗遇,类物有害之者。方
中,人主时为微行以辟恶鬼,恶鬼辟,真人至。人主所居而人臣知
之,则害于神。真人者,入水不濡,入火不爇,①陵云气,与天地久
长。今上治天下,未能恬惔。愿上所居宫毋令人知,然后不死之药
殆可得也。"于是始皇曰:"吾慕真人,自谓'真人',不称'朕'。"乃令
咸阳之旁二百里内,宫观二百七十复道甬道相连,帷帐钟鼓美人充
之,各案署不移徙。行所幸,有言其处者罪死。始皇帝幸梁山宫,②
从山上见丞相车骑众,弗善也。中人或告丞相,丞相后损车骑。始
皇怒曰:"此中人泄吾语。"案问莫服。当是时,诏捕诸时在旁者,皆
杀之。自是后莫知行之所在。听事、群臣受决事,悉于咸阳宫。

①[正义]曰:而说反。

②徐广曰:"在好畤。"[正义]曰:《括地志》云:"俗名望宫山,在雍州好畤
　　县西十二里,北去梁山九里。《秦始皇起》'从山上见丞相车骑众,弗
　　善',即此山也。"

侯生、①卢生相与谋曰:"始皇为人,天性刚戾自用,起诸侯,并
天下,意得欲从,以为自古莫及己。专任狱吏,狱吏得亲幸。博士虽
七十人,特备员弗用。丞相诸大臣皆受成事,倚办于上。上乐以刑
杀为威,②天下畏罪持禄,莫敢尽忠。上不闻过而日骄,下慑伏谩欺
以取容。秦法不得兼方,③不验辄死。然候星气者至三百人,皆良
士,畏忌讳谀,不敢端言其过。天下之事无小大皆决于上,上至以衡
石量书,④日夜有呈,不中呈⑤不得休息。贪于权势至如此,未可为
求仙药。"于是乃亡去。始皇闻亡,乃大怒,曰:"吾前收天下书不中
用者尽去之。悉召文学方术士甚众,欲以兴太平,方士欲练以求奇
药。⑥今闻韩众⑦去不报,徐市等费以巨万计,终不得药,徒奸利相

告日闻。⑧卢生等,吾尊赐之甚厚,今乃诽谤我,以重吾不德也。诸生在咸阳者,吾使人廉问,或为妖言以乱黔首。"于是使御史悉案问诸生,诸生传相告引,乃自除。犯禁者四百六十余人,皆坑之咸阳,使天下知之,以惩后。益发谪徙边。⑨始皇长子扶苏谏曰:"天下初定,远方黔首未集,诸生皆诵法孔子,今上皆重法绳之。臣恐天下不安。唯上察之。"始皇怒,使扶苏北监蒙恬于上郡。⑩

①《说苑》曰:"韩客侯生也。"

②[正义]曰:乐,五孝反。

③徐广曰:"一云'并力'。"[正义]曰:言秦施法不得兼方者,令民之有方伎不得兼两齐,试不验,辄赐死。言法酷。

④石百二十斤。[正义]曰:衡,秤衡也。言表笺奏请,秤取一石,日夜有程期,不满不休息。

⑤[正义]曰:中,竹仲反。

⑥徐广曰:"一云'欲以练求'。"

⑦[正义]曰:音终。

⑧徐广曰:"一作'间'。"

⑨徐广曰:"《表》云徙于北河、榆中,耐徙三处。拜爵一级。"

⑩[正义]曰:《括地志》云:"上郡故城在绥州上县东南五十里,秦之上郡城也。"

三十六年,荧惑守心,有坠星下东郡,至地为石,①黔首或刻其石曰:"始皇帝死而地分。"始皇闻之,遣御史逐问,莫服,尽取石旁居人诛之。因燔销其石。始皇不乐,使博士为《仙真人诗》及行所游天下,传令②乐人歌弦之。秋,使者从关东夜过华阴平舒道,③有人持璧遮使者曰:"为吾遗滈池君。"④因言曰:"今年祖龙死。"⑤使者问其故,因忽不见,置其璧去。使者奉璧具以闻。始皇默然良久,曰:"山鬼固不过知一岁事也。"退言曰:"祖龙者,人之先也。"使御府视璧,乃二十八年行渡江所沉璧也。于是始皇卜之,卦得游徙吉。迁北河榆中三万家。⑥拜爵一级。

①徐广曰:"表云石昼陨。"

②[正义]曰：传，逐恋反。令，力呈反。

③[正义]曰：《括地志》云："平舒故城在华州华阴县西北六里。《水经注》云：'渭水又东经平舒北，城枕渭滨，半破沦水，南面通衢。昔秦之将亡也。江神送璧于华阴平舒道，即其处也'。"

④服虔曰："水神也。"张晏曰："武王居镐，镐池君则武王也。武王伐商，故神云始皇荒淫若纣矣，今亦可伐也。"孟康曰："长安西南有滈池。"[索隐]曰：按：服虔云水神，是也。江神以璧遗滈池之神，告始皇之将终也。且秦水德王，故其君将亡，水神先自相告也。[正义]曰：遗，庚季反。滈，湖老反。《括地志》云："滈水源出雍州长安县西北滈池。郦元《注水经》云：'滈水承滈池，北流入渭。'今按：滈池水流入来通渠，盖郦元误矣。"张晏云："武居滈，滈池君则武王也。伐商，故神云始皇荒淫若纣矣，今武王可伐矣。"

⑤苏林曰："祖，始也。龙，人君象。谓始皇也。"服虔曰："龙，人之先象也，言王亦人之先也。"应劭曰："祖，人之先。龙，君之象。"

⑥[正义]曰：谓北河胜州也。榆中即今胜州榆林县也。言徙三万家以应卜卦游徙吉也。

三十七年十月癸丑，始皇出游。左丞相斯从，右丞相去疾守。少子胡亥爱慕请从，上许之。十一月，行至云梦，望祀虞舜于九疑山。①浮江下，观籍柯，渡海渚。②过丹阳，③至钱唐。④临浙江，⑤水波恶，乃西百二十里从狭中渡。⑥上会稽，祭大禹，⑦望于南海，而立石刻⑧颂秦德。其文曰：⑨

①[正义]曰：《括地志》云："九疑山在永州唐兴县东南一百里。《皇览·冢墓记》云舜冢在零陵郡营浦县九疑山。"言始皇至云梦，望祭虞舜于九疑山也。

②[正义]曰：《括地志》云："舒州周安县东。"按：舒州在江中，疑"海"字误，即此州也。

③[正义]曰：《括地志》云："丹阳郡故在润州江宁县东南五里，秦兼并天下，以为鄣郡也。"

④[正义]曰：钱唐，今杭州县。

⑤晋灼曰："江水至会稽山阴为浙江。音折。"

⑥徐广曰："盖在余杭也。顾夷曰：'余杭者，秦始皇至会稽经此，立为县'。"

⑦〔正义〕曰：上，音，上掌反。越州会稽山上有夏禹穴及庙。

⑧〔索隐〕曰：三句为韵，凡二十四韵。

⑨〔正义〕曰：此二颂三句为韵。其碑见在会稽山上。其文及书皆李斯，其字四寸，画如小指，圆镌。今文字整顿，是小篆字。

　　皇帝休烈，平一宇内，德惠修长。①三十有七年，亲巡天下，周览远方。遂登会稽，宣省习俗，黔首斋庄。群臣诵功，本原事迹，追首高明。②秦圣临国，始定刑名，显陈旧章。③初平法式，审别职任，以立恒常。六王专倍，贪戾慠猛，率众自强。④暴虐恣行，⑤负力而骄，数动甲兵。⑥阴通间使，⑦以事合从，⑧行为辟方。⑨内饰诈谋，⑩外来侵边，遂起祸殃。义威诛之，殄熄⑪暴悖，⑫乱贼灭亡。圣德广密，六合之中，被泽无疆。皇帝并宇，兼听万事，远近毕清。运理群物，考验事实，各载其名。贵贱并通，善否陈前，靡有隐情。饰省宣义，⑬有子而嫁，⑭倍死不贞。防隔内外，禁止淫泆，男女洁诚。夫为寄豭，⑮杀之无罪，男秉义程。妻为逃嫁，⑯子不得母，⑰咸化廉清。大治濯俗，天下承风，蒙被休经。皆遵度轨，和安敦勉，莫不顺令。⑱黔首修洁，人乐同则，⑲嘉保太平。后敬奉法，常治无极，舆舟不倾。从臣诵烈，⑳请刻此石，光垂休铭。

①〔索隐〕曰：修亦长也，重文耳。王劭按张徽所录会稽南山《秦始皇碑文》，"修"一作"攸"。

②〔索隐〕曰：今检《会稽刻石》文"首"字作"道"，雅符人情也。

③〔正义〕曰：作"彰"，音章。碑文作"画璋"也。

④〔正义〕曰：碑文作"率众邦强。"

⑤〔正义〕曰：寒彭反。

⑥〔正义〕曰：数，音朔。

⑦〔正义〕曰：间，纪苋反，又如字。使，所吏反。

⑧〔正义〕曰：合，音阁。从，子容反。

⑨〔正义〕曰：行，下孟反。辟，匹亦反。

⑩〔索隐〕刻石文"谋"作"计"。

⑪徐广曰："音息。"〔正义〕曰：殄，田典反。

⑫〔正义〕曰：暴，白报反。悖，音背。

⑬徐广曰："省，一作'非'。"〔正义〕曰：饰，音式。省，山景反。饰谓文饰也。
　　省，过也。

⑭〔正义〕曰：谓夫死有子，弃之而嫁。

⑮〔索隐〕豭，牡猪也。言夫淫他室，若寄豭之猪也。豭，音加。

⑯〔正义〕曰：谓弃夫而逃嫁于人。

⑰〔正义〕曰：言妻弃夫逃嫁，子乃失母。

⑱〔正义〕曰：力呈反。

⑲〔正义〕曰：乐，音岳。

⑳〔正义〕曰：从，音才用反。烈，美也。所随巡从诸臣，咸诵美，请刻此石。

　　还过吴，从江乘渡。①并海上，北至琅邪。方士徐市等入海求神药，数岁不得，费多恐谴，乃诈曰："蓬莱药可得，然常为大鲛鱼所苦，②故不得至，愿请善射与俱，见则以连弩射之。"始皇梦与海神战，如人状。问占梦，博士曰："水神不可见，以大鱼蛟龙为候。今上祷祠备谨，而有此恶神，当除去，而善神可致。"乃令入海者赍捕巨鱼具，而自以连弩候大鱼出射之。自琅邪北至荣成山，③弗见。至之罘，见巨鱼，射杀一鱼。遂并海西。

　　①《地理志》丹阳有江乘县。〔正义〕曰：乘，音时升反。江乘故县在润州句
　　　容县北六十里，本秦旧县也。渡谓京兆也。

　　②〔正义〕曰：鲛，音交。苦，音苦故反。

　　③〔正义〕曰：即成山也，在莱州。

　　至平原津而病。①始皇恶言死，群臣莫敢言死事。上病益甚，乃为玺书赐公子扶苏曰："与丧会咸阳而葬。"书已封，在中车府令赵高②行符玺事所，未授使者。七月丙寅，始皇崩于沙丘平台。③丞相斯为上崩在外，④恐诸公子及天下有变，乃秘之，不发丧。棺载辒凉

车中，⑤故幸宦者参乘，所至上食。百官奏事如故，宦者辄从辒凉车中可其奏事。独子胡亥、赵高及所幸宦者五六人知上死。赵高故尝教胡亥书及狱律令法事，胡亥私幸之。高乃与公子胡亥、丞相斯阴谋破去始皇所封书⑥赐公子扶苏者，而更诈为丞相斯受始皇遗诏沙丘，立子胡亥为太子。更为书赐公子扶苏、蒙恬，数以罪，⑦其赐死。语具在《李斯传》中。行，遂从井陉⑧抵九原。⑨会暑，上辒车臭，乃诏从官令车载一石鲍鱼，⑩以乱其臭。

①徐广曰："渡河而西。"［正义］曰：今德州平原县南六十里有张公故城，城东有水津焉，后名张公渡，恐此平原郡古津也。《汉书》公孙弘平津侯，亦近此。盖平津即此津，始皇渡此津而疾。

②伏俨曰："主乘舆路车。"

③徐广曰："年五十。沙丘去长安二千余里。赵有沙丘宫，在巨鹿，武灵王之死处。"［正义］曰：《括地志》云："沙丘台在邢州平乡县东北二十里。又云平乡县东北四十里。"按：始皇崩在沙丘之宫，平台之中。邢州去京一千六百五十里。

④［正义］曰：为，于伪反。

⑤［正义］曰：棺，音馆。又古患反。

⑥［正义］曰：去，丘吕反。

⑦［正义］曰：数，音色具反。

⑧徐广曰："在常山。"

⑨［正义］曰：抵，丁礼反。抵，至也。从沙丘至胜州三千里。

⑩［正义］曰：鲍，白卯反。

行从直道至咸阳，发丧。太子胡亥袭位，为二世皇帝。

九月，葬始皇郦山。始皇初即位，穿治郦山。及并天下，天下徒送诣七十余万人，穿三泉，下铜①而致椁，宫观百官奇器珍怪徙藏满之。②令匠作机弩矢，有所穿近者辄射之。以水银为百川江河大海，机相灌输，③上具天文，下具地理。以人鱼膏为独，④度不灭者久之。⑤二世曰："先帝后宫非有子者，出焉不宜。"皆令从死，死者甚众。葬既已下，或言工匠为机，藏皆知之，藏重即泄，大事毕，已

藏,闭中羡,⑥下外羡门,尽闭工匠藏者,无复出者。树草木以象
山。⑦

①徐广曰:"一作锢。锢,铸塞。"[正义]曰:颜师古云:"三重之泉,言至水
　　也。"

②[正义]曰:言冢内作宫观及百官位次,奇器珍怪徙满冢中。藏,才浪反。

③[正义]曰:灌,音馆。输,音戍。

④徐广曰:"人鱼似鲇,四脚。"[正义]曰:《广志》云:"鲵鱼声如小儿啼,有
　　四足,形如鳢,可以治牛,出伊水。"《异物志》云:"人鱼似人形,长尺余。
　　不堪食。皮利于鲛鱼,锯材木入。项上有小穿,气从中出。秦始皇冢中
　　以人鱼膏为烛,即此鱼也。出东海中,今台州有之。"按:今帝王用漆灯
　　冢中,则火不灭。

⑤[正义]曰:度,音田洛反。

⑥[正义]曰:音延,下同。谓冢中神道。

⑦《皇览》曰:"坟高五十余丈,周回五里余。"[正义]曰:《关中记》云:"始
　　皇陵在骊山。泉本北流,障使东西流。有土无石,取大石于渭山诸山。"
　　《括地志》云:"秦始皇陵在雍州新丰县西南十里。"

　　二世皇帝元年,年二十一。①赵高为郎中令,②任用事。二世下
诏,增始皇寝庙牺牲及山川百祀之礼。令群臣议尊始皇庙。群臣皆
顿首言曰:"古者天子七庙,诸侯五,大夫三,虽万世世不轶毁。③今
始皇为极庙,四海之内皆献贡职,增牺牲,礼咸备,毋以加。先王庙
或在西雍,④或在咸阳。天子仪当独奉酌祠始皇庙。自襄公已下轶
毁。所置凡七庙。群臣以礼进祠,以尊始皇庙为帝者祖庙。皇帝复
自称'朕'。"

①徐广曰:"《表》云十月戊寅,大赦罪人。"

②《汉书·百官表》曰:"秦官,掌宫殿门户。"

③[正义]曰:轶,徒结反。

④[正义]曰:于用反。西雍在咸阳西,今岐州雍县故城是也。又一云西雍,
　　雍西县也。

二世与赵高谋曰:"朕年少初即位,黔首未集附。先帝巡行郡县以示强,威服海内。今晏然不巡行,即见弱,毋以臣畜天下。"春,二世东行郡县,李斯从。到碣石,并海,南至会稽,而尽刻始皇所立刻石,石旁著①大臣从者名,以章先帝成功盛德焉:

①[正义]曰:丁略反。

　　皇帝曰:"金石刻尽始皇帝所为也。今袭号而金石刻辞不称①始皇帝,其于久远也②如后嗣为之者,不称成功盛德。"丞相臣斯、臣去疾、③御史大夫臣德昧死言:"臣请具刻诏书刻石,因明白矣。臣昧死请。"制曰:"可。"

①[正义]曰:尺证反。

②[正义]曰:二世言始灭六国,威振古今,自五帝三王未及。既已袭位,而见金石尽刻其颂,不称始皇成功盛德甚远矣。

③徐广曰:"姓冯。"[正义]曰:去,兵吕反。

遂至辽东而还。

于是二世乃遵用赵高,申法令。乃阴与赵高谋曰:大臣不服,官吏尚强,及诸公子必与我争,为之奈何?"高曰:"臣固愿言而未敢也。先帝之大臣,皆天下累世名贵人也,积功劳世以相传久矣。今高素小贱,陛下幸称举,令在上位,管中事。大臣鞅鞅,特以貌从臣,其心实不服。今上出,不因此时案郡县守尉有罪者诛之,上以振威天下,下以除去上生平所不可者。今时不师文而决于武力,愿陛下遂从时毋疑,即群臣不及谋。明主收举余民,贱者贵之,贫者富之,远者近之,则上下集而国安矣。"二世曰:"善。"乃行诛大臣及诸公子,以罪过连逮少近官三郎,①无得立者,而六公子戮死于杜。公子将闾昆弟三人囚于内宫,议其罪独后。二世使使令将闾曰:"公子不臣,罪当死,吏致法焉。"将闾曰:"阙廷之礼,吾未尝敢不从宾赞也。廊庙之位,吾未尝敢失节也。受命应对,吾未尝敢失辞也。何谓不臣?愿闻罪而死。"使者曰:"臣不得与谋,奉书从事。"将闾乃仰天大呼天者三,曰:"天乎!吾无罪!"昆弟三人皆流涕拔剑自杀。宗室振恐。群臣谏者以为诽谤,大吏持禄取容,黔首振恐。

①〔索隐〕曰:逮训及也。谓连及俱被捕,故云连逮。少,小也。近,近侍之
　臣。三郎谓中郎、外郎、散郎。〔正义〕曰:《汉书·百官表》云有议郎、中
　郎、散郎,又有左右三将,谓郎中、车郎、户郎。

　　四月,二世还至咸阳,曰:“先帝为咸阳朝廷小,故营阿房宫。为
室堂未就,会上崩,罢其作者,复土①郦山。郦山事大毕,今释阿房
宫弗就,则是章先帝举事过也。”复作阿房宫。外抚四夷,如始皇计。
尽征其材士②五万人为屯卫咸阳,令教射狗马禽兽。当食者多,③
度不足,下调④郡县转输菽粟刍稿,皆令自赍粮食,咸阳三百里内
不得食其谷。用法益刻深。

①〔正义〕曰:谓出土为陵,既成,还复其土,故言复土。
②〔正义〕曰:谓材官蹶张之士。
③〔正义〕曰:谓材士及狗马。
④〔正义〕曰:度,田洛反。下,行嫁反。调,田吊反。谓下令调敛也。

　　七月,戍卒陈胜①等反故荆地,为“张楚”。②胜自立为楚王,居
陈,遣诸将徇地。山东郡县少年苦秦吏,皆杀其守尉令丞反,以应陈
涉,相立为侯王,合从西乡,名为伐秦,不可胜数也。谒者③使东方
来,以反者闻二世。二世怒,下吏。后使者至,上问,对曰:“群盗,郡
守尉方逐捕,今尽得,不足忧。”上悦。

①〔正义〕曰:音升。
②李奇曰:“张大楚国也。”
③《汉书·百官表》曰:“谒者,秦官,掌宾赞受事。”

　　武臣自立为赵王,魏咎为魏王,田儋①为齐王。沛公起沛。项梁
举兵会稽郡。

①服虔曰:“音负担。”

　　二年冬,陈涉所遣周章等将西至戏,①兵数十万。二世大惊,与
群臣谋曰:“奈何?”少府章邯曰:“②盗已至,众强,今发近县不及
矣。郦山徒多,请赦之,授兵以击之。”二世乃大赦天下,使章邯将,
击破周章军而走,遂杀章曹阳。③二世益遣长史司马欣、董翳佐章

邯击盗,杀陈胜城父,④破项梁定陶,⑤灭魏咎临济。⑥楚地盗名将
已死,章邯乃北渡河,击赵王歇等于巨鹿。⑦

①应劭曰:"戏,弘农湖西界也。"孟康曰:"水名,今戏亭是也。"苏林曰:
　"邑名,在新丰东南三十里。"[正义]曰:戏,音许宜反。《括地志》云:
　"戏水源出雍州新丰县西南骊山。《水经注》云戏水出骊山冯公谷,东
　北流。今新丰县东北十一里戏水当官道,即至处。"

②《汉书·百官表》曰:"少府,秦官。"应劭曰:"掌山泽陂池之税,名曰禁
　钱,以给私养,自别为藏。少者,小也,故称少府。"[正义]曰:胡甘反。

③晋灼曰:"亭名,在弘农东十三里。魏武帝改曰好阳。"[正义]曰:《括地
　志》云:"曹阳故亭一名好阳亭,在陕州桃林县东南十四里,即章邯杀周
　章处。"

④[正义]曰:父,音甫。《括地志》云:"城父,亳州所理县。"

⑤[正义]曰:今曹州定陶县。

⑥[正义]曰:今齐州县。

⑦[正义]曰:《括地志》云:"邢州平乡县城,本巨鹿,离围赵王歇即此城。"

　　赵高说二世曰:"先帝临制天下久,故群臣不敢为非,进邪说。
今陛下富于春秋,初即位,奈何与公卿廷决事?事即有误,示群臣短
也。天子称朕,固不闻声。"①于是二世常居禁中,②与高决诸事。其
后公卿希得朝见,盗贼益多,而关中卒发东击盗者毋已。右丞相去
疾、左丞相斯、将军冯劫进谏曰:"关东群盗并起,秦发兵诛击,所杀
亡甚众,然犹不止。盗多,皆以戍漕转作事苦,赋税大也。请且止阿
房宫作者,减省③四边戍转。"二世曰:"吾闻之韩子曰:'尧舜采椽
不刮,④茅茨不剪,饭土塯,⑤啜土形,⑥虽监门之养,⑦不觳于
此。⑧禹凿龙门,通大夏,⑨决河亭水,⑩放之海,身自持筑锸,⑪胫
毋毛,臣虏之劳不烈于此矣。'⑫凡所为贵有天下者,得肆意极欲,
主重⑬明法,下不敢为非,以制御海内矣。夫虞、夏之主贵为天子,
亲处穷苦之实以徇百姓,尚何于法?朕尊万乘,毋其实,吾欲造千乘
之驾,万乘之属,充吾号名。且先帝起诸侯,兼天下,天下已定,外攘
四夷以安边境,⑭作宫室以章得意,而君观先帝功业有绪。今朕即

位二年之间,群盗并起,君不能禁,又欲罢先帝之所为,是上毋以报先帝,次不为朕尽忠力,⑮何以在位?"下去疾、斯、劫吏,案责他罪。去疾、劫曰:"将相不辱。"自杀。斯卒囚,⑯就五刑。

①[索隐]曰:言天子常处禁中,臣下属望,才有兆朕,耳不见其形也。

②蔡邕曰:"禁中者,门户有禁,非侍御者不得入,故曰禁中。"

③[正义]曰:上色反。

④[索隐]曰:采,木名。刮,音括。

⑤徐广曰:"吕静曰饭器谓之簋。"[索隐]曰:如字,一音镂。不作"簋"。

⑥如淳曰:"土形,饭器之属,瓦器也。"[索隐]曰:饭器,以瓦为之。

⑦[正义]曰:以让反。

⑧[索隐]曰:谓监门之卒。养即卒也,有厮养卒。毃,音学,谓尽也。又古学反。[正义]曰:又苦角反。《尔雅》云:"毃,尽也。"言尧舜采椽不刮,茅茨不剪,饭土塯,啜土形,虽监守门之人,供养亦不尽此之疏陋也。

⑨[正义]曰:《括地志》云:"大夏,今并州晋阳及汾、绛等州是。昔高辛氏子实沈居之,西近河。"言禹凿龙门,河水道,得大通,并州之地不壅溢也。

⑩[正义]曰:亭,平也。又云"决亭壅之水"。

⑪[正义]曰:锸,音初洽反。筑,墙杵也。锸,锹也。《尔雅》云:"锹谓之锸。"

⑫[正义]曰:烈,美也。言臣房之劳,犹不美于此矣。又烈,酷也。禹凿龙门,通大夏,道决黄河洪水放之海,身持锹杵,使膝胫无毛,贱臣奴房之勤劳,不酷烈于此辛苦矣。

⑬[正义]曰:直拱反。

⑭[正义]曰:音竟。

⑮[正义]曰:为,于伪反。

⑯[正义]曰:卒,子律反。囚,在由反。谓禁锢也。

三年,章邯等将其卒围巨鹿,楚上将军项羽将楚卒往救巨鹿。冬,赵高为丞相,竟案李斯杀之。夏,章邯等战数却,二世使人让邯,邯恐,使长史欣请事。赵高弗见,又弗信。欣恐,亡去,高使人捕追不及。欣见邯曰:"赵高用事于中,将军有功亦诛,无功亦诛。"项羽急击秦军,虏王离,邯等遂以兵降诸侯。

　　八月己亥，①赵高欲为乱，恐群臣不听，乃先设验，持鹿献于二世，曰："马也。"二世笑曰："丞相误邪？谓鹿为马。"问左右，左右或默，或言马以阿顺赵高。或言鹿者，高因阴中诸言鹿者以法。后群臣皆畏高。

　　①徐广曰："一作'卯'。"

　　高前数言"关东盗毋能为也"，及项羽虏秦将王离等巨鹿下而前，章邯等军数却，上书请益助，燕、赵、齐、楚、韩、魏皆立为王，自关以东，大氐①尽畔秦吏应诸侯，诸侯咸率其众西乡。沛公将数万人已屠武关，使人私于高，高恐二世怒，诛及其身，乃谢病不朝见。二世梦白虎啮其左骖马，杀之。心不乐，怪问占梦。卜曰："泾水为祟。"②二世乃斋于望夷宫，③欲祠泾，沉四白马。使使责让高以盗贼事。高惧，乃阴与其婿咸阳令阎乐、其弟赵成谋曰："上不听谏，今事急，欲归祸于吾宗。吾欲易置上，更立公子婴。子婴仁俭，百姓皆载其言。"使郎中令为内应，④诈为有大贼，令乐召吏发卒追劫，乐母置高舍。遣乐将吏卒千余人至望夷宫殿门，缚卫令仆射，曰："贼入此，何不止？"卫令曰："周庐设卒甚谨，⑤安得贼敢入宫？"乐遂斩卫令，直将吏入，行射，郎宦者大惊，或走或格，格者辄死，死者数十人。郎中令与乐俱入，射上幄坐帏。二世怒，召左右，左右皆惶扰不斗。旁有宦者一人，侍不敢去。二世入内谓曰："公何不早告我？乃至于此！"宦者曰"臣不敢言，故得全。使臣早言，皆已诛，安得至今？"阎乐前即二世数曰："足下骄恣，⑥诛杀无道，天下共畔足下，足下其自为计！"二世曰："丞相可得见否？"乐曰："不可。"二世曰："吾愿得一郡为王。"弗许。又曰："愿为万户侯。"弗许。曰："愿与妻子为黔首，比诸公子。"阎乐曰："臣受命于丞相，为天下诛足下，足下虽多言，臣不敢报。"麾其兵进。二世自杀。

　　①〔正义〕曰：丁礼反。氏犹略。

　　②〔正义〕曰：虽遂反。

　　③张晏曰："望夷宫在长陵西北长平观道东故亭处是也。临泾水作之，以望北夷。"〔正义〕曰：《括地志》云："秦望夷宫在雍州咸阳县东南八里。

④徐广曰："一云郎中令赵成。"
⑤《西京赋》曰："徼道外周,千庐内傅。"薛综曰:"士傅宫外,内为庐舍,昼
　则巡行非常,夜则警备不虞。"
⑥蔡邕曰："群臣士庶相与言,曰殿下、阁下、足下、侍者、执事,皆谦类。"

　　阎乐归报赵高,赵高乃悉召诸大臣、公子,告以诛二世之状。
曰:"秦故王国,始皇君天下,故称帝。今六国复自立,秦地益小,乃
以空名为帝,不可。宜为王如故便。"立二世之兄子公子婴为秦王。
以黔首葬二世杜南宜春苑中。令子婴斋,当庙见,受王玺。斋五日,
子婴与其子二人谋曰:"丞相高杀二世望夷宫,恐群臣诛之,乃详以
义立我。我闻赵高乃与楚约,灭秦宗室而王关中。今使我斋见庙,
此欲因庙中杀我。我称病不行,丞相必自来,来则杀之。"高使人请
子婴数辈,子婴不行,高果自往,曰:"宗庙重事,王奈何不行?"子婴
遂刺杀高于斋宫,三族高家,以徇咸阳。

　　子婴为秦王四十六日,楚将沛公破秦军,入武关,遂至霸上,①
使人约降子婴。子婴即系颈以组,白马素车,②奉天子玺符,降轵道
旁。③沛公遂入咸阳,封宫室府库,还军霸上。居月余,诸侯兵至,项
籍为从长,④杀子婴及秦诸公子宗族。遂屠咸阳,烧其宫室,虏其子
女,收其珍宝货财,诸侯共分之。灭秦之后,各分其地为三,名曰雍
王、塞王、翟王、号曰三秦。项羽为西楚霸王,主命分天下王诸侯,秦
竟灭矣。后五年,天下定于汉。

①应劭曰:"霸水上地名,在长安东三十里。古者滋水,秦穆公更名霸水。"
②应劭曰:"组者,天子绶也。系颈者,言欲自杀也。素车白马,丧人之服
　也。"
③徐广曰:"在霸陵。"骃案:苏林曰"亭名,在长安东十三里"。
④[索隐]曰:谓合关东为从长也。

　　太史公曰:秦之先伯翳,尝有勋于唐、虞之际,受土赐姓。及殷、
夏之间微散。至周之衰,秦兴,邑于西垂。自缪公以来,稍蚕食诸侯,

竟成始皇。始皇自以为功过五帝,地广三王,而羞与之侔。善哉乎贾生推言之也!曰:

　　秦并兼诸侯山东三十余郡,缮津关,据险塞,修甲兵而守之。然陈涉以戍卒散乱之众数百,奋臂大呼,不用弓戟之兵,锄櫌白梃,①望屋而食,②横行天下。③秦人阻险不守,关梁不阖,长戟不刺,强弩不射。楚师深入,战于鸿门,曾无藩篱之艰。于是山东大扰,诸侯并起,豪俊相立。④秦使章邯将而东征,章邯因以三军之众要市于外,⑤以谋其上。群臣之不信,可见于此矣。子婴立,遂不寤。藉使子婴有庸主之材,仅得中佐,山东虽乱,秦之地可全而有,宗庙之祀未当绝也。

①徐广曰:“櫌,田器,音忧。”[索隐]曰:徐以櫌为田器,非也。孟康以櫌为锄柄,盖得其近也。

②[索隐]曰:言其兵蚕食天下,不裹粮而行。

③[索隐]曰:谓轻前敌,不部伍旅进也。舞阳侯曰“横行匈奴中”也。

④《鹖冠子》曰:“德万人者谓之俊,德千人者谓之豪,德百人者谓之英。”[索隐]曰:谓武臣、田儋、魏豹之属。

⑤[索隐]曰:此评失也。章邯之降,由赵高用事,不信任军将,一则恐诛,二则楚兵既盛,王离见虏,遂降耳。非三军要市于外以求封明矣。

　　秦地被山带河以为固,四塞之国也。自缪公以来至于秦王,二十余君常为诸侯雄。岂世世贤哉?其势居然也。且天下尝同心并力而攻秦矣。当此之世,贤智并列,良将行其师,贤相通其谋,然困于阻险而不能进,秦乃延入战而为之开关,百万之徒逃北而遂坏。岂勇力智慧不足哉?形不利,势不便也。秦小邑并大城,①守险塞而军,高垒毋战,闭关据厄,荷戟而守之。诸侯起于匹夫,以利合,非有素王之行也。其交未亲,其下未附,名为亡秦,其实利之也。彼见秦阻之难犯也,必退师。安土息民,②以待其敝,收弱扶罢,以令大国之君,不患不得意于海内。贵为天子,富有天下,而身为禽者,其救败非也。

①徐广曰:“大,一作‘小’。”

②[索隐]曰:《贾谊书》“安”作“案”。

　　秦王足已不问,遂过而不变。二世受之,因而不改,暴虐以重祸。子婴孤立无亲,危弱无辅。三主惑而终身不悟,亡不亦宜乎?当此时也,世非无深虑知化之士也,然所以不敢尽忠拂过者,秦俗多忌讳之禁,忠言未卒于口而身为戮没矣。故使天下之士倾耳而听,重足而立,拑口而不言。是以三主失道,忠臣不敢谏,智士不敢谋,天下已乱,奸不上闻,岂不哀哉!先王知雍蔽之伤国也,故置公卿大夫士,以饰法设刑,而天下治。其强也,禁暴诛乱而天下服。其弱也,五伯征而诸侯从。其削也,内守外附而社稷存。故秦之盛也,繁法严刑而天下振。及其衰也,百姓怨望而海内畔矣。故周五序①得其道,而千余岁不绝。秦本末并失,故不长久。由此观之,安危之统相去远矣。野谚曰:"前事之不忘,后事之师也。"是以君子为国观之上古,验之当世,参以人事,察盛衰之理,审权势之宜,去就有序,变化有时,故旷日长久而社稷安矣。

①[索隐]曰:《贾谊书》"五"作"王"。

　　秦孝公据殽、函之固,拥雍州之地,君臣固守而窥周室,有席卷天下、①包举宇内、囊括四海之意,②并吞八荒之心。当是时,商君佐之,③内立法度,务耕织,修守战之备,外连衡而斗诸侯,④于是秦人拱手而取西河之外。

①[索隐]曰:按:《春秋纬》曰诸侯冰散席卷也。

②张晏曰:"括,括囊也。言其能包含天下。"[索隐]曰:注同。

③[索隐]曰:商君,卫公孙鞅,仕秦为左庶长,遂为秦制法,孝公致霸,封之于商,号商君。

④[索隐]曰:《战国策》曰:"苏秦亦为秦连衡。"高诱曰:"合关东从道之秦,故曰连衡也。"

　　孝公既没,惠王、武王蒙故业,因遗册,南兼汉中,西举巴、蜀,东割膏腴之地,收要害之郡。诸侯恐惧,会盟而谋弱秦,不爱珍器重宝肥美之地,以致天下之士,合从缔交,①相与为一。

当是时,齐有孟尝,赵有平原,楚有春申,魏有信陵。此四君者,皆明知而忠信,宽厚而爱人,尊贤重士,约从离衡,②并韩、魏、燕、楚、齐、赵、宋、卫、中山之众。于是六国之士,③有宁越、徐尚、苏秦、杜赫之属为之谋,④齐明、周最、陈轸、昭滑、楼缓、翟景、苏厉、乐毅之徒通其意,⑤吴起、孙膑、带佗、兒良、王廖、田忌、廉颇、赵奢之朋制其兵。⑥常以十倍之地,百万之众,叩关而攻秦。秦人开关延敌,九国之师逡巡遁逃而不敢进。秦无亡矢遗镞之费,而天下诸侯已困矣。于是从散约解,争割地而奉秦。秦有余力而制其敝,追亡逐北,伏尸百万,流血漂卤。⑦因利乘便,宰割天下,分裂河山,强国请服,弱国入朝。延及孝文王、庄襄王,享国日浅,国家无事。

①《汉书音义》曰:"缔,结也。"

②[索隐]曰:言孟尝等四君皆为其国共相约结为从,以离散秦之横。

③[索隐]曰:六国者,韩、魏、赵、燕、楚、齐是也。与秦为七国,又六国与宋、卫、中山为九国。其三国盖微,又前亡。

④徐广曰:"越,一作'经'。或自别有此人,不必甯越也。"[索隐]曰:宁越,赵人,贾谊作"甯越"。徐尚,未详。苏秦,东周洛阳人。《吕氏春秋》"杜赫以安天下说周昭文君,"高诱曰:"杜赫,周人也。"

⑤[索隐]曰:《战国策》齐明,东周臣,后仕秦、楚及韩。周最,周之公子,亦仕秦。陈轸,夏人,亦仕秦。昭滑,楚人。楼缓,魏文侯之弟,所谓楼子也。苏厉,秦之弟,仕齐。乐毅,本齐臣,入燕,燕昭王以客礼待之,以为亚卿。翟景,未详也。

⑥[索隐]曰:吴起,卫人,事魏文侯为将。孙膑,孙武之后也。《春秋》曰"王廖贵先,兒良贵后",二人皆天下之豪士。田忌,齐将也。廉颇,赵奢皆赵之将也。

⑦徐广曰:"卤,楯也。"

及至秦王,续六世之余烈,①振长策而御宇内,吞二周而亡诸侯,履至尊而制六合。执棰拊②以鞭笞天下,威振四海。南取百越之地,③以为桂林、象郡,百越之君俯首系颈,委命下

吏。乃使蒙恬北筑长城而守藩篱,却匈奴七百余里,胡人不敢
南下而牧马,士不敢弯弓而报怨。于是废先王之道,焚百家之
言,以愚黔首。堕名城,④杀豪俊,收天下之兵聚之咸阳,销锋
铸鐻,以为金人十二,以弱黔首之民。然后斩华为城,⑤因河为
津,据亿丈之城,临不测之谿以为固。良将劲弩守要害之处,信
臣精卒陈利兵而谁何,⑥天下以定。秦王之心,自以为关中之
固,金城千里,⑦子孙帝王万世之业也!

①张晏曰:"孝公、惠文王、武王、昭王、孝文王、庄襄王。"

②徐广曰:"拊,拍也,音府。一作'櫎朴'。"[索隐]曰:贾本论作"櫎朴"。

③韦昭曰:"越有百邑。"

④应劭曰:"坏坚城,恐人复阻以害己也。"

⑤徐广曰:"斩,一作'践'。"骃案:服虔曰:"断华山为城。"[索隐]曰:践,
　亦出贾本论。又崔浩云:"践,登也。"

⑥如淳曰:"何犹问也。"[索隐]曰:崔浩云:"何或为'呵'。"《汉旧仪》:宿
　卫郎官分五夜谁呵,呵夜行者谁也。何、呵字同。

⑦[索隐]曰:金城,言其实且坚也。《韩子》曰"虽有金城汤池",《汉书》张
　良亦曰:"关中所谓金城千里,天府之国。"

　　秦王既没,余威振于殊俗。陈涉,瓮牖绳枢之子,①甿隶之
人,②而迁徙之徒。才能不及中人,非有仲尼、墨翟之贤,陶朱、
猗顿之富,蹑足行伍之间,而倔起什伯之中,③率罢散之卒,将
数百之众,而转攻秦。斩木为兵,揭竿为旗,天下云集响应,赢
粮而景从,山东豪俊遂并起而亡秦族矣。

①服虔曰:"以绳系户枢也。"孟康曰:"瓦瓮为窗也。"

②如淳曰:"甿,古'氓'字。氓,民也。"

③《汉书音义》曰:"首出十长百长之中。"如淳曰:"时皆辟屈在十百之
　中。"

　　且夫天下非小弱也,雍州之地,殽函之固自若也。①陈涉
之位,非尊于齐、楚、燕、赵、韩、魏、宋、卫、中山之君;锄櫌棘
矜,②非銛于句戟长铩也;③谪戍之众,非抗于九国之师;深谋
远虑,行军用兵之道,非及乡时之士也。然而成败异变,功业相

反也。试使山东之国与陈涉度长絜大，④比权量力，则不可同年而语矣。然秦以区区之地，千乘之权，招八州而朝同列，百有余年矣。然后以六合为家，殽函为宫，一夫作难而七庙堕，身死人手，为天下笑者，何也？仁义不施而攻守之势异也。

①韦昭曰："殽谓二殽。函，函谷关也。"

②服虔曰："以锄柄及棘作矛橝也。"如淳曰："櫌，椎块椎也。"

③徐广曰："铩，一作'锸'。"骃案：如淳曰："长刃矛也。"又曰："矛，刃下有铁横方上钩曲勾。"铩音所拜反。

④《汉书音义》曰："絜'束'之'絜'。"

秦并海内，兼诸侯，南面称帝，①以养四海，天下之士斐然乡风，若是者何也？曰：近古之无王者久矣。周室卑微，五霸既殁，令不行于天下，是以诸侯力政，强侵弱，众暴寡，兵革不休，士民罢敝。今秦南面而王天下，是上有天子也。既元元之民冀得安其性命，莫不虚心而仰上，当此之时，守威定功，安危之本在于此矣。

①徐广曰："一本有此篇，无前者'秦孝公'已下，而又以'秦并兼诸侯山东三十余郡'继此末也"。[索隐]曰：按：贾谊《过秦论》以"孝公"已下为上篇，"秦兼并诸侯山东三十余郡"为下篇。邹诞生云："太史公删贾谊《过秦篇》著此论，富其义而省其辞。褚先生增续既已混淆，而世俗小智不唯删省之旨，合写本论于此，不同也。今颇亦不可分别。"

秦王怀贪鄙之心，行自奋之智，不信功臣，不亲士民，废王道，立私权，禁文书而酷刑法，先诈力而后仁义，以暴虐为天下始。夫并兼者高诈力，安定者贵顺权，此言取与守不同术也。秦离战国而王天下，其道不易，其政不改，是其所以取之守之者异也。孤独而有之，故其亡可立而待。借使秦王计上世之事，并殷周之迹，以制御其政，后虽有淫骄之主，而未有倾危之患也。故三王之建天下，名号显美，功业长久。

今秦二世立，天下莫不引领而观其政。夫寒者利裋褐①而饥者甘糟糠，天下之嗷嗷，新主之资也。此言劳民之易为仁也。

乡使二世有庸主之行，而任忠贤，臣主一心而忧海内之患，缟
素而正先帝之过，裂地分民以封功臣之后，建国立君以礼天
下，虚囹圄而免刑戮，除去收帑污秽之罪，使各反其乡里，发仓
廪，散财币，以振孤独穷困之士，轻赋少事以佐百姓之急，约法
省刑以持其后，使天下之人皆得自新，更节修行，各慎其身，塞
万民之望，而以威德与天下，天下集矣。即四海之内，皆欢然各
自安乐其处，唯恐有变，虽有狡猾之民，无离上之心，则不轨之
臣无以饰其智，而暴乱之奸止矣。二世不行此术，而重之以无
道，坏宗庙与民，②更始作阿房宫，繁刑严诛，吏治刻深，赏罚
不当，赋敛无度，天下多事，吏弗能纪，百姓困穷而主弗收恤。
然后奸伪并起，而上下相遁，蒙罪者众，刑戮相望于道，而天下
苦之。自君卿以下至于众庶，人怀自危之心，亲处穷苦之实，咸
不安其位，故易动也。是以陈涉不用汤武之贤，不借公侯之尊，
奋臂于大泽而天下响应者，其民危也。故先王见始终之变，知
存亡之机，是以牧民之道，务在安之而已。天下虽有逆行之臣，
必无响应之助矣。故曰"安民可与行义，而危民易与为非"，此
之谓也。贵为天子，富有天下，身不免于戮杀者，正倾非也。是
二世之过也。

①徐广曰："一作'短'，小襦也，音竖。"[索隐]曰：赵岐曰："褐以毛橐织
　之，若马衣。或以褐编衣也。"袀，一音竖，盖谓褐布竖裁，为劳役之衣，
　短而且狭，故谓之短褐，亦曰竖褐。

②徐广曰："一无此上五字。"

襄公立，享国十二年。初为西畤。葬西垂。①生文公。

①[索隐]曰：此已下重序列秦之先君立年及葬处，皆当据《秦纪》为说，与
　正史小有不同。今取异说重列于后。襄公，秦仲孙，庄公子，救周，周始
　命为诸侯。初为西畤，祠白帝。立十三年，葬西土。

文公立，居西垂宫。五十年死，葬西垂。①生静公。

①[索隐]曰：作鄜畤，又作陈宝祠。

静公不享国而死。生宪公。

宪公享国十二年,居西新邑。死,葬衙。①生武公、德公、出子。

①《地理志》冯翊有衙县。[索隐]曰:宪公灭荡社,居新邑,葬衙。本纪宪公
　徙居平阳,葬西山。

出子飨国六年,居西陵。①庶长弗忌、威累、参父三人,率贼贼
出子鄘衍,葬衙。武公立。

①[索隐]曰:一云居西陵,葬衙。本纪不云。

武公飨国二十年。居平阳封宫。①葬宣阳聚东南。②三庶长伏
其罪。德公立。

①徐广曰:"一云居平封宫。"

②[索隐]曰:纪云葬平阳,初以人从死。

德公享国二年。居雍大郑宫。生宣公、成公、缪公,葬阳。初伏,
以御蛊。①

①[索隐]曰:二年初伏。本纪此已下居葬绝不言也。

宣公享国十二年。居阳宫。葬阳。①初志闰月。

①[索隐]曰:四年,作密畤。

成公享国四年,居雍之①宫。葬阳。齐伐山戎、孤竹。

①徐广曰:"之,一作'走'。"

缪公享国三十九年。天子致霸。葬雍。缪公学著人。①生康公。

①[索隐]曰:著,音贮,又音宁,著即宁也。门屏之间曰宁,谓学于宁门之
　人。故《诗》云"俟我于著乎而"是也。

康公享国十二年。居雍高寝。葬竘社。生共公。

共公享国五年,居雍高寝。葬康公南。生桓公。

桓公享国二十七年。居雍太寝。葬义里丘北。生景公。①

①[索隐]曰:一作"僖公"。《系本》云名后伯车。

景公享国四十年。居雍高寝。葬丘里①南。生毕公。②

①[正义]曰:丘,一作"二"也。

②徐广曰:"《春秋》作'哀公'。"

毕公飨国三十六年。①葬车里北。生夷公。

①[正义]曰:一作"三十七年"。

夷公不享国。死,葬左宫。生惠公。①

①〔正义〕曰：十年，葬车里。元年，孔子行鲁相事。

惠公享国十年。葬车里康景。生悼公。

悼公享国十五年。①葬僖公西。城雍。生剌②龚公。③

①〔正义〕曰：雍本纪作"十四年"。

②〔正义〕曰：一作"利"。

③〔索隐〕曰：一作"厉共公"。

剌龚公享国三十四年。葬入里。①生躁公、②怀公。③其十年，慧星见。

①徐广曰："一作'人'。"

②〔索隐〕曰：又作"趮公"。〔正义〕曰：十四年，居受寝，葬悼公南也。

③〔正义〕曰：四年，葬栎圉氏。

躁公享国十四年。居受寝。葬悼公南。其元年，慧星见。①

①徐广曰："年表云'星昼见'。"

怀公从晋来。享国四年。葬栎圉氏。生灵公。诸臣围怀公，怀公自杀。

肃灵公，昭子子也。①居泾阳。享国十年。葬悼公西。生简公。

①徐广曰："怀公生昭子，昭子生灵公。"〔索隐〕曰：《纪年》及《系本》无"肃"字。立十年，表同，纪十二年。

简公从晋来。享国十五年。葬僖公西。①生惠公。其七年，百姓初带剑。

①〔索隐〕曰：按：本纪简公名悼子，即剌龚公之子，怀公弟也。且纪及《系本》皆以为然，今此文云"灵公"，谬也。立十六年，葬僖公西。

惠公享国十三年。葬陵圉。①生出公。

①〔索隐〕曰：王劭按《纪年》云"简公后次敬公，敬公立十三年，乃至惠公"，辞即难凭，时参异说。

出公享国二年。①出公自杀，葬雍。

①〔索隐〕曰：《系本》谓"少主"。

献公享国二十三年。①葬嚣圉。生孝公。

①徐广曰："灵公子。"〔索隐〕曰：《系本》称"元献公"。立二十二年，表同，纪二十四年。

孝公享国二十四年。①葬弟圉。生惠文王。其十三年，始都咸阳。②

①〔索隐〕曰：本纪十二年。

②〔正义〕曰：本纪云"十二年作咸阳，筑冀阙"，是十三年始都之。

惠文王飨国二十七年。①葬公陵。②生悼武王。

①〔索隐〕曰：十九而立。

②〔正义〕曰：《括地志》云："秦惠文王陵在雍州咸阳县西北一十四里。"

悼武王享国四年，葬永陵。①

①徐广曰"皇甫谧曰葬毕，今安陵西毕陌。"〔索隐〕曰：《系本》作"武烈王"。十九而立，立三年。本纪四年。〔正义〕曰：《括地志》云："秦悼武王陵在雍州咸阳县西十里，俗名周武王陵，非也。"

昭襄王享国五十六年。葬芷阳。①生孝文王。

①〔索隐〕曰：十九年而立，葬芷陵也。〔正义〕曰：《括地志》云："秦庄襄王陵在雍州新丰县西南三十五里，俗亦谓为子楚。始皇陵在北，故亦谓为见子陵。"

孝文王享国一年。葬寿陵。生庄襄王。

庄襄王享国三年。葬芷阳。生始皇帝。吕不韦相。

献公立七年，初行为市。十年，为户籍相伍。

孝公立十六年。时桃李冬华。

惠文王生十九年而立。立二年，初行钱。有新生婴儿曰"秦且王"。

悼武王生十九年而立。立三年，渭水赤三日。

昭襄王生十九年而立。立四年，初为田开阡陌考。

孝文王生五十三年而立。

庄襄王生三十二年而立。立二年，取太原地。庄襄王元年，大赦，修先王功臣，施德厚骨肉，布惠于民。东周与诸侯谋秦，秦使相国不韦诛之，尽入其国。秦不绝其祀，以阳人地赐周君，奉其祭祀。

始皇飨国三十七年。葬郦邑。①生二世皇帝。始皇生十三年而立。

①[正义]曰：鄌，力知反。

二世皇帝享国三年。葬宜春。①赵高为丞相安武侯。二世生十二年而立。②

①[正义]曰：《括地志》云："秦故胡亥陵在雍州万年县南三十四里。"上文"葬以黔首"也。

②徐广曰："本纪云二十一。"

右秦襄公至二世，六百一十岁。①

①[正义]曰：《秦本纪》自襄公至二世，五百七十六年矣。年表自襄公至二世，五百六十一年。三说并不同，未知孰是。

孝明皇帝十七年①十月十五日乙丑，曰：②

①[正义]曰：班固《典引》云后汉明帝永平十七年，诏问班固："太史迁赞语中宁有非邪？"班固上表陈秦过失及贾谊言答之。

②[索隐]曰：此已下是汉孝明帝访班固评贾马赞中论秦二世亡天下之得失，后人因取其说附之此末。

周历已移，①仁不代母。秦直其位，②吕政残虐。然以诸侯十三，③并兼天下，极情纵欲，养育宗亲。三十七年，兵无所不加，制作政令，施于后王。④盖得圣人之威，河神授图，⑤据狼、狐，蹈参、伐，佐政驱除，⑥距之⑦称始皇。

①[正义]曰：周初卜世三十，卜年七百，以五序得其道，故王至三十七，岁至八百六十七。历数既过，秦并天下，是周历已移也。

②[索隐]曰：周历已移，周亡也。仁不代母，谓周得木德，木生火，周为汉母也。言历运之道，仁恩之情，子不代母而王，谓火不代木，言汉不合即代周也。秦值其闰位，得在木火之间也。此论者之辞也。[正义]曰：始皇以为周火德，秦代周从所不胜，为水德之始也。按：周木德也，秦水德也。五行之运，水生木，木生火，火生土，土生金，金生水。所生者为母，出者为子。帝王之次，子代母。秦称水是母代子，故言若有德之君相代，不母承其子。直，音值。言秦并天下称帝，是秦德值帝王之位。

③始皇初为秦王，年十三也。[索隐]曰：吕政者，始皇名政，是吕布韦幸姬有娠，献庄襄王而生始皇，故云吕政。

④〔正义〕曰:谓置郡县,坏井田,开阡陌,不立侯王,始为伏腊;又置丞相、太尉、御史大夫、奉常、郎中令、仆射、廷尉、典客、宗正、少府、中尉、将作、詹事、水衡都尉、监、守、县令、丞等,皆施于后王,至于隋、唐矣。

⑤〔正义〕曰:盖者,疑辞也。言始皇之威,能吞并天下称帝,疑得圣人之威灵,河神之图录。

⑥〔正义〕曰:狼,音郎。狼,狐,主弓矢星。《天官书》云参、伐主斩艾事。言秦据蹈狼、狐、参、伐之气,驱灭天下。

⑦〔正义〕曰:上音巨。之,至也。

　　始皇既殁,胡亥极愚,郦山未毕,复作阿房,以遂前策。云:"凡所为贵有天下者,肆意极欲,大臣至欲罢先君所为。"诛斯、去疾,任用赵高。痛哉言乎!人头畜鸣。①不威不伐恶,②不笃不虚亡,③距之不得留,残虐以促期,虽居形便之国,犹不得存。

①〔正义〕曰:畜,许又反。言胡亥人身有头面,口能言语,不辨好恶,若六畜之鸣。

②〔正义〕曰:此五字为一句也。

③〔正义〕曰:言胡亥借帝王之威器,残酷暴虐滋己恶,恶既深笃,以至灭亡,岂其虚哉。

　　子婴度次得嗣,冠玉冠,①佩华绂,②车黄屋,③从④百司,谒七庙。小人乘非位,莫不恍忽失守,偷安日日,独能长念却虑,父子作权,近取于户牖之间,竟诛猾臣,为⑤君讨贼。高死之后,宾婚未得尽相劳,餐未及下咽,酒未及濡唇,楚兵已屠关中,真人翔霸上,素车婴组,奉其符玺,以归帝者。郑伯茅旌鸾刀,严王退舍。⑥河决不可复壅,鱼烂不可复全。⑦贾谊、司马迁曰:"向使婴有庸主之才,仅得中佐,山东虽乱,秦之地可全而有,宗庙之祀未当绝也。"秦之积衰,天下土崩瓦解,⑧虽有周旦之材,无所复陈其巧,而以责一日之孤,⑨误哉!俗传秦始皇起罪恶,胡亥极,得其理矣。复责小子,⑩云秦地可全,所谓不通时变者也。纪季以酅,《春秋》不名。⑪吾读《秦纪》,至于子婴车裂赵高,未尝不健其决,怜其志。婴死生之义备矣。⑫

①[正义]曰:音绾。

②[正义]曰:音拂。

③蔡邕曰:"黄屋者,盖以黄为里。"

④[正义]曰:才用反。

⑤[正义]曰:于伪反。

⑥《公羊传》曰:"楚庄王伐郑,郑伯肉袒,左执茅旌,右执鸾刀,以逆庄王,庄王退舍七里。"何休曰:"茅旌,鸾刀,祭祀宗庙所用也。执宗庙器者,示以宗庙血食自归。"[正义]曰:旌,音精。严,音庄。

⑦[索隐]曰:宋均曰:"言如鱼之烂,从内而出。"

⑧[正义]曰:言秦国败坏,若屋宇崩颓,众瓦解散也。

⑨[正义]曰:日,音驲。一日之孤谓子婴。

⑩[正义]曰:亦谓子婴。

⑪《春秋》曰:"纪季以酅入于齐。"《公羊传》曰:"何以不名?贤之也。谓设五庙以存姑姊妹也。"[正义]曰:酅,音户圭反。《括地志》云:"安平城在青州临淄县东十九里,古纪之酅邑。《帝王纪》云周之纪国,姜姓也。纪侯谮齐哀公于周懿王,王烹之。《外传》曰纪侯入为周士。《竹书》云齐襄公灭纪、邢、鄑、郚。"又《括地志》云:"邢城在青州临朐县东三十里。鄑城在北海县东北七十里。郚城在密州安丘县界。"邢,音骈。鄑,音訾。郚,音鱼。按:秦始皇起罪恶,胡亥极,得其理。国既崩绝,箕子、比干尚不能存殷,庸主子婴焉能救秦之败?以贾谊、史迁不通时变,不如纪季之深识也。季,纪侯少弟,不书名,故曰纪季。

⑫徐广曰:"班固《典引》曰'永平十七年,诏问臣固,太史迁赞语中宁有非邪?臣对,贾谊言子婴得中佐,秦未绝也。此言非是,臣素知之耳'。"

索隐述赞曰:六国陵替,二周沦亡。并一天下,号为始皇。阿房云构,金狄成行。南游勒石,东瞰浮梁。滈池见遗,沙丘告丧。二世矫制,赵高是与。诈因指鹿,灾生噬虎。子婴见推,恩报君父。下乏中佐,上乃庸主。欲振颓纲,云谁克补。

史记卷七
本纪第七

项羽

[索隐]曰：项羽掘起争雄，一朝假号西楚，竟未践天子之位，而身首别离。斯亦不可称本纪，宜降为世家。

项籍者，下相人也，①字羽。②初起时年二十四。其季父项梁，③梁父即楚将项燕④为秦将王翦所戮者也。⑤项氏世世为楚将，封于项，⑥故姓项氏。

①《地理志》临淮有下相县。[索隐]曰：县名，属临淮。按：应劭云："相，水名，出沛国。沛国有相县，其水下流，又因置县，故名下相也"。[正义]曰：《括地志》云："相故城在泗州宣预县西北七十里，秦县"。项，胡讲反。籍，秦昔反。

②[索隐]曰：按：《序传》籍字子羽也。

③[索隐]曰：崔浩云："伯、仲、叔、季，兄弟之次，故叔云叔父，季云季父。"

④[正义]曰：燕，乌贤反。

⑤《始皇本纪》云："项燕自杀。"[索隐]曰：此云为王翦所杀，与《楚汉春秋》同，而《始皇本纪》云项燕自杀。不同者，盖燕为王翦所围逼而自杀，故不同也。

⑥[索隐]曰：《地理志》项城县，属汝南。[正义]曰：《括地志》云："今陈州项城县城即古项子国。"

项籍少时学书不成，去学剑，又不成。项梁怒之。籍曰："书足以记名姓而已，剑一人敌，不足学，学万人敌。"于是项梁乃教籍兵法，籍大喜，略知其意，又不肯竟学。

项梁尝有栎阳逮，^①乃请蕲^②狱掾曹咎书抵栎阳狱掾司马欣，以故事得已。^③项梁杀人，与籍避仇于吴中，吴中贤士大夫皆出项梁下。每吴中有大徭役及丧，项梁常为主办，阴以兵法部勒宾客及子弟，以是知其能。

①〔索隐〕曰：按：逮训及。谓有罪相连及，为栎阳县所逮录也。故汉史制狱有逮捕。〔正义〕曰：栎，音药。逮，音代。

②苏林曰："蕲，音机，县，属沛国。"

③应劭曰："项梁曾坐事传系栎阳狱，从蕲狱掾曹咎取书与司马欣。抵，归、已，止也。"韦昭曰："抵，至也。谓梁尝被栎阳县逮捕，梁乃请蕲狱掾曹咎书至栎阳狱掾司马欣，事故得止息也。"〔索隐〕曰：服虔云："抵，归也。"刘伯庄云："抵，相凭托也。"

秦始皇帝游会稽，渡浙江，^①梁与籍俱观。籍曰："彼可取而代也。"梁掩其口曰："毋妄言！族矣！"梁以此奇籍。籍长八尺余，力能扛鼎，^②才气过人，虽吴中子弟皆已惮籍矣。

①〔索隐〕曰：韦昭云："浙江在今钱塘。"浙，音折。晋灼音逝，非也。盖其流曲折，《庄子》所谓制河，即其水也。制、折声相近也。

②韦昭曰："扛，举也。"〔索隐〕曰：《说文》云："扛，横关对举也。"音江。

秦二世元年七月，陈涉等起大泽中。^①其九月，会稽守^②通谓梁曰：^③"江西皆反，此亦天亡秦之时也。吾闻先即制人，后则为人所制。^④吾欲发兵，使公及桓楚将。"^⑤是时桓楚亡在泽中。梁曰："桓楚亡，人莫知其处，独籍知之耳。"梁乃出，诫籍持剑居外待。梁复入，与守坐，曰："请召籍，使受命召桓楚。"守曰："诺。"梁召籍入。须臾，梁眴籍曰："可行矣！"于是籍遂拔剑斩守头。项梁持守头，佩其印绶。门下大惊，扰乱，籍所击杀数十百人。^⑥一府中皆慴伏，^⑦莫敢起。梁乃召故所知豪吏，谕以所为起大事。遂举吴中兵。使人收下县，得精兵八千人。梁部署吴中豪杰为校尉、候、司马。有一人不得用，自言于梁。梁曰："前时某丧使公主某事，不能办，以此不任用公。"众乃皆伏。于是梁为会稽守，籍为裨将，徇下县。^⑧

①〔索隐〕徐氏云在沛郡蕲县。

②徐广曰："尔时未言太守。"[正义]曰：守，音狩。《汉书》云景帝中二年七月，更郡守为太守。

③《楚汉春秋》曰："会稽假守殷通。"[正义]曰：按：言"假"者，兼摄之也。

④[索隐]曰：按：谓先举兵能制得人，后则为人所制。故荀子曰："制人之与为人制也，其相去远矣。"

⑤[正义]曰：张晏云："项羽杀宋义时，桓楚为羽使怀王。"

⑥[索隐]曰：此不定数也。自百已下或至八十九十，故云数十百。

⑦[索隐]曰：《说文》云："奢，失气也。"音之涉反。

⑧李奇曰："徇，略也。"如淳曰："徇音'抚徇'之'徇'。徇其人民。"

广陵人召平于是为陈王徇广陵，①未能下。②闻陈王败走，秦兵又且至，乃渡江矫陈王命，③拜梁为楚王上柱国。④曰："江东已定，急引兵西击秦。"项梁乃以八千人渡江而西。闻陈婴已下东阳，⑤使使与连和俱西。陈婴者故东阳令史，⑥居县中，素信谨，称为长者。东阳少年杀其令，相聚数千人，欲置长，无适用，乃请陈婴，婴谢不能，遂强立婴为长，县中从者得二万人。少年欲立婴便为王，异军苍头特起。⑦陈婴母谓婴曰："自我为汝家妇，未尝闻汝先古之有贵者。今暴得大名不祥。不如有所属，事成犹得封侯，事败易以亡，非世所指名也。"⑧婴乃不敢为王。谓其军吏曰：项氏世世将家，有名于楚。今欲举大事，将非其人不可。我倚名族，亡秦必矣。"于是众从其言，以兵属项梁。项梁渡淮，黥布、蒲将军⑨亦以兵属焉。凡六七万人，军下邳。⑩

①[正义]曰：扬州。

②[正义]曰：下，胡嫁反。以兵威服之曰下。

③[正义]曰：矫，纪兆反。召平从广陵渡京口江至吴，诈陈王命拜梁。

④徐广曰："二世之二年正月也。"骃案：应劭曰"上柱国，上卿官，若今相国也。"

⑤晋灼曰："东阳县本属临淮郡，汉明帝分属下邳，后复分属广陵。"[索隐]曰：下，音如字。按：以兵威伏之曰下，胡嫁反。彼自归伏曰下，如字读。他皆仿此。东阳，县名，属广陵也。[正义]曰：《括地志》："东阳故城

在楚州盱眙县东七十里,秦东阳县城也,在淮水南。"

⑥晋灼曰:"《汉仪注》曰令吏曰令史,丞吏曰丞史。"[正义]曰:《楚汉春秋》云东阳狱史陈婴。

⑦应劭曰:"苍头特起,言与众异也。苍头,谓士卒皂巾,若赤眉、青领,以相别也。"如淳曰:"魏君兵卒之号也。《战国策》魏有苍头二十万。"[索隐]:晋灼曰:"殊异其军为苍头,谓著青帽。"如淳云:"特起,犹言新起也。"按:为苍头军特起,欲立陈婴为王,婴母不许婴称王,言天下方乱,未知瞻乌所止。

⑧张晏曰:"陈婴母,潘旌人,墓在潘旌。"[索隐]曰:潘旌是邑聚之名,后为县,属临淮。

⑨服虔曰:"英布起于蒲地,因以为号。"如淳曰:"言当阳君、蒲将军皆属项羽,此自更有蒲将军。"[索隐]曰:按:布姓英,咎繇之后,后以罪被黥,故改姓黥以应相者之言。韦昭云"蒲,姓也",是英布与蒲将军二人共以兵属项梁也。故服虔以为"英布起蒲",非也。按:黥布初起于江湖之间。

⑩[正义]曰:被悲反。下邳,泗水县也。应劭云:"邳在薛,徙此,故曰下邳。"按:有上邳,故曰下邳。

　　当是时,秦嘉①已立景驹为楚王,②军彭城东,③欲距项梁。项梁谓军吏曰:"陈王先首事,战不利,未闻所在。今秦嘉倍陈王而立景驹,逆无道。"乃进兵击秦嘉。秦嘉军败走,追之至胡陵。④嘉还战一日,嘉死,军降。景驹走死梁地。项梁已并秦嘉军,军胡陵,将引军而西。章邯军至栗,⑤项梁使别将朱鸡石、余樊君与战。余樊君死。朱鸡石军败,亡走胡陵。项梁乃引兵入薛,⑥诛鸡石。项梁前使项羽别攻襄城,⑦襄城坚守不下。已拔,皆坑之。还报项梁。项梁闻陈王定死,召诸别将会薛计事。此时沛公亦起沛往焉。

①《陈涉世家》曰:"秦嘉,广陵人。"

②文颖曰:"景驹,楚族。景,氏;驹,名。"

③[正义]曰:《括地志》云:"徐州彭城县,古相国也。"言秦嘉军于此城之东。

④邓展曰:"今胡陆,属山阳。汉章帝改曰胡陵。"

⑤徐广曰:"县名,在沛,"

⑥[正义]曰:《括地志》云:"故薛城古薛侯国也,在徐州滕国县界,黄帝之所封。《左传》曰定公元年薛宰云'薛之祖奚仲居薛为夏车正',后为孟尝君田文封邑也。"

⑦[正义]曰:许州襄城县。

居鄛人范增①年七十,素居家,好奇计,往说项梁曰:"陈胜败固当。②夫秦灭六国,楚最无罪。自怀王入秦不反,楚人怜之至今。故楚南公曰③'楚虽三户,亡秦必楚也'。④今陈胜首事,不立楚后而自立,其势不长。今君起江东,楚蜂起之将⑤皆争附君者,以君世世楚将,为能复立楚之后也。"⑥于是项梁然其言,乃求楚怀王孙心民间,为人牧羊,立以为楚怀王,⑦从民所望也。⑧陈婴为楚上柱国,封五县,与怀王都盱台。⑨项梁自号为武信君。

①[索隐]曰:晋灼音"剿绝"之剿。《地理志》居鄛县在庐江郡,音巢,是故巢国,夏桀所奔。荀悦《汉纪》云:"范增,阜陵人也。"

②[正义]曰:顾著作云:"固宜当应败也。"当,音如字。

③徐广曰:"楚人也,善言阴阳。"骃案:文颖曰"南方老人也"。[正义]曰:虞喜《志林》云:"南公者,道士,识废兴之数,知亡秦者必于楚。"《汉书·艺文志》云《南公》十三篇,六国时人,在阴阳家流。

④瓒曰:"楚人怨秦,虽三户犹足以亡秦也。"[索隐]曰:臣瓒与苏林解同。韦昭以为三户,楚三大姓昭、屈、景也。二说皆非也。按:《左氏》"以畀楚师于三户",杜预注云"今丹水县北三户亭",则是地名不疑。[正义]曰:按:服虔云:"三户,漳水津也"孟康云:"津峡名也,在邺西三十里"。《括地志》云:"浊漳水又东经葛公亭北,经三户峡,为三户津,在相州滏阳县界"。然则南公辨阴阳,识废兴之数,知秦亡必于三户,故出言。后项羽果度三户津破章邯军,降章邯,秦遂亡。是南公之善识。

⑤如淳曰:"蜂起,犹言蜂午也。众蜂飞起,交横若午,言其多也。"[索隐]曰:凡物交横为午,言蜂之起交横屯聚也。故《刘向传》注云:"蜂午,杂沓也。"郑玄曰:"一纵一横为午。"

⑥[正义]曰:为,于伪反。

⑦徐广曰:"此时二世之二年六月。"

⑧应劭曰:"以祖谥为号者,顺民望。"

⑨郑玄曰：“音煦怡。”［正义］曰：盱，况于反。眙，以之反。盱眙，今楚州，临
　　淮水，怀王都之。

居数月，引兵攻亢父。①与齐田荣、司马龙且②军救东阿，③大
破秦军于东阿。田荣即引兵归，逐其王假。假亡走楚。假相田角亡
走赵。角弟田间故齐将，居赵不敢归。田荣立田儋子市为齐王。项
梁已破东阿下军，遂追秦军。数使使趣④齐兵，欲与俱西。田荣曰：
“楚杀田假，赵杀田角、田间，乃发兵。”项梁曰：“田假为与国之
王，⑤穷来从我，不忍杀之。”赵亦不杀田角、田间以市于齐。⑥齐遂
不肯发兵助楚。项梁使沛公及项羽别攻城阳，⑦屠之。西破秦军濮
阳东，⑧秦兵收入濮阳。沛公、项羽乃攻定陶。⑨定陶未下，去。西略
地至雍丘，⑩大破秦军，斩李由。⑪还攻外黄，⑫外黄未下。

①［正义］曰：亢，音刚，又苦浪反。父，音甫。《括地志》云：“亢父故城在兖
　　州任城县南五十一里。”
②［正义］曰：子余反。
③［正义］曰：《括地志》云：“东阿故城在济州东阿县西南二十五里，汉东
　　阿县城，秦时齐之阿也。”
④［正义］曰：下“使”，色吏反。趣，音促。
⑤如淳曰：“相与交善为与国，党与也。”［索隐］曰：高诱注《战国策》云：
　　“与国，同福之国也。”
⑥张晏曰：“若市买相贸易以利也。梁救荣难，犹不用命。梁念杀假等，荣
　　未必多出兵，不如依《春秋》寄公待以礼也，又可以贸易他利，以除己
　　害，遂背德可辅假以伐齐，故曰市贸易也。”晋灼曰：“假，故齐王建之
　　弟，欲令楚杀之，以为己利，而楚保全不杀，以买其计，故曰市也。”［索
　　隐］曰：韦昭云“市利于齐也”。刘氏亦云“市犹要也”。留田假而不杀，欲
　　以要胁田荣也。
⑦［正义］曰：《括地志》云：“濮州雷泽县，本汉郕阳，在州东九十一里。《地
　　理志》云城阳属济阴郡，古郕伯国，姬姓之国。《史记》周武王封季弟载
　　于郕，其后迁于郕之阳，故曰城阳。”
⑧［正义］曰：《括地志》云：“濮阳县在濮州西八十六里濮县也，古吴之
　　国。”按：攻城阳，屠之，西破秦军濮阳县也。东即此县东。
⑨［正义］曰：定陶，曹州城也。从濮阳南攻定陶。

⑩[正义]曰:雍丘,今汴州县也。《地理志》云"古杞国,武王封禹后于杞,
号东楼公,二十一世简公,为楚所灭",即此城也。

⑪应劭曰:"由,李斯子也。"

⑫[正义]曰:《括地志》云:"故周城即外黄之地,在雍丘县东。"张晏曰:
"魏郡有内黄县,故加'外'也。"臣瓒曰:"县有黄沟,故名。"

项梁起东阿,西北至定陶,再破秦军,项羽等又斩李由,益轻
秦,有骄色。宋义乃谏项梁曰:"战胜而将骄卒惰者败。今卒少惰矣,
秦兵日益,臣为君畏之。"项梁弗听。乃使宋义使于齐。道遇齐使者
高陵君显,①曰:"公将见武信君乎?"曰:"然"。曰:"臣论武信君军
必败。公徐行即免死,疾行则及祸。"秦果悉起兵益章邯,击楚军,大
破之定陶,项梁死。

①张晏曰:"显,名也。高陵,县名。"[索隐]曰:晋灼云"高陵属琅邪。"

沛公、项羽去外黄攻陈留,陈留坚守不能下。沛公、项羽相与谋
曰:"今项梁军破,士卒恐。"乃与吕臣军俱引兵而东。吕臣军彭城
东,项羽军彭城西,沛公军砀。①

①应劭曰:"砀,属梁国。"苏林曰:"砀,音唐。"[正义]曰:《括地志》云:"宋
州砀山县,本汉砀县也,在宋州东百五十里。"

章邯已破项梁军,则以为楚地兵不足忧,乃渡河击赵,大破之。
当此时,赵歇为王,陈余为将,张耳为相,皆走入巨鹿城。章邯令王
离、涉间围巨鹿,①章邯军其南,筑甬道而输之粟。②陈余为将,将
卒数万人而军巨鹿之北,此所谓河北之军也。

①张晏曰:"涉,姓;间,名。秦将也。"

②应劭曰:"恐敌抄辎重,故筑墙垣如街巷也。"

楚兵已破于定陶,怀王恐,从盱台之彭城,并项羽、吕臣军自将
之。以吕臣为司徒,以其父吕青为令尹。①以沛公为砀郡长,②封为
武安侯,将砀郡兵。

①应劭曰:"天子曰师尹,诸侯曰令尹,时去六国尚近,故置令尹。"瓒曰:
"诸侯之卿,唯楚称令尹。时立楚之后,故置官司皆如楚旧。"

②苏林曰:长如郡守也。

初，宋义所遇齐使者高陵君显在楚军，见楚王曰："宋义论武信君之军必败，居数日，军果败。兵未战而先见败征，此可谓知兵矣。"王召宋义与计事，而大说之。因置以为上将军。项羽为鲁公，为次将。范增为末将。救赵。诸别将皆属宋义，号为卿[1]子冠军。[2]

①徐广曰："一作'庆'。"

②文颖曰："卿子，时人相褒尊之辞，犹言公子也。上将，故言冠军。"张晏曰："若霍去病功冠三军，因封为冠军侯，至今为县名。"

行至安阳，留四十六日不进。[1]项羽曰："吾闻秦军围赵王巨鹿，疾引兵渡河，楚击其外，赵应其内，破秦军必矣。"宋义曰："不然。夫搏牛之虻不可以破虮虱。[2]今秦攻赵，战胜则兵罢，我承其敝。不胜，则我引兵鼓行而西，必举秦矣。故不如先斗秦赵。夫被坚执锐，义不如公；坐而运策，公不如义。"因下令军中曰："猛如虎，很如羊，[3]贪如狼，强不可使者，皆斩之。"乃遣其子宋襄相齐，身送之至无盐，[4]饮酒高会。[5]天寒大雨，士卒冻饥。项羽曰："将戮力而攻秦，久留不行，今岁饥民贫，士卒食芋菽，[6]军无见粮，[7]乃饮酒高会，不引兵渡河因赵食，与赵并力攻秦，乃曰'承其敝'。夫以秦之强，攻新造之赵，其势必举赵。赵举而秦强，何敝之承？且国兵新破，王坐不安席，埽境内而专属于将军，国家安危在此一举。今不恤士卒而徇其私，[8]非社稷之臣。"项羽晨朝上将军宋义，即其帐中斩宋义头，出令军中曰："宋义与齐谋反楚，楚王阴令羽诛之。"当是时，诸将皆慑服，莫敢枝梧。[9]皆曰："首立楚者，将军家也。今将军诛乱。"乃相与共立羽为假上将军。[10]使人追宋义子及之齐，杀之。使桓楚报命于怀王。怀王因使项羽为上将军，[11]当阳君、蒲将军皆属项羽。

①[索隐]曰：《傅宽传》云"从攻安阳、杠里"，则安阳与杠里俱在河南。颜师古以为今相州安阳县。按：此兵犹未渡河，不应即至相州安阳。今检《后魏书·地形志》云"已氏有安阳城，改已氏为楚丘"，今宋州楚丘西北四十里有安阳故城是也。[正义]曰：《括地志》云："安阳县，相州所理县。七国时魏宁新中邑，秦昭王拔魏宁新中，更名安阳。"《张耳传》云章邯军巨鹿南，筑甬道属河，饷王离。项羽数绝邯甬道，王离军乏食。项羽

悉引兵渡河,遂破章邯,围巨鹿下。又云渡河湛船,持三日粮。按:从滑州白马津赍三日粮不至邢州,明此渡河,相州漳河也。宋义遣其子襄相齐,送之至无盐,即今郓州之东宿城是也。若依颜监说,在相州安阳,宋义送子不可弃军渡河,南向齐,西南入鲁界,饮酒高会,非入齐之。义虽知送子曲,由宋州安阳理顺,然向巨鹿甚远,不能数绝章邯甬道及持三日粮至也。均之二理,安阳送子至无盐为长。济河绝甬道,持三日粮,宁有迟留? 史家多不委曲说之也。

② 如淳曰:"用力多而不可以破虮虱,犹言欲以大力伐秦而不可以救赵也。"〔索隐〕曰:张晏云:"搏,音博。"韦昭云"虱大在外,虮小在内。"故颜师古言:"以手击牛,可以杀其上虱,而不能破其内虮。喻方欲灭秦,不可与章邯即战也。"邹氏言虱之搏牛,本不拟破其上之虮虱,以言志在大不在小也。

③ 〔正义〕曰:很,何恳反。

④ 〔索隐〕曰:《地理志》东平郡之县,在今郓州之东。

⑤ 韦昭曰:"皆召尊爵,故云高。"〔索隐〕曰:服虔云:"大会也。"

⑥ 徐广曰:"芋,一作'半'。半,五升器也。"骃案:瓒曰"士卒食蔬菜,以菽杂半之。"〔索隐〕曰:芋,蹲鸱也。菽,豆也。臣瓒义亦通。《汉书》作"半菽"。王劭曰:"言半,量器名。容半升也。"

⑦ 〔正义〕曰:胡练反。颜师古云:"无见在之粮。"

⑧ 〔索隐〕曰:谓使其子相齐,是徇其私情。崔浩云:"徇,营也。"

⑨ 如淳曰:"梧音悟。枝梧犹枝捍也。"瓒曰:"小柱为枝,邪柱为梧,今屋梧邪柱是也。"〔正义〕曰:枝,音之移反。梧,音悟。

⑩ 〔正义〕曰:未得怀王命也。假,摄也。

⑪ 徐广曰:"二世三年十一月。"

项羽已杀卿子冠军,威震楚国,名闻诸侯。乃遣当阳君、蒲将军将卒二万渡河,①救巨鹿。战少利,陈余复请兵。项羽乃悉引兵渡河,皆沉船,破釜甑,烧庐舍,持三日粮,以示士卒必死,无一还心。

① 〔正义〕曰:漳水。

于是至则围王离,与秦军遇,九战,绝其甬道,大破之,杀苏角,①虏王离。涉间不降楚,自烧杀。当是时,楚兵冠诸侯。诸侯军救巨鹿下者十余壁,莫敢纵兵。及楚击秦,诸将皆从壁上观。楚战

士无不一以当十,楚兵呼声动天,诸侯军无不人人惴恐。②于是已
破秦军,项羽召见诸侯将,入辕门③无不膝行而前,莫敢仰视。项羽
由是始为诸侯上将军,诸侯皆属焉。

①文颖曰:"秦将也。"

②《汉书音义》曰:"惴,音章瑞反。"

③张晏曰:"军行以车为陈,辕相向为门,故曰辕门。"

　　章邯军棘原,①项羽军漳南,②相持未战。秦军数却,二世使人
让章邯。章邯恐,使长史欣请事。至咸阳。留司马门③三日,赵高不
见,有不信之心。长史欣恐,还走其军,④不敢出故道,赵高果使人
追之,不及。欣至军,报曰:"赵高用事于中,下无可为者。今战能胜,
高必疾妒吾功;战不能胜,不免于死。愿将军孰计之。"陈余亦遗章
邯书曰:白起为秦将,南征鄢郢,北坑马服,⑤攻城略地不可胜计,
而竟赐死。蒙恬为秦将,北逐戎人,开榆中地数千里,⑥竟斩阳
周。⑦何者?功多,秦不能尽封,因以法诛之。今将军为秦将三岁矣,
所亡失以十万数,而诸侯并起滋益多。彼赵高素谀日久,今事急,亦
恐二世诛之,故欲以法诛将军以塞责,使人更代将军以脱其祸。夫
将军居外久,多内却,有功亦诛,无功亦诛。且天之亡秦,无愚智皆
知之。今将军内不能直谏,外为亡国将,孤特独立而欲常存,岂不哀
哉! 将军何不还兵与诸侯为从,⑧约共攻秦,分王其地,南面称孤;
此孰与身伏铁质,⑨妻子为僇乎?"章邯狐疑,阴使候始成⑩使项
羽,欲约。约未成,项羽使蒲将军日夜引兵度三户,⑪军漳南,与秦
战,再破之。项羽悉引兵击秦军汙水上,⑫大破之。

①张晏曰:"在漳南。"晋灼曰:"地名,在巨鹿南。"

②[正义]曰:《括地志》云:"浊漳水一名漳水,今俗名柳河,在邢州平乡县
　南。《注水经》云漳水一名大漳水,兼有浸水之目也。"

③凡言司马门者,宫垣之内兵卫所在,四面皆有司马,主武事。总言之,外
　门为司马门也。[索隐]曰:按:天子门有兵栏,曰司马门也。

④[正义]曰:走音奏。

⑤[索隐]曰:韦昭云:"赵奢子括也,代号马服。"崔浩云:"马服,赵官名,

言服武事。”

⑥[索隐]曰：服虔云：“金城县所治。”苏林曰：“在上郡。”崔浩云：“蒙恬树榆为卫塞也。”

⑦孟康曰：“县属上郡。”[正义]曰：《括地志》云：“宁州罗川县在州东南七十里，汉阳周县。”

⑧[索隐]曰：此诸侯谓关东诸侯也。何以知然？文颖曰：“关东为从，关西为横。”高诱曰：“关东地形从长，苏秦相六国，号为合从。关西地形横长，张仪相秦，坏关东从，使与秦合，号曰连横。”

⑨[索隐]曰：《公羊传》云：“加之铁质。”何休云：“要斩之罪。”崔浩云：“质，斩人椹也。”又郭注《三苍》云：“质，莝椹也。”

⑩张晏曰：“候，军候。”[索隐]曰：候，军候，官名。始成，其名。

⑪服虔曰：“漳水津也。”张晏曰：“三户，地名，在梁淇西南。”孟康曰：“津峡名也，在邺西三十里。”[索隐]曰：《水经注》云：“漳水东经三户峡，为三户津”也。淇，当为“湛”。案《晋八王故事》云“王俊伐邺，前至梁湛”。孟康云“在邺西三十里”。又阚骃《十三州志》云“邺北五十里梁期故县也”，字有不同。

⑫徐广曰：“在邺西。”[索隐]曰：汙，音于。《郡国志》邺县有汙城。郦元云“汙水出武安山东南，经汙城北入漳。”[正义]曰：《括地志》云：“汙水源出怀州河内县北大行山。”又云：“故邘城在河内县西北二十七里，古邘国地也。《左传》云：‘邘、晋、应、韩、武之穆也’。”

　　章邯使人见项羽，欲约。项羽召军吏谋曰：“粮少，欲听其约。”军吏皆曰善。项羽乃与期洹水南殷虚上。①已盟，章邯见项羽而流涕，为言赵高。项羽乃立章邯为雍王，置楚军中。使长史欣为上将军，将秦军为前行。②

①徐广曰：“二世三年七月也。”骃案：应劭曰“洹水在汤阴界。殷乎，故殷都也。”瓒曰：“洹水在今安阳县北，去朝歌殷都一百五十里。然则此殷虚非朝歌也。《汲冢古文》曰‘盘庚迁于此’，《汲冢》曰‘殷虚南去邺三十里。’是旧殷乎，然则朝歌非盘庚所迁者”。[索隐]曰：按《释例》云“洹水出汲郡林虑县，东北至长乐入清水”是也。《汲冢古文》云“盘庚自奄迁于北冢，曰殷虚，南去邺州三十里”，是殷虚南旧地名号北冢也。

②[正义]曰:胡郎反。

　　到新安。①诸侯吏卒异时故徭使屯戍过秦中,秦中吏卒遇之多无状,及秦军降诸侯,诸侯吏卒乘胜多奴虏使之,轻折辱秦吏卒。秦吏卒多窃言曰:"章将军等诈吾属降诸侯,今能入关破秦,大善;即不能,诸侯虏吾属而东,秦必尽诛吾父母妻子。"诸将微闻其计,以告项羽。项羽乃召黥布、蒲将军计曰:"秦吏卒尚众,其心不服,至关中不听,事必危,不如击杀之,而独与章邯、长史欣、都尉翳入秦。"于是楚军夜击坑秦卒二十余万人新安城南。②

　　①[正义]曰:《括地志》云:"新安故城在洛州渑池县东一十三里,汉新安县城也。即坑秦卒处。"
　　②徐广曰:"汉元年十一月。"

　　行略定秦地。函谷关①有兵守关,不得入。又闻沛公已破咸阳,项羽大怒,使当阳君等击关。项羽遂入,至于戏西。沛公军霸上,未得与项羽相见。沛公左司马曹无伤使人言于项羽曰:"沛公欲王关中,使子婴为相,珍宝尽有之。"项羽大怒,曰:"旦日飨士卒,为击破沛公军!"当是时,项羽兵四十万,在新丰鸿门;②沛公兵十万,在霸上。范增说项羽曰:"沛公居山东时,贪于财货,好美姬。今入关财物无所取,妇女无所幸,此其志不在小。吾令人望其气,皆为龙虎,成五采,此天子气也。急击勿失!"

　　①文颖曰:"时关在弘农县衡山岭,今移在河南谷城县。"[索隐]曰:颜师古云:"今桃林县南有洪溜涧水,即古之函关。"按:山形如函,故称函关。[正义]曰:《括地志》云:"函谷关在陕州桃林县西南十二里,秦函谷关也。《图记》云西去长安四百余里,路在谷中,故以为名。"
　　②孟康曰:"在新丰东十七里,旧大道北下阪口名也。"

　　楚左尹项伯者,项羽季父也,①素善留侯张良。张良是时从沛公,项伯乃夜驰之沛公军,私见张良,具告以事,欲呼张良与俱去。曰:"毋从俱死也。"张良曰:"臣为韩王送沛公,②沛公今事有急,亡去不义,不可不语。"良乃入,具告沛公。沛公大惊,曰:"为之奈何?"张良曰:"谁为大王为此计者?"曰:"鲰生③说我曰'距关,毋内诸侯,秦地可尽王也',故听之。"良曰:"料大王士卒足以当项王乎?"
沛公默然,曰:"固不如也,且为之奈何?"张良曰:"请往谓项伯,言
沛公不敢背项王也。"沛公曰:"君安与项伯有故?"张良曰:"秦时与
臣游,项伯杀人,臣活之。今事有急,故幸来告良。"沛公曰:"孰与君
少长?"良曰:"长于臣。"沛公曰:"君为我呼入,吾得兄事之。"张良
出,要项伯。项伯即入见沛公。沛公奉卮酒为寿,约为婚姻,曰:"吾
入关,秋豪不敢有所近,籍吏民封府库而待将军。所以遣将守关者,
备他盗之出入与非常也。日夜望将军至,岂敢反乎! 愿伯具言臣之
不敢倍德也。"项伯许诺。谓沛公曰:"旦日不可不早自来谢项王。"
沛公曰:"诺。"于是项伯复夜去,至军中,具以沛公言报项王。因言
曰:"沛公不先破关中,公岂敢入乎?今人有大功而击之,不义也,不
吉因善遇之。"项王许诺。

①[索隐]曰:名缠,字伯,后封射阳侯。

②[正义]曰:为,于伪反。

③徐广曰:"鲰,音士垢反,鱼名。"骃案:服虔曰"鲰,音浅。鲰,小人貌也"。
瓒曰"《楚汉春秋》鲰,姓也。"

沛公旦日从百余骑来见项王。至鸿门,谢曰:"臣与将军戮力而
攻秦,将军战河北,臣战河南,然不自意能先入关破秦,得复见将军
于此。今者有小人之言,令将军与臣有郤。"项王曰:"此沛公左司马
曹无伤言之;不然,籍何以生此。"

项王即日因留沛公与饮。项王、项伯东向坐,亚父南向坐。亚
父者范增也。①沛公北向坐,张良西向侍。范增数目项王,举所佩玉
块以示之者三,项王默然不应。范增起,出召项庄,②谓曰:"君王为
人不忍,若入前为寿,寿毕请以剑舞,因击沛公,于坐杀之。不者,若
属皆且为所虏!"庄则入为寿。寿毕曰:"君王与沛公饮,军中无以为
乐,请以剑舞。"项王曰:"诺。"项庄拔剑起舞,项伯亦拔剑起舞,常
以身翼蔽沛公,庄不得击。

①如淳曰:"亚,次也。尊敬之次父,犹管仲为仲父。"

②[正义]曰:项羽从弟。

　　于是张良至军门，见樊哙。樊哙曰："今日之事何如？"良曰："甚
急。今者项庄拔剑舞，其意常在沛公也。"哙曰："此迫矣！臣请入，
与之同命。"哙即带剑拥盾入军门。①交戟之卫士欲止不内，樊哙侧
其盾以撞，②卫士仆地，哙遂入，披帷西向立，瞋目视项王，③头发
上指，目眦尽裂。④项王按剑而跽⑤曰："客何为者？"张良曰："沛公
之参乘樊哙者也。"项王曰："壮士！赐之卮酒。"则与斗卮酒。哙拜
谢，起，立而饮之。项王曰："赐之彘肩。"则与一生彘肩。樊哙覆其
盾于地，加彘肩上，拔剑切而啗之。⑥项王曰："壮士，能复饮乎？"樊
哙曰："臣死且不避，卮酒安足辞！夫秦王有虎狼之心，杀人如不能
举，刑人如恐不胜，天下皆叛之。怀王与诸将约曰：'先破秦入咸阳
者王之。'今沛公先破秦入咸阳，毫毛不敢有所近，封闭宫室，还军
霸上以待大王来。故遣将守关者，备他盗出入与非常也。劳苦而功
高如此，未有封侯之赏，而听细说，欲诛有功之人。此亡秦之续耳，
窃为大王不取也。"项王未有以应，曰："坐。"樊哙从良坐。坐须臾，
沛公起如厕，因招樊哙出。

　　①［正义］曰：拥，纡拱反。盾，食允反。
　　②［正义］曰：直江反。
　　③［正义］曰：瞋，昌真反。
　　④［正义］曰：眦，自赐反。
　　⑤［索隐］曰：其纪反，谓长跪。
　　⑥［索隐］曰：音徒览反。凡以食喂人则去声，自食则上声。

　　沛公已出，项王使都尉①陈平召沛公。沛公曰："今者出未辞
也，为之奈何？"樊哙曰："大行不顾细谨，大礼不辞小让。如今人方
为刀俎，我为鱼肉，何辞为！"于是遂去。乃令张良留谢。良问曰：
"大王来何操？"曰："我持白璧一双，欲献项王；玉斗一双，欲与亚
父。会其怒，不敢献。公为我献之。"张良曰："谨诺。"当是时，项王
军在鸿门下，沛公军在霸上，相去四十里。沛公则置车骑，脱身独
骑，与樊哙、夏侯婴、靳强、纪信等②四人持剑盾步走，从郦山下，道

芷阳间行。沛公谓张良曰:"从此道至吾军,不过二十里耳。度我至
军中,公乃入。"沛公已去,间至军中,张良入谢曰:"沛公不胜杯杓,
不能辞。谨使臣良奉白璧一双,再拜献大王足下;玉斗一双,再拜奉
大将军足下。"项王曰:"沛公安在?"良曰:"闻大王有意督过之,脱
身独去,已至军矣。"③项王则受璧,置之坐上。亚父受玉斗,置之
地,拔剑撞而破之,曰:"唉!④竖子不足与谋。夺项王天下者,必沛
公也,吾属今为之虏矣!"沛公至军,立诛杀曹无伤。

①徐广曰:"一本无'都'字。"

②[索隐]曰:《汉书》作"纪通"。通,纪成之子。

③如淳曰:"脱身逃还其军。"

④徐广曰:"唉,乌来反。"[索隐]曰:音虚其反。皆叹恨发声之辞。

　　居数日,项羽引兵西屠咸阳,杀秦降王子婴,烧秦宫室,火三月
不灭。收其货宝妇女而东。人或说项王曰:"关中阻山河四塞,①地
肥饶,可都以霸。"项王见秦宫室皆以烧残破,又心怀思欲东归,曰:
"富贵不归故乡,如衣绣夜行,谁知之者!"说者曰:"人言楚人沐猴
而冠耳,果然。"②项王闻之,烹说者。③

①徐广曰:"东函谷,南武关,西散关,北萧关。"

②张晏曰:"沐猴,猕猴也。"[索隐]曰:言猕猴不任久著冠带,以喻楚人性
躁暴。果然,言果如人言也。

③《楚汉春秋》、《杨子法言》云说者是蔡生,《汉书》云是韩生。

　　项王使人致命怀王。怀王曰:"如约。"乃尊怀王为义帝。项王
欲自王,先王诸将相。谓曰:"天下初发难时,①假立诸侯后以伐秦。
然身被坚执锐首事,暴露于野②三年,灭秦定天下者,皆将相诸君
与籍之力也。义帝虽无功,故当分其地而王之。"诸将皆曰善。乃分
天下,立诸将为侯王。

①服虔曰:"兵初起时。"[正义]曰:难,乃惮反。

②[正义]曰:暴,蒲北反。

　　项王、范增疑沛公之有天下,业已讲解,①又恶负约,恐诸侯叛
之。乃阴谋曰:"巴、蜀道险,秦之迁人皆居蜀。"乃曰:"巴、蜀亦关中

地也。"故立沛公为汉王，②王巴、蜀、汉中，都南郑。③而三分关中，王秦降将以距塞汉王。项王乃立章邯为雍王，王咸阳以西，都废丘。④长史欣者，故为栎阳狱掾，尝有德于项梁；都尉董翳者，本劝章邯降楚。故立司马欣为塞王，⑤王咸阳以东至河，都栎阳。⑥立董翳为翟王，王上郡，都高奴。⑦徙魏王豹为西魏王，王河东，都平阳。瑕丘⑧申阳者，⑨张耳嬖臣也，先下河南郡，迎楚河上，故立申阳为河南王，都雒阳。⑩韩王成因故都，都阳翟。⑪赵将司马卬定河内，数有功，故立卬为殷王，王河内，都朝歌。徙赵王歇为代王。赵相张耳素贤，又从入关，故立耳为常山王，王赵地，都襄国。⑫当阳君黥布为楚将，常冠军，故立布为九江王，都六。⑬鄱君吴芮⑭率百越佐诸侯，又从入关，故立芮为衡山王，都邾。⑮义帝柱国共敖⑯将兵击南郡，功多，因立敖为临江王，⑰都江陵。⑱徙燕王韩广为辽东王。⑲燕将臧荼从楚救赵，因从入关，故立荼为燕王，都蓟。徙齐王田市为胶东王。⑳齐将田都从共救赵，因从入关，故立都为齐王，都临菑。㉑故秦所灭齐王建孙田安，项羽方渡河救赵，田安下济北数城，引其兵降项羽，故立安为济北王，都博阳。㉒田荣者，数负项梁，又不肯将兵从楚击秦，以故不封。成安君㉓陈余弃将印去，不从入关，然素闻其贤，有功于赵，闻其在南皮，㉔故因环封三县。㉕番君将梅鋗㉖功多，故封十万户侯。项王自立为西楚霸王，㉗王九郡，都彭城。㉘

①苏林曰："讲，和也。"[索隐]曰：服虔云："解，折伏也。"《说文》云："讲，和解也。"《汉书》作"媾解"。苏林云："媾，和也。"是"媾"之与"讲"俱训和也。业，事也。言虽有疑心，然事已和解也。

②徐广曰："以正月立。"

③[正义]曰：《括地志》云："南梁州所理县也。"

④[索隐]曰：孟康曰："县名。今槐里是也。"韦昭曰："周时名太丘，懿王所都，秦欲废之，故曰废丘。"[正义]曰：《括地志》云："太丘故城一名废丘，古城在雍州始平县东南十里。《地理志》云汉高二年，引水灌废丘，章邯自杀，更废丘曰槐里。"

⑤韦昭曰:"在长安东,名桃林塞。"

⑥苏林曰:"栎,音药。"[正义]曰:《括地志》云:"栎阳故城一名万年城,在雍州栎阳东北二十五里。秦献公之城栎阳,即此也。"

⑦文颖曰:"上郡,秦所置,项羽以董翳为翟王,更名为翟。"[索隐]曰:按:今鄜州有高奴城。[正义]曰:《括地志》云:"延州州城即汉高奴县。"

⑧徐广曰:"一云瑕丘公也。"

⑨服虔曰:"瑕丘县属山阳,申,姓;阳,名。"文颖曰:"姓瑕丘,字申阳。"瓒曰:"瑕丘公申阳是。瑕丘,县名。"

⑩[正义]曰:《括地志》云:"洛阳故城在洛州洛阳县东北二十六里,周公所筑,即成周城也。《舆地志》云成周之地,秦庄襄王以为洛阳县,三川守理之。后汉都洛阳,改为'雒'。汉以火德,忌水,故去洛旁'水'而加'隹'。隹于行次为土,土,水之忌也,水得土而流,土得水而柔,故除'隹'而加'水'。"

⑪[正义]曰:《括地志》云:"阳翟,洛州县也。《左传》云郑伯突入于栎。杜预云栎,郑别都,今河南阳翟县是也。《地理志》云阳翟县是,属颍川郡,夏禹之国。"

⑫[正义]曰:《括地志》云:"邢州城本汉襄国县,秦置三十六郡,于此置信都县,属巨鹿郡,项羽改曰襄国,立张耳为常山王,理信都。《地理志》云故邢侯国也。《帝王世纪》云邢侯为纣三公,以忠谏被诛。《史记》云周武王封周公旦之子为邢侯。《左传》云:'凡、蒋、邢、茅,周公之胤也'。"

⑬[正义]曰:《括地志》云:"故六城在寿州安丰县南百三十二里,本六国,偃姓,皋繇之后所封也。黥布亦皋繇之后,居六国。"

⑭韦昭曰:"鄱音蒲河反。初,吴芮为鄱令,故号曰鄱君。今鄱阳县是也。"[正义]曰:鄱作番,音婆。

⑮文颖曰:"邾,音朱,县名,属江夏。"[正义]曰:《说文》云音诛。《括地志》云:"故邾城在黄州黄冈县东南二十里,本春秋时邾国。邾子,曹姓。侠居。至鲁隐公徙蕲。"音机。

⑯[正义]曰:共,音恭。

⑰《汉书音义》曰:"本南郡,改为临江国。"

⑱[正义]曰:江陵,荆州县。《史记》江陵,故郢都也。

⑲徐广曰:"都无终。"

⑳徐广曰:"都即墨。"[正义]曰:《括地志》云:"即墨故城在莱州胶水县南

六十里。古齐地,本汉旧县。"胶,音交。在胶水之东。

㉑[索隐]曰:按:《高纪》及《田儋传》云:"临济",此言"临菑",误。[正义]
　曰:菑,侧其反。《括地志》云:"青州临菑县也。即古临菑地也。一名齐
　城,古营丘之地,所封齐之都也。少昊时有爽鸠氏,虞、夏时有季萴,殷
　时有逢伯陵,殷末有薄姑氏,为诸侯,国此地。后太公封,方五百里。"

㉒[正义]曰:在济北。

㉓[正义]曰:《地理志》云:"成安县在颍川郡,属豫州。"

㉔[正义]曰:《括地志》云:"故南皮城在沧州南皮县北四里,本汉皮县城,
　即陈余所封也。"

㉕《汉书音义》曰:"绕南皮三县以封之。"

㉖韦昭曰:"呼玄反。"

㉗[正义]曰:《货殖传》云淮以北,沛郡、汝南郡为西楚也。彭城以东,东
　海、吴、广陵为东楚也。衡山、九江、江南、豫章、长沙为南楚。孟康云:
　"旧名江陵为南楚,吴为东楚,彭城为西楚。"

㉘孟康曰:"旧名江陵为南楚,吴为东楚,彭城为西楚。"[正义]曰:彭城,
　徐州县。

　　汉之元年四月,诸侯罢戏下,各就国。①项王出之国,使人徙义
帝,曰:"古之帝者地方千里,必居上游。"②乃使使徙义帝长沙郴
县。③趣义帝行,其群臣稍稍背叛之,乃阴令衡山、临江王击杀之江
中。④韩王成无军功,项王不使之国,与俱至彭城,废以为侯,已又
杀之。臧荼之国,因逐韩广之辽东,广弗听,荼击杀广无终,并王其
地。

①[索隐]曰:戏,音羲,水名也。言"下"者,如许下、洛下然也。按:上文云
　项羽入至戏西鸿门,沛公还军霸上,是羽初停军于戏水下。今言"诸侯
　罢戏下",是各受封邑号令讫,自戏下各就国。何须假借文字,以为旌麾
　之下乎? 颜师古、刘伯庄之说皆非。

②文颖曰:"居水之上流也。游,或作'流'。"

③如淳曰:"郴,音綝。"

④文颖曰:"郴县有义帝冢,岁时常祠不绝。"

田荣闻项羽徙齐王市胶东,而立齐将田都为齐王,乃大怒,不

肯遣齐王之胶东，因以齐反，迎击田都。田都走楚。齐王市畏项王，乃亡之胶东就国。田荣怒，追，击杀之即墨。荣因自立为齐王，而西击杀济北王田安，并王三齐。①荣与彭越将军印，令反梁地。陈余阴使张同、夏说说齐王田荣曰："项羽为天下宰，不平。今尽王故王于丑地，而王其群臣诸将善地，逐其故主，赵王乃北居代，余以为不可。闻大王起兵，且不听不义，愿大王资余兵，请以击常山，以复赵王，请以国为扞蔽。"齐王许之，因遣兵之赵。陈余悉发三县兵，与齐并力击常山，大破之。张耳走归汉。陈余迎故赵王歇于代，反之赵。赵王因立陈余为代王。

① 《汉书音义》云："齐与济北、胶东。"［正义］曰：《三齐记》云："右即墨，中临淄，左平陆，谓之三齐。"

是时，汉还定三秦。项羽闻汉王皆已并关中，且东，齐、赵叛之，大怒。乃以故吴令郑昌为韩王，以距汉。令萧公角等①击彭越。彭越败萧公角等。汉使张良徇韩，乃遗项羽书曰："汉王失职，欲得关中，如约即止，不敢东。"又以齐、梁反书遗项羽曰："齐欲与赵并灭楚。"楚以此故无西意，而北击齐。征兵九江王布。布称疾不往，使将将数千人行。项王由此怨布也。

① 苏林曰："官号也。或曰萧令也。时令皆称公。"

汉之二年冬，项羽遂北至城阳，田荣亦将兵会战。田荣不胜，走至平原，平原民杀之。遂北烧夷齐城郭室屋，皆坑田荣降卒，系虏其老弱妇女。徇齐至北海，多所残灭。齐人相聚而叛之。于是田荣弟田横收齐亡卒得数万人，反城阳。项王因留，连战未能下。

春，汉王部①五诸侯兵②凡五十六万人，东伐楚。项王闻之，即令诸将击齐，而自以精兵三万人南从鲁出胡陵。③四月，汉皆已入彭城，收其货宝美人，日置酒高会。项王乃西从萧，晨击汉军④而东，至彭城，日中，大破汉军。⑤汉军皆走，相随入谷、泗水，⑥杀汉卒十余万人。汉卒皆南走山，⑦楚又追击至灵壁东⑧睢水上。⑨汉军却，为楚所挤，⑩多杀。汉卒十余万人皆入睢水，睢水为之不流。⑪围汉王三匝。于是大风从西北而起，折木发屋，扬沙石，窈冥昼晦，⑫逢迎楚军。楚军大乱，坏散，而汉王乃得与数十骑遁去。欲过沛收家室而西，楚亦使人追之沛，取汉王家，家皆亡，不与汉王相见。汉王道逢得孝惠、鲁元，⑬乃载行。楚骑追汉王，汉王急，推堕孝惠、鲁元车下，滕公常下收载之。如是者三。曰："虽急不可以驱，奈何弃之！"于是遂得脱。求太公、吕后不相遇，审食其⑭从太公、吕后间行，⑮求汉王，反遇楚军。楚军遂与归，报项王，项王常置军中。

①徐广曰："一作'劫'。"[索隐]曰：按《汉书》作'劫'字。

②徐广曰："塞、翟、魏、殷、河南。"骃案：应劭曰："雍、翟、塞、殷、韩也。"韦昭曰："塞、翟、殷、韩、魏，雍时已败也。"[索隐]曰：按：徐广、韦昭皆数翟、塞及殷、韩等；颜师古不数三秦，谓常山、河南、韩、魏、殷；顾胤意略同，乃以陈余兵为五，未知孰是。鄙意按：韩王郑昌拒汉，汉使韩信击破之，则是韩兵不下而已破散也，韩不在此数。五诸侯者，塞、翟、河南、魏、殷也。[正义]曰：按：师古云："诸家之说皆非。张良遗羽书曰'汉欲得关中，如约即止，不敢复东'，谓出关之东也。今羽闻汉东之时，汉固已得三秦矣。五诸侯者，谓常山、河南、韩、魏、殷也。此年十月，常山王张耳降，河南王申阳降，韩王郑昌降，魏王豹降，虏殷王卬，皆汉东之后，故知谓此为五诸侯。时虽未得常山之地，《功臣年表》云'张耳弃国，与大臣归汉'，则当亦有士卒尔。时雍王犹在废丘被围，即非五诸侯之数也。寻此纪文，昭然可晓。前贤注释，并失指趣。《高纪》及《汉书》皆言"劫五诸侯兵"。凡兵初降，士卒未有自指麾，故须劫略而行。又云"发关中兵，收三河士"。发谓差点拨发也，收谓劫略收敛也。韦昭云河南、河东、河内。申阳都雒阳，韩王成都阳翟，皆河南也。魏豹都平阳，河东也。司马卬都朝歌，张耳都襄国，河内也。此三河士则五诸侯兵也。更著雍、塞、翟，则成八诸侯矣。重明颜公之说是。故《韩信传》云"汉二年出关，收魏河南，韩、殷王皆降"是。

③[正义]按：《括地志》云："徐州鲁，兖州曲阜县也。《地理志》云胡陵在山阳县属也。"

④[正义]曰：《括地志》云："徐州萧县，古萧叔之国，春秋时为宋附庸。《帝王世纪》云周封子姓之别为附庸也。"

⑤张晏曰："一日之中也。或曰旦击之，至日中大破。"

⑥瓒曰："二水皆在沛郡彭城也。"

⑦［正义］曰：走，音奏。

⑧徐广曰："在彭城。"［索隐］曰：孟康曰："故小县，在彭城南。"［正义］曰：《括地志》云："灵壁故城在徐州符离县西北九十里。"

⑨徐广曰："睢水于彭城入泗水。"［正义］曰：睢，音虽。《括地志》云："睢水首受浚仪县莨荡水，东经取虑，入泗，过郡西，行千二百六十里。"

⑩服虔曰："挤，音'济民'之'济'。"瓒曰："排挤也。"

⑪［正义］曰：为，于伪反。

⑫徐广曰："窈亦作'窅'字。"

⑬服虔曰："元，长也。食邑于鲁。"韦昭曰："元，谥也。"

⑭瓒曰："其，音基。"［索隐］曰：食，音异。按：郦、审、赵三人同名，其音合并同，以六国时卫有司马食其，并慕其名。

⑮如淳曰："间出，间步，微行，皆同义也。"

　　是时吕后兄周吕侯①为汉将，兵居下邑，②汉王间往从之，稍稍收其士卒。至荥阳，诸败军皆会，萧何亦发关中老弱未傅悉诣荥阳，③复大振。楚起于彭城，常乘胜逐北，与汉战荥阳南京、索间，汉败楚，④楚以故不能过荥阳而西。

①徐广曰："名泽。"［正义］曰：苏林云："以姓名侯也。"晋灼云："《外戚表》周吕令武侯泽也。吕，县名。封于吕，以为国。"颜师古云："周吕，封名。令武，其谥也。苏云'以姓名侯'，非也。"

②徐广曰："在梁。"［正义］曰：《括地志》云："宋州砀山县本下邑县也，在宋州东一百五十里。"按：今下邑在宋州东一百一十里。

③服虔曰："傅，音附。"孟康曰："古者二十而傅，三年耕有一年储，故二十三年而后役之。"如淳曰："律年二十三傅之畴官，各从其父畴内学之。高不满六尺二寸以下为罢癃。《汉仪注》：'民年二十三为正，一岁为卫士，一岁为材官骑士，习射御骑驰战阵。'又曰：'年五十六衰老，乃得免为庶民，就田里'。今老弱未尝傅者皆发之。未二十三为弱，过五十六为老。《食货志》曰：'月为更卒，已复为正，一岁屯戍，一岁力役，三十倍于古者'。"［索隐］曰：按：姚氏云："古者更卒不过一月，践更五月而休"。又颜云"五当为'三'，言一岁之中三月居更，三日戍边，总九十三日。古者役人岁不过三日，此所谓'一岁力役三十倍于古'也。"斯说得之。

④应劭曰:"京,县名,属河南,有索亭。"晋灼曰:"索,音栅。"[正义]曰:
《括地志》云:"京县城在郑州荥阳县东南二十里。郑之京邑也。《晋太
康地志》云郑太叔段所居邑。荥阳县即大索城。杜预云成皋东有大索
城,又有小索故城,在荥阳县北四里。京相璠《地名》云京县有大索亭、
小索亭,大小氏兄弟居之,故有小大之号。"按:楚与汉战荥阳南京、索
间,即此三城耳。

　　项王之救彭城,追汉王至荥阳,田横亦得收齐,立田荣子广为
齐王。汉王之败彭城,诸侯皆复与楚而背汉。汉军荥阳,筑甬道属
之河,以取敖仓粟。①

①瓒曰:"敖,地名,在荥阳西北山,临河有大仓。"[正义]曰:《括地志》云:
"敖仓在郑州荥阳县西十五里,县门之东北临汴水,南带三皇山。秦时
置仓于敖山,名敖仓云。"

　　汉之三年,项王数侵夺汉甬道,汉王食乏,恐,请和,割荥阳以
西为汉。项王欲听之。历阳①侯范增曰:"汉易与耳,今释弗取,后必
悔之。"项王乃与范增急围荥阳。汉王患之,乃用陈平计间项王。项
王使者来,为太牢具,举欲进之。见使者,详惊愕曰:"吾以为亚父使
者,乃反项王使者。"更持去,以恶食食②项王使者。使者归报项王,
项王乃疑范增与汉有私,稍夺之权。范增大怒,曰:"天下事大定矣,
君王自为之。愿赐骸骨归卒伍。"项王许之。行未至彭城,疽发背而
死。③

①[正义]曰:《括地志》云:"和州历阳县本汉旧县也。《淮南子》云'历阳之
都,一夕而为湖'。汉帝时,历阳沦为历湖。"

②[正义]曰:上如字,下音寺。

③《皇览》曰:"亚父冢在庐江居巢县郭东。居巢廷中有亚父井,吏民皆祭
亚父于居巢廷上。长吏初视事,皆祭,然后从政。后更造祠于郭东,至今
祠之。"[正义]曰:疽,七余反。崔浩云:"疽,附骨痈也。"《括地志》云:
"髑髅山在庐州巢县东北五里。昔范增居北山之阳,后佐项羽。"

　　汉将纪信说汉王曰:"事已急矣!请为王诳楚为王,王可以间
出。"于是汉王夜出女子荥阳东门,被甲二千人,楚兵四面击之。纪

信乘黄屋车，①傅左纛，②曰："城中食尽，汉王降。"楚军皆呼万岁。汉王亦与数十骑从城西门出，走成皋。③项王见纪信，问："汉王安在？"信曰："汉王已出矣。"项王烧杀纪信。

①［正义］曰：李斐云："天子车以黄缯为盖里。"

②李斐曰："纛，毛羽幢也。在乘舆车衡左方上柱之。"蔡邕曰："以牦牛尾为之，如斗，或在骖头，或在衡上也。"

③［正义］曰：《括地志》云："成皋故县在洛州汜水县西南二里。"

汉王使御史大夫周苛、枞公、①魏豹守荥阳。周苛、枞公谋曰："反国之王，难与守城。"乃共杀魏豹。楚下荥阳城，生得周苛。项王谓周苛曰："为我将，我以公为上将军，封三万户。"周苛骂曰："若不趣降汉，汉今虏若，若非汉敌也。"项王怒，烹周苛，并杀枞公。

①枞，音七从反。

汉王之出荥阳，南走宛、叶，得九江王布，行收兵，复入保成皋。

汉之四年，项王进兵围成皋。汉王逃，①独与滕公出成皋北门，②渡河走修武，从张耳、韩信军。诸将稍稍得出成皋，从汉王。楚遂拔成皋，欲西。汉使兵距之巩，令其不得西。

①晋灼曰："独出意。"［索隐］曰：音徒洞反。《汉书》作"跳"字。

②徐广曰："北门名玉门。"

是时，彭越渡河击楚东阿，杀楚将军薛公。项王乃自东击彭越。汉王得淮阴侯兵，欲渡河南。郑忠说汉王，乃止壁河内。使刘贾将兵佐彭越，烧楚积聚。①项王东击破之，走彭越。汉王则引兵渡河，复取成皋，军广武，就敖仓食。项王已定东海来，西，与汉俱临广武而军，②相守数月。

①［正义］曰：积，音积赐反。

②孟康曰："于荥阳筑两城相对为广武，在敖仓西三皇山上。"［正义］曰：《括地志》云："东广武、西广武在郑州荥阳县西二十里。戴延之侧《西征记》云三皇山上有二城，东曰东广武，西曰西广武，各在一山头，相去百步。汴水从广涧中东南流，今涧无水。城各有三面，在敖仓西。郭缘生《述征记》云一涧横绝上过，名曰广武。相对皆立城堑，遂号东西广武。"

当此时，彭越数反梁地，绝楚粮食，项王患之。为高俎，置太公其上，①告汉王曰："今不急下，吾烹太公。"汉王曰："吾与项羽俱北面受命怀王，曰'约为兄弟'，吾翁即若翁，必欲烹而翁，则幸分我一杯羹。"项王怒，欲杀之。项伯曰："天下事未可知，且为天下者不顾家，虽杀之无益，只益祸耳。"项王从之。

①如淳曰："高俎，几之上。"李奇曰："军中巢橹方面，人谓之俎也。"[索隐]曰：俎亦机之类，故夏侯湛《新论》为"机"，机犹俎也。比太公于牲肉，故置之俎上。姚察按：《左氏》"楚子登巢车以望晋军"，杜预谓"车上橹也"，故李氏云"军中巢橹"，又引时人亦谓此为俎也。[正义]曰：《括地志》云："东广武城有高坛，即是项羽坐太公俎上者，今名项羽堆，亦呼为太公亭。"颜师古云："俎者，所以荐肉，示欲烹之，故置俎上。"

楚汉久相持未决，丁壮苦军旅，老弱罢转漕。项王谓汉王曰："天下匈匈数岁者，徒以吾两人耳，愿与汉王挑战①决雌雄，毋徒苦天下之民父子为也。"汉王笑谢曰："吾宁斗智，不能斗力。"项王令壮士出挑战，汉有善骑射者楼烦，②楚挑战三合，楼烦辄射杀之。项王大怒，乃自被甲持戟挑战。楼烦欲射之，项王瞋目叱之，楼烦目不敢视，手不敢发，遂走还入壁，不敢复出。汉王使人间问之，乃项王也。汉王大惊。于是项王乃即汉王相与临广武间而语，汉王数之，项王怒，欲一战。汉王不听，项王伏弩射中汉王。汉王伤，走入成皋。

①李奇曰："挑身独战，不复须众也。挑，音茶之反。"瓒曰："挑战，擿娆敌求战，古谓之致师。"

②应劭曰："楼烦胡也，今楼烦县。"

项王闻淮阴侯已举河北，破齐、赵，且欲击楚，乃使龙且①往击之。淮阴侯与战，骑将灌婴击之，大破楚军，杀龙且。韩信因自立为齐王。项王闻龙且军破，则恐，使盱台人武涉往说淮阴侯。淮阴侯弗听，是时彭越复反，下梁地，绝楚粮。项王乃谓海春侯大司马曹咎等曰："谨守成皋，则汉欲挑战，慎勿与战，毋令得东而已。我十五日必诛彭越，定梁地，复从将军。"乃东行击陈留、②外黄。

①韦昭曰："音子间反。"

②[正义]曰：《括地志》云："陈留，汴州县也。在州东五十里，本汉陈留郡

及陈留县之地。"孟康云:"留,郑邑也。后为陈所并,故曰陈留。"臣瓒又
按:宋有留,彭成留是也。此留属陈,故曰陈留。

外黄不下。数日,已降,项王怒,悉令男子年十五已上诣城东,
欲坑之。外黄令舍人儿年十三,①往说项王曰:"彭越强劫②外黄,
外黄恐,故且降,待大王。大王至,又皆阬之,百姓岂有归心?从此
以东,梁地十余城皆恐,莫肯下矣。"项王然其言,乃赦外黄当坑者。
东至睢阳,③闻之皆争下项王。

①苏林曰:"令之舍人儿也。"瓒曰:"称儿者,以其幼弱,故系其父,《春秋
　传》曰'仍叔之子'是也。"

②[正义]曰:强,其两反。

③[正义]曰:《括地志》云:"宋州外城本汉睢阳县也。《地理志》云睢阳县,
　故宋国也。"

汉果数挑楚军战,楚军不出。使人辱之五六日,大司马怒,渡兵
汜水。①士卒半渡,汉击之,大破楚军,尽得楚国货赂。大司马咎、长
史翳、塞王欣皆自刭汜水上。②大司马咎者,故蕲狱掾,长史欣亦故
栎阳狱吏,两人尝有德于项梁,是以项王信任之。当是时,项王在睢
阳,闻海春侯军败,则引兵还。汉军方围钟离眛③于荥阳东,项王
至,汉军畏楚,尽走险阻。

①张晏曰:"汜水在济阴界。"如淳曰:"汜,音祀。《左传》曰'鄙在郑地
　汜'。"瓒曰:"高祖攻曹咎成皋,渡汜水而战,今成皋城东汜水是也。"
　[索隐]曰:按:今此水见名汜水,音似。张晏云在济阴,亦未全失。按:古
　济水当此截河而南,又东流,溢为荥泽。然水南曰阴,此亦在济之阴,非
　彼济阴郡耳。臣瓒之说是。[正义]曰:《括地志》云:"汜水源出洛州汜水
　县东南三十二里方山。《山海经》云:'浮戏之山,汜水出焉'。"

②郑玄曰:"刭,音经鼎反。以刀颈为刭。"

③《汉书音义》曰:"眛,音末。"

是时汉兵盛食多,项王兵罢食绝。汉遣陆贾说项王,请太公,项
王弗听。汉王复使侯公往说项王,项王乃与汉约:中分天下,割鸿沟
以西者为汉,①鸿沟而东者为楚。项王许之。即归汉王父母妻子。军
皆呼万岁。汉王乃封侯公为平国君,②匿弗肯复见。曰:"此天下辩

士,所居倾国,故号为平国君。"项王已约,乃引兵解而东归。

①文颖曰:"于荥阳下引河东南为鸿沟,以通宋、郑、陈、蔡、曹、卫,与济、
　汝、淮、泗会于楚,即今官渡水也。"[正义]曰:应劭云:"在荥阳东二十
　里。"张华云:"大梁城在浚仪县北,县西北渠水东经此城南,又北屈分
　为二渠。其一渠东南流,始皇凿引河水以灌大梁,谓之鸿沟,楚汉会此
　处也。其一渠东经阳武县南,为官渡水。"按:张华此说是。
②[正义]《楚汉春秋》云:"上欲封之,乃肯见。曰:'此天下之辨士,所居倾
　国,故号曰平国君。'"按:说归太公、吕后、能和平郡国。

汉欲西归,张良、陈平说曰:"汉有天下太半,①而诸侯皆附之。
楚兵罢食尽,此天亡楚之时也,不如因其机而遂取之。今释弗击,此
所谓养虎自遗患也。"②汉王听之。

①韦昭曰:"凡数三分有二为太半,一为少半。"
②[正义]曰:遗,唯季反。

汉五年,汉王乃追项王至阳夏①南,止军,与淮阴侯韩信、建成
侯彭越期会而击楚军。至固陵,②而信、越之兵不会。楚击汉军,大
破之。汉王复入壁,深堑而自守。谓张子房曰:"诸侯不从约,为之
奈何?"对曰:"楚兵且破,信、越未有分地,③其不至固宜。君王能与
共分天下,今可立致也。即不能,事未可知也。君王能自陈以东傅
海,④尽与韩信;睢阳以北至谷城,⑤以与彭越;使各自为战,⑥则
楚易败也。"汉王曰:"善!"于是乃发使者告韩信、彭越曰:"并力击
楚。楚破,自陈以东傅海与齐王,睢阳以北至谷城与彭相国。"使者
至,韩信、彭越皆报曰:"请今进兵。"韩信乃从齐往,刘贾军从寿春
并行,屠城父,⑦至垓下。⑧大司马周殷叛楚,以舒屠六,⑨举九江
兵,⑩随刘贾、彭越皆会垓下,诣项王。

①如淳曰:"夏,音贾。"[正义]曰:《括地志》云:"陈州太康县,本汉阳夏县
　也。《续汉书·郡国志》云阳夏县属陈国。"按:太康县城夏后太康所筑,
　隋改阳夏为太康。
②徐广曰:"在阳夏。"骃案:晋灼曰"即固始也"。[正义]曰:《括地志》云:
　"固陵,县名也。在陈州宛丘县西北四十二里。"
③李奇曰:"信、越等未有益地之分也。"韦昭曰:"信等虽名为王,未有所

画经界。”

④[正义]曰：傅，音附，著也。陈即陈州，古陈国都也。自陈著海并齐旧地，尽与齐王韩信也。

⑤[正义]曰：《括地志》云：“谷城故在济州东阿县东二十六里。”睢阳，宋州也。自宋州以北至济州谷城际黄河，尽与相国彭越。

⑥[正义]曰：为，于伪反。

⑦如淳曰：“并行，并击之。”[正义]曰：父，音甫。寿州寿春县也。城父，亳州县也。屠，谓多刑杀也。刘贾入围寿州，引兵过淮北，屠杀亳州、城父，而东北至垓下。

⑧徐广曰：“在沛之洨县。洨，下交切。”骃案：应劭曰“垓，音该”。李奇曰“沛洨县聚邑名也。”[索隐]曰：张揖《三苍注》云：“垓，堤名，在沛郡。”[正义]曰：按：垓下是高冈绝岩，今犹高三四丈，其聚邑及堤在垓之侧，因取名焉。今在亳州真源县东十里，与老君相接。洨，音户交反。

⑨如淳曰：“以舒之众屠破六县。”[正义]曰：《括地志》云：“舒，今庐江之故舒城是也。故六城在寿州安丰南百三十二里，偃姓，咎繇之后。”按：周殷叛楚，兼举九江郡之兵，随刘贾而至垓下。

⑩[正义]曰：九江郡寿州也。楚考烈王二十二年，自陈徙寿春，号云郢。至王负刍为秦将王翦、蒙武所灭，于此置九江郡。应劭云：“自庐江寻阳分为北江。”

项王军壁垓下，兵少食尽，汉军及诸侯兵围之数重。夜闻汉军四面皆楚歌，①项王乃大惊曰：“汉皆已得楚乎？是何楚人之多也！”项王则夜起，饮帐中。有美人名虞，②常幸从；骏马名骓，③常骑之。于是项王乃悲歌慷慨，自为诗曰：“力拔山兮气盖世，时不利兮骓不逝。骓不逝兮可奈何，虞兮虞兮奈若何！”歌数阕，美人和之。④项王泣数行下，⑤左右皆泣，莫能仰视。

①应劭曰：“楚歌者，谓《鸡鸣歌》也。汉已略得其地，故楚歌者多鸡鸣时歌也。”[正义]曰：颜师古云：“楚人之歌也，犹言‘吴讴’、‘越吟’。若鸡鸣为歌之名，于理则可，不得云‘鸡鸣时’也。高祖戚夫人楚舞，自为楚歌，岂亦鸡鸣时乎？”按：颜说是也。

②徐广曰：“一云姓虞氏。”[正义]曰：《括地志》云：“虞姬墓在濠州定远县

东六十里。长老传云项羽美人冢也。"

③[正义]曰:音佳。顾野王云青白色也。《释畜》云:"苍白杂毛,骓也。"

④[正义]曰:和,音胡卧反。《楚汉春秋》云:"歌曰'汉兵已略地,四方楚歌
　　声。大王意气尽,贱妾何聊生'。"

⑤[正义]曰:数,色庾反。行,色郎反。

于是项王乃上马骑,①麾下②壮士骑从者八百余人,直夜溃围
南出,驰走。平明,汉军乃觉之,令骑将灌婴以五千骑追之。项王渡
淮,骑能属者③百余人耳。项王至阴陵,④迷失道,问一田父,田父
绐曰"左"。⑤左,乃陷大泽中。以故汉追及之。项王乃复引兵而东,
至东城,⑥乃有二十八骑。汉骑追者数千人。

①[正义]曰:其倚反。凡单乘曰骑。后同。

②[正义]曰:麾亦作"戏",同呼危反。

③[正义]曰:属,音烛。

④徐广曰:"在淮南。"[正义]曰:《括地志》云:"阴陵县故城在濠州定远县
　　西北六十里。《地理志》云阴陵县属九江郡。"

⑤文颖曰:绐,欺也。欺令左去。

⑥《汉书音义》曰:"县名,属临淮。"[正义]曰:《括地志》云:"东城县故城
　　在濠州定远县东南五十里。《地理志》云东城县属九江郡。"

项王自度不得脱。谓其骑曰:"吾起兵至今八岁矣,身七十余
战,所当者破,所击者服,未尝败北,遂霸有天下。然今卒困于此,①
此天之亡我,非战之罪也。今日固决死,愿为诸君快战,必三胜之,
为诸君溃围,斩将刈旗,令诸君知天亡我,非战之罪也。"乃分其骑
以为四队,四向。汉军围之数重。项王谓其骑曰:"吾为公取彼一
将。"令四面骑驰下,期山东为三处。②于是项王大呼③驰下,汉军
皆披靡,④遂斩汉一将。是时,赤泉侯为骑将,追项王,项王瞋目而
叱之,赤泉侯人马俱惊,辟易数里,⑤与其骑会为三处。汉军不知项
王所在,乃分军为三,复围之。项王乃驰,复斩汉一都尉,杀数十百
人,复聚其骑,亡其两骑耳。乃谓其骑曰:"何如?"骑皆伏曰:"如大
王言。"

①[正义]曰:卒,子律反。

②[正义]曰：期遇山东，分为三处，汉军不知项羽处。《括地志》云："九头
山在滁州全椒县西北九十六里。《江表传》云项羽败至乌江，汉兵追羽
至此，一日九战，因名。"

③[正义]曰：火故反。

④[正义]曰：上披彼反。靡，言精体低垂。

⑤[正义]曰：言人马俱惊，开张易旧处，乃至数里。

于是项王乃欲东渡乌江。①乌江亭长舣船待，②谓项王曰："江
东虽小，地方千里，众数十万人，亦足王也。愿大王急渡。今独臣有
船，汉军至，无以渡。"项王笑曰："天之亡我，我何渡为！且籍与江东
子弟八千人渡江而西，今无一人还，纵江东父兄怜而王我，我何面
目见之？纵彼不言，籍独不愧于心乎？"乃谓亭长曰："吾知公长者。
吾骑③此马五岁，所当无敌，尝一日行千里，不忍杀之，以赐公。"乃
令骑皆下马步行，持短兵接战。独籍所杀汉军数百人。项王身亦被
十余创。顾见汉骑司马吕马童，曰："若非吾故人乎？"马童面之，④
指王翳曰：⑤"此项王也。"项王乃曰："吾闻汉购我头千金，⑥邑万
户，吾为汝德。"⑦乃自刎而死。王翳取其头，余骑相蹂践，争项王，
相杀者数十人。最其后，郎中骑杨喜，骑司马吕马童，郎中吕胜、杨
武各得其一体。五人共会其体，皆是。分其地为五：封吕马童为中
水侯，⑧封王翳为杜衍侯，⑨封杨喜为赤泉侯，⑩封杨武为吴防
侯，⑪封吕胜为涅阳侯。⑫

①瓒曰："在牛渚。"[索隐]曰：按：晋初属临淮。[正义]曰：《括地志》云：
"乌江亭即和州乌江县是也。晋初为县。《注水经》云水又北左传黄律
口，《汉书》所谓乌江亭长舣船以待项羽，即此也。"

②徐广曰："舣音仪。一音俄。"骃案：应劭曰："舣，正也。"孟康曰："舣音
蚁，附也，附船着岸也"。如淳曰"南方人谓整船向岸曰舣"。[索隐]曰：
舣字，诸家各以意解尔。邹诞本作"漾船"，以尚反，刘氏亦有此音。

③[正义]曰：音奇。

④张晏曰："以故人故，难视斫之，故背之。"如淳曰："面，不正视也。"

⑤如淳曰："指示王翳。"

⑥[正义]曰：汉以一斤金为千金，当一万钱也。

⑦徐广曰："亦可是'功德'之'德'。"[正义]曰：为，于伪反。言吕马童与项
　　羽先是故人，旧有恩德于羽，一云德行也。

⑧[索隐]曰：按《晋书地道记》，其中水县属河间。[正义]曰：《地理志》云
　　中水县属涿郡。应劭云："在易、渡二水之中，故曰中水。"

⑨[索隐]曰：按《地理志》，县在南阳。按：表作"王翳"也。[正义]曰：《括地
　　志》云："杜衍侯故县在邓州南阳县西八里。"

⑩[索隐]曰：南阳有丹水县，疑赤泉后改。按：《汉书》表及《后汉》作："喜
　　意"，音火志反。

⑪[索隐]曰：《地理志》县名，属汝南，故房子国。[正义]曰：吴防，豫州县。
　　《括地志》云："吴房县本汉旧县。孟康云吴王阖庐弟夫概奔楚，楚封于
　　此，为唐豁氏，本房子国，以封吴，故曰吴房。"

⑫徐广曰："五人后卒，皆谥壮侯。"[索隐]曰：《地理志》南阳县名。[正义]
　　曰：涅，年结反。《括地志》云："涅阳故地城在邓州穰县东北六十里，本
　　汉旧县也。应劭云在涅水之阳。"

　　项王已死，①楚地皆降汉，独鲁不下。汉乃引天下兵欲屠之，为
其守礼义，为主死节，乃持项王头视鲁，鲁父兄乃降。始，楚怀王初
封项籍为鲁公，及其死，鲁最后下，故以鲁公礼葬项王谷城。②汉王
为发哀，泣之而去。

①徐广曰："汉五年之十二月也。项王以始皇十五年己巳岁生，死时年三
　　十一。"

②《皇览》曰："项羽冢在东郡谷城，东去县十五里。"[正义]曰：《括地志》
　　云："项羽墓在济州东阿县东二十七里，谷城西三里。《述征记》项羽墓
　　在谷城西北三里半许，毁坏，有碣石'项王之墓'。"

　　诸项氏枝属，汉王皆不诛。乃封项伯为射阳侯。①桃侯、②平皋
侯、③玄武侯④皆项氏，赐姓刘氏。

①[正义]曰：射，音食夜反。《括地志》云："楚州山阳，本汉射阳县。《吴地
　　志》云在射水之阳，故曰射阳。"

②徐广曰："名襄。其子舍为丞相。"[正义]曰：《括地志》云："故城在滑州
　　胙城县东四十里。《汉书》云高祖十二年封刘襄为桃侯也。"

③徐广曰："名佗。"[正义]曰：《括地志》云："平皋故城在怀州武德县东二
　　十里，汉平皋县。"按：佗，音徒何反。

④徐广曰:"《诸侯表》中不见。"

太史公曰:吾闻之周生曰①"舜目盖重瞳子,"②又闻项羽亦重瞳子。羽岂其苗裔邪?何兴之暴也!夫秦失其政,陈涉首难,豪杰蜂起,相与并争,不可胜数。然羽非有尺寸,乘势起陇亩之中,三年遂将五诸侯灭秦,③分裂天下而封王侯,政由羽出,号为"霸王",位虽不终,近古以来未尝有也。及羽背关怀楚,④放逐义帝而自立,怨王侯叛己,难矣。自矜功伐,奋其私智而不师古,谓霸王之业,欲以力征经营天下,五年卒亡其国,⑤身死东城,尚不觉寤而不自责,过矣。乃引"天亡我,非用兵之罪也。"岂不谬哉!

①文颖曰:"周时贤者。"[正义]曰:孔文祥云:"周生,汉时儒者,姓周也。"
　按:太史公云"吾闻之周生",则是汉人,与太史公耳目相接明矣。

②《尸子》曰:"舜两眸子,是谓重瞳。"

③此时山东六国,而齐、赵、韩、魏、燕五国并起,从伐秦,故云五诸侯。

④[正义]曰:颜师古云:"背关,背约不王高祖于关中。怀楚,谓思东归而都彭城。"

⑤[正义]曰:卒,音子律反。五年,谓高帝元年至五年,杀项羽东城。

索隐述赞曰:亡秦鹿走,伪楚狐鸣。云郁沛父,剑挺吴城。勋开鲁甸,势合砀兵。卿子无罪,亚父推诚。始救赵歇,终诛子婴。违约王汉,背关怀楚。常迁上游,臣迫故主。灵壁大振,成皋久拒。战非无功,天宝不与。嗟彼盖代,卒为凶竖。

史记卷八
本纪第八

高祖

　　高祖①沛丰邑中阳里人,姓刘氏,②字季。③父曰太公,④母曰刘媪。⑤其先刘媪尝息大泽之陂,梦与神遇。是时雷电晦冥,太公往视,则见蛟龙于其上。⑥已而有身,遂产高祖。

　　①《汉书音义》曰:"讳邦"。张晏曰:"礼谥法无'高',以为功最高而为汉帝之太祖,故特起名焉。"

　　②李斐曰:"沛,小沛也。刘氏随魏徙大梁,移在丰,居中阳里。"孟康曰:"后沛为郡,丰为县。"[索隐]曰:按:高祖,刘累之年,别食邑于范,士会之裔留秦不反,更为刘氏。刘氏随魏徙大梁,后居丰,今言"姓刘氏"者是。《左传》:"天子建德,因生以赐姓,胙之土,命之氏。诸侯以字为谥。因以为族。"说者以为天子赐姓命氏,诸侯命族,族者,氏之别名也。然则因生赐姓,若舜生姚墟,以为姚姓;封之于虞,即号有虞氏是也。若其后子孙更不得赐姓,即遂以虞为姓,云"姓虞氏"。今此云"姓刘氏",亦其义也。故姓者,所以统系百代,使不别也。氏者,所以别子孙之所出。又《系本》篇言姓则在上,言氏则在下,故《五帝本纪》云"禹姓姒氏,契姓子氏,弃姓姬氏"是也。按:汉改泗水为沛郡,治相城,故注以沛为小沛也。

　　③[索隐]曰:按:《汉书》"名邦,字季",此单云字,亦又可疑。按:汉高祖长兄名伯,次名仲,不见别名,则季亦是名也。故项岱云:"高祖小字季,即位易名邦,后因讳邦不讳季,所以季布犹称姓。"

　　④[索隐]曰:皇甫谧云:"名执嘉"。王符云:"太上皇名煓"。与湍同音。[正义]曰:《春秋握成图》云:"刘媪梦赤鸟如龙,戏已,生执嘉。"

⑤文颖曰:"幽州及汉中皆谓老妪为媪。"孟康曰:"长老尊称也。"左师谓太后曰:"媪爱燕后贤长安君。"《礼乐志》"地神曰媪。"媪,母别名也,音乌老反。[索隐]曰:韦昭云:"媪,妇人长老之称。"皇甫谧云:"媪盖姓王氏。"又据《春秋握成图》以为执嘉妻含始游洛池,生刘季。《诗含神雾》亦云。姓字皆非正史所出,盖无可取。今近有人云:"母温氏。"贞时打得班固泗水亭长古碑文,其字分明作"温"字,云"母温氏。"贞与贾膺复、徐彦伯、魏奉古等执对反覆,叹古人未闻,聊记异见,于何取实也?孟康注"地神曰媪"者,《礼乐志》云:"后土富媪",张晏云"坤为母,故称媪"也。[正义]曰:《帝王世纪》云:"汉昭灵后含始游洛池,有宝鸡衔赤珠出炫日,后吞之,生高祖。"《诗含神雾》亦云。含始,即昭灵后也。《陈留风俗传》云:"沛公起兵野战,丧皇妣于黄乡,天下平定,使使者以梓宫招幽魂,于是丹蛇在水自洒,濯入梓宫,其浴处有遗发,谥曰昭灵夫人。"《汉仪注》云:"高帝母起兵时死小黄城,后于小黄立陵庙。"《括地志》云:"小黄故城在汴州陈留县东北三十三里。"颜师古云:"皇甫谧等妄引谶记,好奇骋博,强为高祖父母名字,皆非正史所说,盖无取焉。宁有刘媪本姓实存,史迁肯不详载? 即理而言,断可知矣。"

⑥[索隐]曰:按:《诗含神雾》云:"赤龙感女媪,刘季兴。"又《广雅》云"有鳞曰蛟龙。"

高祖为人隆准而龙颜,①美须髯,左股有七十二黑子。②仁而爱人,喜施,③意豁如也。④常有大度,不事家人生产作业。及壮,试为吏,⑤为泗水亭长,⑥廷中吏无所不狎侮。好酒及色。常从王媪、武负贳酒,⑦醉卧,武负、王媪见其上常有龙,怪之。高祖每酤留饮,酒雠数倍。⑧及见怪,岁竟,此两家常折券弃责。⑨

①服虔曰:"准,音拙。"应劭曰:"隆,高也。准,颊权准也。颜,额颡也,齐人谓之颡,汝南、淮泗之间曰颜。"文颖曰:"准,鼻也。"[索隐]曰:始皇蜂目长准,盖鼻高起。文颖说是。高祖感龙而生,故其颜貌似龙,长颈而高鼻。

②[正义]曰:《河图》云:"帝刘季口角载胜,斗胸,龟背,龙股,长七尺八寸。"《合成图》云:"赤帝体为朱鸟,其表龙颜,多黑子。"按:左,阳也。七十二黑子者,赤帝七十二日之数也。木、火、土、金、水各居一方,一岁三百六十日,四方分之,各得九十日,土居中央,并索四季,各十八

日，俱成七十二日。故高祖七十二黑子者，应火德七十二日之征也。有
一本"七十日"者，非也。许北人呼为"黶子"，吴楚谓之"志"。志，记也。

③［正义］曰：喜，许记反。施，尸豉反。

④服虔曰："豁，达也。"

⑤应劭曰："试补吏。"

⑥［正义］曰：秦法十里一亭，十亭一乡。亭长，主亭之吏。高祖为泗水亭长
也。《国语》有"寓室。"即今之亭也。亭长，盖今里长也。民有讼诤，吏留
平辨，得成其政。《括地志》云："泗水亭在徐州沛县东一百步，有高祖庙
也。"

⑦韦昭曰："贳，赊也。"［索隐］曰：邹诞贳，音世，与《字林》声韵并同。又音
音时夜反。《广雅》云："贳，赊也"。《说文》云："贳，贷也。"临淮有贳阳
县。《汉书·功臣表》贳阳侯刘缠，而此纪作"射阳"，则"贳"亦"射"也。

⑧如淳曰："雠亦售。"［索隐］曰：乐彦云借"雠"为"售"，盖古字少，假借
耳。今亦依字读。盖高祖大度，既贳饮，且雠其数倍价也。

⑨［索隐］曰：《周礼·小司寇》云："听称责以傅别。"郑司农云："傅别，券
书也。"盖子云："傅别，谓大字书于札中而别之也。"然则古用简札书，
故可折。至岁终总弃不责也。

高祖常繇咸阳，①纵观，观秦皇帝，②喟然太息曰："嗟乎！大丈
夫当如此也。"

①应劭曰："徭役也。"［索隐］曰：韦昭云："秦所都，武帝更名渭城。"应劭
云："今长安也。"按：《关中记》云："孝公都咸阳，今渭城是，在渭北。始
皇都咸阳，今城南大城是也。"名咸阳者，山南曰阳，水北亦曰阳，其地
在渭水之北，又在九嵕诸山之南，故曰咸阳。

②［正义］曰：包恺云："上音馆，下音官。"酒恣意，故纵观也。

单父人吕公，①善沛令，避仇从之客，因家沛焉。沛中豪桀吏闻
令有重客，皆往贺。萧何为主吏，②主进，③令诸大夫曰：④"进不满
千钱，坐之堂下。"高祖为亭长，素易诸吏，乃绐为谒曰：⑤"贺钱
万。"实不持一钱。谒入，吕公大惊，起迎之门。吕公者好相人，见高
祖状貌，因重敬之，引入坐。萧何曰："刘季固多大言，少成事。"高祖
因狎侮诸客，遂坐上坐，⑥无所诎。⑦酒阑，⑧吕公因目固留高
祖。⑨高祖竟酒，后。吕公曰："臣少好相人，⑩相人多矣，无如季相，

愿季自爱。臣有息女，⑪愿为季箕帚妾。"酒罢，吕媪怒吕公曰："公始常欲奇此女，与贵人。沛令善公，求之不与，何自妄许与刘季?"吕公曰："此非儿女子所知也。"卒与刘季。吕公女，乃吕后也。生孝惠、鲁元公主。⑫

①《汉书音义》曰："单，音善。父，音斧。"[索隐]曰：韦昭云："单父，县名，属山阳。"崔浩云："史失其名，但举姓而言公。"又按：《汉书旧仪》云："吕公，汝南新蔡人。"又《相经》云"魏人吕公，名文，字叔平"也。

②孟康曰："主吏，功曹也。"

③文颖曰："主赋敛礼进，为之帅。"[索隐]曰：郑氏云："主赋敛礼钱也。"颜师古曰："进者，会礼之财。字本作'賮'，声转为'进'。'宣帝数负进'，义与此同。"

④[正义]曰：大夫，客之贵者总称之。

⑤应劭曰："绐，欺也。音殆。"[索隐]曰：韦昭云："绐，诈也。"刘氏云："绐，欺负也。"何休云："绐，疑也。"谓高祖素狎易诸吏，乃诈为谒。谒谓以札书姓名，若今之通刺，而兼载钱谷也。

⑥[正义]上在果反。下在卧反。

⑦[正义]音丘忽反。

⑧文颖曰："阑言希也。谓饮酒者半罢半在，谓之阑。"

⑨[正义]曰：不敢对众显言，故目动而留之。

⑩张晏曰："古人相与语多自称臣，自卑下之道，若今人相与语皆自称仆。"

⑪[正义]曰：息，生也。谓所生之女也。

⑫服虔曰："元，长也。食邑于鲁。"韦昭曰："元，谥也。"[正义]曰：汉帝制女曰"公主"，仪比诸侯；姊妹曰，长公主，仪比诸侯王；姑曰"大长公主"，仪比诸侯王。

高祖为亭长时，常告归之田。①吕后与两子居田中薅，有一老父过请饮，吕后因铺之。②老父相吕后曰："夫人天下贵人。"令相两子，见孝惠曰："夫人所以贵者，乃此男也。"相鲁元，亦皆贵。老父已去，高祖适从旁舍来，吕后具言客有过，相我子母皆大贵。高祖问，曰未远，乃追及，问老父。老父曰："乡者夫人婴儿皆似君，君相贵不可言。"高祖乃谢曰："诚如父言，不敢忘德。"及高祖贵，遂不知老父处。

①服虔曰:"告,音如'噪呼'之'噪'。"李斐曰:"休谒之名也。吉曰告,凶曰宁。"孟康曰:"古者名吏休假曰告。告又音誉。汉律,吏二千石有予告、赐告。予告者,在官有功最,法所当得者也。赐告者,病满三月当免,天子优赐,复其告,使得带印绶,将官属,归家治疾也。"[索隐]曰:韦昭云:"告,请归乞假也。音'告语'之'告'。《战国策》曰'商君告归',延笃以为告归,今之归宁也。"刘伯庄、颜师古并音古笃,服音如"噪呼"之"噪"。按《东观汉记·田邑传》云:"邑年三十,历卿大夫,号归罢,厌事,少所嗜欲。"寻号与噪同,古者当有此语,今服虔虽据田邑"号归",亦恐未为得。然此"告"字当音诰,诰号声相近,故后"告归"、"号归"遂变也。

②[正义]曰:必捕反,以食饲人也。父本请饮,吕后因饲之。《国语》云"围中童子无不馆。"

　　高祖为亭长,乃以竹皮为冠,令求盗之薛治之,①时时冠之。②
及贵常冠,所谓"刘氏冠"③乃是也。

①应劭曰:"以竹始生皮作冠,今鹊尾冠是也。求盗者,旧时亭有两卒,其一为亭父,掌开闭扫除;一为求盗,掌逐捕盗贼。薛,鲁国县也。有作冠师,故往治之。"[索隐]曰:应劭云:"一名'长冠'。侧竹皮裹以纵前,高七寸,广三寸,如板。"又蔡邕《独断》云:"长冠,楚制也。高祖以竹皮为之,谓之'刘氏冠'。"司马彪《舆服志》亦以"刘氏冠"为鹊尾冠。应劭云:"旧亭卒名'弩父',陈、楚谓之'亭父',或云'亭部',淮、泗谓之'求盗'也。"

②[正义]音馆,下同。

③[正义]曰:音官。颜师古云:"后号为'刘氏冠'。其后诏曰'爵非公乘以上不得冠刘氏冠',即此也。"

　　高祖以亭长,为县送徒郦山;徒多道亡,自度比至皆亡之。①到丰西泽中止饮,夜乃解纵所送徒。曰:"公等皆去,吾亦从此逝矣。"徒中壮士愿从者十余人。高祖被酒,②夜径泽中,③令一人行前。④行前者还报曰:"前有大蛇当径,⑤愿还。"高祖醉曰:"壮士行何畏!"乃前,拔剑击斩蛇,⑥蛇遂分为两,⑦径开。行数里醉,因卧。后人来至蛇所,有一老妪夜哭。人问:"何哭?"妪曰:"人杀吾子,故哭之。"人曰:"妪子何为见杀?"妪曰:"吾子白帝子也,化为蛇当道,今为赤帝子斩之,⑧故哭。"人乃以妪为不诚欲笞之,⑨妪因忽不见。后人至,高祖觉。⑩后人告高祖,高祖乃心独喜,自负。⑪诸从者日益畏之。

①[正义]曰:度,田洛反。比,必寐反。

②[正义]曰:被,加也。

③[索隐]曰:旧音经。按《广雅》云:"径,小道,音古定反。"言酒后放徒,夜径行泽中,不敢由正路,且从小径。

④[正义]行,音下孟反。

⑤[索隐]曰:郑玄云:"步道曰径。"

⑥[索隐]曰:《汉旧仪》云:"斩蛇剑长七尺。"又高祖云:"吾以布衣,提三尺剑取天下。"二文不同者,崔豹《古今注》"当高祖为亭长,理应提三尺剑耳;及贵,当别得七尺宝剑",故《仪》因言之。[正义]曰:按:其蛇大,理须别求是剑斩之。三尺剑者,常佩之。《括地志》云:"斩蛇沟源出徐州丰县中平地,故老云高祖斩蛇处,至县西五十里入泡水也。"

⑦[索隐]曰:谓斩蛇分为两段。

⑧应劭曰:"秦襄公自以居西戎,主少昊之神,作西畤,祠白帝。至献公栎阳雨金,以为瑞,又作畦畤,祠白帝。少昊,金德也。赤帝尧后,谓汉也。杀之者,明汉当灭秦也。秦自谓水,汉初自谓土,皆失之。至光武乃改定。"[索隐]曰:按:《太康地理志》云:"畤在栎阳故城内。其畤若畦,故曰畦畤"。畦,音户圭反。应注云"秦自谓水"者,按秦文公获黑龙,命河为德水是也。又按:《春秋合诚图》云:"水神哭,子褒败。"宋均以为高祖斩白蛇而神母哭,则此母水精也。此皆谬说。又注云"至光武乃改"者,谓改汉为火德,秦为金德,秦为金德,与雨金及赤帝子之理合者也。

⑨徐广曰:"一作苦。"[索隐]曰:《说文》云:"笞,击也。"《汉书》作"苦",谓欲困辱之。

⑩[索隐]曰:包恺、伯庄音古孝反。

⑪应劭曰:"负,恃也。"[索隐]曰:晋灼云:"自恃斩蛇事。"

秦始皇帝常曰:"东南有天子气。"于是因东游以厌之。①高祖即自疑,亡匿,隐于芒、砀山泽岩石之间。②吕后与人俱求,常得之。高祖怪问之,吕后曰:"季所居上常有云气,③故从往,常得季。"高祖心喜。沛中子弟或闻之,多欲附者矣。

①[索隐]曰:厌,音一涉反,又一冉反。《广雅》云:"厌,镇也。"

②徐广曰:"芒,今临淮县也。砀县在梁。"駰案:应劭曰:"二县之界有山泽
之固,故隐于其间也。"[正义]曰:《括地志》云:"宋州砀山县在州东一
百五十里,本汉砀阳县也。砀山在县东。"

③[正义]曰:京房《易兆候》云:"何以知贤人隐?颜师古曰:'四方常有大
云,五色具而不雨,其下有贤人隐矣。'"故吕后望云气而得之。

　　秦二世元年,①秋,陈胜等起蕲,至陈而王,号为"张楚",②诸
郡县皆多杀其长吏以应陈涉。沛令恐,欲以沛应涉。掾、主吏萧何、
曹参③乃曰:"君为秦吏,今欲背之率沛子弟,恐不听。愿君召诸亡
在外者,可得数百人,因劫众,④众不敢不听。"乃令樊哙召刘季,刘
季之众已数十百人矣。⑤于是樊哙从刘季来。沛令后悔,恐其有变,
乃闭城。城守,欲诛萧、曹。萧、曹恐,逾城保刘季。⑥刘季乃书帛射
城上,谓沛父老曰:"天下苦秦久矣!今父老虽为沛令守,诸侯并起,
今屠沛。⑦沛今共诛令,择子弟可立者立之以应诸侯,则家室完。不
然父子俱屠,无为也。"父老乃率子弟共杀沛令,开城门迎刘季,欲
以为沛令。刘季曰:"天下方扰,诸侯并起,今置将不善,一败涂
地。⑧吾非敢自爱,恐能薄⑨不能完父兄子弟。此大事,愿更相推择
可者。"萧、曹等皆文吏,自爱,恐事不就,后秦种族其家,尽让刘季。
诸父老皆曰:"平生所闻刘季诸珍怪,当贵,且卜筮之,莫如刘季最
吉。"于是刘季数让,众莫敢为,乃立季为沛公。⑩祠黄帝,祭蚩尤于
沛庭⑪而衅鼓,⑫旗帜皆赤。⑬由所杀蛇白帝子,杀者赤帝子,故上
赤。于是少年豪吏如萧、曹、樊哙等皆为收沛子弟二三千人,攻胡
陵、方与,⑭还守丰。

①徐广曰:"高祖时年四十八。"[索隐]曰:应劭云:"始皇欲以一至万,示
不相袭。始者一,故至子称二世。"崔浩云:"二世,始皇子胡亥。"又按:
《善文》称隐士云"赵高为二世杀十七兄而立今王",则二世是第十八子
也。

②[索隐]曰:蕲,县名,属沛。音机,又音祈。

③[索隐]曰：按：《汉书》萧、曹传，参为狱掾，何为主吏。

④[索隐]曰：《说文》云"以力胁之"也。

⑤[索隐]曰：《汉书》作数百人。刘伯庄云"数十人或至百人，"则是百人已
　　下也。

⑥韦昭曰："为保郭。"

⑦[索隐]曰：范晔谓克城多所诛杀，故云屠。

⑧[索隐]曰：言一朝破败，使肝脑涂地。

⑨[正义]曰：能，才能也。高祖谦言材能薄劣，不能完全其众。能者，兽，形
　　色似熊，足似鹿，为物坚中而强力，人之有贤才者，皆谓之能也。

⑩徐广曰："九月也。"骃案：《汉书音义》曰："旧楚僭称王，其县宰为公。陈
　　涉为楚王，沛公起应涉，故从楚制称曰公。"

⑪应劭曰："《左传》曰黄帝战于阪泉，以定天下。蚩尤好五兵，故祠祭之
　　求福祥也。"瓒曰："管仲云：'葛庐山交而出水，金从之出，蚩尤受之以
　　作剑戟。'"[索隐]曰：按《管子》云"葛庐之山，发而出金，"今注引"发"
　　作"交"，误也。

⑫应劭曰："衅，祭也。杀牲以血涂鼓曰衅。"瓒曰："按《礼记》及《大戴礼》
　　有衅庙之礼，皆无祭事。"[索隐]曰《说文》云："衅，血祭也。"《司马法》
　　曰："血于鼙鼓者，神戎器也。"颜师古曰："杀牲以血祭者，皆名为衅。"
　　臣瓒以为"皆无祭事"，非也。又古人新成钟鼎，亦必衅之。应劭云："衅
　　呼为釁。"马融注《周礼》灼龟之兆云："谓其象似玉、瓦原之衅璺，是用
　　名之。"此说皆非。璺，音火稼反。

⑬[索隐]曰：墨翟云："帜，帛长丈五，广半幅。"《字诂》云："帜，标也。"《字
　　林》又云："熊旗五斿，谓与士卒为期于其下，故曰旗也。"帜，或作"识"，
　　或作"志"。嵇康音试，萧该音炽。

⑭郑德曰："音房豫，属山阳郡。"[索隐]曰：郑展曰："胡陵，县名，属山阳，
　　章帝改曰胡陆。"

　　秦二世二年，陈涉之将周章军西至戏而还。①燕、赵、齐、魏皆
自立为王。②项氏起吴。秦泗川监平③将兵围丰二日，出与战，破
之。命雍齿守丰，引兵之薛。泗川守壮④败于薛，走至戚，⑤沛公左
司马得泗川守壮，杀之。⑥沛公还军亢父，⑦至方与，周市来攻方

与,未战。陈王使魏人周市略地。周市使人谓雍齿曰:"丰,故梁徙也。⑧今魏地已定者数十城。齿今下魏,魏以齿为侯守丰。不下,且屠丰。"雍齿雅不欲属沛公,及魏招之,即反为魏守丰。沛公引兵攻丰,不能取。沛公病,还之沛。⑨

①[索隐]曰:应劭云:"章字文,陈人。"文颖云:"戏在新丰东二十里戏亭北。"孟康云:"水名也。"又《述征记》云:"戏水自骊山冯公谷北流,历戏亭,东入渭。"按:今其水东惟有戏驿存。还,谓为章邯所破而还。邯,音酣。

②[索隐]曰:按《高纪》,二世二年八月,武臣自立为赵王,田儋自立为齐王,韩广自立为燕王,魏咎自立为魏王。

③文颖曰:"泗川,今沛郡也,高祖更名沛。秦时御史监郡,若今刺史。平,名也。"[索隐]曰:如淳云:"秦并天下为三十六郡,置守、尉、监,故此有'监平',下有'守壮',则平、壮皆名也。"

④如淳曰:"壮,名也。"

⑤如淳曰:"戚,音将毒反。"[索隐]曰:晋灼云:"东海县也。"郑德、包恺并如字读。李登音千笠反。[正义]曰:《括地志》云:"沂州临沂县有汉戚县故城。《地理志》云临沂县属东海郡。"

⑥[索隐]曰:颜师古云:"得,司马之名",非也。按:后云"左司马曹无伤,"自此已下更不见替易处,盖是左司马无伤得泗川守壮而杀之。

⑦郑德曰:"亢,音人相亢答。父,音甫,属任城郡。"[索隐]曰:旧,音刚。刘伯庄、包恺并同音苦浪反。[正义]曰:音刚,又苦浪反。《括地志》云:"亢父,县也,沛公屯军于此也。"

⑧文颖曰:"梁惠王孙假为秦所灭。转东徙于丰,故曰:丰,梁徙。"

⑨服虔曰:"雅,故也。"苏林曰:"雅,素也。"

沛公怨雍齿与丰子弟叛之,闻东阳宁君、秦嘉①立景驹为假王,在留,②乃往从之,欲请兵以攻丰。是时秦将章邯从陈,别将司马尼③将兵北定楚地,屠相,至砀。④东阳宁君、沛公引兵西,与战萧西,⑤不利。还收兵聚留,引兵攻砀,三日乃取砀。因收砀兵,得五六千人。攻下邑,拔之。⑥还军丰。闻项梁在薛,⑦从骑百余往见之。⑧项梁益沛公卒五千人,五大夫将十人。⑨沛公还,引兵攻丰。⑩

①文颖曰:"秦嘉,东阳郡人也,为宁县君。"瓒曰:《陈胜传》曰:'广陵人
秦嘉',然则秦非东阳人也。秦嘉初起兵于郯,号曰大司马,又不为宁
县君。东阳宁君自一人,秦嘉又自一人。"[索隐]曰:按下文直云"东阳
宁君",又别言"秦嘉",明臣瓒之说为得。颜师古以宁是姓,君者,时人
号之。

②[索隐]曰:韦昭云:"今彭城留县。"[正义]曰:《括地志》云:"二人留城
在徐州沛县东南五十里,即张良所封处。"

③如淳曰:"从陈涉将也。涉在陈,其将相别在他许,皆称陈。邑,章邯司
马。"[索隐]曰:谓章邯从陈别将,将兵向他处,而谓司马邑将领兵士北
定楚地,孔文祥曰:"邯别遣邑屠相。"又一说云"从谓追逐之,言章邯讨
逐陈别将,而司马邑别将兵北定楚地",此理亦通也。

④[索隐]曰:韦昭云:"相,沛县。"应劭云:"砀,梁国。"苏林音唐,又音宕。
[正义]曰:《括地志》云:"故相城在徐州符离县西北九十里。砀在宋州
东一百五十里。"

⑤[索隐]曰:韦昭云:"萧,沛之县名,谓在萧县之西。"

⑥[索隐]曰:范晔云:"得城为拔。"韦昭云:"下邑,县名,属梁国也。"

⑦[正义]曰:今徐州滕县,故薛城也。

⑧徐广曰:"三月。"

⑨苏林曰:"五大夫,第九爵也。以五大夫为将,凡十人也。"

⑩徐广曰:"表云'拔之,雍齿奔魏'。"

从项梁月余,项羽已拔襄城①还。项梁尽召别将居薛。闻陈王
定死,因立楚后怀王孙心为楚王,治盱台。②项梁号武信君。居数
月,北攻亢父,救东阿,③破秦军。齐军归,楚独追北。④使沛公、项
羽别攻城阳,屠之。⑤军濮阳之东,⑥与秦军战,破之。秦军复振,⑦
守濮阳,环水。⑧楚军去而攻定陶。⑨定陶未下。沛公与项羽西略地
至雍丘之下,⑩与秦军战,大破之,斩李由还攻外黄,⑪外黄未下。

①[索隐]曰:韦昭云:"颍川县。"[正义]曰:襄城,许州县。

②[索隐]曰:韦昭云:"临淮县。音吁夷。"[正义]曰:楚县也。

③[索隐]曰:韦昭云:"东郡之县名也。"[正义]曰:济州县也。

④服虔曰:"师败曰北。"

⑤[索隐]曰：《地理志》城阳属济阴。

⑥[正义]曰：濮阳故城在濮州西八十六里，本汉濮阳县。

⑦李奇曰："振，整也。"如淳曰："振，起也。收败卒自振迅而复起也。"

⑧文颖曰："决水以自环守为固也。"张晏曰："依河水以自环绕作垒也。"[正义]曰：按：二说皆通。其濮阳县北临黄河，言秦军北阻黄河，南凿沟引黄河水环绕作壁垒为固，楚军乃去。

⑨[索隐]曰：《地理志》云济阴县。

⑩[索隐]曰：韦昭云："故杞国，今陈留县。"

⑪[索隐]曰：韦昭云："上陈留县。"[正义]曰：在雍丘东。

项梁再破秦军，有骄色。宋义谏，不听。①秦益章邯兵，夜衔枚击项梁，②大破之定陶，项梁死。沛公与项羽方攻陈留，闻项梁死，引兵与吕将军俱东。吕臣军彭城东，项羽军彭城西，沛公军砀。章邯已破项梁军，则以为楚地兵不足忧，乃渡河北击赵，大破之。当是之时，赵歇为王，③秦将王离围之巨鹿城，此所谓河北之军也。

①[索隐]曰：荀悦《汉纪》云"故楚令尹宋义"，当别有所出。

②《周礼》有衔枚氏。郑玄曰："衔枚，止言语嚣欢也。枚状如箸，横衔之，缅结于项者。"缅，音获。

③[索隐]曰：歇，苏林音如字。郑德音"遏绝"之"遏"。徐广音乌辖反。今依字读。

秦二世三年，楚怀王见项梁军破，恐，徙盱台都彭城，并吕臣、项羽军自将之。以沛公为砀郡长，①封为武安侯，将砀郡兵。封项羽为长安侯，号为鲁公。吕臣为司徒，其父吕青为令尹。②

①[正义]曰：《括地志》云："宋州本秦砀郡。"苏林云："长如郡守。"韦昭云："秦名曰守，是时改曰长。"

②[索隐]曰：按表，青封信阳侯。[正义]曰：应劭云："天子曰师尹，诸侯曰令尹。时去六国近，故置令尹。"臣瓒曰："诸侯之卿唯楚称令尹，其余国不称。时立楚之后，故置官司皆如楚旧也。"

赵数请救，怀王乃以宋义为上将军，项羽为次将，范增为末将，北救赵。令沛公西略地入关。与诸将约：先入定关中者，王之。①

①[索隐]曰：韦昭云："函谷、武关也。"又《三辅旧事》云："西以散关为限，

东以函谷为界，二关之中谓之关中。"

当是时，秦兵强，常乘胜逐北，诸将莫利先入关。独项羽怨秦破项梁军，奋①愿与沛公西入关。怀王诸老将皆曰："项羽为人僄悍猾贼。②项羽尝攻襄城，襄城无遗类，③皆坑之，诸所过无不残灭。且楚数进取，④前陈王⑤项梁皆败。不如更遣长者扶义而西，⑥告谕秦父兄。秦父兄苦其主久矣，今诚得长者往，毋侵暴，宜可下。今项羽僄悍，今⑦不可遣。独沛公素宽大长者，可遣。"卒不许项羽，而遣沛公西略地。收陈王、项梁散卒，乃道砀⑧至成阳，与杠里⑨秦军来壁，破魏二军。楚军出兵击王离，大破之。⑩

①［索隐］曰：韦昭云："愤激也。"

②［索隐］曰：《说文》云："僄疾也。悍，勇也。"亦云："僄，轻也。"音匹妙反。《汉书》作祸贼也。

③徐广曰："遗一，作'噍'。噍，食也，音在妙反。"骃案：如淳曰："类无复有活而噍食者也。青州俗言无子遗为无噍类。"

④如淳曰："楚谓陈涉也。数进取，多所攻取。"

⑤《汉书音义》曰："陈涉也。"

⑥［正义］曰：遣长者扶持仁义而西，告谕秦长少，令降下也。

⑦徐广曰："一无此字。"

⑧《汉书音义》曰："道由砀也。"

⑨《汉书音义》曰："二县名。"［索隐］曰：成阳，县名，在济阴。韦昭云"在颍川"，非也。服虔云："杠里，县名。"如淳云："秦军所屯地名也。"

⑩徐广曰："表云三年十月，攻破东郡尉及王离军于成武南。"

沛公引兵西，遇彭越昌邑，①因与俱攻秦军，战不利。还至栗，②遇刚武侯，③夺其军可四千余人，并之。与魏将皇欣、魏申徒武蒲之军④并攻昌邑，昌邑未拔。

①［正义］曰：《地理志》云昌邑县属山阳。《括地志》云："在曹州成武县东北三十二里，有梁丘故城是也。"

②［索隐］曰：韦昭云："县名，属沛也。"

③应劭曰："楚怀王将也。"《汉书音义》曰"《功臣表》云棘蒲刚侯陈武。武，一姓柴。'刚武侯'宜为'刚侯武'，魏将也。"瓒曰："《功臣表》柴武以将

军起薛，别救东阿，至霸上，入汉中，非怀王将也，又非魏将也，例未称
谥。"[正义]曰：颜师古云："史失其名姓，唯识其爵号，不知谁也，不当
改为'刚侯武。'应氏以为怀王将，又云魏将，无据矣。"表六年三月封。
孟、颜二人说是。
④[正义]曰：并魏将也。欣字或作"䜣"，音许斤反。蒲，《汉书》作"满"，并
　　通也。

西过高阳。①郦食其②谓监门曰："诸将过此者多，吾视沛公大
人长者。"乃求见说沛公。沛公方踞床，使两女子洗足。郦生不拜，
长揖曰："足下必欲诛无道秦，不宜踞见长者。"于是沛公起，摄衣谢
之，延上坐。食其说沛公袭陈留，③得秦积粟。乃以郦食其为广野
君，④郦商为将，将陈留兵，与偕攻开封。⑤开封未拔。西与秦将杨
熊战白马，⑥又战曲遇东，大破之。⑦杨熊走之荥阳，⑧二世使使者
斩以徇。⑨南攻颍阳，屠之。因张良遂略韩地轘辕。⑩

①文颖曰："聚邑名也，属陈留围县。"瓒曰："《陈留传》曰在雍丘西南。"
②郑德曰："音历异基。"
③《汉书音义》曰："《春秋传》曰轻行无钟鼓曰袭。"
④[索隐]曰：韦昭云："在山阳。"
⑤[索隐]曰：韦昭云："河南县。"
⑥[索隐]曰：韦昭云："东郡县。"[正义]曰：《括地志》云："白马故城在滑
　　州卫南县西南二十四里。戴延之《西征记》云白马城，故卫之曹邑。"
⑦[索隐]曰：徐广云："曲遇，在中牟。"韦昭云："志不载。"司马彪《郡国
　　志》中牟有曲遇聚也。
⑧[索隐]曰：韦昭云："故卫地，河南县也。"
⑨徐广曰："四月。"
⑩文颖曰："河南新郑南至颍川南北，皆韩地也。以良累世相韩，故因之。"
　　瓒曰："轘辕，险道名，在缑氏东南。"[索隐]曰：按《十三州志》云河南
　　缑氏县，以山为名。一云轘辕为九十二曲，是险道也。

当是时，赵别将司马卬方欲渡河入关，沛公乃北攻平阴，①绝
河津。南，战雒阳东，军不利，还至阳城。②收军中马骑，与南阳守齮
战犨东，③破之。略南阳郡，南阳守齮走，保城守宛。④沛公引兵过
而西。张良谏曰："沛公虽欲急入关，秦兵尚众，距险。今不下宛，宛

从后击,强秦在前,此危道也。"于是沛公乃夜引兵从他道还,更旗帜。黎明围宛城三匝。⑤

①《地理志》河南有平阴县,今河阴是也。

②[正义]曰:今洛州,夏禹所都。

③《地理志》南阳有犨县。[索隐]曰:犨,音蚁。许慎以为侧咶也。

④[正义]曰:守,音狩。宛,于元反。《括地志》云:"南阳县地城在宛大城之南隅,其西南有二面,皆故宛城。"

⑤[索隐]曰:黎,音犁。黎犹比也,谓比至天明也。《汉书》作"迟",音值。值,待也,谓待天明,时皆言早意也。《楚汉春秋》曰:"上南攻宛,匿旌旗,人衔枚,马束舌,鸡未鸣,已围宛城三匝。"

南阳守欲自刭,其舍人陈恢曰:"死未晚也。"乃逾城见沛公曰:"臣闻足下约,先入咸阳者王之。今足下留守宛。宛,大郡之都也,连城数十,人民众,积蓄多,吏人自以为降必死,故皆坚守乘城。①今足下尽日止,攻,士死伤者必多;引兵去宛,宛必随足下后。足下前则失咸阳之约,后又有强宛之患。为足下计莫若约降,封其守,因使止守,引其甲卒与之西。诸城未下者,闻声争开门而待,足下通行无所累。"沛公曰:"善!"②乃以宛守为殷侯,③封陈恢千户。引兵西,无不下者。

①[索隐]曰:李奇曰:"乘,守也。"韦昭曰:"乘,登也。"

②徐广曰:"七月也。"

③[索隐]曰:韦昭曰:"在河内。"

至丹水,①高武侯鳃、②襄侯王陵降西陵。③还攻胡阳,④遇番君别将梅鋗,与皆,降析、郦。⑤遣魏人宁昌使秦,使者未来。是时章邯已以军降项羽于赵矣。

①[正义]曰:《括地志》云:"故丹城在邓州内乡县西南百三十里,南去丹水二百步。《汲冢纪年》云后稷放帝子丹朱于丹水是也。《舆地志》云秦为丹水县也。《地理志》云丹水县属弘农郡,《抱朴子》云:'丹水出丹鱼,先夏至十日,夜伺之,鱼浮水侧,光照如火,网而取之,割其血以涂足,可以步行水上,长居川中不溺。'"

②苏林曰:"鳃,音'鱼鳃'之'鳃'。"晋灼曰:"《功臣表》戚鳃也。"

③韦昭曰："汉封王陵为安国侯,初起兵,时在南阳,南阳有穰县,疑'襄'
当为'穰',而无'禾',字省耳。今《邵公》或作'召'字,此类多矣。"瓒曰:
"时韩成封穰侯,江夏有襄,是所封。"[索隐]曰:按:王陵封安国侯,是
定天下为丞相时封耳。此言襄侯,当如臣瓒解,盖初封江夏之襄也。

④一云"陵"。[索隐]曰:韦昭云:"南阳县。"

⑤如淳曰:"持益反。"[索隐]曰:邹诞生音锡,历。苏林、如淳音掷。析属弘
农,郦属南阳,出《地理志》。而《左传》云析一名白羽。析,今内乡县。郦,
今菊潭县也。

初,项羽与宋义北救赵,及项羽杀宋义代为上将军,诸将黥布
皆属,破秦将王离军,降章邯,诸侯皆附。及赵高已杀二世,使人来,
欲约分王关中。沛公以为诈,乃用张良计,使郦生、陆贾往说秦将,
啖以利,因袭攻武关,破之。①又与秦军战于蓝田南,益张疑兵旗
帜,诸所过毋得掠卤,②秦人喜,秦军解,因大破之。又战其北,大破
之。乘胜遂破之。

①[索隐]曰:《左传》云楚司马起营所以临上雒,谓晋人曰"将通于少习",
杜预以为商县武关。又《太康地理志》武关当冠军县西,峣关在武关之
西。

②应劭曰:"卤与'虏'同。"

汉元年十月,①沛公兵遂先诸侯至霸上。②秦王子婴素车白
马,系颈以组,封皇帝玺符节,③降轵道旁。④诸将或言诛秦王,⑤
沛公曰:"始怀王遣我,固以能宽容,且人已服降又杀之,不祥。"乃
以秦王属吏,⑥遂西入咸阳。欲止宫休舍,⑦樊哙、张良谏,乃封秦
重宝、财物、府库,还军霸上。召诸县父老豪杰曰:"父老苦秦苛法久
矣,诽谤者族,⑧偶语者弃市。⑨吾与诸侯约,先入关者王之,吾当
王关中。与父老约法三章耳:杀人者死,伤人及盗抵罪。⑩余悉除去
秦法。诸吏人皆案堵如故。⑪凡吾所以来,为父老除害,非有所侵
暴,无恐。且吾所以还军霸上,待诸侯至而定约束耳。"乃使人与秦
吏行县乡邑告谕之。秦人大喜,争持牛羊酒食献飨军士。沛公又让
不受,曰:"仓粟多非乏,不欲费人。"人又益喜,唯恐沛公不为秦王。

①如淳曰："《张苍传》云以高祖十月至霸上，故因秦以十月为岁首。"[正
　义]曰：沛公己未年七月至霸上。项羽封十八诸侯，沛公汉王，后刘项五
　年战斗，汉遂灭楚，天下归汉，故却书初至霸上战之。

②[正义]曰：故霸陵在雍州万年县东北二十五里汉霸陵，文帝之陵邑也，
　东南去霸陵十里。《地理志》云："霸陵故芷阳，文帝更名。"《三秦记》云：
　"霸城，秦穆公筑为宫，因名霸城。汉于此置霸陵。"《庙记》云："霸城，汉
　文帝筑。沛公入关，遂至霸上，即此也。"

③[索隐]曰：韦昭云："天子印称玺，又独以玉。符，发兵将也。节，使者所
　拥也。"《说文》云："符，信也。汉制以竹，长六寸，分而相合。"《释名》云：
　"节为号令赏罚之节也。又节毛上下相重，取象竹节。"又《汉官仪》曰：
　"子婴上始皇玺，因服御之，代代传受，号云'汉传国玺'。"[正义]曰：按
　天子有六玺：皇帝行玺、皇帝之玺、皇帝信玺、天子行玺、天子之玺、天
　子信玺。皇帝信玺凡事皆用之，玺令施行；天子信玺以迁拜封王侯；之
　玺以发兵。皆以武都紫泥封，青布索白素，两端无缝。《三秦记》云紫泥
　水在今成州。《舆地志》云汉封诏玺用紫泥，则此水之泥也。

④[索隐]曰：轵，音只。《汉书宫殿疏》云枳道亭东去霸城观四里，观东去
　霸水百步。苏林云在长安东十三里。[正义]曰：轵，音纸。《括地志》云：
　"轵道在雍州万年县东北十六里苑中。"

⑤[索隐]曰：《楚汉春秋》曰："樊哙请杀之。"

⑥[正义]曰：属，之欲反。属，付也。

⑦[正义]曰：休，息也。言欲居止宫殿中而息也。

⑧[索隐]曰：刘伯庄、乐彦同音方未反。

⑨应劭曰："秦禁民聚语。偶，对也。"瓒曰："《始皇本纪》曰：'偶语经书者
　弃市'。"[索隐]曰：按：《礼》云"刑人于市，与众弃之，"故今律谓绞刑为
　"弃"也。

⑩应劭曰："抵，至也，又当也。除秦酷政，但至于罪也。"李斐曰："伤人有
　曲直，盗贼有多少，罪名不可预定，故凡言抵罪，未知抵何罪也。"张晏
　曰："秦法，一人犯罪，举家及邻伍坐之。今但当其身坐，合于《康诰》'父
　子兄弟罪不相及'也。"[索隐]曰：韦昭云："抵，当也。谓使各当其罪。"
　今按：秦法有三族之刑，汉但约法三章耳，杀人者死，伤人及盗者使之
　抵罪，余并不论其辜，以言省刑也。则抵训为至，杀人以外，唯伤人及盗
　使至罪名耳。

⑪应劭曰:"案,次第。堵,墙堵也。"

　或说沛公①曰:"秦富十倍天下,地形强。今闻章邯降项羽,项羽乃号为雍王,王关中。今则来,沛公恐不得有此。可急使兵守函谷关,②无内诸侯军,稍征关中兵以自益,距之。"沛公然其计,从之。

　①[索隐]曰:《楚汉春秋》云解先生云"遣守函谷,无内项王,"而《张良世家》,云"鲰生说我",言鲰小也,小生即解生。

　②[正义]曰:颜师古曰:"今桃林南有洪留洞,古函谷也。其水北流入河,西岸犹有旧关余遗迹。"《西征记》云:"道形如函。其水山原壁立数十仞,谷中容一车。"

　十一月中,项羽果率诸侯兵西,欲入关,关门闭。闻沛公已定关中,大怒,使黥布等攻破函谷关。十二月,中,遂至戏。①沛公左司马曹无伤闻项王怒,欲攻沛公,使人言项羽曰:"沛公欲王关中,令子婴为相。珍宝尽有之。"欲以求封。②亚父劝项羽击沛公。③方飨士,旦日合战。是时项羽兵四十万,号百万。沛公兵十万,号二十万,力不敌。会项伯欲活张良,夜往见良,因以文谕项羽,④项羽乃止。沛公从百余骑,驱之鸿门⑤见谢项羽。项羽曰:"此沛公左司马曹无伤言之。不然,籍何以生此。"沛公以樊哙、张良故,得解归。归,立诛曹无伤。

　①[正义]许宜反。

　②[正义]曰:曹无伤欲就项羽求封。

　③[索隐]曰:范增也。项羽得范增,号曰亚父,言尊之亚于父。犹管仲,齐谓仲父。并音甫。

　④[正义]曰:《项羽本纪》云项伯曰"沛公不先破关中,公岂敢入乎?今人有大功,击之不义。"此以文谕之。

　⑤[索隐]曰:姚察云在新丰古城东,未至戏水,道南有断原、南北洞门是也。

　项羽遂西,屠烧咸阳秦宫室,所过无不残破。秦人大失望,然恐,不敢不服耳。项羽使人还报怀王。怀王曰:"如约。"项羽怨怀王不肯令与沛公俱西入关,而北救赵,后天下约。①乃曰:"怀王者,吾家项梁所立耳，非有功伐，何以得主约！本定天下，诸将及籍也。”乃佯尊怀王为义帝，实不用其命。

①[正义]曰：怀王初约先入咸阳者王之，令羽北救赵，故失约在后也。

正月，①项羽自立为西楚霸王，王梁、楚地九郡，都彭城。负约，更立沛公为汉王，②王巴、蜀、汉中，③都南郑。三分关中立秦三将：章邯为雍王，④都废丘；司马欣为塞王，⑤都栎阳；⑥董翳为翟王，⑦都高奴。楚将瑕丘申阳为河南王，⑧都洛阳。赵将司马卬为殷王，⑨都朝歌。赵王歇徙王代。赵相张耳为常山王，都襄国。当阳君黥布为九江王，都六。⑩怀王柱国共敖为临江王，⑪都江陵。番君吴芮为衡山王，都邾。⑫燕将臧荼为燕王，都蓟。故燕王韩广徙王辽东。广不听，臧荼攻杀之无终。封成安君陈余河间三县，居南皮。封梅鋗十万户。

①[正义]曰：崔浩云：“史官以正月纪四时，故书正月也。”荀悦云：“先春后正月也。”颜师古云：“凡此诸月号，皆太初正历之后记事者追改之，非当时本称也。以十月为岁首，即以十月为正月。今此正月，当是谓之四月也。他皆放此。”

②[正义]曰：梁州本汉中郡，以汉水为名。

③徐广曰：“三十二县。”

④[正义]曰：以岐州雍县为名。

⑤[正义]曰：塞，先代反。韦昭云：“在长安东，名桃林塞。”按：桃林塞今华州潼关也。颜师古云：“取河华之固为厄塞耳，非桃林。”

⑥[索隐]曰：因葬太上皇，改名曰万年。

⑦[正义]曰：文颖云：“本上郡，秦所置。项羽以董翳为王，更名曰翟也。”

⑧[正义]曰：在黄河之南，故曰河南，即今河南府。

⑨[正义]曰：以商帝盘庚国殷中之地，改商为殷，在相州安阳县，即北冢殷墟，南去朝歌百三十六里，故号殷王，都朝歌。

⑩[索隐]曰：韦昭云：“当阳，南郡县名。”《地理志》六县属六安国。

⑪[正义]曰：孟康云：“本南郡，改为临江国”是也。

⑫[索隐]曰：《太康地理志》云：“楚灭邾，迁其人于江南，因名县。”

四月，兵罢戏下，①诸侯各就国。汉王之国，项王使卒三万人从，楚与诸侯之慕从者数万人，从杜南②入蚀中。③去辄烧绝栈道，④以备诸侯盗兵袭之，亦示项羽无东意。至南郑，诸将及士卒多道亡归，士卒皆歌思东归。韩信说汉王曰：⑤项羽王诸将之有功者，而王独居南郑，是迁也。⑥军吏士卒皆山东之人也，日夜跂而望归，⑦及其锋而用之，可以有大功。天下已定，人皆自宁，不可复用。不如决策东乡，争权天下。"

①［正义］曰：戏，音麾。许慎注《淮南子》云："戏，大旗也。"

②［正义］曰：韦昭云："杜，今陵邑。"《括地志》云："杜陵故城在雍州万年县东南十五里。汉杜陵县，宣帝陵邑也，北去宣帝陵五里。庙记云故杜伯国。"

③李奇曰："蚀，音力，在杜南。"如淳曰："蚀，入汉中道川谷名。"［索隐］曰：孟康音食。王劭按：《说文》作"䦧"器名也。地形似器，故名之。

④［索隐］曰：按系家，是用张良计也。栈道，阁道也。音士谏反。包恺音士版反。崔浩云："险绝之处，傍凿山岩，而施版梁为阁。"

⑤徐广曰："韩王信，非淮阴侯信也。"

⑥韦昭曰："若有罪见迁徙。"

⑦［正义］曰：跂，音丘赐反。《说文》云："跂，举踵也。"司马彪云："跂，望也。"

项羽出关，使人徙义帝。曰："古之帝者地方千里，必居上游。①乃使使徙义帝长沙郴县，趣义帝行。②群臣稍倍叛之，乃阴令衡山王、临江王击之，杀义帝江南。项羽怨田荣，立齐将田都为齐王。田荣怒，因自立为齐王，杀田都而反楚。予彭越将军印，令反梁地。楚令萧公角击彭越，彭越大破之。陈余怨项羽之弗王己也，令夏说说田荣，③请兵击张耳。齐予陈余兵，击破常山王张耳，张耳亡归汉。迎赵王歇于代，复立为赵王。赵王因立陈余为代王。项羽大怒，北击齐。

①［正义］音流。

②［正义］趣，音促。

③［正义］上音悦，下音税。

八月，汉王用韩信之计，从故道①还，袭雍王章邯。邯迎击汉陈仓，②雍兵败还走。止战好畤，③又复败，走废丘。汉王遂定雍地。东至咸阳，别兵围雍王废丘，④而遣诸将略定陇西、北地、上郡。令将军薛欧、⑤王吸出武关，⑥因王陵兵南阳，⑦以迎太公、吕后于沛。楚闻之，发兵距之阳夏，⑧不得前。令故吴令郑昌为韩王，距汉兵。

①《地理志》武都有故道县。

②〔正义〕曰：今歧州县也。

③孟康曰：“畤，音止，神灵之所在也，县名，属右扶风。”

④〔索隐〕曰：按荀悦《汉纪》，令樊哙围之。

⑤音恶后反。

⑥〔索隐〕曰：按表，欧以舍人从，为将军，封广平侯。吸以中涓从，为将军，封清阳侯。

⑦如淳曰：“王陵亦聚党数千人，居南阳。”〔正义〕曰：《括地志》云：“王陵故城在商州上洛县南三十一里。《荆州记》云昔汉高祖入秦，王陵起兵丹水以应之。此城王陵所筑，因名也。”

⑧〔索隐〕曰：韦昭云：“县名，属淮阳，后属陈。夏，音更雅反。”

二年，汉王东略地，塞王欣、翟王翳、河南王申阳皆降。韩王昌不听，使韩信击破之。于是置陇西、北地、上郡、渭南、①河上、②中地郡，③关外置河南郡。④更立韩太尉信为韩王。诸将以万人若以一郡降者，封万户。缮治河上塞。⑤诸故秦苑囿园池皆令人得田之。

①徐广曰：“后曰京兆。”

②徐广曰：“冯翊。”

③徐广曰：“扶风。”

④徐广曰：“十月，汉王至陕。”

⑤晋灼曰：“《晁错传》秦时北攻胡，筑河上塞。”

正月，虏雍王弟章平。大赦罪人。汉王之出关至陕，抚关外父老，还。张耳来见，汉王厚遇之。

二月，令除秦社稷，更立汉社稷。

三月，汉王从临晋渡，魏王豹将兵从。下河内，虏殷王，置河内郡。南渡平阴津，至雒阳。新城①三老董公遮说汉王②以义帝死故。

汉王闻之,袒而大哭。③遂为义帝发丧,临三日。发使者告诸侯曰:
"天下共立义帝,北面事之。今项羽放杀义帝于江南,大逆无道。寡
人亲为发丧,诸侯皆缟素。悉发关内兵,收三河士,④南浮江汉以
下,⑤愿从诸侯王击楚之杀义帝者。"

> ①[正义]曰:《括地志》云:"洛州伊阙县在州南七十里,本汉新城也。隋文
> 帝改新城为伊阙,取伊阙山为名也。"
>
> ②[正义]曰:《百官表》云:"十里一亭,亭有长。十亭一乡,乡有三老,三老
> 掌教化。"皆秦制也。又乐彦云:"横道自言曰遮。"《楚汉春秋》云:"董公
> 八十二,遂封为成侯。"
>
> ③如淳曰:"袒亦如礼袒踊。"
>
> ④韦昭曰:"河南、河东、河内。"
>
> ⑤[正义]曰:南收三河士,发关内兵,从雍州入子午道,至汉中,历汉水而
> 下,从务东行,至徐州击楚。

是时,项王北击齐,田荣与战城阳。田荣败,走平原,①平原民
杀之。齐皆降楚。楚因焚烧其城郭,系虏其子女,齐人叛之。田荣
弟横立荣子广为齐王,齐王反楚城阳。项羽虽闻汉东,既已连齐兵,
欲遂破之而击汉。汉王以故得劫五诸侯兵,遂入彭城。项羽闻之,
乃引兵去齐,从鲁②出胡陵,③至萧,④与汉大战彭城灵壁东⑤睢
水上。大破汉军,多杀士卒,睢水为之不流。乃取汉王父母妻女于
沛,置之军中以为质。当是时,诸侯见楚强汉败,还皆去汉复为楚。
塞王欣亡入楚。

> ①[正义]曰:德州平原县是。
>
> ②[正义]曰:兖州曲阜也。
>
> ③[正义]曰:《地理志》云胡陵在山阳郡。
>
> ④[正义]曰:徐州萧县。
>
> ⑤[正义]曰:在徐州符离县西北九十里。

吕后兄周吕侯为汉将兵,居下邑。①汉王从之,稍收士卒,军
砀。汉王乃西过梁地至虞。②使谒者随何之九江王布所,曰:"公能
令布举兵叛楚,项羽必留击之。得留数月,吾取天下必矣。"随何往
说九江王布,布果背楚。楚使龙且往击之。

①徐广曰："在梁。"

②徐广曰："在梁。"

汉王之败彭城而西，行使人求家室，家室亦亡，不相得。败后乃独得孝惠，六月，立为太子，大赦罪人。令太子守栎阳，诸侯子在关中者皆集栎阳为卫。引水灌废丘，废丘降，章邯自杀。更名废丘为槐里。于是令祠官祀天地、四方、上帝、山川，以时祀之。兴关内卒乘塞。①是时，九江王布与龙且战不胜，与随何间行归汉。汉王稍收士卒，与诸将及关中卒益出，是以兵大振荥阳，破楚京、索间。

①李奇曰："乘，守也。"

三年，魏王豹谒归视亲疾，至即绝河津，反为楚。汉王使郦生说豹，豹不听。汉王遣将军韩信击，大破之，虏豹。遂定魏地，置三郡，曰河东、①太原、②上党。③汉王乃令张耳与韩信遂东下井陉，击赵，斩陈余、赵王歇。其明年，立张耳为赵王。

①[正义]曰：今蒲州也。

②[正义]曰：今并州。

③[正义]曰：今潞州。

汉王军荥阳南，筑甬道①属之河，以取敖仓。②与项羽相距岁余。项羽数侵夺汉甬道，汉军乏食，遂围汉王。汉王请和，割荥阳以西者为汉。项王不听。汉王患之，乃用陈平之计，予陈平金四万斤，以间疏楚君臣。于是项羽乃疑亚父。亚父是时劝项羽遂下荥阳，及其见疑乃怒，辞老，愿赐骸骨归卒伍，未至彭城而死。

①[正义]曰：甬，音勇。韦昭云："起土筑墙，中间为道。"应劭云："恐敌抄辎重，故筑垣墙如街巷。"

②[正义]曰：孟康云："敖，地名，在荥阳西北。山上临河有大仓。"《太康地理志》云："秦健敖仓于成皋。"

汉军绝食，乃夜出女子东门二千余人，被甲，楚因四面击之。将军纪信乃乘王驾，诈为汉王诳楚，楚皆呼万岁，之城东观，以故汉王得与数十骑出西门遁。令御史大夫周苛、魏豹、枞公守荥阳。诸将卒不能从者尽在城中。周苛、枞公相谓曰："反国之王，难与守城。"

史记卷八

因杀魏豹。①

> ①徐广曰："案《月表》，三年七月王出荥阳，八月杀魏豹。而又云四年三月周苛死，四月魏豹死。二者不同。项羽杀纪信、周苛、枞公，皆是三年中。"

汉王之出荥阳，入关，收兵欲复东。袁生说汉王曰："汉与楚相距荥阳数岁，汉常困。愿君王出武关，项羽必引兵南走。王深壁，令荥阳成皋间且得休。使韩信等辑河北赵地，连燕、齐，君王乃复走荥阳未晚也。如此，则楚所备者多，力分，汉得休，复与之战，破楚必矣。"汉王从其计，出军宛、叶间，①与黥布行收兵。

> ①[正义]曰：宛，于元反。叶，式涉反。宛，邓州县也。叶，汝州县。《水经注》云："本楚惠王封诸梁子兼，号曰叶城，即子高之故邑也。"

项羽闻汉王在宛，果引兵南。汉坚壁不与战。是时彭越渡睢水，与项声、薛公战下邳，彭越大破楚军。项羽乃引兵东击彭越。汉王亦引兵北军成皋。项羽已破走彭越，闻汉王复军成皋，乃复引兵西，拔荥阳，诛周苛、枞公，而虏韩王信，遂围成皋。

汉王跳，①独与滕公共车出成皋玉门，②北渡河，驰宿修武。自称使者，晨驰入张耳、韩信壁，而夺之军。乃使张耳北益收兵赵地，使韩信东击齐。汉王得韩信军，则复振。引兵临河，南飨军小修武南，③欲复战。郎中郑忠乃说止汉王，使高垒深堑，勿与战。汉王听其计，使卢绾，④刘贾将卒二万人、骑数百渡白马津，⑤入楚地，与彭越复击破楚军燕郭西，⑥遂复下梁地十余城。

> ①徐广曰："音逃。"[索隐]曰：如淳云"跳，走也。"晋灼按：《刘泽传》"跳驱至长安。"《说文》音徒调反。《通俗文》云："超通为跳。"
> ②徐广曰："《项羽纪》云北门名玉门。"[索隐]曰：夏侯婴为滕令，故呼为滕公。
> ③晋灼曰："在大修武城东。"
> ④苏林曰："绾，音以绳绾结物之'绾'。"
> ⑤[索隐]曰：即黎阳津也。南界东郡白马县。
> ⑥[索隐]曰：故南燕国也。在东郡，秦以为县。

淮阴已受命东，未渡平原。汉王使郦生往说齐王田广，广叛楚与汉和,共击项羽。韩信用蒯通计,遂袭破齐。齐王烹郦生,东走高密。项羽闻韩信已举河北兵破齐、赵,且欲击楚,则使龙且、周兰①往击之。韩信与战,骑将灌婴击,大破楚军,杀龙且。齐王广奔彭越。当此时,彭越将兵居梁地,往来苦楚兵,绝其粮食。

　　①徐广曰:"一作'简'。"

　　四年,项羽乃谓海春侯大司马曹咎曰:"谨守成皋,若汉挑战,①慎勿与战,无令得东而已。我十五日必定梁地,复从将军。"乃行击陈留、外黄睢阳,下之。汉果数挑楚军,楚军不出。使人辱之五六日,大司马怒,度兵汜水。②士卒半渡,汉击之,大破楚军,尽得楚国金玉货赂。大司马咎、长史欣皆自刭汜水上。项羽至睢阳,闻海春侯破,乃引兵还。汉军方围钟离眜于荥阳东,项羽至,尽走险阻。

　　①[正义]曰:挑,田吊反。下同。

　　②[正义]曰:汜,音祀,在成皋故城东。

　　韩信已破齐,使人言曰:"齐边楚,①权轻,不为假王,恐不能安齐。"汉王欲攻之。留侯曰:"不如因而立之,使自为守。"乃遣张良操印绶立韩信为齐王。②项羽闻龙且军破,则恐,使盱台人武涉往说韩信。韩信不听。

　　①文颖曰:"边,近也。"

　　②徐广曰:"三月。"

　　楚汉久相持未决,丁壮苦军旅,老弱罢转饷。汉王项羽相与临广武之间而语。项羽欲与汉王独身挑战。汉王数项羽曰:"始与项羽俱受命怀王,曰先入定关中者王之,项羽负约,王我于蜀汉,罪一。①项羽矫杀卿子冠军而自尊,罪二。②项羽已救赵,当还报,而擅劫诸侯兵入关,罪三。怀王约入秦无暴掠,项羽烧秦宫室,掘始皇帝冢,私收其财物,罪四。又强杀秦降王子婴,罪五。诈坑秦子弟新安二十万,王其将,罪六。项羽皆王诸将善地,③而徙逐故主,④令臣下争叛逆,罪七。项羽出逐义帝。彭城,自都之,夺韩王地,并王梁楚,多自予,罪八。项羽使人阴弑义帝江南,罪九。夫为人臣而弑其主,杀已降,为政不平,主约不信,天下所不容,大逆无道,罪十也。吾以义兵从诸侯诛残贼,使刑余罪人击杀项羽,何苦乃与公挑战!"项羽大怒,伏弩射中汉王。汉王伤胸,乃扪足曰:"虏中吾指。"⑤汉王病创卧,张良强请汉王起行劳军,以安士卒,毋令楚乘胜于汉。汉王出行军,⑥病甚,因驰入成皋。⑦病愈,西入关,至栎阳,存问父老,置酒。枭故塞王欣头栎阳市。⑧留四日,复如军,军广武。关中兵益出。

①[索隐]曰:负,音佩也。

②徐广曰:"卿,一作'庆'。"[索隐]曰:韦昭云:"宋义之号。"如淳曰:"卿者,卿大夫之尊。子者,子男之爵。冠者,人之首也。尊宋义,故加此号。"

③[索隐]曰:谓章邯等。

④[索隐]曰:谓田氏、赵歇、韩广之属也。

⑤[索隐]曰:扪,摸也。中胸而扪足者,盖以矢初中痛闷,不知所在故尔。或云胸而扪足,权以安士卒之心也。

⑥[正义]行,寒孟反。

⑦[索隐]曰:《三辅故事》曰:"楚汉相拒于京、索间六年,身被大创十二,矢石通中过者有四。"言汉王病创也。

⑧[索隐]曰:枭,悬首于木也。欣自刭于汜水上,令枭之于栎阳者,以旧都,故枭以示之也。

当此时,彭越将兵居梁地,往来苦楚兵,绝其粮食。田横往从之。项羽数击彭越等,齐王信又进击楚。项羽恐,乃与汉王约中分天下,割鸿沟而西者为汉,鸿沟而东者为楚。①项王归汉王父母妻子,军中皆呼万岁,乃归而别去。

①[索隐]曰:应劭云:"在荥阳东南二十里,盖引河东南入淮泗也。"张华云:"一渠东流,经浚仪,是始皇所凿,引河灌大梁,谓之鸿沟。一渠东至阳武南,为官渡水。"《北征记》云中牟台下临汴水,是为官渡水也。

项羽解而东归。汉王欲引而西归,用留侯、陈平计,乃进兵追项羽。至阳夏南止军,与齐王信、建成侯彭越期会而击楚军。至固陵,不会。楚击汉军,大破之。汉王复入壁,深堑而守之。用张良计,于是韩信、彭越皆往。及刘贾入楚地，围寿春，①汉王败固陵，②乃使使者召大司马周殷举九江兵而迎之③武王，行屠城父，④随何刘贾、齐梁诸侯皆大会垓下。⑤立武王布为淮南王。

①〔正义〕曰：今寿州。

②晋灼曰："即固始。"

③徐广曰："周殷以兵随刘贾。"

④〔正义〕曰：父，音甫，今亳州县。

⑤徐广曰："七月。"

五年，高祖与诸侯兵共击楚军，与项羽决胜垓下。淮阴侯将三十万自当之，孔将军居左，费将军居右，皇帝在后，绛侯、柴将军在皇帝后。项羽之卒可十万。淮阴先合，不利，却。孔将军、费将军纵，①楚兵不利，淮阴侯复乘之，②大败垓下。项羽卒闻汉军之楚歌，③以为汉尽得楚地，项羽乃败而走，是以兵大败。使骑将灌婴追杀项羽东城，④斩首八万，遂略定楚地。鲁为楚坚守不下。汉王引诸侯兵北，示鲁父老项羽头，鲁乃降。遂以鲁公号葬项羽谷城。还至定陶，驰入齐王壁，夺其军。

①〔正义〕曰：二人韩信将也，纵兵击项羽也。以"纵"字为绝句。孔将军，蓼侯孔熙。费将军，费侯陈贺也。

②〔正义〕曰：复，侯富反。乘犹登也，进也。

③〔索隐〕曰：应劭云："今《鸡鸣歌》也。"颜游秦云："楚歌犹吴讴也。"按：高祖令戚夫人楚舞，自为楚歌，是楚人之歌声也。

④徐广曰："十二月。"

正月，诸侯及将相相与共请尊汉王为皇帝。汉王曰："吾闻帝贤者有也，空言虚语非所守也，吾不敢当帝位。"群臣皆曰："大王起微细，诛暴逆，平定四海，有功者辄裂地而封为王侯。大王不尊号，皆疑不信。臣等以死守之。"汉王三让，不得已，曰："诸君必以为便，便国家。"甲午，①乃即皇帝位汜水之阳。②皇帝曰义帝无后，齐王韩信习楚风俗，徙为楚王，都下邳。③立建成侯彭越为梁王，都定陶。④故韩王信为韩王，都阳翟。⑤徙衡山王吴芮为长沙王，都临湘。⑥番君之将梅铟有功，从入武关，故德番君。淮南王布、燕王臧荼、赵王敖皆如故。天下大定。高祖都雒阳，诸侯皆臣属。故临江王骓⑦为项羽叛汉。令卢绾、刘贾围之不下。数月而降，杀之雒阳。

①徐广曰："月甲午。"

②蔡邕曰："上古天子称皇，其次称帝，其次称王。秦承三王之末。为汉驱除，自以德兼三皇、五帝，故并以为号。汉高祖受命，功德宜之，因而不改。"[正义]曰：氾，音敷剑反。《括地志》云："高祖即位坛在曹州济阴县界。张晏曰'氾水在济阴界，取其氾爱弘大而润下'。"

③[正义]曰：音被悲反，泗州下邳县是，楚王韩信之都。

④[正义]曰：曹州济阴县城是，梁王彭越之都。

⑤[正义]曰：洛州阳翟县是，韩王信之都。

⑥[正义]曰：《括地志》云："潭州长沙县，本汉临湘县，长沙王吴芮都之。芮墓在长沙县北四里。"

⑦徐广曰："一作'尉'。"

五月，兵皆罢归家。诸侯子在关中者复之十二岁，其归者复之六岁，食之①一岁。

①[正义]食，音寺。

高祖置酒雒阳南宫。①高祖曰："列侯诸将无敢隐朕，皆言其情：吾所以有天下者何？项氏之所以失天下者何？"高起、王陵对曰：②"陛下慢而侮人，项羽仁而爱人。然陛下使人攻城略地，所降下者因以予之，与天下同利也。项羽妒贤嫉能，有功者害之，贤者疑之，战胜而不予人功，得地而不予人利，此所以失天下也。"高祖曰："公知其一，未知其二。夫运筹策帷帐之中，决胜于千里之外，吾不如子房；镇国家，抚百姓，给馈饷，不绝粮道，吾不如萧何；连百万之军，战必胜，攻必取，吾不如韩信。此三者皆人杰也，吾能用之，此吾所以取天下也。项羽有一范增而不能用，此其所以为我擒也。"

①[正义]曰：《括地志》云："南宫在雒州雒阳县东北二十六里洛阳故城中。《舆地志》云秦时已有南北宫。"

②孟康曰："姓高，名起。"瓒曰："《汉帝年纪》高帝时有信平侯臣陵、都武侯臣起。《魏相丙吉奏事》高帝时奏事有将军臣陵、臣起。"

　　高祖欲长都雒阳,齐人刘敬说,及留侯劝上入都关中,高祖是日驾,入都关中。

　　六月,大赦天下。

　　十月,燕王臧荼反,攻下代地。高祖自将击之,得燕王臧荼。即立太尉卢绾为燕王。使丞相哙将兵攻代。其秋,利几反。①高祖自将兵击之,利几走。利几者项氏之将。项氏败,利几为陈公,不随项羽,亡降高祖,高祖侯之颍川。高祖至雒阳,举通侯籍召之,②而利几恐,故反。

　　①〔正义〕曰:几,音机。姓名也。项羽之将,为陈县令,降汉。高帝征诸侯,
　　　利几恐,故反。
　　②如淳曰:"得在通侯之籍。"

　　六年,高祖五日一朝太公,如家人父子礼。太公家令说太公曰:"天无二日,土无二王。今高祖虽子,人主也;太公虽父,人臣也。奈何令人主拜人臣?如此则威重不行。"后高祖朝,太公拥彗,①迎门却行。高祖大惊,下扶太公。太公曰:"帝,人主也,奈何以我乱天下法!"于是高祖乃尊太公为太上皇。②心善家令言,赐金五百斤。③

　　①李奇曰:"为恭也,如今卒持帚者也。"
　　②蔡邕曰:"不言帝,非天子也。"〔索隐〕曰:按《本纪》秦始皇追尊庄襄王
　　　为太上皇,已有故事矣。盖太上者,无上也。皇者德大于帝,故尊其父号
　　　太上皇也。
　　③〔索隐〕曰:顾氏按:荀悦云:"故虽天子必有尊也,无父犹设三老,况其
　　　存乎?家令之言过矣。"晋刘宝云:"善其发悟己心,因得尊崇父号也。"

　　十二月,人有上变事,告楚王信谋反。上问左右,左右争欲击之。用陈平计,乃伪游云梦,①会诸侯于陈。楚王信迎,即因执之。是日,大赦天下。田肯贺,②因说高祖曰:"陛下得韩信,又治秦中。③秦,形胜之国,④带河山之险,县隔千里,持戟百万,秦得百二焉。⑤地势便利,其以下兵于诸侯,譬犹居高屋之上建瓴水也。⑥夫齐,东有琅邪、即墨之饶,南有泰山之固,西有浊河之限,⑦北有勃海之利。⑧地方二千里,持戟百万,县隔千里之外,⑨齐得十二焉。⑩故

此东西秦也。非亲子弟,莫可使王齐矣。"高祖曰:"善。"赐黄金五百斤。

①韦昭曰:"在南郡华容县。"

②[索隐]曰:《汉纪》及《汉书》作"宵",刘显云相传作"肯"也。

③如淳曰:"时山东人谓关中为秦中。"

④张晏曰:"秦地带山河,得形势之胜便者。"[索隐]曰:韦昭云:"地形险固,故能胜人也。"

⑤应劭曰:"山河之险,与诸侯相悬隔,地绝千里,所以能禽诸侯者,得天下之利百二也。"李斐曰:"河山之险,内地势高,顺流而下易,故天下于秦悬隔千里,持戟百万,秦得百二焉。"苏林曰:"得百中之二焉。秦地险固,二万人足当诸侯百万人也。"[索隐]曰:服虔云:"谓函谷关去长安千里为悬隔。"按:文以河山险固形胜,其势如隔千里。虞喜云:"百二者,得百之二。言诸侯持戟百万,秦地险固,百倍于天下,故云得百二焉,言倍之也,盖言秦兵当二百万也。'齐得十二',亦如之,故为东西秦,言势相敌,但立文相避,故云十二。言余诸侯十万,齐地形号亦倍于他国,当二十万人。"

⑥如淳曰:"瓴,盛水瓶也。居高屋之上而幡瓴水,言其向下之势易也。建,音蹇。"晋灼曰:"许慎曰瓴,甕似瓶者。"

⑦晋灼曰:"齐西有平原。河水东北过高唐,高唐即平原也。孟津号黄河故曰浊河。"

⑧[索隐]曰:崔浩云:"勃,旁跌也。旁跌出者横在济北,故《齐都赋》云海旁出为勃,名曰勃海郡。"

⑨[索隐]曰:以言齐境阔不啻千里,故云千里之外。

⑩应劭曰:"齐得十之二,故齐愍王称东帝。后复归之,卒为秦所灭者,利钝之势异也。"李斐曰:"齐有山河之限,地方二千里,是为天下悬隔也。设有持戟百万之众,齐得十中之二焉。百万十分之二,亦二十万也,但文相避耳。故言东西秦,其势亦敌也。"苏林曰:"十二,得十中之二,二十万人当百万。言齐虽固,不如秦二万乃当百万。"

后十余日,封韩信为淮阴侯,分其地为二国。高祖曰将军刘贾数有功,以为荆王,①王淮东。弟交为楚王,王淮西。子肥为齐王,王七十余城,民能齐言者皆属齐。②乃论功,与诸列侯剖符行封。徙韩王信太原。③

> ①[索隐]曰：乃王吴地，在淮东也。姚察按：虞喜云："总言吴，别言荆者，
> 以山命国也。今西南有荆山，在阳羡界。贾封吴地而号荆王，指取此
> 义。"《太康地理志》阳羡县本名荆溪。
> ②《汉书音义》曰："此言时民流移，故使齐言者还齐也。"[正义]曰：按：言
> 齐之远国次秦中，故封子肥七十余城，近齐城邑，能齐言者咸割属齐。
> 亲子，故大其都也。孟说恐非。
> ③[索隐]曰：信初都阳翟也。

　　七年，匈奴攻韩王信马邑，①信因与同谋反太原。白土②曼丘
臣、王黄立故赵将赵利为王以反，高祖自往击之。会天寒，士卒堕指
者什二三，遂至平城。③匈奴围我平城，七日而后罢去。令樊哙止，
定代地。立兄刘仲为代王。

> ①[正义]曰：《搜神记》云："昔秦人筑城于武周塞以备胡，城将成而崩者
> 数矣。有马驰走，周旋反覆，父老异之，因依以筑城，乃不崩，遂名马
> 邑。"《括地志》云："朔州城，汉雁门，即马邑县城也。攻韩信于马邑，即
> 此城。"
> ②徐广曰："在上郡。"
> ③[正义]曰：《括地志》云："朔州定襄县，本汉平城县。县东北三十里有白
> 登山，山上有台，名曰白登台。《汉书·匈奴传》云蹋顿围高帝于白登七
> 日，即此也。服虔云：'白登，台名，去平城七里。'李穆叔《赵记》云'平城
> 东七里有土山，高百余尺，方十余里'，亦谓此也。"

　　二月，高祖自平城过赵、雒阳，至长安。长乐宫成，丞相已下徙
治长安。①

> ①[索隐]曰：《汉仪注》高祖六年，更名咸阳曰长安。《三辅旧事》渭城本咸
> 阳地，高帝为新城，七年属长安也。

　　八年，高祖东击韩王信余反寇于东垣。①

> ①《地理志》云东垣，高帝更名曰真定。

　　萧丞相营作未央宫，①立东阙、北阙②前殿、武库、太仓。高祖
还，见宫阙壮甚，怒谓萧何曰："天下匈匈苦战数岁，成败未可知，是

何治宫室过度也?"萧何曰:"天下方未定,故可因遂就宫室。且夫天子以四海为家,非壮丽无以重威,且无令后世有以加也。"高祖乃说。

①[正义]曰《括地志》云:"未央宫在雍州长安县西北十里长安故城中。"颜师古云:"未央殿虽南向,而当上书奏事谒见之徒皆诣北阙,公车司马亦在北焉。是则以北阙为正门,而又有东门、东阙,至于西南两无门阙也。萧何初立未央宫,以厌胜之术理宜然也。"按:北阙为正者,盖象秦作前殿,渡渭水属之咸阳,以象天极阁道绝汉抵营室。

②《关中记》曰:"东有苍龙阙,北有玄武阙。玄武所谓北阙。"[索隐]曰:东阙名苍龙,北阙名玄武,无西南二阙者,盖萧何以厌胜之法故不立。《说文》云:"阙,门观也。"秦家旧宫皆在渭北,而立东阙北阙,盖取其便。

高祖之东垣,过柏人。①赵相贯、高等谋弑高祖,高祖心动,因不留。代王刘仲弃国亡,自归雒阳,废以为合阳侯。②

①[正义]曰:《括地志》云:"柏人故城在邢州柏人县西北十二里。汉柏人属赵国。"

②[正义]曰:《括地志》云:"郃阳故城在同州河西县三里。魏文侯十七年,攻秦至郑而还筑,在郃水之阳也。"

九年,赵相贯高等事发觉,夷三族。废赵王敖为宣平侯。是岁,徙贵族楚昭、屈、景、怀、齐田氏关中。

未央宫成,高祖大朝诸侯群臣,置酒未央前殿。高祖奉玉卮,①起为太上皇寿曰:"始大人常以臣无赖,②不能治产业,不如仲力。今某之业所就孰与仲多?"殿上群臣皆呼万岁,大笑为乐。

①应劭曰:"乡饮酒礼器也,受四升。"

②晋灼曰:"许慎曰:'赖,利也。'无利入于家也。或曰江湖之间谓小儿多诈狡猾为'无赖'。"

十年十月,淮南王鲸布、梁王彭越、燕王卢绾、荆王刘贾、楚王刘交、齐王刘肥、长沙王吴芮皆来朝长乐宫。①春夏无事。

①[正义]曰:《括地志》云:"秦栎阳故宫在雍州栎阳县北三十五里,秦献

公所造。《三辅黄图》云高祖都长安,未有宫室,居栎阳宫也。"

七月,太上皇崩栎阳宫。楚王、梁王皆来送葬。① 赦栎阳囚。更命郦邑曰新丰。②

①《汉书》云:"葬万年。"

②[正义]作丽,音力知反。《括地志》云:"新丰故城在雍州新丰县西南四里,汉新丰宫也。太上皇时凄怆不乐,高祖切因左右问故,荅以平生所好皆屠贩少年,酤酒卖饼、蹴鞠,以此为欢,今皆无此,故不乐。高祖乃作新丰,徙诸故人实之。太上皇乃悦。"按:前于丽邑筑城寺,徙其民实之,未改其名,太上皇崩后,命曰新丰。

八月,赵相国陈豨① 反代地。上曰:"豨尝为吾使,甚有信。代地吾所急也,故封豨为列侯,② 以相国守代。今乃与王黄等劫掠代地!代地吏民非有罪也,其赦代吏民。"

①邓展曰:"东海人名猪曰豨。"

②徐广曰:"豨攻定臧荼有功,封阳夏侯。"

九月,上自东往击之。至邯郸,上喜曰:"豨不南据邯郸而阻漳水,吾知其无能为也。"闻豨将皆故贾人也,上曰:"吾知所以与之。"乃多以金啗豨将,豨将多降者。

十一年,高祖在邯郸诛豨等。未毕,豨将侯敞将万人余人游行,王黄军曲逆,① 张春渡河② 击聊城。③ 汉使将军郭蒙与齐将击,大破之。太尉周勃④ 道太原入,⑤ 定代地。至马邑,马邑不下,即攻残之。豨将赵利守东垣,高祖攻之不下。月余,卒骂高祖,高祖怒。城降,令出骂者斩之,不骂者原之。于是乃分赵山北,立子恒以为代王,都晋阳。⑥

①文颖曰:"今中山蒲阴是。"

②[正义]曰:陈豨将也。又刘伯庄云:"彼时聊城在黄河之东,王莽时干,今浊河西北也。"今在博州西北。《深丘道里记》云:"王莽元城人,居近河侧,祖父坟墓为水所冲,引河入深川,此王莽河因枯也。"

③徐广曰:"在平原。"[正义]曰:《括地志》云:"故聊城在博州聊城县西二十里。春秋时齐之西界。聊,摄也。战国时亦为齐地。秦汉皆为东郡之

聊城也。"

④《汉书·百官表》曰:"太尉秦官。"应劭曰:"自上安下曰尉,武官悉以为
　　称。"

⑤韦昭曰:"道,犹从。"

⑥如淳曰:"《文纪》言都中都。又文帝过太原,复晋阳中都二岁,似迁都于
　　中都也。"

春淮阴侯韩信谋反关中,夷三族。

夏,梁王彭越谋反,废迁蜀;复欲反,遂夷三族。立子恢为梁王,
子友为淮阳王。

秋七月,淮南王鲸布反,东并荆王刘贾地,北渡淮,楚王交走入
薛。高祖自往击之。立子长为淮南王。

十二年十月,高祖已击布军会甀,①布走,令别将追之。高祖还
归,过沛,留。置酒沛宫,②悉召故人父老子弟纵酒,发沛中儿得百
二十人,教之歌。酒酣,③高祖击筑,④自为歌诗曰:"大风起兮云飞
扬,威加海内兮归故乡,安得猛士兮守四方!"令儿皆和习之。高祖
乃起舞,慷慨伤怀,泣数行下。谓沛父兄曰:"游子悲故乡。吾虽都
关中,万岁后吾魂魄犹乐思沛。且朕自沛公以诛暴逆,遂有天下,其
以沛⑤为朕汤沐邑。复其民,世世无有所与。"沛父兄诸母故人日乐
饮极欢,道旧故为笑乐。

①徐广曰:"在蕲县西。"骃案:《汉书音义》曰:"会,音侩。保,邑名。甀,音
　　直伪反。"[索隐]曰:《汉书》甀作"缶",音保,非也。

②[正义]曰:《括地志》云:"沛宫故地在徐州沛县东南二十里一步。"

③应劭曰:"不醒不醉曰酣。一曰酣,洽也。"

④韦昭曰:"筑,古乐,有弦,击之不鼓。"[正义]曰:音竹。应劭云:"状似瑟
　　而大,头安弦,以竹击之,故名曰筑。"颜师古云:"今筑形似瑟而小,细
　　项。"

⑤《风俗通义》曰:"《汉书注》,沛人语初发声皆言'其'者,楚言也。高祖始
　　登帝位,教令言'其',后以为常耳。"

十余日,高祖欲去,沛父兄固请留高祖。高祖曰:"吾人众多,父

兄不能给。"乃去。沛中空县皆之邑西献。①高祖复留止,张②饮三日。沛父兄皆顿首曰:"沛幸得复,丰未复,唯陛下哀怜之。"高祖曰:"丰吾所生长,极不忘耳,吾特为其以雍齿故反我为魏。"沛父兄固请,乃并复丰,比沛。于是拜沛侯刘濞为吴王。③

①如淳曰:"献牛酒。"

②张晏曰:"张,帷帐。"[正义]音张亮反。

③服虔曰:"濞,音帔。"

汉将别击布军洮水南北,①皆大破之,追得斩布鄱阳,樊哙别将兵定代,斩陈豨当城。②

①徐广曰:"洮音道,在江淮间。"

②[索隐]曰:代之县名。[正义]曰:《括地志》云:"当城在朔州定襄县界。"《土地十三州记》云:"当城在高柳东八十里。县当常山,故曰当城。"

十一月,高祖自布军至长安。

十二月,高祖曰:"秦始皇帝、楚隐王①陈涉、魏安釐王、②齐湣王、③赵悼襄王、④皆绝无后,予守冢各十家,秦皇帝二十家,魏公子无忌五家。"赦代地吏民为陈豨、赵利所劫掠者,皆赦之。陈豨降将言豨反时,燕王卢绾使人之豨所,与阴谋。上使辟阳侯迎绾,⑤绾称病。辟阳侯归,具言绾反有端矣。

①[索隐]曰:世家作"幽王",名择,负刍之兄。

②[索隐]曰:史阙名,昭王之子,王假之祖。

③[索隐]曰:名地,宣王子,王建祖。

④[索隐]曰:名偃,孝成王丹之子,幽王迁之父。

⑤[正义]曰:审食其也。《括地志》云:"辟阳故城在冀州信都县西三十五里,汉旧县。"

二月,使樊哙、周勃将兵击燕王绾。赦燕吏民与反者。立皇子建为燕王。

高祖击布时,为流矢所中,行道病。病甚,吕后迎良医。医入见,高祖问医。医曰:"病可治。"于是高祖嫚骂之曰:"吾以布衣,持三尺剑取天下,此非天命乎?命乃在天,虽扁鹊何益!"遂不使治病,赐金五十斤罢之。已而吕后问："陛下百岁后,萧相国即死,令谁代之?"
上曰："曹参可。"问其次,上曰："王陵可。然陵少戆,陈平可以助之。
陈平智有余,然难以独任。周勃重厚少文,然安刘氏者必勃也,可令
为太尉。"吕后复问其次,上曰："此后亦非而所知也。"

卢绾与数千骑居塞下。候伺,幸上病愈自入谢。

四月甲辰,高祖崩长乐宫。①四日不发丧。吕后与审食其谋曰:
"诸将与帝为编户民,今北面为臣,此常怏怏,今乃事少主,非尽族
是,天下不安。"人或闻之,语郦将军。②郦将军往见审食其,曰："吾
闻帝已崩,四日不发丧,欲诛诸将。诚如此,天下危矣! 陈平、灌婴
将十万守荥阳,樊哙、周勃将二十万定燕、代,此闻帝崩,诸将皆诛,
必连兵还乡以攻关中。大臣内叛,诸侯外反,亡可翘足而待也。"审
食其入言之,乃以丁未发丧,大赦天下。

①皇甫谧曰："高祖以秦昭王五十一年生,至汉十二年,年六十三。"

②《汉书》曰郦商。

卢绾闻高祖崩,遂亡入匈奴。

丙寅,葬。①己巳,立太子。②至太上皇庙。③群臣皆曰："高祖
起微细,拨乱世反之正,平定天下,为汉太祖,功最高。"上尊号为高
皇帝。太子袭号为皇帝,孝惠帝也。令郡国诸侯各立高祖庙,以岁
时祠。

①徐广曰："五月。"

②[正义]曰："丙寅葬,后四日至己巳,即立子为帝。有本脱'巳'字者,妄
　引《汉书》云'巳下'者,非。

③[正义]曰：《三辅黄图》云："太上皇庙在长安城香室南,冯翊府北。"《括
　地志》云："汉太上皇庙在雍州长安县西北长安故城中酒池之北,高帝
　庙北。高帝庙亦在故城中也。"

及孝惠五年,思高祖之悲乐沛,以沛宫为高祖原庙。①高祖所
教歌儿百二十人,皆令为吹乐,后有缺辄补之。

①徐广曰："《光武纪》曰:'上幸丰,祠高祖于原庙。'"骃案:谓"原"者,再
　也。先既已立庙,今又再立,故谓之原庙。

高帝八男：长庶齐悼惠王肥；次孝惠，吕后子；次戚夫人子赵隐王如意；次代王恒，已立为孝文帝，薄太后子；次梁王恢，吕太后时徙为赵共王；次淮阳王友，吕太后时徙为赵幽王；次淮南厉王长；次燕王建。

太史公曰：夏之政忠。忠之敝，小人以野，①故殷人承之以敬。敬之敝，小人以鬼，②故周人承之以文。文之敝，小人以僿，③故救僿莫若以忠。④三王之道若循环，终而复始。周秦之间可谓文敝矣。秦政不改，反酷刑法，岂不缪乎？故汉兴，承敝易变，使人不倦，得天统矣。朝以十月。车服黄屋左纛，葬长陵。⑤

①郑玄曰："忠，质厚也。野，少礼节也。"

②郑玄曰："多威仪，如事鬼神。"

③徐广曰："一作'薄'。"駰案：《史记音隐》曰："僿音西志反。"郑玄曰："文，尊卑之差也。薄，苟习文法，无悃诚也。"[索隐]曰：郑，音先代反，邹本作"薄"，音扶各反。本一作"僿"，而徐广云一作"薄"，是本互不同也。然此语本出《礼·表记》，作其民之敝，利而巧，文而不惭，贼而蔽也。裴又引《音隐》云"僿，音先志"者，蔽僿声相近，故以蔽为僿耳。

④郑玄曰："复反始。"

⑤皇甫谧曰："长陵山东西广百二十步，高十三丈，在渭水北，去长安城三十五里。"[正义]曰：《括地志》云："长陵在雍州咸阳县东三十里。"

索隐述赞曰：高祖初起，始自徒中。言从泗上，即号沛公。啸命豪杰，奋发材雄。彤云郁碭，素灵告丰。龙变星聚，蛇分径空。项氏主命，负约弃功。王我巴蜀，实愤于衷。三秦既北，五兵遂东。氾水即位，咸阳筑宫。威加四海，还歌《大风》。

史记卷九
本纪第九

吕太后

［索隐］曰：吕太后本以女主临朝，自孝惠崩后立少帝，而始称制，正合附《惠纪》而论之。不然，或别为《吕后本纪》，岂得全没孝惠而独称《吕后本纪》？合依班氏，分为二《纪》焉。

吕太后者，①高祖微时妃也。②生孝惠帝、③女鲁元太后。及高祖为汉王，得定陶戚姬，④爱幸，生赵隐王如意。孝惠为人仁弱，高祖以为不类我，常欲废太子，立戚姬子如意，如意类我。戚姬幸，常从上之关东，日夜啼泣，欲立其子代太子。吕后年长，常留守，希见上，益疏。如意立为赵王后，几代太子者数矣。⑤赖大臣争之，及留侯策。⑥太子得毋废。

① 徐广曰："吕后父吕公，汉元年为临泗侯，四年卒，高后元年追谥曰吕宣王。"

② 《汉书音义》曰："讳雉。"［索隐］曰：字娥姁也。

③ 《汉书音义》曰："讳盈。"

④ 如淳曰："姬，音怡，众妾之总称也。《汉官》曰'姬妾数百'。"苏林曰："清河国有妃里，而题门作'姬'。瓒曰：《汉秩禄令》及《茂陵书》，内官也，秩比二千石，位次婕伃下，在七子、八子之上。"［索隐］曰：如淳音怡，非也。《茂陵书》云"姬是内官"，是矣。然官号及妇人通称姬者，姬，周之姓，所以《左传》称伯姬、叔姬，以言天子之宗女，贵于他姓，故遂以姬为妇人美号。故《诗》曰"虽有姬姜，不弃憔悴"是也。

⑤ ［索隐］曰：几，音其纪反，又音祈。

⑥ ［索隐］曰：谓张良、叔孙通等。令太子卑词安车，以迎四皓也。

吕后为人刚毅，佐高祖定天下，所诛大臣多吕后力。吕后兄二人，皆为将。长兄周吕侯[1]死事，封其子吕台为郦侯，[2]子产为交侯。[3]次兄吕释之为建成侯。[4]

① 徐广曰："名泽，高祖八年卒，谥令武侯，追谥曰悼武王。"
② 徐广曰："郦，一作'鄘'。"[索隐]曰：郑邹台并音怡，苏林音胎。
③ 徐广曰："台弟也。"
④ 徐广曰："惠帝二年卒，谥康王。"

高祖十二年四月甲辰，崩长乐宫，太子袭号为帝。是时，高祖八子：长男肥，孝惠兄也，异母，[1]肥为齐王；余皆孝惠弟，戚姬子如意为赵王，薄夫人子恒为代王，诸姬子子恢为梁王，子友为淮阳王，子长为淮南王。子建为燕王。高祖弟交为楚王，兄子濞为吴王。非刘氏功臣番君吴芮子臣为长沙王。

① [索隐]曰：母曰曹姬。

吕后最怨戚夫人及其子赵王，乃令永巷[1]囚戚夫人，而召赵王。使者三反，赵相建平侯周昌谓使者曰："高帝属臣赵王，赵王年少，窃闻太后怨戚夫人，欲召赵王并诛之，臣不敢遣王。王且亦病，不能奉诏。"吕后大怒，乃使人召赵相。赵相征至长安，乃使人复召赵王。王来未到。孝惠帝慈仁，知太后怒，自迎赵王霸上，与入宫，自挟与赵王起居饮食。太后欲杀之，不得间。孝惠元年十二月，帝晨出射，赵王少，不能早起。太后闻其独居，使人持鸩饮之。[2]黎明，孝惠还，[3]赵王已死。于是乃徙淮阳王友为赵王。夏，诏赐郦侯父追谥为令武侯。[4]太后遂断戚夫人手足，去眼，煇耳，饮喑药，使居厕中，命曰："人彘。"居数日，乃召孝惠帝观人彘。孝惠见，问，乃知其戚夫人，乃大哭，因病岁余不能起。使人请太后曰："此非人所为。臣为太后子，终不能治天下。"孝惠以此日饮为淫乐，不听政，故有病也。

① 如淳曰："《列女传》曰周宣姜后脱簪珥待罪永巷，后改为掖庭。"[索隐]曰：永巷，别宫名，有长巷，故名之也。韦昭云以为在掖门内，故谓之掖

庭也。

②应劭曰：“鸩鸟食蝮，以其羽画酒中，饮之立死。”

③徐广曰：“黎犹比也。诸言黎明者，将明之时。”

④[索隐]曰：令，音龄。

　　二年，楚元王、齐悼惠王皆来朝。十月，孝惠与齐王燕饮太后前，孝惠以为齐王兄，置上坐，如家人之礼。太后怒，乃酌两卮鸩置前，令齐王起为寿。齐王起，孝惠亦起，取卮欲俱为寿。太后乃恐，自起泛孝惠卮。①齐王怪之，因不敢饮，详醉去。问，知其鸩，齐王恐，自以为不得脱长安，忧。齐内史士②说王曰：“太后独有孝惠与鲁元公主。③今王有七十余城，而公主乃食数城。王诚以一郡上太后，为公主汤沐邑，太后必喜，王必无忧。”于是齐王乃上城阳之郡，尊公主为王太后。④吕后喜，许之。乃置酒齐邸，⑤乐饮罢，归齐王。

①[索隐]曰：泛，音捧泛也。

②徐广曰：“一作‘出’。”

③如淳曰：“《公羊传》曰‘天子嫁女于诸侯，必使诸侯同姓者主之’，故谓之公主。《百官表》列侯所食曰国，皇后、公主所食曰邑，诸侯王女曰公主。”苏林曰：“公，五等尊爵也。《春秋》听臣子以称君父，妇人称主，有：‘主孟啖我’之比，故云公主。”瓒曰：“天子之女虽食汤沐之邑，不君其民。”[索隐]曰：啖，音徒滥反。按：主是谓里克妻，即优施之语，事见《国语》。孟者，且也，言且啖我物，我教汝妇事夫之道。此即妇人称主之意耳。比，音必二反。

④如淳曰：“张敖子偃为鲁王，故公主得为太后。”

⑤[正义]曰：汉法，诸侯各起邸第于京师也。

　　三年，方筑长安城，四年就半，五年六年城就。①诸侯来会。十月，朝贺。

①[索隐]曰：《汉官阙疏》：“四年筑东面。五年筑北面。”《汉旧仪》：“城方六十三里，经纬各十二里。”《三辅旧事》云“城形似北斗”也。

七年秋八月戊寅，孝惠帝崩。①发丧，太后哭，泣不下。留侯子张辟强为侍中，②年十五，谓丞相曰："太后独有孝惠，今崩，哭不悲，君知其解乎？"③丞相曰："何解？"辟强曰："帝毋壮子，④太后畏君等。君今请拜吕台、吕产、吕禄为将，将兵居南北军，及诸吕皆入宫，居中用事，如此则太后心安，君等幸得脱祸矣。"丞相乃如辟强计。太后说，其哭乃哀。吕氏权由此起。乃大赦天下。九月辛丑，葬。⑤太子即位为帝，谒高庙。

① 皇甫谧曰："帝以秦始皇三十七年生，崩时年二十三。"

② 应劭曰："入侍天子，故曰侍中。"

③ [正义]曰：解，纪卖反。言哭解惰，有所思也。又音户卖反。解，节解也。又纪买反，谓解说也。

④ [正义]曰：毋，音无。

⑤ 《汉书》云："葬安陵。"《皇览》曰：山高三十二丈，广袤百二十步，居地六十亩，"《皇甫谧》曰："去长陵十里，去长安北三十五里。"

元年，号令一出太后。太后称制，议欲立诸吕为王，问右丞相王陵。王陵曰："高帝刑白马盟曰：'非刘氏而王，天下共击之。'今王吕氏，非约也。"太后不说。问左丞相陈平、绛侯周勃。勃等对曰："高帝定天下，王子弟，今太后称制，王昆弟诸吕，无所不可。"太后喜。罢朝，王陵让陈平、绛侯曰："始与高帝啑血盟，①诸君不在邪？今高帝崩，太后女主，欲王吕氏，诸君纵欲阿意背约，何面目见高帝地下？"陈平、绛侯曰："于今面折廷争，臣不如君；夫全社稷、定刘氏之后，君亦不如臣。"王陵无以应之。十一月，太后欲废王陵，乃拜为帝太傅，②夺之相权。王陵遂病免归。乃以左丞相平为右丞相，以辟阳侯审食其为左丞相。③左丞相不治事，令监宫中，如郎中令。食其故得幸太后，常用事，公卿皆因而决事。乃追尊郦侯父为悼武王，欲以王诸吕为渐。

① [索隐]曰：啑，邹音使接反。又云或作"唼"，又音丁牒反。

② 应劭曰："古官。傅者，覆也。"瓒曰："《大戴礼》曰'傅之德义'。"

③ [索隐]曰：韦昭云："辟阳，信都之县名。"

　　四月，太后欲侯诸吕，乃先封高祖之功臣郎中令无择①为博城
侯。②鲁元公主薨，赐谥为鲁元太后。子偃为鲁王。鲁王父，宣平侯
张敖也。封齐悼惠王子章为朱虚侯，③以吕禄女妻之。齐丞相寿为
平定侯。④少府延为梧侯。⑤乃封吕种为沛侯，⑥吕平为扶柳侯，⑦
张买为南宫侯。⑧

　　①徐广曰"姓冯。"

　　②〔正义〕曰：《括地志》云："兖州博城，本汉博城县城。"

　　③〔索隐〕曰：虚，音墟，琅邪县也。〔正义〕曰：《括地志》云："朱虚故城在青
　　　州临朐县东六十里，汉朱虚也。《十三州志》云丹朱游故虚，故云朱虚
　　　也。"虚犹丘也，朱犹丹也。

　　④徐广曰："姓齐。"

　　⑤徐广曰："姓阳成也。延以军匠起，作宫筑城也。"

　　⑥徐广曰："释之之子也。"〔正义〕曰：《括地志》云："徐州沛县右城也。"

　　⑦徐广曰："吕后姊子也。母字长姁。"〔正义〕曰：《括地志》云："扶柳故城
　　　在冀州信都县西三十里，汉扶柳县也。有泽，泽中多柳，故曰扶柳。"

　　⑧徐广曰："其父越人，为高祖骑将。"

　　太后欲王吕氏，先立孝惠后宫子强为淮阳王，①子不疑为常山
王，②子山为襄成侯，③子朝为轵侯，④子武为壶关侯。太后风大
臣，大臣请立郦侯吕台为吕王，⑤太后许之。建成康侯释之卒，嗣子
有罪废，立其弟吕禄⑥为胡陵侯，⑦续康侯后。

　　①韦昭曰："今陈留郡。"

　　②〔正义〕曰：《括地志》云："常山故城在恒州真定县南八里，本汉东垣邑
　　　也。"

　　③〔索隐〕曰：按：下文更名义，又改名弘农。《汉书》襄成侯唯云名弘，盖史
　　　省文耳。按志，襄城属颍川。

　　④〔索隐〕曰：韦昭云河内有轵县，音纸。〔正义〕曰：《括地志》云："故轵城
　　　在怀州终原县东南十三里，七国时魏邑。"

　　⑤〔正义〕曰：初吕台为吕王，后吕产王梁，更名梁曰吕。

　　⑥徐广曰："释之少子。"

　　⑦〔正义〕曰：县名，属山阳，章帝改曰胡陆。

　　二年，常山王薨，以其弟襄成侯山为常山王，更名义。十一月，

吕王台薨，谥为肃王。太子嘉代立为王。

　　三年，无事。①

　　①《汉书》云："秋星昼见。"

　　四年，封吕媭为临光侯，吕他为俞侯，①吕更始为赘其侯，②吕
忿为吕成侯，③及诸侯丞相五人。④

　　①[索隐]曰：他，音陁。俞音输。[正义]曰：《括地志》云："故饰城在德州平
　　　原县西南三十里，本汉饰县，吕他邑也。"

　　②徐广曰："表云吕后弟子淮阳丞相吕胜为赘其侯。"[索隐]曰：按表，赘
　　　其在临淮。

　　③[正义]曰：《括地志》云："故吕城在邓州南阳阳县西三十里，吕尚先祖
　　　封。"

　　④徐广曰："中邑侯朱通、山都侯王恬开、松兹侯徐厉、滕侯吕更始、醴陵
　　　侯越。"

　　宣平侯女为孝惠皇后时，无子，详为有身，取美人子名之，①杀
其母，立所名子为太子。孝惠崩，太子立为帝。帝壮，或闻其母死，
非真皇后子。乃出言曰："后安能杀吾母而名我？我未壮，壮即为
变。"太后闻而患之，恐其为乱，乃幽之永巷中，言帝病甚，左右莫得
见。太后曰："凡有天下治为万民命②者，盖之如天，容之如地，上有
欢心以安百姓，百姓欣然以事其上，欢欣交通而天下治。今皇帝病
久不已，乃失惑悖乱，不能继嗣奉宗庙祭祀，不可属天下，其代之。"
群臣皆顿首言："皇太后为天下齐民计所以安宗庙社稷甚深，群臣
顿首奉诏。"帝废位，太后幽杀之。五月丙辰，立常山王义为帝，更名
曰弘。不称元年者，以太后称天下事也。以轵侯朝为常山王。置太
尉官，绛侯勃为太尉。

　　①[正义]曰：刘伯庄云："诸美人元幸吕氏，怀身而入宫生子。"

　　②徐广曰："一无此字。"

　　五年八月，淮阳王薨，以弟壶关侯武为淮阳王。

　　六年十月，太后曰吕王嘉居处骄恣，废之，以肃王台弟吕产为
吕王。夏，赦天下。封齐悼惠王子兴居为东牟侯。①

　　①[索隐]曰：韦昭云："东莱县。"

　　七年正月，太后召赵王友。友以诸吕女为后，弗爱，爱他姬，诸
吕女妒，怒去谗之于太后，诬以罪过，曰"吕氏安得王！太后百岁后
吾必击之。"太后怒，以故召赵王。赵王至，置邸不见，令卫围守之，
弗与食。其群臣或窃馈，则捕论之。赵王饿，乃歌曰："诸吕用事兮
刘氏危，迫胁王侯兮强授我妃。我妃既妒兮诬我以恶，谗女乱国兮
上曾不寤。我无忠臣兮何故弃国？自决中野兮苍天举直？①于嗟不
可悔兮宁早自财，为王而饿死兮谁者怜之？吕氏绝理兮托天报仇！"
丁丑，赵王幽死，以民礼葬之长安民冢次。己丑，日食，昼晦。太后
恶之，心不乐，乃谓左右曰："此为我也。"

　　①徐广曰："举，一作'与'。"

　　二月，徙梁王恢为赵王。吕王产徙为梁王。梁王不之国，为帝
太傅。立皇子平昌侯太为吕王。更名梁曰吕，吕曰济川。太后女弟
吕嬃，①有女为营陵侯刘泽妻，泽为大将军。太后王诸吕，恐即崩后
刘将军为害，乃以刘泽为琅邪王，以慰其心。梁王恢之徙王赵，心怀
不乐。太后以吕产女为赵王后。王后从官皆诸吕，擅权，微伺赵王，
赵王不得自恣。王有所爱姬，王后使人鸩杀之。王乃为歌诗四章，
令乐人歌之。王悲，六月即自杀。太后闻之，以为王用妇人弃宗庙
礼，废其嗣。宣平侯张敖卒，以子偃为鲁王，敖赐谥为鲁元王。

　　①[索隐]曰：韦昭云："樊哙妻，封临光侯。"

　　秋，太后使使告代王，欲徙王赵。代王谢，愿守代边。太傅产、
丞相平等言，武信侯吕禄①上侯，位次第一，②请立为赵王。太后许
之，追尊禄父康侯为赵昭王。九月，燕灵王建薨，有美人子，太后使
人杀之，无后，国除。

　　①徐广曰："吕后兄子也。前封胡陵侯，盖号曰武信。"

　　②如淳曰："功大者位在上，《功臣侯表》有第一第二之次也。"

　　八年十月，立吕肃王子东平侯吕通为燕王，封通弟吕庄为东平
侯。

三月中,吕后祓。还①过轵道,见物如苍犬,据②高后掖,忽弗复见。卜之,云赵王如意为祟。高后遂病掖伤。

①[正义]曰:祓,芳弗反,又音废。后同。

②徐广曰:"音戟。"

高后为外孙鲁元王偃年少,早失父母,孤弱,乃封张敖前姬两子,侈为新都侯,寿为乐昌侯,①以辅鲁元王偃。及封中大谒者张释为建陵侯,②吕荣为祝兹侯。③诸中宦者令丞皆为关内侯,食邑五百户。④

①徐广曰:"今细阳之池阳乡。"

②徐广曰:"一云张释卿。"骃案:如淳曰:"《百官表》'谒者掌宾赞受事。'灌婴为中谒者。后常以奄人为之,诸官加'中'者多奄人也。"

③徐广曰:"吕后昆弟子。"

④如淳曰:"列侯出关就国,关内侯但爵其身,有加异者,与关内之邑,食其租税也。《风俗通义》曰:'秦时六国未平,将帅皆家关中,称关内侯。'"

七月中,高后病甚。乃令赵王吕禄为上将军,军北军;吕王产居南军。吕太后诫产、禄曰:"高帝已定天下,与大臣约曰'非刘氏王者天下共击之'。今吕氏王,大臣弗平。我即崩,帝年少,大臣恐为变。必据兵卫宫,慎毋送丧,毋为人所制。"辛巳,高后崩,遗诏赐诸侯王各千金,①将相列侯郎吏皆以秩赐金。大赦天下。以吕王产为相国,以吕禄女为帝后。高后已葬,②以左丞相审食其为帝太傅。

①蔡邕曰:"皇子封为王者,其实古诸侯也。加号称王,故谓之诸侯王。王子封为侯者,谓之诸侯。"

②皇甫谧曰:"合葬长陵。"《皇览》曰:"高帝、吕后,山各一所也。"

朱虚侯刘章有气力,东牟侯兴居其弟也,皆齐哀王弟,居长安。当是时,诸吕用事擅权,欲为乱,畏高帝故大臣绛、灌等,未敢发。朱虚侯妇吕禄女,阴知其谋。恐见诛,乃阴令人告其兄齐王,欲令发兵西诛诸吕而立。朱虚侯欲从中与大臣为应。齐王欲发兵,其相弗听。八月丙午,齐王欲使人诛相,相召平乃反,举兵欲围王,王因杀其相,遂发兵东,诈夺琅邪王兵,并将之而西。语在《齐王》语中。齐王

乃遗诸侯王书曰："高帝平定天下,王诸子弟,悼惠王王齐。悼惠王
薨,孝惠帝使留侯良立臣为齐王。孝惠崩,高后用事,春秋高,听诸
吕,擅废帝更立。又比杀三赵王,①灭梁、赵、燕以王诸吕,分齐为
四。忠臣进谏,上惑乱弗听。今高后崩,而帝春秋富,未能治天下,
固恃大臣诸侯。而诸吕又擅自尊官,聚兵严威,劫列侯忠臣,矫制以
令天下,宗庙所以危!寡人率兵,入诛不当为王者。"汉闻之,相国吕
产等乃遣颍阴侯灌婴将兵击之。灌婴至荥阳,乃谋曰:"诸吕权兵关
中,欲危刘氏而自立。今我破齐还报,此益吕氏之资也。"乃留屯荥
阳,使使谕齐王及诸侯,与连和,以待吕氏变,共诛之。齐王闻之,乃
还兵西界待约。

　　①〔索隐〕曰:比,音如字。比犹类也。赵隐王如意、赵幽王友、赵王恢,是三
　　　赵王也。

　　吕禄、吕产欲发乱关中,内惮绛侯、朱虚等,外畏齐、楚兵,又恐
灌婴畔之,欲待灌婴丘与齐合而发,犹豫未决。①当是时,济川王
太、淮阳王武、常山王朝名为少帝弟,及鲁元王吕后外孙,皆年少未
之国,居长安。赵王禄、梁王产各将兵居南北军,皆吕氏之人。列侯
群臣莫自坚其命。

　　①〔索隐〕曰:犹,邹音以兽反。与,音预,又作"豫"。崔浩云:"犹,猿类也。
　　　卬鼻,长尾,性多疑。"又《说文》云"犹,兽名,多疑,"故比之也。按:狐性
　　　亦多疑,度水而听水声,故云"狐疑"也。今解者又引《老子》"与犹予冬
　　　涉川,犹予若畏四邻",故以为"犹与"。且按狐听水,而此云犹予冬涉
　　　川,则"犹与"是狐类不疑。若畏四邻,则犹定是兽,自不保同类,故云
　　　"畏四邻"也。

　　太尉绛侯勃不得入军中主兵。曲周侯郦商老病,其子寄与吕禄
善。绛侯乃与丞相陈平谋,使人劫郦商,令其子寄往绐说吕禄曰:
"高帝与吕后共定天下,刘氏所立九王,①吕氏立三王,②皆大臣之
议,事已布告诸侯,诸侯皆以为宜。今太后崩,帝少,而足下佩赵王
印,不急之国守藩,乃为上将将兵留此,为大臣诸侯所疑。足下何不
归将印,以兵属太尉?请梁王归相国印,与大臣盟而之国,齐兵必

罢,大臣得安,足下高枕而王千里,此万世之利也。"吕禄信然其计,欲归将印,以兵属太尉。使人报吕产及诸吕老人,或以为便,或曰不便,计犹豫未有所决。吕禄信郦寄,时与出游猎。过其姑吕媭,媭大怒曰:"若为将而弃军,吕氏今无处矣!"③乃悉出珠玉宝器散堂下,曰:"毋为他人守也!"左丞相食其免。

①[索隐]曰:吴、楚、齐、淮南、琅邪、代、常山王朝、淮阳王武、济川王太,是九王也。

②[索隐]曰:梁王产、赵王禄、赵王通也。

③[索隐]曰:颜师古以为言见诛灭,无处所也。

　　八月庚申旦,平阳侯窋行御史大夫事,见相国产计事。郎中令贾寿使从齐来,因数产曰:"王不早之国,今虽欲行,尚可得邪?"具以灌婴与齐楚合从,欲诛诸吕告产,乃趣产急入宫。平阳侯颇闻其语,乃驰告丞相、太尉。太尉欲入北军,不得入。襄平侯通①尚符节,②乃令持节矫内太尉北军。太尉复令郦寄与典客刘揭③先说吕禄曰:"帝使太尉守北军,欲足下之国,急归将印辞去,不然,祸且起。"吕禄以为郦兄④不欺己,遂解印属典客,而以兵授太尉。太尉将之入军门,行令军中曰:"为吕氏右袒,为刘氏左袒。"军中皆左袒为刘氏。太尉行至,将军吕禄亦已解上将印去,太尉遂将北军。然尚有南军。平阳侯闻之,以吕产谋告丞相平,丞相平乃召朱虚侯佐太尉。太尉令朱虚侯监军门。令平阳侯告卫尉毋入相国产殿门。吕产不知吕禄已去北军,乃入未央宫,欲为乱,殿门弗得入,裴徊往来。平阳侯恐弗胜,驰语太尉。太尉尚恐不胜诸吕,未敢讼言诛之,⑤乃遣朱虚侯谓曰:"急入宫卫帝。"朱虚侯请卒,太尉予卒千余人。入未央宫门,遂见产廷中。日餔时,遂击产。产走,天风大起,以故其从官乱,莫敢斗。逐产,杀之郎中府吏厕中。⑥

①徐广曰:"姓纪。"

②张晏曰:"纪信子也。尚,主也。今符节令。"[索隐]曰:张晏云:"纪信子。"又晋灼云:"信被焚死,不见有后。按《功臣表》襄平侯纪通,父成以将军定三秦,死事,子侯。"则通非信子,张说谬误。

③《汉书·百官表》曰:"典客,秦官也。掌诸侯、归义蛮夷。"

④徐广曰:"音况,字也。名寄。"

⑤徐广曰:"讼,一作'公'。"骃案:韦昭曰"讼犹公也。"[索隐]曰:韦昭以
　讼为公,徐广亦云然,盖公为得之。公言,犹明言也。又解者云讼,诵说
　也。

⑥如淳曰:"《百官表》郎中令掌宫殿门户,故其府在宫中,后转为光禄勋
　也。"

朱虚侯已杀产,帝命谒者持节劳朱虚侯。朱虚侯欲夺节信,谒
者不肯,朱虚侯则从与载,因节信驰走,斩长乐卫尉吕更始。还,驰
入北军,报太尉。太尉起,拜贺朱虚侯曰:"所患独吕产,今已诛,天
下定矣。"遂遣人分部悉捕诸吕男女,无少长皆斩之。辛酉,捕斩吕
禄,而笞杀吕媭。使人诛燕王吕通,而废鲁王偃。壬戌,以帝太傅食
其复为左丞相。戊辰,徙济川王王梁,立赵幽王子遂为赵王。遣朱
虚侯章以诛诸吕氏事告齐王,令罢兵。灌婴兵亦罢荥阳而归。

诸大臣相与阴谋曰:"少帝及梁、淮阳、常山王,皆非真孝惠子
也。吕后以计诈名他人子,杀其母,养后宫,令孝惠子之,立以为后
及诸王,以强吕氏。今皆已夷灭诸吕,而置所立,即长用事,吾属无
类矣。不如视诸王最贤者立之。"或言:"齐悼惠王高帝长子,今其嫡
子为齐王,推本言之高帝嫡长孙,可立也。"大臣皆曰:"吕氏以外家
恶而几危宗庙,乱功臣。今齐王母家驷,驷钧恶人也,即立齐王,则
复为吕氏。"欲立淮南王,以为少,母家又恶。乃曰:"代王方今高帝
见子,最长,仁孝宽厚。太后家薄氏谨良。且立长故顺,以仁孝闻于
天下,便。"乃相与共阴使人召代王。代王使人辞谢。再反,然后乘
六乘传。①后九月②晦日己酉,至长安,舍代邸。大臣皆往谒,奉天
子玺上代王,共尊立为天子。代王数让,群臣固请,然后听。

①张晏曰:"备汉朝有变,欲驰还也。或曰传车六乘。"

②文颖曰:"即闰九月也。时律历废,不知闰,谓之'后九月'也。以十月为
　岁首,至九月则岁终,后九月则闰月。"

东牟侯兴居曰:"诛吕氏吾无功,请得除宫。"乃与太仆汝阴侯

滕公入宫，前谓少帝曰："足下非刘氏，不当立。"乃顾麾左右执戟者掊兵罢去。①有数人不肯去兵，宦者令张泽谕告，亦去兵。滕公乃召乘舆车载少帝出。②少帝曰："欲将我安之乎？"滕公曰："出就舍。"舍少府乃奉天子法驾，③迎代王于邸。报曰："宫谨除。"代王即夕入未央宫。有谒者十人持戟卫端门曰："天子在也，足下何为者而入？"代王乃谓太尉。太尉往谕，谒者十人皆掊兵而去，代王遂入而听政。夜，有司分部诛灭梁、淮阳、常山王及少帝于邸。

①徐广曰："掊，音仆。"

②蔡邕曰："律曰'敢盗乘舆服御物。'天子至尊，不敢渫渎言之，故托于乘舆也。乘犹载也，舆犹车也。天子以天下为家，不以京师宫室为常处，则当乘车舆以行天下，故群臣托乘舆以言之也，故或谓之'车驾'。"

③蔡邕曰："天子有大驾、小驾、法驾。上乘金根车，驾六马；有五时副车，驾四马；侍中参乘，属三十六乘。"

代王立为天子。二十三年崩，谥为孝文皇帝。

太史公曰：孝惠皇帝、高后之时，黎民得离战国之苦，君臣俱欲休息乎无为，故惠帝垂拱，高后女主称制，政不出房户，天下晏然。刑罚罕用，罪人是希。民务稼穑，衣食滋殖。

索隐述赞曰：高祖犹微，吕氏作妃。及正轩掖，尚私食其。志怀安忍，性挟猜疑。置鸩齐悼，残戏戚姬。孝惠崩殂，其哭不悲。诸吕用事，天下示私。大臣菹醢，支孽芟夷。祸盈斯验，苍狗为灾。

史记卷一〇
本纪第一〇

孝文

　　孝文皇帝，①高祖中子也。高祖十一年春，已破陈豨军，定代地，立为代王，都中都。②太后薄氏子。即位十七年，高后八年七月，高后崩。九月，诸吕吕产等欲为乱，以危刘氏，大臣共诛之，谋召立代王，事在《吕后》语中。

　　①《汉书音义》曰："讳恒。"
　　②［正义］曰：《括地志》云："中都故城在汾州平遥县西南十二里，秦属太原郡也。"

　　丞相陈平、太尉周勃等使人迎代王。代王问左右郎中令张武等。张武等议曰："汉大臣皆故高帝时大将，习兵，多谋诈，此其属意非止此也，特畏高帝、吕太后威耳。今已诛诸吕，新啑血京师，①此以迎大王为名，实不可信。愿大王称疾毋往以观其变。"中尉宋昌进曰：②"群臣之议皆非也。夫秦失其政，诸侯豪杰并起，人人自以为得之者以万数，然卒践天子之位者刘氏也，天下绝望，一矣。高帝封王子弟，地犬牙相制，③此所谓磐石之宗也。④天下服其强，二矣。汉兴，除秦苛政，约法令，施德惠，人人自安，难动摇，三矣。夫以吕太后之严，立诸吕为三王，擅权专制，然而太尉以一节入北军，⑤一呼士皆左袒，为刘氏，叛诸吕，卒以灭之。此乃天授，非人力也。今大臣虽欲为变，百姓弗为使，其党宁能专一邪？方今内有朱虚、东牟之亲，外畏吴、楚、淮南、琅邪、齐、代之强。方今高帝子独淮南王与

大王,大王又长,贤圣仁孝,闻于天下,故大臣因天下之心而欲迎立
大王,大王勿疑也。"代王报太后计之,犹未决定。卜之龟,卦兆得大
横。⑥占曰:"大横庚庚,余为天王,夏启以光。"⑦代王曰:"寡人固
已为王矣,又何王?"卜人曰:"所谓天王者,乃天子。"于是代王乃遣
太后弟薄昭往见绛侯,绛侯等具为昭言所以迎立王意。薄昭还报
曰:"信矣!毋可疑者。"代王乃笑谓宋昌曰:"果如公言。"乃命宋昌
参乘,张武等六人乘传诣长安。

①《公羊传》曰:"京,大;师,众也。天子之居,必以众大之辞言也。"[索隐]
　曰:《汉书》啑作"喋",音跕,丁牒反。《汉书》陈汤杜业皆言喋血,无盟歃
　事。《广雅》云:喋,履也",谓履涉之。

②[索隐]曰:《东观汉记·宋杨传》宋义后有宋昌。又《会稽典录》昌,宋义
　孙也。

③[索隐]曰:言封子弟境土交接,若犬之牙不正相当而相衔入也。

④[索隐]曰:言其固如磐石,此语见《太公六韬》。

⑤[索隐]曰:即纪通所矫帝之节。

⑥应劭曰:"以荆灼龟,文正横。"

⑦服虔曰:"庚,横貌也。"李奇曰:"庚,其繇文也。"张晏曰:"横行无思不
　服。庚,更也。言去诸侯而即帝位也。先是五帝官天下,老则禅贤,王启
　始传父爵,乃能光治先君之基业。文帝亦袭父迹,言似夏启者也。"[索
　隐]曰:荀悦云:"大横,龟兆横理也。"按:庚犹更,言以诸侯更帝位也。
　繇,抽也,所以抽出吉凶之情也。杜预云:"繇,兆辞也,音胄。"《汉书》盖
　宽饶云:"五帝官天下,三王家天下,官以传贤人,家以传子孙。"官犹公
　也,谓不私也。

　　至高陵休止,①而使宋昌先驰之长安观变。昌至渭桥,②丞相
以下皆迎。宋昌还报。代王驰至渭桥,群臣拜谒称臣。代王下车拜。
太尉勃进曰:"愿请间言。"③宋昌曰:"所言公,公言之。所言私,王
者不受私。"太尉乃跪上天子玺符。代王谢曰:"至代邸而议之。"④
遂驰入代邸。群臣从至。丞相陈平、太尉周勃、大将军陈武、御史大
夫张苍、宗正刘郢、⑤朱虚侯刘章、东牟侯刘兴居、典客刘揭皆再拜
言曰:"子弘等皆非孝惠帝子,不审奉宗庙。臣谨请与阴安侯⑥列侯

顷王后⑦与琅邪王、宗室、大臣、列侯、吏二千石议曰：'大王高帝长子，宜为高帝嗣。'愿大王即天子位。"代王曰："奉高帝宗庙，重事也。寡人不佞，不足以称宗庙。愿请楚王计宜者，⑧寡人不敢当。"群臣皆伏固请。代王西乡让者三，南乡让者再。⑨丞相平等皆曰："臣伏计之：大王奉高帝宗庙最宜称，虽天下诸侯万民以为宜。臣等为宗庙社稷计，不敢忽。愿大王幸听臣等。臣谨奉天子玺符再拜上。"代王曰："宗室将相王列侯以为莫宜寡人，寡人不敢辞。"遂即天子位。群臣以礼次侍。乃使太仆婴与东牟侯兴居清宫，⑩奉天子法驾，迎于代邸。⑪皇帝即日夕入未央宫。乃夜拜宋昌为卫将军，镇抚南北军。以张武为郎中令，行殿中。还坐前殿。

①［正义］曰：《括地志》云："高陵故城在雍州高陵县西南一里，本名横桥，架渭水上。《三辅旧事》云秦于渭南有舆宫，渭北有咸阳宫。秦昭王欲通二宫之间，造横长桥三百八十步，桥北京石水中，旧有留神象。此神曾与鲁班语，班令其出，留曰：'我貌丑，卿善图物容，不出。'班于是拱手与语曰：'出头见我。'留乃出首。班以脚画地，忖留觉之，便没水。故置其象于水上，唯有腰以上。魏太祖马见而惊，命移下之。"

②苏林曰："在长安北三里。"［索隐］曰：《三辅故事》："咸阳宫在渭北，兴乐宫在渭南，秦昭王通两宫之间，作渭桥，长三百八十步。"又《关中记》云石柱以北属扶风，石柱以南属京兆也。

③［索隐］曰：包恺音闲，言欲向空间处语。颜师古云："间，容也，犹言中间。请容暇之顷，当有所陈，不欲即公论也。"

④［索隐］曰：《说文》云："邸，属国舍。"

⑤《汉书·百官表》曰："宗正，秦官。"应劭曰："周成王时，彤伯入为宗正。"

⑥苏林曰："高帝兄伯妻羹颉侯终母，丘嫂也。"

⑦徐广曰："代顷王刘仲之妻。"骃案：苏林曰"仲子濞为吴王，故追谥为顷王"也。如淳曰："顷王后封阴安侯，时吕婴为林光侯，萧何夫人亦为酂侯。"又《宗祠表》此时无阴安，知其为顷王后也。［索隐］曰：按：苏林、徐广、韦昭以为二人封号，而乐彦、如淳以顷王后别封阴安侯，与《汉祠令》相会。今以阴安是别人封爵，非也。顷王后是代顷王后，文帝之伯母。代王降为郃阳侯，故云"列侯顷王后。"韦昭曰"阴安属魏郡"也。

⑧苏林曰："楚王名交,高帝弟。"[索隐]曰:交,高帝弟,最尊。言更请楚王计宜者,故下云"皆为宜"也。

⑨如淳曰："让群臣也。或曰宾主位东西面,君臣位南北面,故西坐,三让不受,群臣犹称宜,乃更回坐,示变即君位之渐也。"

⑩应劭曰："旧典,天子行幸所至,必遣静宫令先案行清静殿中,以虞非常。"[索隐]曰:按《汉仪》云:"皇帝起居,索室清宫而后行。"

⑪[索隐]曰:《汉官仪》云:"天子卤簿有大驾、法驾、小驾。大驾公卿奉引,大将军参乘,属车八十一乘。法驾公卿不在卤簿中,惟京兆尹、执金吾、长安令奉引,侍中参乘,属车三十六乘。"

　　于是夜下诏书曰:"间者诸吕用事擅权,谋为大逆,欲以危刘氏宗庙。赖将相列侯宗室大臣诛之,皆伏其辜。朕初即位,其赦天下,赐民爵一级,女子百户牛酒,①酺五日。"②

①苏林曰："男赐爵,女子赐牛酒。"[索隐]曰:按《封禅书》云:"百户牛一头,酒十石。"乐彦云:"妇人无夫或无子不沾爵,故赐之。"

②文颖曰："汉律,三人已上无故群饮,罚金四两。今诏横赐得令会聚饮食五日。"[索隐]曰:《说文》云:"酺,王者布德,大饮酒也。"出钱为酾,出食为酺。又按:赵武灵王灭中山,酺五日,是其所起远也。

　　孝文皇帝元年十月庚戌,徙立故琅邪王泽为燕王。辛亥,皇帝即阼,①谒高庙。右丞相平②徙为左丞相,太尉勃为右丞相,大将军灌婴为太尉。诸吕所夺齐楚故地,皆复与之。壬子,遣车骑将军薄昭迎皇太后于代。皇帝曰:"吕产自置为相国,吕禄为上将军,擅矫遣灌将军婴将兵击齐,欲代刘氏,婴留荥阳弗击,与诸侯合谋以诛吕氏。吕产欲为不善,丞相陈平与太尉周勃谋夺吕产等军。朱虚侯刘章首先捕吕产等。太尉身率襄平侯通持节承诏入北军。典客刘揭身夺赵王吕禄印。益封太尉勃万户,赐金五千斤。丞相陈平、灌将军婴邑各三千户,金二千斤。朱虚侯刘章、襄平侯通、东牟侯刘兴居邑各二千户,金千斤。③封典客揭为阳信侯,④赐金千斤。"

①[正义]曰:主人阶也。

②[正义]曰:此时尚右。

③徐广曰："十一月辛丑。"

④[索隐]曰：韦昭云勃海县。[正义]曰：《括地志》云："阳信故城在沧州无
　棣县东南三十里，汉阳信县。"

　　十二月，上曰："法者治之正也，所以禁暴而率善人也。今犯法
已论，而使母罪之父母妻子同产坐之，及为收帑，朕甚不取。其议
之。"有司皆曰："民不能自治，故为法以禁之。相坐坐收，所以累其
心，使重犯法，所从来远矣。如故便。"上曰："朕闻：法正则民悫，罪
当则民从。且夫牧民而导之善者，吏也。其既不能导，又以不正之
法罪之，是反害于民为暴者也。何以禁之？朕未见其便，其熟计之。"
有司皆曰："陛下加大惠，德甚盛，非臣等所及也。请奉诏书，除收帑
诸相坐律令。"①

①应劭曰："帑，子也。秦法一人有罪，并坐其家室。今除此律。"

　　正月，有司言曰："蚤建太子，所以尊宗庙。请立太子。"上曰：
"朕既不德，上帝神明未歆享，天下人民未有嗛志。①今纵不能博求
天下贤圣有德之人而禅天下焉，而曰豫建太子，是重吾不德也。谓
天下何？其安之。"②有司曰："豫建太子，所以重宗庙社稷，不忘天
下也。"上曰："楚王，季父也，春秋高，阅天下之义理多矣，③明于国
家之大体。吴王于朕，兄也，惠仁以好德。淮南王，弟也，秉德以陪
朕，④岂为不豫哉！诸侯王宗室昆弟有功臣，多贤及有德义者，若举
有德以陪朕之不能终，是社稷之灵，天下之福也。今不选举焉，而曰
必子，人其以朕为忘贤有德者而专于子，非所以忧天下也。朕甚不
取也。"有司皆固请曰："古者殷周有国，治安皆千余岁，古之有天下
者莫不长焉，用此道也。⑤立嗣必子，所从来远矣。高帝亲率士大
夫，始平天下，建诸侯，为帝者太祖。诸侯王及列侯始受国者，皆亦
为其国祖。子孙继嗣，世世弗绝，天下之大义也。故高帝设之，以抚
海内。今释宜建，而更选于诸侯及宗室，非高帝之志也。更议，不
宜。⑥子某最长，纯厚慈仁，请建以为太子。"上乃许之。因赐天下民
当代父后者爵各一级。⑦封将军薄昭为轵侯。⑧

①[索隐]曰：嗛者，不满之意也。未有嗛志，言天下皆志不满也。《汉书》

"嗛"作"慊",音箧。

②[索隐]曰:言何以谓于天下也。其,发声也。安者,徐也。言徐徐且待也。

③如淳曰:"阅,犹言多所更历也。"

④文颖曰:"陪,辅也。"

⑤[索隐]曰:言古之有天下者,无长于立子,故云"莫长焉"。用此道者,用殷周立子之道,故安治千有余岁也。

⑥[索隐]曰:言不宜更别议。

⑦韦昭曰:"文帝以立子为后,不欲独飨其福,故赐天下为父后者爵。"

⑧徐广曰:"正月乙巳也。"

三月,有司请立皇后。薄太后曰:"诸侯皆同姓,立太子母为皇后。"①皇后姓窦氏。上为立后故,赐天下鳏寡孤独穷困及年八十已上、孤儿九岁已下布帛米肉各有数。

①[索隐]曰:谓帝之子为诸侯王,皆同姓。姓,生也。言皆同母生,故立太子母也。

上从代来,初即位,施德惠天下,填抚诸侯四夷皆洽欢,乃循从代来功臣。上曰:"方大臣之诛诸吕迎朕,朕狐疑,皆止朕,唯中尉宋昌劝朕,朕以得保奉宗庙。已尊昌为卫将军,其封昌为壮武侯。①诸从朕六人,官皆至九卿。"②上曰:"列侯从高帝入蜀、汉中者六十八人,皆益封各三百户;故吏二千石以上从高帝颍川守尊等十人食邑六百户;淮阳守申徒嘉等十人五百户;卫尉定等十人四百户。封淮南王舅父赵兼为周阳侯,③齐王舅父驷钧为清郭侯。"④秋,封故常山丞相蔡兼为樊侯。⑤

①徐广曰:"四月辛亥封,封三十四年,景帝中四年夺侯,国除。"[索隐]曰:韦昭云胶东也。[正义]曰:《括地志》云:"壮武故城在莱州即墨县西六十里,古莱夷国,有汉壮武县故城。"

②[正义]曰:汉置九卿,一曰太常,二曰光禄,三曰卫尉,四曰太仆,五曰廷尉,六曰大鸿胪,七曰宗正,八曰大司农,九曰少府,是为九卿也。

③[正义]曰:《括地志》云:"周阳故城在绛州闻喜县东二十九里。"

④如淳曰:"邑名,六国时齐有清郭君。清,音静。"[索隐]曰:按表,驷钧封邹侯。不同者,盖后徙封于邹。邹属巨鹿。

⑤[索隐]曰:韦昭云:"樊,东平县名。"[正义]曰:《括地志》云:"汉樊县城

在兖州瑕丘西南二十五里。《地理志》云樊县古樊国,仲山甫所封。"

人或说右丞相曰:"君本诛诸吕,迎代王,今又矜其功,受上赏,处尊位,祸且及身。"右丞相勃乃谢病免罢,左丞相平专为丞相。①

①徐广曰:"八月中。"

二年十月,丞相平卒,复以绛侯勃为丞相。上曰:"朕闻古者诸侯建国千余岁,各守其地,以时入贡,民不劳苦,上下欢欣,靡有遗德。今列侯多居长安,邑远,吏卒给输费苦,而列侯亦无由教驯其民。①其令列侯之国,为吏及诏所止者,遣太子。"②

①[正义]曰:"驯",古"训"字。

②张晏曰:"为吏,谓以卿大夫为兼官者。诏所止,特以恩爱见留者。"

十一月晦,日有食之。①十二月望,日又食。②上曰:"朕闻之:天生蒸民,为之置君以养治之。人主不德,布政不均,则天示之以灾,以诫不治。乃十一月晦,日有食之,适见于天,灾孰大焉!朕获保宗庙,以微眇之身托于兆民君王之上,天下治乱在朕一人,唯二三执政犹吾股肱也。朕下不能理育群生,上以累三光之明,其不德大矣!令至,其悉思朕之过失,及知见思之所不及,白以告朕。及举贤良方正能直言极谏者,以匡朕之不逮。因各饬其任职,务省繇费以便民。朕既不能远德,故惘然念外人之有非,③是以设备未息。今纵不能罢边屯戍,而又饬兵厚卫,其罢卫将军军。太仆见马遗财足,④余皆以给置传。"⑤

①[正义]曰:按:《说文》云日蚀则朔,月蚀则望。而云晦日蚀之,恐历错误。

②徐广曰:"此云望日又食。案《汉书》及《五行志》无此日食文也。一本作'月食',然史书不纪月食。"

③《汉书音义》曰:"惘然,犹介然也。非,奸非也。"[索隐]曰:苏林云"惘,寝视不安之貌",盖近其意。余说皆疏。音下板反。

④[索隐]曰:遗犹留也。财字与"才"同。言太仆见在之马,今留才足充事也。

⑤[索隐]曰:按:《广雅》云:"置,驿也。"《续汉书》云:"驿马三十里一置。"

故乐彦亦云传置一也。言乘传者以传次受名,乘置者以马取匹。传,音
丁恋反。如淳云:"律,四马高足为传置,四马中足为驰置,下足为乘置。
一马二马为轺置,急乘一马曰乘也。"

正月,上曰:"农,天下之本。其开籍田,①朕亲率耕,以给宗庙
粢盛。"②

①应劭曰:"古者天子耕籍田千亩,为天下先。籍者,帝王典籍之常。"韦昭
　曰:"籍,借也。借民力以治之,以奉宗庙,且以劝率天下,使务农也。"瓒
　曰:"景帝诏曰'朕亲耕,后亲桑,为天下先。'本以躬亲为义,不得以假
　借为称也。籍,蹈籍也。"

②应劭曰:"黍稷曰粢,在器中曰盛。"

三月,有司请立皇子为诸侯王。上曰:"赵幽王幽死,朕甚怜之,
已立其长子遂为赵王。遂弟辟强及齐悼惠王子朱虚侯章、东牟侯兴
居有功,可王。"乃立赵幽王少子辟强为河间王,以齐剧郡立朱虚侯
为城阳王,立东牟侯为济北王,皇子武为代王,子参为太原王,子揖
为梁王。

上曰:"古之治天下,朝有进善之旌,①诽谤之木,②所以通治
道而来谏者。今法有诽谤妖言之罪,是使众臣不敢尽情,而上无由
闻过失也。将何以来远方之贤良?其除之。民或祝诅上以相约结
而后相谩,③吏以为大逆,其有他言,而吏又以为诽谤。此细民之愚
无知,抵死,朕甚不取。自今以来,有犯此者勿听治。"九月,初与郡
国守相为铜虎符、竹使符。④

①应劭曰:"旌,幡也。尧设之五达之道,令民进善也。"如淳曰:"欲有进善
　者,立于旌下言之。"

②服虔曰:"尧作之,桥梁交午柱头。"应劭曰:"桥梁边板,所以书政治之
　愆失也。至秦去之,今乃复施也。"[索隐]曰:按:《尸子》云"尧立诽谤之
　木。"诽,音非,亦音沸。韦昭云:"虑政有阙失,使书于木,此尧时然也。
　后代因以为饰。今宫外桥梁头四柱木是。"郑玄注《礼》云:"一纵一横为
　午,谓以木贯表柱四出,即今之华表。"崔浩以为木贯柱四出名"桓",陈
　楚欲桓声近和,又云"和表",则"华"与"和"又相讹也。

③《汉书音义》曰:"民相结共祝诅上也。谩者,而后谩而止之,不毕祝诅

也。"[索隐]曰:韦昭云:"谩,相抵阑也。"《说文》云:"谩,欺也。"谓初相
约共行祝,后相欺诈,中道而止之也。

④应劭曰:"铜虎符第一至第五,国家当发兵,遣使者至郡合符,符合乃听
受之。竹使符皆以竹箭五枚,长五寸,镌刻篆书,第一至第五。"张晏:
"符以代古之珪璋,从简易也。"[索隐]曰:《汉旧仪》铜虎符发兵,长六
寸。竹使符出入征发。《说文》云符分而合之。小颜云:"右留京师,左与
之。"张晏云:"铜取其同心也。"

三年十月丁酉晦,日有食之。十一月,上曰:"前日计遣列侯之
国,或辞未行。丞相朕之所重,其为朕率列侯之国。"绛侯勃免丞相
就国,以太尉颍阴侯婴为丞相。罢太尉官,属丞相。四月,城阳王章
薨。淮南王长与从者魏敬杀辟阳侯审食其。五月,匈奴入北地,居
河南为寇。帝初幸甘泉。①

①蔡邕曰:"天子车驾所至,民臣以为侥幸,故曰幸。至见令长三老官属,
亲临轩,作乐,赐食帛越巾刀佩带,民爵有级数,或赐田租之半,故因是
谓之幸。"[索隐]曰:应劭云:"甘泉,宫名,在云阳。一名林光。"臣瓒云:
"甘泉,山名。林光,秦离宫名。"又顾氏按:邢承宗《西征赋注》云:"甘
泉,水名。"今按:因地有甘泉以名山,则山水皆通也。

六月,帝曰:"汉与匈奴约为昆弟,毋使害边境,所以输遗匈奴
甚厚。今右贤王离其国,将众居河南降地,非常故,往来近塞,捕杀
吏卒,驱保塞蛮夷,令不得居其故,陵轹边吏,入盗,甚敖无道,非约
也。其发边吏骑八万五千诣高奴,遣丞相颍阴侯灌婴击匈奴。"匈奴
去,发中尉①材官属卫将军军长安。辛卯,帝自甘泉之高奴,因幸太
原,见故群臣,皆赐之。举功行赏,诸民里赐牛酒。复晋阳中都民②
三岁。留游太原十余日。

①《汉书·百官表》曰:"中尉,秦官。"
②[正义]曰:故城在汾州平遥县西南十三里。

济北王兴居闻帝之代,欲往击胡,乃反,发兵欲袭荥阳。于是诏
罢丞相兵,遣棘蒲侯陈武为大将军,将十万往击之。祁侯贺①为将
军,军荥阳。七月辛亥,帝自太原至长安。乃诏有司曰:"济北王背

德反上,诖误吏民,为大逆。济北吏民兵未至先自定,及以军地邑降者,皆赦之,复官爵。与王兴居去,来亦赦之。"②八月,破济北军,虏其王。赦济北诸吏民与王反者。

①徐广曰:"姓缟,以文帝十一年卒,谥曰敬。"[索隐]曰:《汉书音义》祁音迟。贺姓缟。缟,古国,夏同姓也。[正义]曰:《括地志》云:"并州祁县城,晋大夫祁奚之邑。"

②徐广曰:"乍去乍来也。"骃案:张晏曰:"虽始与兴居反,今降,赦之。"

六年,有司言淮南王长废先帝法,不听天子诏,居处毋度,出入拟于天子,擅为法令,与棘蒲侯太子奇谋反,遣人使闽越及匈奴,发其兵,欲以危宗庙社稷。群臣议,皆曰:"长当弃市。"帝不忍致法于王,赦其罪,废勿王。群臣请处王蜀严道、邛都,①帝许之。长未到处所,行病死,上怜之。后十六年,追尊淮南王长谥为厉王。立其子三人为淮南王、②衡山王、③庐江王。④

①徐广曰:"《汉书》本或作'却'字,或直云'邛僰'。邛都乃本是西南夷,尔时未通,严道有邛僰山。"[正义]曰:邛,其恭反。《括地志》云:"严道今为县,即邛州所理县也,县有蛮夷曰道,故曰严道。邛都县本都国,汉为县,今嶲州也。《西南夷传》云'滇池以北君长以十数,邛都最大'是也。"按:群臣请处淮南王长蜀之严道,不尔,更远邛都西有邛僰山也。又云邛僰山在雅州荣经县界。荣经,武德年间置,本秦严地。《华阳国志》云:"邛筰山故邛人、筰人界也。山岩峭峻,曲回九折乃至上,下有凝冰。"桉即王尊登者也。今从九折西南行至嶲州,山多雨少晴,俗呼名为漏天。

②[索隐]曰:名安,阜陵侯也。

③[索隐]曰:名勃,安阳侯也。

④[索隐]曰:名赐,周阳侯也。

十三年夏,上曰:"盖闻天道:祸自怨起,而福繇德兴。百官之非,宜由朕躬。今秘祝之官移过于下,①以彰吾之不德,朕甚不取。其除之。"

①应劭曰:"秘祝之官移过于下,国家讳之,故曰秘。"

五月,齐太仓令淳于公有罪当刑,①诏岳逮徙系长安。太仓公无男,有女五人。太仓公将行会逮,骂其女曰:"生子不生男,有缓急非有益也!"其少女缇萦②自伤泣,乃随其父至长安,上书曰:"妾父为吏,齐中皆称其廉平,今坐法当刑。妾伤夫死者不可复生,刑者不可复属,虽复欲改过自新,其道无由也。妾愿没入为官婢,赎父刑罪,使得自新。"书奏天子,天子怜悲其意,乃下诏曰:"盖闻有虞氏之时,画衣冠异章服以为僇,③而民不犯。何则?至治也。今法有肉刑三,④而奸不止,其咎安在?非乃朕德薄而教不明欤?吾甚自愧。故夫驯道不纯而愚民陷焉。《诗》曰:'恺悌君子,民之父母。'今人有过,教未施而刑加焉,或欲改行为善而道毋由也,朕甚怜之。夫刑至断支体,刻肌肤,终身不息,何其楚痛而不德也!岂称为民父母之意哉?其除肉刑。"

①[索隐]曰:名意,为齐太仓令。故谓之仓公也。

②[索隐]曰:缇,音啼。邹氏音体也。

③[正义]曰:《晋书·刑法志》云:"三皇设言而民不违,五帝画衣冠而民知禁。犯黥者皂其巾;犯劓者丹其服;犯膑者墨其体;犯宫者杂其屦;大辟之罪,殊刑之极,布其衣裾而无领缘,投之于市,与众弃之。"

④李奇曰:"约法三章无肉刑,文帝则有肉刑。"孟康曰:"鲸劓二,左右趾合一,凡三。"[索隐]曰:韦昭云:"断趾、鲸、劓之属。"崔浩《汉律序》云"文帝除肉刑而宫不易。"张斐注云:"以淫乱人族类,故不易之也。"

上曰:"农,天下之本,务莫大焉。今勤身从事而有租税之赋,是为本末者毋以异,①其于劝农之道未备。其除田之租税。"

①李奇曰:"本,农也。末,贾也。言农与贾俱出租无异也。故除田租。"

十四年冬,匈奴谋入边为寇,攻朝那塞,杀北地都尉卬。①上乃遣三将军军陇西、北地、上郡,中尉周舍为卫将军,郎中令张武为车骑将军,军渭北,车千乘,骑卒十万。帝亲自劳军,勒兵申教令,赐军吏卒。帝欲自将击匈奴,群臣谏,皆不听。皇太后固要帝,②帝乃止。于是以东阳侯张相如为大将军,成侯赤③为内史,栾布为将军,击匈奴。匈奴遁走。

①徐广曰："姓孙。封其子单为瓶侯。匈奴所杀。"

②如淳曰："必不得自征也。"

③徐广曰："姓董也。"

春，上曰："朕获执牺牲珪币以事上帝宗庙，十四年于今，历日县长，以不敏不明而久抚临天下，朕甚自愧。其广增诸祀埠场珪币。昔先王远施不求其报，望祀不祈其福，右贤左戚，①先民后己，至明之极也。今吾闻祠官祝釐，②皆归福朕躬，不为百姓，朕甚愧之。夫以朕不德，而躬享独美其福，百姓不与焉，是重吾不德。其令祠官致敬，毋有所祈。"

①韦昭曰："右犹高，左犹下也。"〔索隐〕曰："刘德云：'先贤后亲也。'"

②如淳曰："釐，福也。《贾谊传》'受釐坐宣室'。"〔索隐〕曰：音禧，福也。

是时北平侯张苍为丞相，方明律历。鲁人公孙臣上书陈终始传五德事，①言方今土德时，土德应黄龙见，当改正朔服色制度。天子下其事与丞相议。丞相推以为今水德，始明正十月上黑事，以为其言非是，请罢之。

①〔索隐〕曰：五行之德，帝王相承传易，终而复始，故云"终始传五德之事。"传音转也。

十五年，黄龙见成纪，①天子乃复召鲁公孙臣，以为博士，申明土德事。于是上乃下诏曰："有异物之神见于成纪，无害于民，岁以有年。朕亲郊祀上帝诸神。礼官议，毋讳以劳朕。"②有司礼官皆曰："古者，天子夏躬亲礼祀上帝于郊，故曰郊。"于是天子始幸雍，郊见五帝，以孟夏四月答礼焉。赵人新垣平以望气见，因说上设立渭阳五庙。③欲出周鼎，当有玉英见。④

①韦昭曰："成纪县属天水。"

②《汉书音义》曰："言无所讳，勿以朕为劳。"

③韦昭曰："在渭城。"

④《瑞应图》云："玉英，五常并修则见。"

十六年上亲郊见渭阳五帝庙，亦以夏答礼而尚赤。

十七年，得玉杯，①刻曰"人主延寿。"于是天子始更为元年，②令天下大酺。其岁，新垣平事觉，夷三族。

①应劭曰："新垣平诈令人献之。"

②〔索隐〕曰：《秦本纪》惠文王十四年更为元年。又《汲冢竹书》魏惠王亦有后元，当取法于此。又按：《封禅书》以新垣平候日再中，故改元也。

后二年，上曰："朕既不明，不能远德，是以使方外之国或不宁息。夫四荒之外不安其生，①封畿之内勤劳不处，二者之咎，皆自于朕之德薄而不能远达也。间者累年，匈奴并暴边境，多杀吏民，边臣兵吏又不能谕吾内志，以重吾不德也。夫以结难连兵，中外之国将何以自宁？今朕夙兴夜寐，勤劳天下，忧苦万民，为之怛惕不安，未尝一日忘于心。故遣使者冠盖相望，结轶②于道，③以谕朕意于单于。今单于反古之道，计社稷之安，便万民之利，亲与朕俱弃细过偕之大道，结兄弟之义，以全天下元元之民。④和亲已定，始于今年。"

①〔索隐〕曰：顾胤按：《尔雅》孤竹、北户、西王母、日下谓之四荒也。

②音辙。

③韦昭曰："使车往还，故辙如结也。相如曰'结轨还辙'。"〔索隐〕曰：邹氏轶音逸。《汉书》作"辙"。顾氏按：司马彪云："结谓车辙回旋错结也。"

④〔索隐〕曰：《战国策》云："制海内，子元元，非兵不可。"高诱注云："元元，善也。"又按：姚察云："古者谓人云善，人也。因善为元，故云黎元。其言元元者，非一人也。"顾野王云："元元犹喁喁，可怜爱貌。"未安其说，聊记异也。

后六年冬，匈奴三万人入上郡，三万人入云中。以中大夫令勉①为车骑将军，军飞翔狐；②故楚相苏意为将军，军句注；③将军张武屯北地；河内守周亚夫为将军，居细柳；④宗正刘礼为将军，居霸上；祝兹侯⑤军棘门；⑥以备胡。数月，胡人去，亦罢。

①徐广曰："卫尉改名也。"骃案：《汉书·百官表》景帝初改卫尉为中大夫令，非此年也。〔索隐〕曰：中大夫令是官号，勉其名。后此官改为光禄

勋。虞世南以此称中大夫令,是史家追书耳。颜游秦以令是姓,勉是名,
为中大夫。据《风俗通》,令姓,令尹子文之后。

②如淳曰:"在代郡。"苏林曰:"在上党。"

③应劭曰:"山险名也,雁门阴馆。"[索隐]曰:伏俨句音俱,包恺音钩也。

④徐广曰:"在长安西。"骃案:如淳曰:"《长安图》细柳仓在渭北,近石
徼。"张揖曰:"在昆明池南,今有柳市是也。"[索隐]曰:按《三辅故
事》细柳在直城门外阿旁宫西北维。又《匈奴传》云细柳在长安西。如
淳云在渭北,非也。

⑤徐广曰:"表作松兹侯,姓徐,名悍。"

⑥徐广曰:"在渭北。"骃案:孟康曰:"在长安北,秦时宫门也。"如淳曰:
"《三辅黄图》棘门在横门外。"

　　天下旱,蝗。帝加惠:令诸侯毋入贡,弛山泽,①减诸服御狗马,
损郎吏员,发仓庾②以振贫民,民得卖爵。③

①韦昭曰:"弛,废。废其常禁以利民。"

②应劭曰:"水漕仓曰庾。"胡公曰:"在邑曰仓,在野曰庾。"[索隐]曰:郭
璞注《三苍》云:"庾,仓无屋也。"胡公名广,后汉太尉,作《汉官解诂》
也。

③[索隐]曰:崔浩云:"富人欲爵,贫人欲钱,故听买卖。"

　　孝文帝从代来,即位二十三年,宫室、苑囿、狗马、服御无所增
益,有不便辄弛以利民。尝欲作露台,①召匠计之,直百金。上曰:
"百金,中民十家之产。吾奉先帝宫室,常恐羞之,何以台为!"上常
衣绨衣,②所幸慎夫人,令衣不得曳地,帏帐不得文绣,以示敦朴,
为天下先。治霸陵皆以瓦器,不得以金银铜锡为饰,不治坟,欲为
省,毋烦民。南越王尉佗自立为武帝,然上召贵尉佗兄弟,以德报
之;佗遂去帝称臣。与匈奴和亲,匈奴背约入盗,然令边备守,不发
兵深入,恶烦苦百姓。吴王诈病不朝,就赐几杖。群臣如袁盎等称
说虽切,常假借用之。③群臣如张武等受赂遗金钱,觉,上乃发御府
金钱赐之,以愧其心,弗下吏。专务以德化民,是以海内殷富,兴于
礼义。

①徐广曰:"露,一作'灵'。"[索隐]曰:顾氏按:新丰南骊山上犹有台之旧

址也。

②如淳曰:"贾谊云'身衣皂绨'。"

③苏林曰:"假,音休假。借,音以物借人。"

　　后七年六月己亥,帝崩于未央宫。①遗诏曰:"朕闻:盖天下万物之萌生,靡不有死。死者天地之理,物之自然者,奚可甚哀。当今之时,世咸嘉生而恶死,厚葬以破业,重服以伤生,吾甚不取。且朕既不德,无以佐百姓;今崩,又使重服久临,以离寒暑之数,哀人之父子,伤长幼之志,损其饮食,绝鬼神之祭祀,以重吾不德也,谓天下何!朕获保宗庙,以眇眇之身托于天下君王之上,二十有余年矣。赖天地之灵,社稷之福,方内安宁,②靡有兵革。③朕既不敏,常畏过行,以羞先帝之遗德。维年之久长,惧于不终,今乃幸以天年,得复供养于高庙。朕之不明与嘉之,④其奚哀悲之有!其令天下吏民,令到出临三日,皆释服。毋禁取妇、嫁女、祠祀、饮酒、食肉者。自当给丧事服临者,皆无践。⑤经带无过三寸,毋布车及兵器,⑥毋发人男女哭临宫殿。宫殿中当临者,皆以旦夕各十五举声,礼毕罢。非旦夕临时,禁毋得擅哭。已下,服大红十五日,小红十四日,纤七日,释服。⑦佗不在令中者,皆以此令比率从事。布告天下,使明知朕意。霸陵山川因其故,⑧毋有所改。归夫人以下至少使。"⑨

①徐广曰:"年四十七。"

②瓒曰:"方,四方也。内,中也。犹云中外也。"

③徐广曰:"一云'方内安,兵革息'。"

④如淳曰:"与,发声也。得卒天年已善矣。"

⑤服虔曰:"践蒯也。谓无斩衰也。"孟康曰:"践,跣也。"晋灼曰:"《汉语》作'跣'。跣,徒跣也。"[索隐]曰:《汉语》是书名,荀爽所作。

⑥应劭曰:"无以布衣车及兵器也。"不施轻车介士也。

⑦服虔曰:"当言大功、小功布也。纤,细布衣也。"应劭曰:"红者,中祥大祥以红为领缘也。纤者,禫也。凡三十六日而释服。"[索隐]曰:已下,谓柩已下于圹。刘德云:"红,功也。男功非一,故以'工力'为字。而女工唯在于丝,故以'系工'为字。三十六日,以日易月也。"

⑧应劭曰："因山为藏，不复起坟，山下川流不遏绝也。就其水各以为陵号。"[索隐]曰：霸是水名，水径于山，亦曰霸山，即芷阳地也。

⑨应劭曰："夫人以下有美人、良人、八子、七子、长使、少使，凡七辈，皆遣归家，重绝人类也。"

令中尉亚夫为车骑将军，属国悍①为将屯将军，②郎中令武为复土将军，③发近县见卒万六千人，发内史卒万五千人，④藏郭穿复土属将军武。

①徐广曰："姓徐。"骃案：《汉书·百官表》："典属国，秦官，掌蛮夷降者。"

②李奇曰："冯奉世为右将军，以将屯将军为名，此监主诸屯也。"

③如淳曰："主穿扩填瘗事者。"[索隐]曰：复，音伏。谓穿扩出土，下棺已而填之，即以为坟，故云复土。复，反还也。又音福。

④[索隐]曰：《百官表》云内史掌理京师之官。景帝更名京兆尹。

乙巳，①群臣皆顿首上尊号曰孝文皇帝。太子即位于高庙。丁未，袭号曰皇帝。

①《汉书》云："乙巳葬。"皇甫谧曰："霸陵去长安七十里。"

孝景皇帝元年十月，制诏御史："盖闻古者祖有功而宗有德，①制礼乐各有由。闻歌者，所以发德也；舞者，所以明功也。高庙酎，②奏《武德》、《文始》、《五行》之舞。③孝惠庙酎，奏《文始》、《五行》之舞。孝文皇帝临天下，通关梁，不异远方。④除诽谤，去肉刑赏赐长老，收恤孤独，以育群生。减嗜欲，不受献，⑤不私其利也。罪人不帑，⑥不诛无罪。除肉刑，出美人，重绝人之世。朕既不敏，不能识。此皆上古之所不及，而孝文皇帝亲行之。德厚侔天地，⑦利泽施四海，靡不获福焉。明象乎日月，而庙乐不称，朕甚惧焉。其为孝文皇帝庙为《昭德》之舞，⑧以明休德。然后祖宗之功德著于竹帛，施于万世，永永无穷，朕甚嘉之。其与丞相、列侯、中二千石、礼官具为礼仪奏。"丞相臣嘉等言："陛下永思孝道，立《昭德》之舞，以明孝文皇帝之盛德，皆臣嘉等愚所不及。臣谨议：世功莫大于高皇帝，德莫盛于孝文皇帝。高皇庙宜为帝者太祖之庙，孝文皇帝庙宜为帝者太宗之庙。天子宜世世献祖宗之庙。郡国诸侯宜各为孝文皇帝立太宗之庙。诸侯王列侯使者侍祠天子，岁献祖宗之庙。⑨请著之竹帛，宣布天下。"制曰："可。"

①应劭曰："始取天下者为祖,高帝称高祖是也。始治天下者为宗,文帝称
　太宗是也。"

②张晏曰："正月旦作酒,八月成,名曰酎。酎之言纯也。至武帝时,因八月
　尝酎会诸侯庙中,出金助祭,所谓'酎金'也。"

③孟康曰："《武德》,高祖所作也,《文始》,舜舞也。《五行》,周舞也。《武
　德》者,其舞人执干戚。《文始》舞执羽龠。《五行》舞冠冕,服法五行色。
　见《礼乐志》。"［索隐］曰:应劭云:"《礼乐志·文始舞》本舜《韶舞》,高
　祖更名《文始》,示不相袭。《五行舞》本周《武舞》,秦始皇更名《五行
　舞》。按:今言'奏《武德》、《文始》、《五行》之舞'者,其乐总象武乐,言
　高祖以武定天下。既示不相袭,其作乐之始,先奏《文始》以羽龠衣文绣
　居先;次即奏《五行》,五行即《武舞》,执干戚而衣有五行之色也。"

④张晏曰："孝文十二年,除关,不用传,令远近若一。"

⑤徐广曰："减,一作'灭'。"

⑥苏林曰："刑不及妻子。"

⑦李奇曰："侔,齐等。"

⑧文颖曰："景帝采高祖《武德舞》作《昭德舞》,舞之于文帝庙,见《礼乐
　志》。"

⑨张晏曰："王及列侯岁时遣使诣京师,侍祠助祭也。"如淳曰："若光武庙
　在章陵,南阳太守称使者往祭是也。不使侯王祭者,诸侯不得祖天子
　也。凡临祭祀宗庙,皆为侍祭。"

　　太史公曰:孔子言："必世然后仁。①善人之治国百年,亦可以
胜残去杀。"②诚哉是言!汉兴,至孝文四十有余载,德至盛也。廪廪
乡改正服封禅矣,谦让未成于今。呜呼,岂不仁哉!

①孔安国曰："三十年曰世。如有受命王者,必三十年仁政乃成。"

②王肃曰："胜残暴之人,使不为恶。去杀,不用杀也。"

　　索隐述赞曰:孝文在代,兆遇大横。宋昌建策,绛侯奉迎。南面
而让,天下归诚。务农先籍,布德偃兵。除帑削谤,政简刑清。绨衣
率俗,露台不营。法宽张武,狱恤缇萦。霸陵如故,千年颂声。

史记卷一一
本纪第一一

孝景

孝景皇帝者,①孝文之中子也。母窦太后。孝文在代时,前后有三男,及窦太后得幸,前后死,及三子更死,故孝景得立。

①《汉书音义》曰:"讳启。"[正义]曰:《谥法》曰:"繇义而济曰景。"

元年四月乙卯,赦天下。乙巳,赐民爵一级。五月,除田半租。为孝文立太宗庙。令群臣无朝贺。匈奴入代,与约和亲。

二年春,封故相国萧何孙系为武陵侯。①男子二十而得傅。②四月壬午,孝文太后崩。③广川、长沙王皆之国。④丞相申屠嘉卒。八月,以御史大夫开封侯陶青为丞相。彗星出东北。秋,衡山雨雹,⑤大者五寸,深者二尺。荧惑逆行,守北辰间。月出北辰间。岁星逆行天廷中。置南陵及内史稄祠为县。⑥

①徐广曰:"《汉书》亦作'系'。"邹诞生本作"偰",音奰。又案:《汉书·功臣表》及《萧何传》皆云孙嘉,凝其人有二名。[索隐]注同。

②[索隐]曰:音附。荀悦云:"傅,正卒也。"小颜云旧法二十三而傅,今改也。

③[索隐]曰:薄后也。葬芷阳西,曰少陵也。

④[索隐]曰:广川王彭祖,长沙王发皆景帝子,遣就国。

⑤[正义]曰:雨,于付反。

⑥徐广曰:"《地理志》云文帝七年置。"骃案:《地理志》、《百官表》南陵县

文帝置也。分内史为左右,及设祠为县,皆景帝二年,不得皆如徐所云。

[索隐]曰:邹诞生祀,音会反,又音丁活反。祠,音羽,又音诩。

三年正月乙巳,赦天下。长星出西方。天火①燔雒阳东宫大殿城室。②吴王濞、③楚王戊、④赵王遂、⑤胶西王卬、⑥济南王辟光、⑦菑川王贤、⑧胶东王雄渠⑨反,发兵西乡。天子为诛晁错,遣袁盎谕告,不止,遂西围梁。⑩上乃遣大将军窦婴、太尉周亚夫将兵诛之。六月乙亥,赦亡军及楚元王子蓺等⑪与谋反者。封大将军窦婴为魏其侯。⑫立楚元王子平陆侯⑬刘礼为楚王。⑭立皇子端为胶西王,子胜为中山王。徙济北王志⑮为菑川王,淮阳王余⑯为鲁王,⑰汝南王非⑱为江都王。⑲齐王将庐、⑳燕王嘉皆薨。㉑

①徐广曰:"《汉志》无。"

②徐广曰:"雒,一作'淮'。"[索隐]曰:《汉书》作"淮阳。"王宫灾,故徙王于鲁也。

③[正义]曰:音坡备反。高祖兄仲子,故汉高祖十二年封,三十三年反。年表云都吴,其实在江都也。

④[正义]曰:高祖弟楚王交孙,嗣二十一年反,都彭城。

⑤[正义]曰:高祖孙,幽王友子,嗣二十六年反,都邯郸。

⑥[正义]曰:卬,五郎反。高祖孙,齐悼惠王子,故昌侯,十年反,都密州高密县。

⑦[正义]曰:辟,音壁。高祖孙,齐悼惠王子,故初侯,立十一年反。《括地志》云:"济南故城在淄州长山县西北三十里。"

⑧[正义]曰:高祖孙,齐悼惠王子,故武城侯,立十一年反,都剧。《括地志》云:"菑州县也。故剧城在青州寿光县南三十一里,故纪国。"

⑨[正义]曰:高祖孙,齐悼惠王子,故白石侯,立十一年反,都即墨。《括地志》云:"即墨故城在密州胶水县东南六十里,即胶东国。"

⑩[正义]曰:梁孝王都睢阳,今宋州。

⑪[正义]曰:蓺,鱼曳反。字亦作"艺",音同。

⑫[正义]曰:《地理志》云魏其属琅耶。

⑬[正义]曰:应劭云:"平陆,西河县。"

⑭[索隐]曰:韦昭云:"平陆,西河县。礼即向之从曾祖王父也。"

⑮[正义]曰:济,子礼反。济北国今济州卢县,即济北王所都。

⑯[正义]曰:淮阳国今陈州。

⑰[正义]曰:今兖州曲阜县。

⑱[正义]曰:汝南国今豫州。

⑲[正义]曰:江都国今扬州也。吴王濞所都,反,诛,景帝改为江都国,封
　皇子非也。

⑳[正义]曰:齐国,青州临淄也。将庐,齐悼惠王之孙,襄王之子,年表云。

㉑徐广曰:"表云五年薨。"[索隐]曰:庐,悼惠王孙,齐王襄之子。《汉书》
　作"间"。嘉,刘泽之子。

四年夏,立太子。立皇子彻为胶东王。六月甲戌,赦天下。后
九月,更以弋阳为阳陵。①复置津关,用传出入。②冬,以赵国为邯
郸郡。③

①[正义]曰:《括地志》云:"汉景帝陵也,在雍州咸阳县东三十里。"按:杜
　作寿陵也。

②应劭曰:"文帝十二年,除关,无用传,至此复置传,以七国新反,备非常
　也。"张晏曰:"传,信也,若今过所也。"如淳曰:"传,音'檄传'而'传',
　两行书缯帛,分持其一,出入关,合之乃得过,谓之传。"[索隐]曰:传,
　音丁恋反。

③《地理志》赵国景帝以为邯郸郡。

五年三月,作阳陵、①渭桥。五月,募徙阳陵,予钱二十万。江都
大暴风从西方来,坏城十二丈。丁卯,封长公主子蟜为隆虑侯。②徙
广川王为赵王。

①[索隐]曰:景帝豫作寿陵也。按:《赵系家》赵肃侯十五年起寿陵,后代
　因之也。

②[索隐]曰:音林间。避殇帝讳改之。

六年春,封中尉赵绾为建陵侯,①江都丞相嘉②为建平侯,陇
西太守浑邪为平曲侯,③赵丞相嘉④为江陵侯,故将军布为鄃侯。
梁楚二王皆薨。后九月,伐驰道树,殖兰池。⑤

①[正义]曰:《括地志》云:"建陵故县在沂州承县界。"

②徐广曰："姓程。"

③[正义]曰:《括地志》云:"平曲县故城在瀛州文安县北七十里。"

④徐广曰："姓苏。"

⑤徐广曰："殖,一作'填'。"[正义]曰:按:驰道,天子,秦始皇作之,文而树。

　　七年冬,废栗太子为临江王。①十二月晦,日有食之。春,免徒隶作阳陵者。丞相青免。二月乙巳,以太尉条侯②周亚夫为丞相。四月乙巳,立胶东王太后为皇后。③丁巳,立胶东王为太子,名彻。

①[正义]曰:临江,忠州县。虽王临江而都江陵。

②[正义]曰:条,田雕反字亦作"萘",音同。

③[索隐]曰:按系家,太后槐里人,父仲。兄信,封盖侯。后故金氏妻女弟姁儿也。

　　中元年,封故御史大夫周苛孙平①为绳侯,故御史大夫周昌子左车为安阳侯。四月乙巳,赦天下,赐爵一级。除禁锢。地动。衡山、原都雨雹,大者尺八寸。

①徐广曰："一作'应'。"[索隐]曰:苛,周昌之兄。

　　中二年二月,匈奴入燕,遂不和亲。三月,召临江王来,即死中尉府中。夏,立皇子越为广川王,子寄为胶东王。封四侯。①九月甲戌,日食。

①文颖曰:"楚相张尚,太傅赵夷吾,赵相建德,内史王悍。此四人各谏其王,无使反,不听,皆杀之,故封其子。"[索隐]曰:韦昭云:"张尚子当居,赵夷吾子周,建德子横,王悍子弃。"

　　中三年冬,罢诸侯御史中丞。春,匈奴王二人率其徒来降,皆封为列侯。①立皇子方乘为清河王。三月,彗星出西北。丞相周亚夫死,以御史大夫桃侯刘舍为丞相。四月,地动。九月戊戌晦,日食。军东都门外。②

①［正义］曰：《汉书表》云中三年，安陵侯子军、桓侯赐、道侯陆强、容城侯
　徐卢、易侯仆日、范阳侯代、翕侯邯郸七人，以匈奴王降，皆封为列侯。
　按：纪言二人者，是匈奴二王为首降。

②按：《三辅黄图》东出北第一门曰宣平门，外曰东都门。［索隐］注同。

中四年三月，置德阳宫。①大蝗。秋，赦徒作阳陵者。

①瓒曰："是景帝庙也，帝自作之，讳不言庙，故言宫。《西京故事》云景帝
　庙为德阳宫。"

中五年夏，立皇子舜为常山王。封十侯。①六月丁巳，赦天下，
赐爵一级。天下大潦。更命诸侯丞相曰相。秋，地动。

①［正义］曰：《惠景间年表》云亚王侯卢他之、龙卢侯陈留蟜、乘氏侯刘
　买、桓邑侯刘明、盖侯王信。按：其五人是中元五年封，余检不获，中元
　三年，匈奴王二人降，封为列侯。《惠景间表》云匈奴王降为侯者有七
　人，疑其五人是十侯之数。

中六年二月己卯，行幸雍，郊见五帝。三月，雨雹。四月，梁孝
王①城阳共王、②汝南王皆薨。立梁孝王子明为济川王，③子彭离
为济东王，④子定为山阳王，⑤子不识为济阴王。⑥梁分为五。封四
侯。更命廷尉为大理，将作少府为将作大匠，主爵中尉为都尉，⑦长
信詹事⑧为长信少府，⑨将行为大长秋，⑩大行为行人，⑪奉常为
太常，⑫典客为大行，⑬治粟内史为大农。⑭以大内为二千石，⑮置
左右内官，属大内。⑯七月辛亥，日食。八月，匈奴入上郡。

①［正义］曰：都睢阳，今宋州。

②［正义］曰：城阳，今濮州雷泽县，古城阳也。共，音恭。《谥法》："严敬故
　事曰恭。"

③［正义］曰：表云分梁置也。

④［正义］曰：表云分梁置也。

⑤［正义］曰：《地理志》云景帝中六年别为山阳国，属兖州。

⑥［正义］曰：《地理志》云景帝中六年别为济阴国，属兖州。按：今曹州是

也。

⑦《汉书·百官表》曰："主爵中尉，秦官，掌列侯。"

⑧《汉书·百官表》曰："詹事，秦官，掌皇后太子家。"应劭曰："詹，省也，给也。"瓚曰："《茂陵书》詹事秩二千石。"

⑨张晏曰："以太后所居宫为名。长信宫则曰长信少府，长乐宫则曰长乐少府。"

⑩《汉书·百官表》曰："将行，秦官。"应劭曰："长秋，皇后卿。"

⑪服虔曰："天子死未有谥，称大行。"晋灼曰："礼有大行、小行，主谥官，故以此名之。"如淳曰："不反之辞也。"瓚曰："大行是官名，掌九仪之制，以宾诸侯。"[索隐]曰：郑玄云："命者五，谓公、侯、伯、子、男，爵者四，孤、卿、大夫、士，是九也。"

⑫《汉书·百官表》曰："奉常，秦官，掌宗庙礼仪。"

⑬[索隐]曰：韦昭云："大行，官名，秦时云典客，景帝初改云大行，后更名大鸿胪，武帝因而不改，故《汉书·景纪》有大鸿胪。《百官表》又云武帝改名大鸿胪。胪，附也。以言其掌四夷宾客，若皮胪之在外附于身也。复有大行令。故诸侯薨，大鸿胪奏谥；列侯薨，则大行奏诔。"按：大行令即鸿胪之属官也。

⑭《汉书·百官表》曰："治粟内史，秦官，掌谷货也。"

⑮韦昭曰："大内，京师府藏。"

⑯[索隐]曰：主天子之私财曰小内。小内即属大内也。

后元年冬，更命中大夫为卫尉。①三月丁酉，赦天下，赐爵一级，中二千石、诸侯相爵右庶长。四月，大酺。五月丙戌②地动，其旱食时复动。上庸地动二十二日，坏城垣。七月乙巳，日食。丞相刘舍免。八月壬辰，以御史大夫绾为丞相，封为建陵侯。③

①[正义]曰：《汉书·百官表》云："卫尉，秦官，掌宫阑门卫屯兵。景帝初，更名中大夫分，后元年，复为卫尉。"

②徐广曰："丙，一作'甲'。"

③[索隐]曰：姓卫。

后二年正月，地一日三动。郅将军①击匈奴。酺五日。令内史

郡不得食马粟，没入县官。令徒隶衣七缌布。②止马春。③为岁不
登，禁天下食不造。岁省列侯遣之国。④三月，匈奴入雁门。十月，租
长陵田。大旱。衡山国、河东、云中郡⑤民疫。

①［正义］曰：郅，真栗反。《郅都传》云匈奴刻木为郅都而射，不中。

②［正义］曰：衣，于既反。缌，祖工反。缌，八十缕也，与布似。七升布用五
　　百六十缕。

③［索隐］曰：止人为马春粟，为岁不登也。

④晋灼曰："《文纪》遣列侯之国，今又省之。"

⑤［正义］曰：衡山国，今衡州。河东，今蒲州。云中郡，今胜州。

　　后三年十月，日月皆食赤五日。十二月晦，雷，①日如紫。五星
逆行守太微，月贯天庭中。②正月甲寅，皇太子冠。甲子，孝景皇帝
崩。③遗诏赐诸侯王以下至民为父后爵一级，天下户百钱。出宫人
归其家，复无所与。太子即位，是为孝武皇帝。④三月，封皇太后弟
蚡⑤为武安侯，弟胜为周阳侯。置阳陵。

①徐广曰："一作'雷'字，又作'图'字，实所未详。"

②［索隐］曰：天庭即龙星右角也。按《石氏星传》曰："龙在左角曰天田，
　　右角曰天廷。"

③皇甫谧曰："帝以孝惠七年生，年四十八。"

④《汉书》云："二月癸酉，帝葬阳陵。"皇甫谧曰："阳陵山方百二十步，高
　　十四丈，去长安四十五里。"

⑤苏林曰："蚡，音鼢。"［索隐］曰：蚡，音扶粉反。按《外戚世家》皇太后母
　　臧儿初嫁王氏，生子信而寡，更嫁长陵田氏，生蚡及胜。

　　太史公曰：汉兴，孝文施大德，天下怀安。至孝景，不复忧异姓，
而晁错刻削诸侯，遂使七国俱起，合从而西乡。以诸侯大盛，而错为
之不以渐也。及主父偃言之，而诸侯以弱，卒以安。①安危之机，岂
不以哉？

①［索隐］曰：主父偃上言，令天子下推恩之令，令诸侯各得分邑其子弟，
　　于是遂弱，卒以安也。

　　索隐述赞曰：景帝即位，因修静默。勉人于农，率下以德。制度
斯创，礼法可则。一朝吴楚，乍起凶慝。提局成衅，拒轮致惑。晁错
虽诛，梁城未克。条侯出将，追奔逐北。坐见枭黥，立薶牟贼。如何
太尉，后卒下狱。惜哉明君，斯功不录！

史记卷一二

本纪第一二

孝武

太史公自序曰作《今上本纪》，又其述事皆云"今上"，"今天子"。或有言"孝武帝"者，悉后人所定也。张晏曰：《武纪》，褚先生补作也。褚先生名少孙，汉博士也。"[索隐]曰：按：褚先生补《史记》，合集武帝事以编年，今止取《封禅书》补之，信其才之薄也。又张晏云："褚先生颍川人，仕元成间。"韦棱云："《褚颙家传》褚少孙，梁相褚大弟之孙，宣帝为博士，寓居于沛，事大儒王式，故号为先生续《太史公书》。"阮季绪亦以为然。

孝武皇帝者，①孝景中子也。②母曰王太后。孝景四年，以皇子为胶东王。孝景七年，栗太子废为临江王，以胶东王为太子。孝景十六年崩，太子即位为孝武皇帝。③

①《汉书音义》曰："讳彻。"[正义]曰：《谥法》云："克定祸乱曰武。"

②[索隐]曰：按：《景十三王传》广川王已上皆是武帝兄，自河间王德以至广川，凡有八人，则帝第九也。

③张晏曰："武帝以景帝元年生，七岁为太子，为太子十岁而景帝崩，时年十六矣。"

孝武皇帝初即位，尤敬鬼神之祀。元年，汉兴已六十余岁矣，①天下乂安，荐绅之属②皆望天子封禅改正度也。而上乡儒术，招贤良，赵绾、王臧等以文学为公卿，欲议古立明堂城南，以朝诸侯。③草巡狩封禅改历服色事未就。会窦太后治黄老言，不好儒术，使人微得赵绾等奸利事，④召案绾、臧，绾、臧自杀，⑤诸所兴为者皆废。后六年，窦太后崩。其明年，上征文学之士公孙弘等。

①徐广曰："六十七年，岁在辛丑。"

②[索隐]曰：荐，音搢。搢，挺也。言挺笏于绅带之间，事出《礼·内则》。今
　作"荐"者，古字假借耳。《汉书》作"缙绅"。臣瓒云"缙，赤白色。"非也。
　[正义]曰：乂，音鱼废反。

③[索隐]曰：城南，长安城南门外也。《关中记》云明堂在长安城门外，杜
　门之西。

④徐广曰："纤微伺察之。"

⑤[正义]曰：《汉书》孝武帝二年，御史大夫赵绾坐请无奏事太皇太后，及
　郎中令王臧皆下狱，自杀。应劭云："王臧儒者，欲立明堂，辟雍，太后素
　好黄老术，非薄《五经》，因欲绝奏事太后，太后怒，故令杀。"

　　明年，上初至雍，郊见五畤。①后常三岁一郊。是时，上求神
君，②舍之上林中蹄氏观。③神君者长陵女子，以子死悲哀，故见神
于先后宛若。④宛若祠之其室，民多往祠。平原君往祠，⑤其后子孙
以尊显。及武帝即位，则厚礼置祠之内中，闻其言，不见其人云。

①[正义]曰：畤，音止。《括地志》云："汉五帝畤在岐州雍县南。孟康云畤
　者神灵之所止。"或曰以雍州雍县南，孟康云畤者神灵上帝也。按：五畤
　者，鄜畤密畤、吴阳畤，北畤。先是文公作鄜畤，祭白帝；秦宣公作密畤，
　祭青帝；秦灵公作吴阳上畤、下畤，祭赤、黄帝；汉高祖作北畤，祭黑帝；
　是五畤也。

②[正义]曰：《汉武帝故事》云："起柏梁台以处神君，长陵女子也。先是，
　嫁为人妻，生一男，数岁死。女子悼痛之，岁中亦死，而灵。宛若祠之，遂
　闻言宛若为生，民人多往请福，说家人小事有验。平原君亦事之，至后
　子孙尊贵。及上即位，太后延于宫中祭之，闻其言，不见其人。至是神君
　求出，乃营柏梁台舍之。初，霍去病微时，自祷神君，及见其形，自修饰，
　欲与去病交接。去病不肯，谓神君曰：'吾以神君精洁，故斋戒祈福，今
　欲淫，此非礼也。'自绝不复往。神君惭之，乃去也。"

③徐广曰："蹄，音啼。"[索隐]曰：邹诞生音斯，又音蹄。观名也。

④孟康曰："产乳而死。兄弟妻相谓先后。宛若。"[索隐]曰：邹诞生音先后
　并去声，即今妯娌也。孟康以兄弟妻相谓也。韦昭云先姒，后娣。宛，音
　冤。

⑤徐广曰:"武帝外祖母也。"骃案:蔡邕曰:"异姓妇人以恩泽封者曰君,仪比长公主。"[索隐]曰:徐云武帝外祖母,则是臧儿也。

是时而李少君亦以祠灶、谷道、却老方见上,①上尊之。少君者,故深泽侯②入,以主方。③匿其年及所生长,常自谓七十,能使物,却老。④其游以方遍诸侯。无妻子。人闻其能使物及不死。更馈遗之,常余金钱帛衣食。人皆以为不治产业而饶给,又不知其何所,人愈信,争事之。少君资好方,善为巧发奇中。⑤尝从武安侯饮,⑥坐中有年九十余老人,少君乃言与其大父游射处,老人为儿时从其大父行,识其处,一坐尽惊。少君见上,上有故铜器,问少君。少君曰:"此器齐桓公十年陈于柏寝。"⑦已而案其刻,果齐桓公器。一宫尽骇,以少君为神,数百岁人也。

①李奇曰:"食谷道引。或曰辟谷不食之道。"[索隐]曰:如淳云:"祠灶可以致福。"按:礼灶者,老妇之祭,盛于盆,尊于瓶。《说文》《周礼》以灶祠祝融。《淮南子》炎帝作火官,死为今之灶神。司马彪注《庄子》云浩,灶神也,如美女,衣赤。李弘范音浩。

②徐广曰:"姓赵,景帝时绝封。"

③徐广曰:"进纳于天子而主方。一云侯人主方。"骃案:如淳曰"侯家人主方药者也。"

④如淳曰:"物,鬼物也。"瓒曰:"物,药物也。"

⑤如淳曰:"时时发言有所中也。"

⑥[索隐]曰:服虔云:"田蚡也。"韦昭云:"武安属魏郡。"

⑦服虔曰:"地名,有台也。"瓒曰:"《晏子书》柏寝,台名也。"[正义]曰:《括地志》云:"柏寝台在青州千乘县东北二十一里。韩子云景公与晏子游于少海,登柏寝之台而望其国。公曰:'美哉堂乎,后代孰将有此?'晏子云:'其田氏乎?'公曰:'寡人有国而田氏家,奈何?'对曰:'夺之,则近贤远不肖,治其烦乱,轻其刑罚,服穷乏,恤孤寡,行恩惠,崇节俭,虽十田氏,其如堂何!'即此也。"

少君言于上曰:"祠灶则致物,致物而丹砂可化为黄金,黄金成以为饮食器则益寿,益寿而海中蓬莱仙者可见,见之以封禅则不夷,黄帝是也。臣尝游海上,见安期生,①食巨枣,大如瓜。安期生,仙者,通蓬莱中,合则见人,不合则隐。"于是天子始亲祠灶,而遣方

士入海求蓬莱安期生之属,而事化丹砂诸药齐为黄金矣。②居久
之,李少君病死。③天子以为化去不死也,而使黄锤④史宽舒受其
方。⑤求蓬莱安期生莫能得,而海上燕齐怪迁之方士多相效,更言
神事矣。

①[索隐]曰:服虔云:“古之真人。”[正义]曰:《列仙传》云:“安期生,琅耶
　阜乡亭人也。卖药海边,秦始皇请语三夜,赐金数千万,出,于阜乡亭皆
　置去,留书,以赤玉舄一重为报,曰:‘后千岁求我于蓬莱山下’。”

②[索隐]曰:齐,音分剂之剂。

③[正义]曰:《汉书起居》云:“李少君将去,武帝梦与共登嵩高山,半道,
　有使乘龙时从云中云:‘太一请少君’,帝谓左右:‘将舍我去矣。’数月
　而少君病死。又发棺看,唯衣冠在也。”

④韦昭曰:“人姓名。”[正义]音直伪反。

⑤《汉书音义》曰:“二人皆方士。”[正义]曰:姓史,名宽舒。

亳人薄诱忌①奏祠泰一方,曰:“天神贵者泰一,②泰一佐曰五
帝。③古者,天子以春秋祭泰一东南郊,用太牢具,七日,④为坛开
八通之鬼道。”于是天子令太祝立其祠长安东南郊,常奉祠如忌方。
其后人有上书言:“古者,天子三年一用太牢具祠神三一:天一、地
一、泰一。”天子许之,令太祝领祠之忌泰一坛上,如其方。后人复有
上书言:“古者,天子常以春秋解祠,祠黄帝用一枭破镜;⑤冥羊用
羊;祠⑥马行⑦用一青牡马;泰一、皋山山君、地长⑧用牛;武夷
君⑨用干鱼;阴阳使者以一牛。”⑩令祠官领之如其方,而祠于忌泰
一坛旁。其后,天子苑有白鹿,以其皮为币,⑪以发瑞应,造白金
焉。⑫

①徐广曰:“一云亳人谬忌也。”[索隐]曰:亳,山阳县名。姓谬名忌,居亳,
　故下称薄忌。此文则衍“薄”字,而“谬”又误作“诱”也。

②[索隐]曰:按《乐汁微图》云“紫微宫北极天一太一。”宋均以为天一、
　太一,北极之别名。《春秋纬》云紫极之别名。又云:“紫宫,天皇曜魄宝
　之所理也。”

③[正义]曰:五帝,五天帝也,《国语》云:“苍帝灵威仰,赤帝赤熛怒,白帝
　白招矩,黑帝叶光纪,黄帝含枢纽。”《尚书帝命验》云:“苍帝名灵威仰,

赤名文祖,黄帝名神汁,白帝名显纪,黑帝名玄矩。"佐者,谓配祭也。

④徐广曰:"一云日一太牢具,七日。"

⑤孟康曰:"枭,鸟名,食母。破镜,兽名,食父。黄帝欲绝其类,使百物祠皆
　用之。破镜如豜而虎眼。或云直用破镜。"如淳曰:"汉使东郡送枭,五月
　五日为枭羹以赐百官。以恶鸟,故食之。"

⑥服虔曰:"神明也。"

⑦[正义]曰:神名也。

⑧[正义]曰:丁文反,三并神名。

⑨[正义]曰:神名。

⑩《汉书音义》曰:"阴阳之神也。"

⑪[索隐]曰:按:《食货志》币以白鹿皮方尺,缘以缋,以荐璧,得以黄金一
　斤代之。又汉律皮币率鹿皮方尺,直金一斤。

⑫[正义]曰:白金三品,武帝所铸也。如淳曰:"杂铸银锡为白金也。"《平
　准书》云:"造银锡为白金。以为天用莫如龙,地用莫如马,人用莫如龟,
　故曰白金三品。其一曰重八两,圆之,其文龙,名曰白选,直三千。二曰
　重差小,方之,其文马,直五百。三曰复小,随之,其文龟,直三百。"《钱
　谱》云:"白金第一,其形圆如钱,肉好圆,文为一龙。白银第二,其形方
　小长,肉好亦小长,好上下文为二马。白银第三,其形似龟,肉好小,是
　文为龟甲也。"

　其明年,郊雍,获一角兽,若麃然。①有司曰:"陛下肃祗郊祀,
上帝报享,锡一角兽,盖麟云。"②于是以荐五畤,畤加一牛以燎。③
赐诸侯白金,以风符应合于天地。④

①韦昭曰:"楚人谓麋为麃。"[索隐]曰:麃,音步交反。按:韦昭云:"体若
　麋而一角,《春秋》所谓'有麋而角'是也。楚人谓麋为麃。"又《周书·王
　会》云麃者若鹿。《尔雅》云麋,大鹿也,牛尾一角。郭璞云汉武获一角兽
　若麃,谓之麟是也。

②[正义]曰《汉书·终军传》云:"从上雍,获白麟。"一角戴肉,设武备而
　不为害,所以为仁。

③[正义]曰:力召反,焚也。

④晋灼曰:"符瑞也。"瓒曰:"风示诸侯以此符瑞之应。"

于是济北王以为天子且封禅,乃上书献泰山及其旁邑。天子受之,更以他县偿之。常山王有罪,迁;天子封其弟于真定,以续先王祀,而以常山为郡。然后五岳皆在天子之郡。

其明年,齐人少翁①以鬼神方见上。上有所幸王夫人,②夫人卒,少翁以方术,盖夜致王夫人及灶鬼之貌云,天子自帷中望见焉。于是乃拜少翁为文成将军,赏赐甚多,以客礼礼之。文成言曰:"上即欲与神通,宫室被服不象神,神物不至。"乃作画云气车,及各以胜日③驾车辟恶鬼。又作甘泉宫,中为台室,画天、地、泰一诸神,而置祭具以致天神。居岁余,其方益衰,神不至。乃为帛书以饭牛,④详弗知也,言此牛腹中有奇。杀而视之,得书,书言甚怪,天子疑之。有识其手书,问之人,果为书。于是诛文成将军,⑤而隐之。其后,则又作柏梁、桐柱、承露仙人掌之属矣。⑥

①[正义]曰:《汉武故事》云少翁年二百岁,色如童子。

②徐广曰:"齐怀王闳之母也。"骃谭《新论》云武帝有所爱幸姬王夫人,窈窕好容,质性嬛佞。[正义]曰:《汉书》作"李夫人"。

③《汉书音义》曰:"如火胜金,用丙与丁日,不用庚辛。"

④[正义]曰:饭,房晚反,书绢帛上为怪言语,以饲牛。

⑤[正义]曰:《汉武故事》云:"文成诛月余日,使者藉货关东还,逢之于漕亭,还见言之,上乃疑,发其棺,无所见,唯有竹筒一枚,捕验间无踪迹也。"

⑥苏林曰:"仙人以手掌擎盘承甘露也。"[索隐]曰:服虔云:"用梁柏头。"按:今字皆作"柏"。《三辅故事》云:"台高二十丈,用香柏为殿梁,香闻十里。中建章宫承露盘高三十丈,丈七围,以铜为之。上有仙人掌承露,和玉屑饮之。"故《张衡赋》曰"立修茎之仙掌,承云表之清露"是也。

文成死明年,天子病鼎湖甚,①巫医无所不致,至不愈。游水发根②乃言曰:"上郡有巫,病而鬼下之。"上召置祠之甘泉。及病,使人问神君。③神君言曰:"天子毋忧病,病少愈,强与我会甘泉。"于是病愈,遂幸甘泉,病良已。④大赦天下,置寿宫神君。⑤神君最贵者大夫,其佐曰大禁司命之属,皆从之。非可得见,闻其音,与人言等。时去时来，来则风肃然也。居室帷中。时昼言，然常以夜。天子被，然后入。⑥因巫为主人，关饮食。所欲者言行下。⑦又置寿宫、北宫，⑧张羽旗，设供具，以礼神君。神君所言，上使人受书其言，命之曰书法。⑨其所语，世俗之所知也，毋绝殊者，而天子独喜。其事秘，世莫知也。

①晋灼曰："在湖县。"韦昭曰："地名，近宜春。"[索隐]曰：湖，县名，属京兆，后属弘农。昔黄帝采首阳山铜，铸鼎于湖，曰鼎湖，即今之湖城县也。韦昭以为近宜春，亦甚疏。

②服虔曰："游水，县名。发根，人名姓。"晋灼曰："《地理志》游水，水名，在临淮浦也。"[索隐]曰：颜师古以游水姓，发根名。盖或因水为姓。或曰发树根也。

③韦昭曰："即病巫之神。"

④孟康曰："良已，盖已愈也。"

⑤服虔曰："立此便宫也。"瓒曰："宫，奉神之宫也。《楚辞》曰：'蹇将澹兮寿宫'。"

⑥《汉书音义》曰："崇洁，自被除然后入。"

⑦李奇曰："神所欲言，上则为下之。"

⑧[正义]曰：《括地志》云："寿宫、北宫皆在雍州长安县西北三十里长安故城中。《汉书》云武帝寿宫以处神君。"

⑨《汉书音义》曰："或云策书之法也。"[正义]曰：书，音获。按：画一之法。

其后三年，有司言元宜以天瑞命，不宜以一二数。①一元曰建元，二元以长星曰元光，三元以郊得一角兽曰元狩云。②

①苏林曰："得黄龙凤皇诸瑞，以名年。"[正义]曰：孝景以前即位，以一二数年至其终。武帝即位，初有年号，改元以建元为始。

②徐广曰："案诸纪元光后有元朔，元朔后得元狩。"

其明年冬，天子郊雍，议曰："今上帝朕亲郊，而后土毋祀，则礼不答也。"有司与太史公、①祠官宽舒等议："天地牲角茧栗。今陛下亲祀后土，后土宜于泽中圆丘为五坛，坛一黄犊太牢具，已祠尽瘗，而从祠衣上黄。"于是天子遂东，始立后土祠汾阴脽上，②如宽舒等议。上亲望拜，如上帝礼。礼毕，天子遂至荥阳而还。过雒阳，下

诏曰："三代邈绝,远矣难存。其以三十里地封周后为周子南君,以
奉先王祀焉。"

①韦昭曰:"说者以谈为太史公,失之矣。《史记》称迁为太史公者,是外孙
　杨恽所称。"[索隐]曰:姚察按:司马迁传亦以谈为太史公,非恽所加。
　又按:虞喜《志林》云:"古者主天官皆上公,自周至汉,其职转卑,然朝
　会坐位犹居公上,尊天之道。其官属仍以旧名,尊而称公。公名当起于
　此。"故如淳云:"太史公位在丞相上,天下郡国计书先上太史公,副上
　丞相",其义是也。而桓谭《新论》以为太史公造书,书成示东方朔,朔为
　平定,因署其下。太史公者,皆东方朔所加之也。杨恽继此而称耳。

②徐广曰:"元鼎四年时也。"骃案:苏林曰:"脽,音谁。"如淳曰:"河之东
　岸特堆堀,长四五里,广二里余,高十余丈。汾阴县在脽之上,后土祠
　在县西。汾在脽之北,西流与河合也。"[索隐]曰:《汉书旧仪》作"葵上"
　者,盖河东人呼"谁"与"葵"同故耳。

是岁,天子始巡郡县,侵寻于泰山矣。①

①[索隐]曰:侵寻,即浸淫也。故晋灼云"遂往之意也。"小颜云:"浸淫渐
　染之义。"盖寻、淫声相近,假借用耳。师古叔父游秦亦解《汉书》,故称
　师古为"小颜"也。

其春,乐成侯①上书言栾大。栾大,胶东宫人,②故尝与文成将
军同师,已而为胶东王尚方。而乐成侯姊为康王后,③毋子。康王
死,他姬子立为王。而康后有淫行,与王不相中得,相危以法。康后
闻文成已死,而欲自媚于上,乃遣栾大因乐成侯求见言方。天子既
诛文成,后悔恨其早死,惜其方不尽,及见栾大,大悦。大为人长美,
言多方略,而敢为大言,处之不疑。大言曰:"臣尝往来海中,见安
期、羡门之属。④顾以为臣贱,不信臣。又以为康王诸侯耳,不足予
方。臣数言康王,康王又不用臣。臣之师曰:'黄金可成,而河决可
塞,不死之药可得,仙人可致也。'臣恐效文成,则方士皆掩口,恶敢
言方哉!"上曰:"文成食马肝死耳。子诚能修其方,我何爱乎!"大
曰:"臣师非有求人,人者求之。陛下必欲致之,则贵其使者,令有亲
属,以客礼待之,勿卑,使各佩其信印,乃可使通言于神人。神人尚

肯邪不邪。致尊其使,然后可致也。"于是上使先验小方,斗旗,旗⑤
自相触击。

　①徐广曰:"姓丁,名义。后与栾大俱诛也。"[索隐]曰:韦昭云:"河间县。"
　　按:《郊祀志》乐成侯登,而徐广据表云姓丁名义,未详耳。

　②服虔曰:"王家人。"

　③孟康曰:"胶东王后也。"

　④[索隐]曰:韦昭云:"羡门,古仙人。"应劭云:"名子高。"

　⑤[正义]曰:音其。文本或作"棋"。《说文》云:"棋,博棋也。"高诱注《淮南
　　子》云:"取鸡血与针磨捣之,以和磁石,用涂棋头曝干之,置局上,即相
　　拒不止也。"

　是时,上方忧河决,而黄金不就,①乃拜大为五利将军。居月
余,得四金印。佩天士将军、地士将军、大通将军、天道将军印。制
诏御史:"昔禹疏九江,决四渎。间者河溢皋陆,堤繇不息。②朕临天
下二十有八年,天若遗朕士而大通焉。③《乾》称'蜚龙'、'鸿渐于
般',④意庶几与焉。其以二千户封地士将军大为乐通侯。"⑤赐列
甲第,⑥僮千人,乘舆斥车马,⑦帷帐器物以充其家。又以卫长公主
妻之,⑧赍金万斤,更名其邑曰当利公主。⑨天子亲如五利之第。使
者存问所给,连属于道。自大主⑩将相以下,皆置酒其家,献遗之。
于是天子又刻玉印曰"天道将军",使使衣羽衣,夜立白茅上,五利
将军亦衣羽衣,立白茅上受印,以示弗臣也。而佩"天道"者,且为天
子道天神也。于是五利常夜祠其家,欲以下神。神未至而百鬼集矣,
然颇能使之。其后治装行,东入海求其师云。大见数月,佩六印,贵
振天下而海上、燕齐之间莫不扼捥,⑪而自言有禁方,能神仙矣。

　①[正义]曰:炼丹砂铅锡为黄金不就。

　②[正义]曰:颜师古云:"皋,水旁地也。广平曰陆。言水大泛溢,自皋及
　　陆,而筑作堤,繇役甚多,不暇休息。"

　③韦昭曰:"言栾大能通天意。故封乐通。"[索隐]曰:乐通在临淮高平县。

　④《汉书音义》曰:"般,水涯堆也。渐,进也。"武帝云得栾大如鸿进于般,
　　一举千里,得道若飞龙在天。

　⑤韦昭曰:"乐通,临淮高平也。"

⑥《汉书音义》曰:"有甲乙第次,故曰第。"

⑦《汉书音义》曰:"或云斥不用也。"韦昭曰:"尝在服御。"[索隐]曰:孟康
　云"斥不用之车马"是也。

⑧孟康曰:"卫太子妹。"如淳曰:"卫太子姊也。"蔡邕曰:"帝女曰公主,公
　主仪比诸侯。姊妹曰长公主,仪比诸侯王。"骃案:此帝女也,而云长公
　主,未详。

⑨《地理志》云东莱有当利县。

⑩徐广曰:"武帝姑也。"骃案:韦昭曰:"窦太后之女也。"

⑪服虔曰:"满手曰扼。"瓒曰:"扼执持也。"

　　其夏六月中,汾阴巫锦①为民祠魏脽后土营旁。②见地如钩
状,捾视得鼎。③鼎大异于众鼎,文镂无款识,④怪之,言吏。吏告河
东太守胜,胜以闻。天子使使验问巫锦得鼎无奸诈,乃以礼祠,迎鼎
至甘泉,从行,上荐之。⑤至中山,⑥晏温,⑦有黄云盖焉。有麃过,
上自射之,因以祭云。至长安,⑧公卿大夫皆议请尊宝鼎。天子曰:
"间者河溢,岁数不登,故巡祭后土,祈为百姓育谷。今年丰庑未有
报,鼎曷为出哉?"有司皆曰:"闻昔太帝兴神鼎一,⑨一者一统,天
地万物所系终也。黄帝作宝鼎三,象天地人也。禹收九牧之金,铸
九鼎,皆尝鬺烹⑩上帝鬼神。⑪遭圣则兴,⑫迁于夏商。周德衰,宋
之社亡,⑬鼎乃沦伏而不见,《颂》云:'自堂徂基,⑭自羊徂牛,⑮鼐
鼎及鼒,⑯不虞不骜,胡考之休。'⑰今鼎至甘泉,光润龙变,承休无
疆。合兹中山,有黄白云降⑱盖,若兽为符,⑲路弓乘矢,⑳集获坛
下,报祠大飨。㉑惟受命而帝者心知其意,㉒而合德焉。鼎宜见于祖
祢,藏于帝廷,以合明应。"制曰:"可。"

①应劭曰:"锦巫名。"

②应劭曰:"魏,故魏国也。脽,若丘之类。"

③[索隐]曰:《说文》:"捾,把也。"音步沟反。

④韦昭曰:"款,刻也。"[索隐]曰:识犹表识。

⑤如淳曰:"以鼎从行,上至甘泉,将荐之于天也。"

⑥徐广曰:"《河渠书》凿泾水自中山西。"[索隐]曰:此山在冯翊谷口县

西，近九嵏山，土人呼为中山。《河渠书》韩使水工郑国说秦凿泾水自
中山西，即此山也。

⑦如淳曰："三辅谓日出清济为晏。晏而温也。"[索隐]曰：许慎注《淮南》
云："晏，无云也。"

⑧徐广曰："上言从行荐之，或曰祭鼎乎。"

⑨[索隐]曰：师古以太帝即太昊伏牺氏，以文在黄帝之前故也。

⑩徐广曰："烹煮也。鬻，音鬵。皆尝以烹牲牢而祭祀也。"[索隐]曰：言鼎
以烹牲而飨尝也。"鬻"字又作"膓"，音殇。《汉书·郊祀志》云鼎空足曰
鬲，以象三德。鬲，音历。谓足中不实者名之也。

⑪服虔曰："以祭祀上帝。或曰尝烹酌也。"

⑫[正义]曰：遭，逢也。鼎虽沦泗水，逢圣兴起，故出汾阴，西至甘泉也。

⑬[正义]曰：社主民也。社以石为之。宋社即亳社也。周武王伐纣，乃立
亳社，以为监戒，覆上栈下，使通天地阴阳之气。周礼衰，国将危民，故
宋之社为亡殷复也。

⑭[正义]曰：此以下至"胡考之休"，是《周颂·丝衣》之诗。自堂，从内往
外。基，门内塾也。郑玄云："门侧之堂谓之塾。绎礼轻，使士升堂，视壶
濯及笾豆之属，降往于塾。牲自羊徂牛，充包，乃举鼎告洁，礼之次也。"

⑮[正义]曰：自堂往塾，先视羊，后及牛也。毛苌云："先小后大也。"

⑯韦昭曰："《尔雅》云鼎绝大谓之鼐，圆奄上谓之鼒。"

⑰[索隐]曰：《毛诗传》云："虞，哗也。"姚氏按：何承天云此"虞"当为
"吴"，音洪霸反。《说文》以"虞，一口大言也。"此作"虞"者，与吴声相
近，故假借也。或者本文借此虞为欢娱字也。

⑱韦昭曰："与中山所见黄云之气合也。"

⑲服虔曰："云若兽，在车盖也。"晋灼曰："盖，辞也。或曰符谓瑞应也。"

⑳韦昭曰："路，大也。四矢为乘。"

㉑徐广曰："一云大报享祠也。"

㉒服虔曰："高祖受命知之也，宜见鼎于其庙。"

　　入海求蓬莱者，①言蓬莱不远而不能至者，殆不见其气。上乃
遣望气佐候其气云。

①[正义]曰：蓬莱、方丈、瀛洲，勃海中三神山也。

　　其秋，上幸雍，且郊。①或曰："五帝，泰一之佐也，宜立泰一而

上亲郊之。”上疑未定。齐人公孙卿曰：“今年得宝鼎，其冬辛巳朔旦冬至，与黄帝时等。”卿有札书曰：“黄帝得宝鼎宛侯，问于鬼臾区。②区对曰：‘黄帝得宝鼎神筴，是岁己酉朔旦冬至，得天之纪，终而复始。’于是黄帝迎日推筴，后率二十岁③得朔旦冬至，凡二十推，三百八十年，黄帝仙登于天。”卿因所忠欲奏之。所忠视其书不经，疑其妄书，谢曰：“宝鼎事已决矣，尚何以为。”卿因嬖人奏之。上大说，召问卿。对曰：“受此书申功，④申公已死。”上曰：“申功何人也？”卿曰：“申功齐人也。与安期生通，受黄帝言，无书，独有此鼎书。曰：‘汉兴复当黄帝之时。汉之圣者在高祖之孙且曾孙也。宝鼎出而与神通，封禅。封禅七十二王，⑤唯黄帝得上泰山封。’申功曰：“汉主亦当上封，上封则能仙登天矣。黄帝时万诸侯，而神灵之封居七千。⑥天下名山八，而三在蛮夷，五在中国。中国华山、首山、太室、泰山、东莱。此五山，黄帝之所常游，与神会。黄帝且战且学仙，患百姓非其道，乃断斩非鬼神者。百余岁，然后得与神通。黄帝郊雍上帝，宿三月。鬼臾区号大鸿，死葬雍，故鸿冢是也。⑦其后黄帝接万灵明廷。明廷者甘泉也。所谓寒门者，谷口也。⑧黄帝采首山铜，铸鼎于荆山下。⑨鼎既成，有龙垂胡髯下迎黄帝。⑩黄帝上骑，群臣后宫从上龙七千余人，龙乃上去。余小臣不得上，乃悉持龙髯，龙髯拔，堕⑪黄帝之弓。百姓仰望黄帝既上天，乃抱其弓与龙胡髯号，⑫故后世因名其处曰鼎湖，⑬其弓曰‘乌号’。”于是天子曰：“嗟乎！吾诚得如黄帝，吾视去妻子如脱躧耳！”乃拜卿为郎，东使候神于太室。

①［索隐］曰：以雍地形高，故云上。

②《汉书音义》曰：“区，黄帝时人。”［索隐］曰：郑玄云：“黄帝佐也。”李奇曰：“黄帝时诸侯。本作‘申区’者非。《艺文志》作‘鬼容区’也。”

③［正义］曰：率，音律，又音类，又所律反，三音并通。后皆放此也。

④《封禅书》“功”字作“公”。

⑤［正义］曰：《河图》云：“王者封太山，禅梁父，易姓登崇，有七十二君也。”

⑥应劭曰："黄帝时诸侯会封禅者七千人。"李奇曰："说仙道得封者七千国。"张晏曰："神灵之封谓山川之守。"

⑦苏林曰："今雍有鸿冢。"

⑧徐广曰："寒，一作'塞'。"《汉书音义》曰："黄帝仙于寒门出。"[索隐]曰：服虔云："寒门，黄帝所仙之处。"小颜云："谷，中山之谷口，汉时为县，今呼为冶谷，去甘泉八十里。盛夏凛然，故曰寒门。"

⑨晋灼曰："《地理志》首山属河东蒲阪，荆山在冯翊怀德县。"

⑩[索隐]曰：颜师古云："胡，谓颔下垂肉也；髯，其毛也。故童谣曰'何当为君鼓龙胡'是也。"

⑪[正义]曰：徒果反。

⑫[正义]曰：户高反，下同。

⑬[正义]曰：《括地志》云："湖水原出虢州湖城县南三十五里夸父山，北流入河，即鼎湖也。"

上遂郊雍，至陇西，西登空桐，①幸甘泉。令祠官宽舒等具泰一祠坛，坛放薄忌泰一坛，坛三垓。②五帝坛环居其下，各如其方，黄帝西南，除八通鬼道。③泰一所用，如雍一畤物，而加醴枣脯之属，杀一牦牛以为俎豆牢具。而五帝独有俎豆④醴进。⑤其下四方地，为餟食⑥群神从者及北斗云。已祠，胙余皆燎之。其牛色白，鹿居其中，豕在鹿中，水而洎之。⑦祭日以牛，祭月以羊彘特。⑧泰一祝宰则衣紫及绣。五帝各如其色，日赤，月白。

①[正义]曰：空桐山在原州平高县西一百里。

②徐广曰："垓，次也。"骃案：李奇曰："垓，重也。三重坛也。"[索隐]曰：邹氏云垓一作"陔"，言坛阶三重。

③服虔曰："坤位在未，黄帝从土位。"

④韦昭曰："无牦牛醴之属。"

⑤[索隐]曰：师古云："具俎豆酒醴而进之。一曰进谓杂物之具，所以加礼也。"

⑥[索隐]曰：餟，音竹芮反。谓联续而祭之，《汉志》作"腏"，古字亦通。《说文》云："餟，祭酹也。"[正义]曰：刘伯庄云："谓绕坛设诸神祭座，相连缀也。"

⑦徐广曰："洎，音居器反。肉汁也。"骃案：晋灼曰："此说合牲物燎之也。"

[正义]曰:刘伯庄云:"以大羹和祭食燎之。"按:以鹿内牛中,以麂内鹿中。水,玄酒也。

⑧[索隐]曰:特,一牲也。言若牛若羊若麂,止一特也。

　　十一月辛巳朔旦冬至昧爽,天子始郊拜泰一。朝朝日,夕夕月,①则揖,而见泰一如雍礼。其赞飨曰:"天始以宝鼎神筴授皇帝,朔而又朔,终而复始,皇帝敬拜见焉。"而衣上黄。其祠列火满坛旁。坛旁烹炊具,有司云:"祠上有光焉。"公卿言:"皇帝始郊见泰一云阳,②有司奉瑄玉,③嘉牲荐飨。④是夜有美光,及昼,黄气上属天。"太史公、祠官宽舒等曰:"神灵之休,佑福兆祥,宜因此地光域,⑤立泰畤坛以明应。令太祝领祠及腊间祠。三岁天子一郊见。"

①应劭曰:"天子春朝日,秋夕月,拜日东门之外,朝日以朝,夕月以夕。"瓒曰:"汉仪,郊泰一时,皇帝平旦出竹宫,东向揖日,其夕西向揖月。便用郊日,不用春秋也。"

②[正义]曰:《括地志》云:"汉云阳宫在雍州云阳县北八十一里。有通天台,即黄帝以来祭天圆丘之处。武帝以五月避暑,八月乃还也。"

③孟康曰:"璧大六寸谓之瑄。"[索隐]曰:瑄,音宣。

④[正义]曰:《汉书仪》云:"祭天养牛五岁至二千斤。"

⑤徐广曰:"地,一作'夜'。"

　　其秋,为伐南越,告祷泰一,以牡①荆画幡②日月北斗登龙,以象天一三星,为泰一锋,③名曰"灵旗"。④为兵祷,⑤则太史奉以指所伐国。⑥而五利将军使不敢入海,之泰山祠。上使人微随验,实无所见。五利妄言见其师,其方尽,多不雠。上乃诛五利。⑦

①徐广曰:"一作'牝'。"

②如淳曰:"荆之无子者,皆以洁齐之道也。"晋灼曰:"牡荆,节间不相当者。"韦昭曰:"以牡荆为柄者也。"

③徐广曰:"《天官书》曰天极星明者,泰一常居也。斗口三星曰天一。"骃案:晋灼曰:"画一星在后,三星在前为太一锋也。"

④[正义]曰:李奇云:"画旗树泰一坛上,名灵旗,画日月北斗登龙等。"

⑤[正义]曰:为,于伪反。

⑥[正义]曰：韦昭云："牡,刚也。荆,强。"按：用牡荆指伐国,取其刚为称,故画此旗指之。

⑦[正义]曰：《汉武故事》云："东方朔言栾大无状,上发怒,乃斩之。"

其冬,公孙卿候神河南,见仙人迹缑氏城上,有物若雉,往来城上。天子亲幸缑氏城视迹。问卿："得毋效文成、五利乎?"卿曰："仙者非有求人主,人主求之。其道非少宽假,神不来。言神事,事如迂诞。①积以岁乃可致。"于是郡国各除道,缮治宫观名山神祠所,以望幸矣。

①[正义]曰：迂,音于。诞,音但。迂,远也。诞,大也。

其年,既灭南越,上有嬖臣李延年以好音见。上善之。下公卿议,曰："民间祠尚有鼓舞之乐,今郊祠而无乐,岂称乎?"公卿曰："古者,祀天地皆有乐,而神祇可得而礼。"或曰："泰帝使素女①鼓五十弦瑟,悲,帝禁不止,故破其瑟为二十五弦。"于是塞南越,祷祠泰一、后土,始用乐舞,益召歌儿,作二十五弦②及箜篌瑟自此起。③

①[索隐]曰：亦谓太昊。[正义]曰：泰帝谓太昊伏羲氏。

②徐广曰："瑟也。"

③徐广曰："应劭云武帝令乐人侯调始造箜篌。"

其来年冬,上议曰："古者先振兵泽旅,①然后封禅。"乃遂北巡朔方,勒兵十余万,还祭黄帝冢桥山,泽兵须如。②上曰："吾闻黄帝不死,今有冢,何也?"或对曰："黄帝已仙上天,群臣葬其衣冠。"既至甘泉,为且③用事泰山,④先类祠泰一。

①徐广曰："古'释'字作'泽'。"

②李奇曰："地名也。"

③[正义]曰：为,于伪反。将伪封禅也。

④[正义]曰：道书《福地记》云："泰山高四千九百丈二尺,周回二千里。"

自得宝鼎,上与公卿诸生议封禅。①封禅用希旷绝,莫知其仪礼,而群儒采封禅《尚书》、《周官》、《王制》之望祀射牛事。②齐人丁公年九十余,曰："封者,合不死之名也。秦皇帝不得上封。陛下必

欲上,稍上即无风雨,遂上封矣。"上于是乃令诸儒习射牛,草封禅
仪。③数年,至且行。天子既闻公孙卿及方士之言,黄帝以上封禅,
皆致怪物与神通,欲放黄帝以尝接神仙人蓬莱士,高世比德于九
皇,④而颇采儒术以文之。群儒既以不能辩明封禅事,又牵拘于
《诗》、《书》古文而不敢骋。上为封祠器示群儒,群儒或曰"不与古
同",徐偃又曰"太常诸生行礼不如鲁善",周霸属图封事,⑤于是上
绌偃、霸,尽罢诸儒弗用。

①[正义]曰:《白虎通》云:"王者易姓而起,天下太平,功成封禅,以告太
　　平。禅梁父之趾,广厚也。刻石纪号,著己之功绩。天以高为尊,地以厚
　　为德,故增泰山之高以放天,禅梁甫之趾以报地。封者,附广也。禅者,
　　将以功相传授之。"

②苏林曰:"当祭庙,射其牲以除不祥。"瓒曰:"射牛以示亲杀也。"[索隐]
　　曰:天子射牛,示亲杀也。事见《国语》。

③[索隐]曰:见应劭《汉官仪》也。

④张晏曰:"三皇之前有人皇九首。"韦昭曰:"上古人皇者九人也。"

⑤服虔曰:"属,会也。会诸儒图封事。"

　　三月,遂东幸缑氏,礼登中岳①太室。②从官在山下闻若有言
"万岁"云。③问上,上不言;问下,下不言。于是以三百户封太室奉
祠,命曰崇高邑。④东上泰山,山之草木叶未生,乃令人上石立之泰
山颠。

①文颖曰:"嵩高山也,颍川阳城县。"

②韦昭曰:"嵩高山有太室、少室之山,山有石室,故以名之。"

③[正义]曰:《汉仪注》云:"有称万岁,可十万人声。"

④[正义]曰:颜师古云:"以崇奉嵩高山,故谓之崇高也。"

　　上遂东巡海上,行礼祠八神。①齐人之上疏言神怪奇方者以万
数,然无验者。乃益发船,令言海中神山者数千人求蓬莱神人。公
孙卿持节常先行候名山,至东莱,言夜见一人,长数丈,就之则不
见,见其迹甚大,类禽兽云。群臣有言见一老父牵狗,言"吾欲见巨
公",②已忽不见。上既见大迹,未信,及群臣有言老父,则大以为仙
人也。宿留海上,与方士传车及间使求仙人以千数。

①文颖曰:"武帝登泰山,祭太一,并祭名山于泰坛,西南开除八通鬼道,
　故言八神地。一曰八方之神。"[索隐]曰:韦昭云:"八神,谓天、地、阴、
　阳、日、月、星辰主、四时之属。"今按《郊祀志》,一曰天主,祠天齐;二曰
　地主,祠太山、梁父;三曰兵主,祠蚩尤;四曰阴主,祠三山;五曰阳主,
　祠之罘;六曰月主,祠之莱山;七曰日主,祠盛山;八曰四时主,祠琅邪。
②《汉书音义》曰:"巨公,谓武帝。"

四月,还至奉高。上念诸儒及方士言封禅人人殊,不经,难施
行。天子至梁父。礼祠地主。乙卯,令侍中儒者皮弁荐绅,射牛行
事。封泰山下东方,如郊祠泰一之礼。封广丈二尺,高九尺,其下则
有玉牒书,书秘。礼毕,天子独与侍中奉车子侯①上泰山,亦有封。
其事皆禁。明日,下阴道。丙辰,禅泰山下址东北肃然山,如祭后土
礼。天子皆亲拜见,衣上黄而尽用乐焉。江淮间一茅三脊②为神藉。
五色土益杂封。纵远方奇兽蜚禽及白雉诸物颇以加祠。兕旄牛犀
象之属弗用。皆至泰山然后去。封禅祠其夜若有光,昼有白云起封
中。

①《汉书·百官表》曰:"奉车都尉掌乘舆车,武帝初置。"韦昭曰:"子侯,
　霍去病之子也。"
②孟康曰:"所谓灵茅也。"

天子从封禅还,坐明堂。①群臣更上寿。于是制诏御史:"朕以
眇眇之身承至尊,兢兢焉惧弗任。维德菲薄,不明于礼乐。修祀泰
一,若有象景光,屑如有望,②依依震于怪物,欲止不敢,遂登封泰
山,至于梁父,而后禅肃然。③自新,嘉与士大夫更始。赐民百户牛
一,酒十石;加年八十孤寡布帛二匹。复博、奉高、蛇丘、④历城,毋
出今年租税。其赦天下,如乙卯赦令。行所过毋有复作。事在二年
前,皆勿听治。"又下诏曰:"古者天子五载一巡狩,用事泰山,诸侯
有朝宿地。其令诸侯各治邸泰山下。"⑤

①《汉书音义》曰:"天子初封泰山,山东北址古时有明堂处,则此所坐者。
　明年秋,乃作明堂。"
②瓒曰:"闻呼万岁者三。"
③服虔曰:"肃然,山名,在梁父。"

　　④郑玄曰:"蛇,音移。"

　　⑤[正义]曰:诸侯各于太山朝宿地起第,准拟天子用事太山而居止。

　　天子既已封禅泰山,既无风雨灾,而方士更言蓬莱诸神山若将可得,于是上欣然庶几遇之,乃复东至海上望,冀遇蓬莱焉。奉车子侯暴病,一日死。上乃遂去,并海上,北至竭石,巡自辽西,历北边至九原。

　　五月,返至甘泉。①有司言宝鼎出为元鼎,以今年为元封元年。其秋,有星茀于东井。②后十余日,有星茀于三能。③望气王朔言:"候独见其星出如瓠,④食顷复入焉。"有司言曰:"陛下建汉家封禅,天其报德星云。"

　　①《汉书音义》曰:"周万八千里也。"

　　②韦昭曰:"秦分野也。后卫太子兵乱。"茀,音佩。

　　③韦昭曰:"三能,三公。后连坐诛之。"

　　④[索隐]曰:《郊祀志》"填星出如瓠",故颜师古以德星即镇星。今按:此纪唯止言德星,则德星岁星也。岁星所在有福,故曰德星。

　　其来年冬,郊雍五帝,还,拜祝祠泰一。赞飨曰:"德星昭衍,厥维休祥。寿星仍出,①渊耀光明。信星昭见,②皇帝敬拜泰③况之飨。"

　　①[索隐]曰:寿星,南极老人星也,见则天下理安,故言之也。

　　②[索隐]曰:信星,镇星也。信属土,土曰镇星,《汉志》为得之。

　　③徐广曰:"一无此字。"

　　其春,公孙卿言见神人东莱山,若云"见天子。"天子于是幸缑氏城,拜卿为中大夫。遂至东莱,宿留之,①数日毋所见,见大人迹。复遣方士求神怪采芝药以千数。是岁旱。于是天子既出毋名,乃祷万里沙,②过祠泰山。③还至瓠子,④自临塞决河。⑤留二日,沉祠而去。⑥使二卿将卒塞决河,河徙二渠,复禹之故迹焉。

　　①[索隐]曰:音秀溜。宿留,迟待之意。若依字读,则言宿而留,亦是有所待,并通也。

　　②应劭曰:"万里沙,神祠也,在东莱曲城。"孟康曰:"沙径三百余里。"

　　③邓展曰:"泰山自东复有小泰山。"瓒曰:"即今之泰山。"

④服虔曰："瓠子,堤名。"苏林曰："在甄城以南,濮阳以北,广百步,深五
　丈所。"瓒曰："所决河名。"[索隐]注同。

⑤[索隐]曰:按:《河渠书》武帝自临塞决河,将军已下皆负薪填之。

⑥[索隐]曰:按:沉白马祭河决,于是作《瓠子歌》,见《河渠书》。

　　是时既灭南越,越人勇之①乃言："越人俗信鬼,而其祠皆见
鬼,数有效。昔东瓯王敬鬼,寿至百六十岁。后世谩怠,故衰耗。"乃
令越巫立越祝祠,安台无坛,亦祠天神上帝百鬼,而以鸡卜。②上信
之,越祠鸡卜始用焉。

①韦昭曰:"越地人名也。"

②《汉书音义》曰:"持鸡用卜,如鼠卜。"[正义]曰:鸡卜法,用鸡一、狗一:
　生,祝愿讫,即杀狗煮熟;又祭,独取鸡两眼,骨上自有孔裂,似人物形
　则吉,不足则凶。今岭南犹行此法也。

　　公孙卿曰:"仙人可见,而上往常遽,以故不见。今陛下可为观。
如缑氏城,①置脯枣,神人宜可致。且仙人好楼居。"于是上令长安
则作蜚廉桂观,②甘泉则作益延寿观,使卿持节设具而候神人。乃
作通天台,③置祠具其下,将招来神仙之属。于是甘泉更置前殿,始
广诸宫室。④

①韦昭曰:"如,犹比也。"

②应劭曰:"飞廉,神禽;能致风气。"晋灼曰:"身如鹿,头如雀,有角而蛇
　尾,文如豹文也。"

③徐广曰:"在甘泉。"[索隐]曰:《汉书》作通天台于甘泉宫。按:《汉书旧
　仪》台高五十丈,去长安二百里,望见长安城。

④[索隐]曰:姚氏按:"扬雄云甘泉本因秦离宫,既奢泰,武帝复增通天、
　高光、迎风宫,外近则有洪厓、旁皇、储胥、弩阹,远则石关、封峦、枝鹊、
　露寒、棠梨、师得、游观、屈奇、瑰伟,又有高华、温德、法相、曾成宫、白
　虎、走狗、天梯、瑶台、仙人、弩思观,皆壮丽也。"

　　夏,有芝生殿防内中。①天子为塞河,兴通天台,若有光云,②
乃下诏曰:"甘泉防生芝九茎,③赦天下。毋有复作。"

①徐广曰:"元封二年也。"[索隐]曰:按:生芝九茎,作《芝房歌》。

②李奇曰:"为此作事而有光应。"瓒曰:"作通天台也。"

③应劭曰："芝,芝草也,其叶相连。"如淳曰："《瑞应图》云王者敬事耆老,不失旧故,则芝草生。"

其明年,伐朝鲜。夏,旱。公孙卿曰："黄帝时封则天旱,干封①三年。"上乃下诏曰："天旱,意干封乎?②其令天下尊祠灵星焉。③

①[正义]曰:干,音干。苏林云："天旱欲使封土干燥也。"颜师古云："三岁不雨,暴所封之土令干。"郑氏云："但祭不立尸为干封。"

②苏林曰："天旱,欲使封土干燥。"如淳曰："但祭不立尸为干封。"

③[正义]曰:灵星即龙星也。张晏云："龙星左角曰天田,则农祥也,见而祭之。"

其明年,上郊雍,通回中道,巡之。①春,至鸣泽,②从西河归。

①徐广曰："在扶风汧县。"

②服虔曰："鸣泽,泽名也,在涿郡遒县北界。"

其明年冬,上巡南郡,①至江陵而东。登礼潜之天柱山,号曰南岳。②浮江,自寻阳出枞阳,③过彭蠡,祀其名山川。北至琅邪,并海上。四月中,至奉高修封焉。"

①徐广曰："元封五年。"

②应劭曰："潜县属庐江。南岳,霍山也。"文颖曰："天柱山在潜县南,有祠。"

③《地理志》庐江有枞阳县。

初,天子封泰山,泰山东北址古时有明堂处,处险不敞。上欲治明堂奉高旁,未晓其制度。济南人公玉带上黄帝时明堂图。①明堂图中有一殿,四面无壁,以茅盖,通水,圆宫垣,为复道,上有楼,从西南入,命曰昆仑,②天子从之入,以拜祠上帝焉。于是上令奉高作明堂汶上,③如带图。及五年修封,则祠泰一、五帝于明堂上坐,令高皇帝祠坐对之。祠后土于下房,以二十太牢。天子从昆仑道入,始拜明堂如郊礼。礼毕,燎堂下。而上又上泰山,有秘祠其颠。而泰山下祠五帝,各如其方,黄帝并赤帝,而有司侍祠焉。泰山上举火,下悉应之。

①[索隐]曰:玉,或音肃。公玉,姓;带,名。姚氏按:《风俗通》齐湣王臣有

公玉冉,其后也,音语录反。《三辅决录》云杜陵有玉氏,音肃。《说文》以
为从玉,音"畜牧"之"畜"。今读公玉与《决录》音同。然二姓单复有异,
单姓者音肃,后汉司徒玉况是其后也。

②[索隐]曰:玉带明堂图中为复道,有楼从西南入,名其道曰昆仑。言其
似昆仑山之五城十二楼,故名之也。

③徐广曰:"在元封二年秋。"

其后二岁,十一月甲子朔旦冬至,推历者以本统。天子亲至泰
山,以十一月甲子朔旦冬至日祠上帝明堂,①毋修封禅。其赞飨曰:
"天增授皇帝泰元神筴,②周而复始。皇帝敬拜泰一。"东至海上,考
入海及方士求神者,莫验,然益遣,冀遇之。

①徐广曰:"常五年一修耳。今适二年,故以祀明堂。"

②[索隐]曰:按:赞飨之辞言天授皇帝泰元神筴,周而复始。又按:黄帝得
宝鼎神鼎,则太元者,古昔上皇创历之号,故此云太元神筴者,周而复
始也。

十一月乙酉,①柏梁灾。十二月甲午朔,上亲禅高里,②祠后
土。临渤海,将以望祠蓬莱之属,冀至殊庭焉。③上还,以柏梁灾故,
朝受计甘泉。④公孙卿曰:"黄帝就青灵台,十二日烧,⑤黄帝乃治
明庭。明庭,甘泉也。"方士多言古帝王有都甘泉者。其后天子又朝
诸侯甘泉,甘泉作诸侯邸。勇之乃曰:"越俗:有火灾,复起屋必以
大,用胜服之。"于是作建章宫,⑥度为千门万户。前殿度高未央。其
东则凤阙,高二十余丈。⑦其西则唐中,数十里虎圈。⑧其北治大
池,渐台⑨高二十余丈,名曰泰液⑩池,中有蓬莱、方丈、瀛洲、壶
梁,象海中神山龟鱼之属。⑪其南有玉堂、璧门、大鸟之属。⑫乃立
神明台、⑬井干楼,度五十余丈,辇道相属焉。⑭

①徐广曰:"二十二日也。"

②伏俨曰:"山名,在泰山下。"

③《汉书音义》曰:"蓬莱庭。"[索隐]曰:冀,《汉书》作"几"。几,近也。冀,
望也。并通。服虔曰:"蓬莱中仙人。殊庭者,异也。言入仙人异域也。"

④[正义]曰:顾胤云:"柏梁被烧,故受记献之物于甘泉也。"颜师古云:

"受郡国计簿也。"

⑤徐广曰:"日,一作'月'。"

⑥[正义]曰:《括地志》曰:"建章宫在雍州长安县西二十里长安故城西。"

⑦[索隐]曰:《三辅黄图》云:"武帝营建章,起凤阙,高二十五丈。"《关中记》:"一名别风阙,以言别四方之风。"《西京赋》曰:"阊阖之内,别风嶕峣"是也。《三辅故事》云:"北有圆阙,高二十丈,上有铜凤凰,故凤阙也。"

⑧[索隐]曰:如淳云:"《诗》云'中唐有甓',郑玄曰'唐,堂庭也。'《尔雅》以庙中路谓之唐。《西京赋》曰'前开唐中,弥望旷象'也。"[正义]曰:圈,其远反。《括地志》云:"虎圈今在长安城中西偏也。"

⑨[正义]曰:颜师古云:"渐,浸也。台在池中。为水浸,故曰渐。"按:王莽死此台也。

⑩[正义]曰:臣瓒云:"泰液言象阴阳津液以作池也。"

⑪[索隐]曰:《三辅故事》云:"殿北海池北岸有石鱼,长二丈,广五尺,西岸有石龟二枚,各长六尺。"

⑫[索隐]曰:《汉武故事》:"玉堂基与未央前殿等,去地十二丈。"

⑬[索隐]曰:《汉宫阙疏》云:"台高五十丈,上有九室,常置九天道士百人。"

⑭[索隐]曰:《关中记》:"宫北有井干台,高五十丈,积木为楼。"言筑累万木,转相交架,如井干。司马彪注《庄子》云:"井干,井栏也。"又崔譔云:"井以四边为干,犹筑墙之有桢干。"又诸本多作"干",一本作"韩"。音《说文》云:"韩,井桥。"

夏,汉改历,以正月为岁首,而色上黄,官名①更印章以五字,②因为太初元年。是岁,西伐大宛。蝗大起。丁夫人、③雒阳虞初等以方祠诅匈奴、大宛焉。

①徐广曰:"无'名'字。"

②张晏曰:"汉据土德,土数五,故用五为印文也。若丞相曰'丞相之印章,'诸卿及守相印文不足五字者,以'之'足也。"

③韦昭曰:"丁,姓;夫人,名也。"

其明年,有司言雍五畤无牢熟具,芬芳不备。乃命祠官进畤犊

牢具,五色食所胜,①而以木禺马代驹焉。②独五帝用驹,行亲郊用
驹。及诸名山川用驹者,悉以木禺马代。行过,乃用驹。他礼如故。

①孟康曰:"若火胜金,则祠赤帝以白牲。"

②[索隐]曰:一音偶,孟康云:"禺寄龙形于木。"又姚氏云:"禺,假也,以
　言假木龙马一驷,非寄禺龙马形于木也。"

其明年,东巡海上,考神仙之属,未有验者。方士有言:"黄帝时
为五城十二楼,①以候神人于执期,②命曰迎年。"③上许,作之如
方明年。上亲礼祠上帝,衣上黄焉。

①应劭曰:"昆仑县圃五城十二楼,仙人之所常居也。"

②《汉书音义》曰:"执期,地名也。"

③[正义]曰:颜师古云:"迎年,若言祈年。"

公玉带曰:"黄帝时虽封泰山,然风后、封钜、①歧伯②令黄帝
封东泰山,禅凡山,合符,然后不死焉。"③天子既令设祠,其至东泰
山,东泰山卑小,不称其声,乃令祠官礼之,而不封禅焉。其后令带
奉祠候神物。夏,遂还泰山,修五年之礼如前,而加禅祠石闾。石闾
者,在泰山下址南方,方士多言此仙人之闾也,故上亲禅焉。

①应劭曰:"封钜,黄帝师。"

②[正义]曰:张楫云:"歧伯,黄帝太医。"

③徐广曰:"在琅邪朱虚县,汶水所出。凡山亦在朱虚。"

其后五年,复至泰山修封,①还过祭常山。

①徐广曰:"天汉三年。李陵以天汉二年败也。"

今天子所兴祠,泰一、后土,三年亲郊祠,建汉家封禅,五年一
修封。薄忌泰一及三一、冥羊、马行、赤星五,宽舒之祠官①以岁时
致礼。凡六祠。②皆太祝领之。至如八神诸神,明年、凡山他名祠,行
过则祀,去则已。方士所兴祠,各自主,其人终则已,祠官弗主。他
祠皆如其故。今上封禅,其后十二岁而还,遍于五岳、四渎矣。而方
士之候祠神人,入海求蓬莱,终无有验。而公孙卿之候神者,犹以大
人迹为解,无其效。天子益怠厌方士之怪迂语矣,然终羁縻弗绝,冀
遇其真。自此之后,方士言祠神者弥众,然其效可睹矣。③

①李奇曰:"祀名也。"[索隐]曰:赤星即上灵星祠也。灵星,龙左角赤,故曰赤星。五者,太一也,三一也,冥羊也,马行也,赤星也。凡五,并令祠官宽舒领之。

②[索隐]曰:五者之外有正太一后土祠,故云六也。

③徐广曰:"犹今人云:'其事已可知矣',皆不信之耳。又数本皆无'可'字。"

太史公曰:余从巡祭天地诸神名山川而封禅焉。入寿宫侍祠神语,究观方士祠官之言,于是退而论次自古以来用事于鬼神者,具见其表里。后有君子,得以览焉。至若俎豆珪币之详,献酬之礼,则有司存焉。

索隐述赞曰:孝武纂极,四海承平。志尚奢丽,尤敬神明。坛开八道,接通五城。朝亲五利,夕拜文成。祭非祀典,巡乖卜征。登嵩勒岱,望景传声。迎年祀日,改历定正。疲耗中土,事彼边兵。日不暇给,人无聊生。俯观嬴政,几欲齐衡。

史记卷一三
世表第一

三代

[索隐]曰：应劭云："表者，录其事而见之。"案：《礼》有《表记》。而郑玄云"表，明也。"谓事微而不著，须表明也，故言表也。[正义]曰：言表者，以五帝久古，传记少见，夏殷以来，乃有《尚书》略有年月，比于五帝事迹易明，故举三代为首。表者，明也。明言事仪。

太史公曰：五帝，三代之记，①尚矣。自殷以前诸侯不可得而谱，②周以来乃颇可著。孔子因史文次《春秋》，纪元年，正时日月，盖其详哉。至于序《尚书》则略，无年月；或颇有，然多阙，不可录。故疑则传疑，盖其慎也。

①[索隐]此表依《帝系》及《系本》。其实叙五帝、三代，而篇名唯《三代系表》者，以三代系长远，宜以篇名；且三代皆出自五帝，故叙三代而要从五帝起首也。[索隐]刘氏云："尚，犹久古也。彼云'黄帝'之文元出《大戴礼》，彼云'尚矣'。"

②[正义]曰：谱，布也，列其事也。

余读谍记，①黄帝以来皆有年数。稽其历谱谍终始五德之传，②古文咸不同，乖异。夫子之弗论次其年月，岂虚哉！于是以《五帝系谍》、《尚书》集世纪黄帝以来讫共和为《世表》。③

①[索隐]曰：谍者，音牒，记系谱之书也。下云"谱历谍谍"，谓历代之谱谍也。

②[索隐]曰：音牒。谍者，音牒，以金木水火土之五德传次相承，终而复始，故云终始五德之传也。

③[索隐]曰：案：《大戴礼》有《五帝德》及《帝系》篇，盖太史公取此二篇之谍及《尚书》，集而纪黄帝以来为系也。历王莽虞，周，召二公共和王室，故曰共和。皇甫谧云"共伯和干王位"，则以共国，伯爵，和，其名也，干，王位，言篡也。历与史迁之说不同，盖异说耳。

帝王世国号	颛顼属	俉属	尧属	舜属	夏属	殷属	周属
黄帝，号有熊。	黄帝生昌意。	黄帝生玄器。	黄帝生玄器。	黄帝生昌意。	黄帝生昌意。	黄帝生玄器。	黄帝生玄器。
帝颛顼，黄帝孙，起黄帝，至颛顼三世。	昌意生颛顼。昌意生颛顼，至为高阳氏。	玄器生蟜极。	玄器生蟜极。	昌意生颛顼。颛顼生穷蝉。 [索隐]曰：《系本》作"穷系"。宋更云："穷系，谥也。"	昌意生颛顼。	玄器生蟜极。蟜极生高辛。	玄器生蟜极。蟜极生高辛。

帝名	世系	殷世系	周世系
帝俈，黄帝曾孙，起黄帝至帝俈四世。号高辛。[索隐]曰：黄帝玄孙。	蟜极生高辛，高辛帝俈。高辛生放勋。[索隐]曰：黄帝玄孙。	高辛生契。契为殷祖。契生昭明。昭明生相	高辛生后稷，为周祖。后稷生不窋。不窋生鞠。鞠生公刘。
帝尧。起黄帝，至帝俈子五世。号唐尧。	放勋为尧。		
帝舜，黄帝玄孙之玄孙，号虞舜。	穷蝉生敬康，敬康生句望。句望生蟜牛。蟜牛生瞽叟。瞽叟生重华，是为帝舜。		
帝禹，黄帝耳孙。	颛顼生鲧。鲧生文命。[索隐]曰：《汉书》颛顼五代而生鲧，此及《帝系》皆云颛顼生鲧，是古文阙其代系也。文命，是为		

公刘生庆节。	相土生昌若。	土。
庆节生皇仆。皇仆生差弗。	昌若生曹圉。曹圉生冥。	禹。
差弗生毁渝。毁渝生公非。	冥生振。	孙，号夏。
公非生高圉。高圉生亚圉。	振生微。微生报丁。	帝启，伐有扈，作《甘誓》。
亚圉生公祖类。	报丁生报乙。报乙生报丙。	帝太康
公祖类生太王亶父。	报丙生主壬。	帝仲康，太康弟。
		帝相
		帝少康
		帝予[索隐]曰：音直吕反，亦作

主癸。

置父生季历。季历生文王昌。益《易卦》。

主癸生天乙,是为殷汤。从汤至黄帝十七世。

文王昌生武王发。

“宁”。[正义]相为过浇所灭,后缗归有仍,生少康。其子予复禹绩。

帝槐[索隐]曰:音回,一音怀。《系本》作“芬”。

帝芒[索隐]音亡,一作“荒”。

帝泄[索隐]音薛。

帝不降。

帝扃,不降弟。[索隐]古荧切。

帝廑[索隐]其斳反,又音勤。

帝孔甲,不降子。好鬼神,淫乱不好德,二龙去。

帝皋[索隐]曰:宋衷云:“墓在崤南陵。”

帝發〔索隱〕曰：帝皋子也。《系本》云："帝皋生發及履癸。履癸一名桀。"

帝履癸，是為桀。

从禹至桀十七世。从黄帝至桀二十世。

殷汤代夏氏。殷汤从黄帝至汤十七世。

帝外丙，汤太子。太丁早卒，故立次弟外丙。

帝仲壬，外丙弟。

帝太甲，故太子太丁子。淫，伊尹放之桐宫。三年，悔过自责，伊尹乃迎之复位。

帝沃丁，伊尹卒。

帝太庚，沃丁弟。

帝小甲，太庚弟。殷道衰，诸侯或不至。〔索隱〕曰：《殷本纪》及《系本》皆云小甲，太庚子。

帝雍己，小甲弟。

帝太戊，雍己弟。以桑谷生，称中宗。

帝中丁，俗本作"仲丁"。

帝外壬，中丁弟。

帝河亶甲，外壬弟。

帝祖乙

帝祖辛

| 帝沃甲，祖辛弟。[索隐]曰：《系本》作"开甲"。 | 帝祖丁，祖辛子。 | 帝南庚，沃甲子。 | 帝阳甲，祖丁子。 | 帝盘庚，阳甲弟。徙河南。 | 帝小辛，盘庚弟。 | 帝小乙，小辛弟。 | 帝武丁。雉升鼎耳雊。得傅说。称高宗。 | 帝祖庚 | 帝祖甲，祖庚弟。淫。 徐广曰："一云'淫德'。《殷表》。" | 帝廪辛[索隐]曰：或作"冯辛"。《系本》作"祖辛"，误也。按：上祖乙已生祖辛，故知非也。 | 帝庚丁，廪辛弟。殷徙河北。 | 帝武乙。慢神震死。 | 帝太丁 | 帝乙。殷益衰。 | 帝辛，是为纣。弑。 | 从汤至约二十九世。从黄帝至约四十六世。 |

周武王代殷。从黄帝至武王十九世。

	鲁	齐	晋	秦	楚	宋	卫	陈	蔡	曹	燕
成王诵 [索隐]曰:本或作"庸"，非。	周公旦，	大公尚，	唐叔虞，	恶来助纣。父飞廉，飞廉有力。	熊绎。绎父鬻熊。鬻熊。	微子启，	康叔，	胡公满，	叔度，	叔振铎，	召公奭，
	初封。武王弟。	初封。文王师。	初封。武王子。	初封。	初封。事文王。	初封。纣庶兄。	初封。武王弟。	初封。舜之后。	初封。武王弟。	初封。武王弟。	初封。周同姓。
康王钊，刑错四十余年。[索隐]曰:克克反，又音昭。	鲁公伯禽	丁公吕伋	晋侯燮 [索隐]曰:晋侯燮	女防	熊乂	微仲，启弟。	康伯，[索隐]曰:唐叔子，王孙牟父是也。	申公	蔡仲		九世至惠侯。
昭王瑕，南巡不返，不赴，讳之。	考公	乙公	武侯	旁皋	熊黮 [索隐]曰:吐感	宋公	孝伯	相公	蔡伯	太伯	

（周昭王）[索隐]曰：音远。宋衷云："昭王南伐楚，辛由靡为左，涉汉中流而陨，由靡承王，遂卒不复。周乃侯其后于西翟也。"

国	穆王	恭王	懿王
周	穆王满。作《甫刑》。荒服不至。	恭王伊扈	懿王坚。周道衰，诗人作剌。
鲁	炀公，考公弟。	幽公	魏公。[索隐]曰：《系本》作"微公"，
齐	癸公	哀公	胡公
晋	成侯	厉侯	靖侯
秦	大几	大骆	非子
楚	熊胜	熊杨	熊渠
宋	丁公	湣公，丁公弟。	炀公，湣公弟。
卫	嗣伯	㷏伯。[索隐]曰音捷。	靖伯
陈	孝公	慎公	幽公
蔡	宫侯	厉侯	武侯
曹	仲君	宫伯	孝伯

[索隐]……反，又徒感反，又杜减反。邹氏又作点音。

						名讳甚。
夷伯	盩公	厉公 熊无康	秦侯		厉公	孝王方，懿王弟。
	贞伯	熊鸷红公	公伯	献公弑胡公。	献公，厉公弟。	夷王燮，懿王子，献公弟。
	盩侯	熊延，红弟。	秦仲	武公，厉公弟。		厉王胡，以恶闻过乱出奔，遂死于彘。
		熊勇			武公，真公弟。	共和，二伯行政。

张夫子问褚先生曰：①"《诗》言契、后稷皆无父而生。今案诸传记咸言有父，父皆黄帝子也，②得无与《诗》谬乎？"

①[索隐]曰：褚先生名少孙，元成间为博士。张夫子，未详。

②[索隐]曰：案：上契及后稷皆帝喾子，此云"黄帝子"者，谓是黄帝之孙耳。案：皆是黄帝曾孙，而契、弃是玄孙也。

褚先生曰："不然。《诗》言契生于卵，后稷人迹者，欲见其有天命精诚之意耳。鬼神不能自成，须人而生，奈何无父而生乎？一言有父，一言无父，信以传信，疑以传疑，故两言之。尧知契、稷皆贤人，

天之所生，故封之契七十里，后十余世至汤，至汤王而有天下。尧知后稷子孙之后王也，故封之百里，其后世

目千岁，至文王而有天下。《诗传》曰：'汤之先为契，无父而生。契母与姊妹浴于玄丘水，有燕衔卵堕

之，契母得，故含之，误吞之，即生契。①契生而贤，尧立之为司徒，姓之曰子氏。子者兹；兹，益大也。诗

人美而颂之曰"殷社②芒芒，天命玄鸟，降而生商。"商者质，殷号也。文王之先为后稷，后稷亦无父而

生。后稷母为姜嫄，③出见大人迹而履践之，知于身，则生后稷。姜嫄以为无父，贱而弃之道中，羊牛

避不践也。抱之山中，④山者养之。又捐之大泽，鸟覆席食之。姜嫄怪之，于是知其天子，乃取长之。

尧知其贤才，立以为大衣，姓之曰姬氏。姬者本也。诗人美而颂之曰"厥初生民"，深修益成，而道后

稷之始也。'孔子曰：'昔者尧命契为子氏，为有汤也。命后稷为姬氏，为有文王也。大王命季历，明天

瑞也。太伯之吴，遂生源也。'⑤天命难言，非圣人莫能见。舜、禹、契、后稷皆黄帝子孙也。黄帝策天

命而治天下，德泽深后世，故其子孙皆复立为天子，是天之报有德也。人不知，以为泛从布衣匹夫起

耳。夫布衣匹夫，安能无故而起王天下乎？其有天命然。

①[索隐]案史所引出《诗纬》。故曰"诗传"。《殷本纪》云玄鸟翔水遗卵，娀简狄取而吞之。

②《诗》云"土"。

③[索隐]曰：有邰氏之女也。韦昭云："姜，姓；嫄，字也。"

④抱，普茅反。[索隐]曰：抱，又如字。

⑤[索隐]曰：言大伯之让季历有吴不反者，欲使传文王，武王拨乱反正，成周道，遂天下生生之原本也。

"黄帝后世何王天下久远邪？"

曰："《传》云天下之君王为万夫之黔首请赎民之命者帝，有福万世。黄帝是也。五政明修礼义，因天时举兵征伐而利者王，有福千世。蜀王，黄帝后世也，①至今在汉西南五千里，常来朝降，输献于汉，非以其先之有德，泽流后世邪？行道德者可以怨平哉！人君王者举而观之。汉大将军霍子孟者，亦黄帝后世也。②此可为博闻远见者言之？古诸侯以国为姓。霍者，国名也。武王封弟叔处于霍，后世晋献公灭霍公，后世为庶民，往来居平阳。平阳在河东，河东晋地，分为魏国。以《诗》言之，亦可为周世。周起后稷，后稷无父而生。以三代世传言之，后稷有父名高辛，高辛黄帝曾孙。《黄帝终始传》曰：③'汉兴百年有余年，有人不短不长，出自燕之乡，④持天下之政，时有婴儿主，⑤却行车，'⑥霍将军者，本居平阳自燕。臣为郎时，与方士考功⑦会旗亭下，⑧为臣言，岂不伟哉！"⑨

①[索隐]曰：案：《系本》蜀无姓，相承云黄帝后世子孙也。且黄帝二十五子，分封赐姓，或于蜀国姓黄，盖当然也。则杜姓出唐杜氏，盖陆终氏之胤，亦帝之后也。[正义]曰：谱记普蜀之先肇于人皇之际，黄帝与子昌意娶蜀山氏女，生帝喾，立，封其支庶于蜀，历虞、夏、商、周。蜀之君长者蚕丛，国破，子孙居姚、隽等处。

②[索隐]曰：案：《系本》云霍国，真姓后，周武王封弟叔处于霍。

③[索隐]曰：盖谓五行诚纬之说，若今之童谣也。

④[正义]曰：本作"燕"。案：霍光，平阳人。平阳今晋州霍邑，本秦时霍伯国，汉为彘县，后汉改曰永安，隋又改为霍邑。黄帝记传，无"白彘"之名，疑"白彘"是乡名。

⑤[索隐]曰：谓昭帝也。

⑥[索隐]曰：言霍光持政擅权，谩帝令如却行车，使不前也。

⑦[正义]曰：谓车老为方士最功也。

⑧〔集解〕《西京赋》曰：“旗亭五里。”薛综曰：旗亭，市楼也。立旗于上，故取名焉。

⑨〔索隐〕褚先生盖阙儒也。设主客，弄主史，辄云“岂不伟哉”，一何诬也！

欲证何事？而言之不经，弃无父，云契，及据《帝系》皆帝喾之子，是也。而末引蜀主、霍光、竟

索隐述赞曰：高辛之胤，大启祯祥。修己吞薏，石纽兴王。天命玄鸟，简狄生商。姜嫄履迹，祚流岐昌，俱膺历运，互有兴亡。风余成周，召，刑措成康。出囿之后，诸侯日强。

史记卷一四
年表第二

十二诸侯

[索隐]曰：篇言十二，实叙十三者，贱夷狄不数吴，又霸在后故也。不数吴而叙之者，阖闾霸盟上国故也。

大史公读《春秋历谱谍》，①至周厉王，未尝不废书而叹也。曰：呜呼，师挚见之矣！②纣为象箸③而箕子唏。周道缺，诗人本之衽席，《关睢》作。仁义陵迟，《鹿鸣》刺焉。及至厉王，以恶闻其过，④公卿惧诛而祸作，厉王遂奔于彘。⑤乱自京师始，而共和行政焉。是后或力政，强乘弱，兴师不请天子。然挟王室之义，⑥以讨伐为会盟主，政由五伯。⑦诸侯恣行，⑧淫侈不轨，贼臣篡子滋起矣。齐、晋、秦、楚，其在成周微甚，封或百里或五十里。晋阻三河，⑨齐负东海，楚介江淮，秦因雍州之固，四海迭兴，更为伯主，文武所褒大封，皆威而服焉。是以孔子明王道，干七十余君，莫能用，故西观周室，论史记旧闻，兴于鲁而次《春秋》，上记隐，下至哀之获麟，约其辞文，去其烦重，⑩以制义法，王道备，人事浃。七十子之徒口受其传指，①为有所刺讥褒讳挹损之文辞不可以书见也。鲁君子左丘明惧弟子人人异端，各安其意，失其真，故因孔子史记具论其语，成《左氏春秋》。铎椒为楚威王傅，为王不能尽观《春秋》，采取成败，卒四十章，为《铎氏微》。赵孝成王时，其相虞卿上采《春秋》，下观近势，亦著八篇，为《虞氏春秋》。⑬吕不韦者，秦庄襄王相，亦上观尚古，删拾《春秋》，集六国时事以为八览、六论、十二纪，为《吕氏春秋》。及如荀卿、孟子、公孙固、韩非之徒，各往往捃摭《春秋》之文以著书，不可胜纪。⑭汉相张苍历谱五德，⑮上大夫董仲舒推《春秋》义，颇著文焉。⑯

①[索隐]案：刘音云："三代系表"旁行邪上，并效《周谱》。谱起周代。《艺文志》有《古帝王谱》。又自古为《春秋》学者，有年历、谱谍之说，故杜元凯作《春秋长历》及《公子谱》。盖因干旧说，故太史公得读焉也。

②郑玄曰："师著，大师之名。周道衰微，郑、卫之音作，正乐废而失节，鲁大师挚识《关雎》之声，首理其乱也。"

③[索隐]邹氏及刘氏音皆直忿反，即奋也。今案：孟子云"为象箴忿为王杯"，则箴者是博也，音治略反。啼，音啼忿也声，音啼既反。又音乌故反。过，音古卧反。故记曰"夫子曰噹其甚也"，亦音忿。

④[索隐]案：孟子云《国语》云"厉王止谤，道路以目"是也。

⑤[索隐]恶，音一各反。箴，地名，在河东，后为永安县也。

⑥[索隐]协，音叶。

⑦[索隐]霸。五伯者，齐桓公，晋文公，秦穆公，宋襄公，楚庄王也。伯，音霸。一音下孟反。

⑧[索隐]行，音下孟反。

⑨[索隐]小，音素。一云小者，夭也。

⑩[索隐]去，羌吕反。重，逐龙反。言约史记修《春秋》，去其重复之也。

⑪[索隐]传，音逐宣反。

周	鲁	齐	晋	秦	楚	宋	卫	陈	蔡	曹	郑	燕	吴
	真公濞	武公寿	靖侯宜臼	秦仲	熊勇	釐公	釐侯	幽公宁	武侯	夷伯		惠侯	
	［索隐］	［索隐］	［索隐］	［索隐］	［索隐］	［索隐］	［索隐］	［索隐］	［索隐］	［索隐］		［索隐］	

太史公曰：儒者断其义，驰说者骋其辞，不务综其终始。历人取其年月，数家①隆于神运，②谱谍独记世谥，其辞略，欲一观③诸要难。于是谱十二诸侯，自共和讫孔子，表见《春秋》、《国语》学者所讥盛衰大指著于篇，为成学治古文者④要删焉。⑤

①［索隐］曰：数，上音疏具反。谓阴阳术数之家也。

②［索隐］曰："一作'通'也。"

③［索隐］曰：观，音难，音奴丹反。

④［徐广］曰："一云'治国固者'也。"

⑤［索隐］曰：言表见《春秋》、《国语》，本为成学之人攻之士以就览其要，故删为此篇焉。

⑫［索隐］曰：铎椒所撰。名《铎氏微》，《春秋》有微婉之辞故也。

⑬［正义］曰：按：其文八篇，《艺文志》云十五篇，虞卿撰。

⑭［索隐］曰：荀况、孟轲、韩非皆著书，自称"子"。宋有公孙固，无所述。此固，盖人韩固，传《诗》者也。

⑮［索隐］曰：按：张苍著《终始五德传》也。

⑯［索隐］曰：作《春秋繁露》是。

曰：召公奭，九世孙也。

蔡仲曰：名振铎，六代孙也。

胡公曰：叔五代孙也。

康叔曰：七代孙。

微仲曰：顷侯之子。顷侯略周，始命为侯。

非子曰：楚，芈姓，熊之后。因氏熊。

大公曰：《系本》作"尚父"。

献公，五代孙，厉公之子。宋衷曰：武，邹也。宋衷为大夫，诔西戎，延之子，熊铎九代孙。

唐叔，武十四年，宣王即位。

真公，"嚊"，宣王大。

伯禽之玄孙之子，行五年无纪。曰共和十四年，宣王即位。故号共和，无年纪。

庚申共和元年，以宣王少，大	十五年	十年 一云十四年	十八年	四年	七年	十四年	十八年	二十二年	二十三年	二十四年	二十四年	

臣共和

共和行

政。

徐广曰:

"自共和

元年,岁

在庚申,

讫敬王

四十三

年,凡三

百六十

五年。共

和在春

秋前一

百一十

九年。"

[索隐]

二十四	二十五	二十六	二十七	二十八
二十四	二十五	二十六	二十七	二十八
二十三	二十四	二十五	二十六	蔡夷侯
十四	十五	十六	十七	十八
十五	十六	十七	十八	十九
十八	十九	二十	二十一	二十二
七	八	九	十	楚熊严
四	五	六	七	八
十八	晋釐侯司徒元年	二	三	四
十	十一	十二	十三	十四
十五	十六	十七	十八	十九
曰:宣王少,周召二公共相王室,故曰共和。厉王,宣王之子也。	二厉王子居召公宫,是为宣王。	三	四	甲子五

六	七	八	九	十	十一	十二	十三
二十	二十一	二十二	二十三	二十四	二十五	二十六	二十七
十五	十六	十七	十八	十九	二十	二十一	二十二
五	六	七	八	九	十	十一	十二
九	十	十一	十二	十三	十四	十五	十六
二	三	四	五	六	七	八	九
二十三	二十四	二十五	二十六	二十七	二十八	宋惠公阙元年〔索隐〕曰:阙音闲。又音下板反。	二
十九	二十	二十一	二十二	二十三	二十四	二十五	二十六
十九	二十	二十一	二十二	二十三	陈釐公孝元年	二	三
元年	二	三	四	五	六	七	八
二十九	三十	曹幽伯强元年	二	三	四	五	六
二十九	三十	三十一	三十二	三十三	三十四	三十五	三十六

三十七		三十八
		燕釐侯庄元年 [索隐]曰,徐广云:"一云'…'"
七	八	九
十	十一	十二
二十七	二十八	二十九
四	五	六
三	四	五
十	楚熊霜元年	二
十七	十八	十九
二十三 三十三	十四	十五
二十八 二十	十六	十七
十四 宣王即位,共和罢。[索隐]曰:二相还政,宣王称元年也。	甲戌 宣王元年,厉王子。	二

无"庄"字。按,燕失年纪及君名,此言"庄"者,衍字也。	二	三	四	五	六	
曹戴伯鲜元年	二	三	四	五		
十三	十四	十五	十六	十七		
七						
三十	三十一	三十二	三十三	三十四		
十三	二十	二十一	二十二	二十三		
六	七	八	九	十	楚熊徇元年	
秦庄公元年						
鲁武公敖元年	二	三	四	五		
十六	十七	十八	晋献公籍元年	二	三	四
齐厉公无忌元年	二	三	四	五		
三	四	五	六	七		

七	八	九	十	十一	十二	十三	十四
六	七	八	九	十	十一	十二	十三
十八	十九	二十	二十一	二十二	二十三	二十四	二十五
二十五	二十六	二十七	二十八	二十九	三十	三十一	三十二
十二	十三	十四	十五	十六	十七	十八	十九
三十五	三十六	三十七	三十八	三十九	四十	四十一	四十二
十一	十二	十三	十四	十五	十六	十七	十八
一	二	三	四	五	六	七	八
二	三	四	五	六	七	八	九
三	四	五	六	七	八	九	十
五	六	七	八	九	齐文公赤元年	二	三
六	七	八	九	十	鲁懿公戏元年	二	三
八	九	十	十一	十二	十三	十四	十五

甲申（见第十三年栏）

[索隐]……曰:其名也。案:秦之先公并不记名,恐非其名。

十五	十六	十七
二十六	二十七	二十八
十四	十五	十六
二十	二十一	二十二
卫武公和元年	二	三
十九	二十	二十一
十	十一	十二
十一	穆侯弗生元年　[索隐]曰：按系家名费生，或作"濆生。"《系本》名弗生，则生是穆公之名。费、濆、弗不同尔。	二
四	五	六
四	五	六
十六	十七	十八

十九	七	三	十三	十三	二十三	十七	十八		十二	
二十	八	四　取齐女为夫人。	十四	十四	二十四	十八	十九			
二十一	九	五	十五	十五	二十五	十九	二十			
甲午　二十二	鲁孝公称元年，伯御立为君，称为诸公子。云伯御。武公孙。	六	十六	十六	二十六	二十	蔡釐侯所事元年			郑桓公友元年始封，周宣王母弟。[索隐]曰：宣王二十二年封之

			二十一		二十三	二十五
郑，立三十六年，与幽王俱死犬戎。			二十一	二十三 二十四		二十四五
			二十七五	二十八六 二十九七		八
			二十六八	二十七九 二十八十		三十一
			十七	十八 十九		二十
			十七	十八 十九		二十
以伐条生太子仇。	七	十一	八 十二	齐成公九 说元年 [索隐]曰:系家"说"作"脱"。	十	二十
			二十三三	二十四四	二十五五	二十六五

				以千亩战。生仇弟成师。二子名反，君子讥之。后乱。										
	二十七	六	三	十一	二十一	二十一	三十	十二	三十一	九	二十五	六	二十六	
	二十八	七	四	十二	二十二	二十二	三十一 宋惠公薨	十三	三十二	十	二十六	七	二十七	
	二十九	八	五	十三	二十三	楚熊鄂元年	宋戴公立元年	十四	三十三	十一	二十七	八	二十八	
	三十	九	六	十四	二十四	二	二	十五	三十四	十二	二十八	九	二十九	
甲辰	三十一	十	七	十五	二十五	三	三	十六	三十五	十三	二十九	十	三十	

三十一	三十二	三十三
三十一	三十二	十三
三十	曹惠公十伯雉元年 [索隐]曰:雉,一作"兕"。	二
三十六		
十四	陈武公十五灵元年	十六
十七	十八	十九
四	五	六
二十六	二十七	二十八
四	五	六
十六	十七	齐庄公十八赎元年
八 周宣王诛伯御,立其弟称,是为孝公。	九	十八
三十二	三十三	三十四
三十一	三十二	三十三

三十四	三十五	三十六	燕顷侯元年	二	三	四	五	六
十四	十五	十六	十七	十八	十九	二十	二十一	二十二
十七	十八	十九	二十	二十一	二十二	二十三	二十四	二十五
三	四	五	六	七	八	九	十	十一
二十	二十一	二十二	二十三	二十四	二十五	二十六	二十七	二十八
七	八	九	十	十一	十二	十三	十四	十五
七	八	九	楚若敖熊仪元年〔索隐〕曰：熊仪也，号若敖。	二	三	四	五	六
二十九	三十	三十一	三十二	三十三	三十四	三十五	三十六	三十七
十九	二十	二十一	二十二	二十三	二十四	二十五	二十六	二十七　穆侯卒，弟殇叔自立
二	三	四	五	六	七	八	九	十
三	四	五	六	七	八	九	十	十一
三十五	三十六	三十七	三十八	三十九	四十	四十一	四十二	四十三

甲黄

				立，太子仇出奔。										
	四十四	二十三	十一	晋殇叔元年	三十八	七	十六	二十九	十二	二十六	十二	二十三	七	
	四十五	二十四	十二	二	三十九	八	十七	三十	十三	二十七	十三	二十四	八	
	四十六	二十五	十三	三	四十	九	十八	三十一	十四	二十八	十四	二十五	九	
	幽王元年	二十六	十四	四 仇攻杀殇叔，立为文侯。	四十一	十	十九	三十二	十五	二十九	十五	二十六	十	
	二 三川震。	二十七	十五	晋文侯仇元年	四十二	十一	二十	三十三	陈夷公说元年	三十	十六	二十七	十一	
	三 王取褒	二十八	十六	二	四十三	十二	二十一	三十四	二	三十一	十七	二十八	十二	

	姒。													
	四	二十九	十七	三	四十四	十三	二十二	三十五	三	三十二	十八	二十九	十三	
甲子	五	三十	十八	四	秦襄公元年	十四	二十三	三十六	陈平公燮元年	三十三	十九	三十	十四	
	六	三十一	十九	五	二	十五	二十四	三十七	二	三十四	二十	三十一	十五	
	七	三十二	二十	六	三	十六	二十五	三十八	三	三十五	二十一	三十二	十六	
	八	三十三	二十一	七	四	十七	二十六	三十九	四	三十六	二十二	三十三	十七	
	九	三十四	二十二	八	五	十八	二十七	四十	五	三十七	二十三	三十四	十八	
	十	三十五	二十三	九	六	十九	二十八	四十一	六	三十八	二十四	三十五	十九	
	十一幽王为犬戎所杀。	三十六	二十四	十	七始列为诸侯。	二十	二十九	四十二	七	三十九	二十五	三十六以幽王故，犬戎所杀。	二十	
	平王元年东徙雒邑。	三十七	二十五	十一	八初立西畤，祠	二十一	三十	四十三	八	四十	二十六	郑武公元年[索隐]	二十一	

下表为《史记》卷一四《十二诸侯年表》之一页（鲁孝公二十六年至鲁惠公五年，自右至左为由早及晚）。兹按自右（早）至左（晚）七列、自上而下诸国排列如下：

诸侯	①	②	③	④（甲戌）	⑤	⑥	⑦
周（平王）	元年	二	三	四	五	六	七
鲁	二十六	二十七	鲁惠公弗湟元年	二	三	四	五
齐（庄公）	二十五	二十六	二十七	二十八	二十九	三十	三十一
晋（文侯）	十一	十二	十三	十四	十五	十六	十七
秦	八	九	十	十一	十二	元年	二
楚（若敖）	二十一	二十二	二十三	二十四	二十五	二十六	二十七
宋（戴公）	三十	三十一	三十二	三十三	三十四	元年	二
卫（武公）	四十三	四十四	四十五	四十六	四十七	四十八	四十九
陈	八	九	十	十一	十二	十三	十四
蔡（釐侯）	四十	四十一	四十二	四十三	四十四	四十五	四十六
曹（惠伯）	二十六	二十七	二十八	二十九	三十	三十一	三十二
郑（武公）	元年	二	三	四	五	六	七
燕	二十一	二十二	二十三	二十四	燕哀侯	二	—

第④列下方干支栏题"甲戌"。

注文：

曰：名滑英。滑一作"据"，并音胡忽反。

皇帝。

鲁惠公弗湟元年
[索隐]曰：系家作"弗湟"，《系本》作"弗皇"。

秦文公	四十五	四十六	四十七	四十八	四十九	五十 伐戎至岐而死。
宋	二十六	二十七	二十八	宋武公司空元年	二	三
	三十	三十一	三十二	三十三	元年	二
楚霄敖	十六	十七	十八	楚霄敖元年	二	三
燕				燕郑侯元年	二	
	十三	十四	十五	六	七	八

楚霄敖元年

[索隐]曰：按：系家若敖子熊坎立，是为霄敖。此作"宁"

楚	宋	卫	陈	蔡	曹	郑
二十三	三十二	四十五	十	四十二	十七	三
二十四	三十三	四十六	十一	四十三	十八	四
二十五	三十四	四十七	十二	四十四	十九	五
二十六	宋武公司空元年	四十八	十三	四十五	二十	六
二十七	二	四十九	十四	四十六	二十一	七
楚霄敖元年	三	五十	十五	四十七	二十二	八
二	四	五十一	十六	四十八	二十三	九
三	五	五十二	十七	蔡共侯兴元年	二十四	十　取申侯女武姜。
四	六	五十三	十八	二	二十五	十一
五	七	五十四	十九	蔡戴侯元年	曹穆公元年	十二
六	八	五十五	二十	二	二	十三

〔注〕……敕",恐是"霄"变为"宁"也。刘伯庄但随字而音。更不分析。

八	九	十	十一	十二	十三	十四〈生庄公籍生。〉	十五	十六	十七〈生大叔〉
							曹桓公终生元年	二	三
						二十一	二十二	二十三	陈文公圉元年
						卫庄公杨元年	二	三	四
						十	十一	十二	十三
						楚蚡冒元年〔索隐〕曰：邹氏云"蚡"一作"玢"，音冒，音蚡，音亡报反，又音默。	二	三	四
						九	十〈作鄜畤〉	十一	十二
			二十一	二十二	二十三	二十四	二十五	二十六	二十七
						三十八	三十九	四十	四十一
八	九	十	十一	十二	十三	甲申　十四	十五	十六	十七

十六	十七	十八	十九	二十	二十一	二十二	二十三	二十四
十四	十五	十六	十七	十八	十九	二十	二十一	二十二
四十	四十一	四十二	四十三	四十四	四十五	四十六	四十七	四十八
二十六	二十七	二十八	二十九	三十	三十一	三十二	三十三	三十四
十一	十二	十三	十四	十五	十六	十七	十八	十九
三	四	五	六	七	八	九	十	十一
十一	十二	十三	十四	十五	十六	十七	十八　生鲁桓公母。	宋宣公元年
三	四	五	六	七	八	九	十	十一
二十三	陈文公元年　生桓公鲍、厉公他。他母蔡女。	二	三	四	五	六	七	八
五	六	七	八	九	十	蔡宣侯措父元年	二	三
二	三	四	五	六	七	八	九	十
十六　段。	十七	十八	十九	二十	二十一	二十二	二十三	二十四
十二	十三	十四	十五	十六	十七	十八	十九	二十
								甲午

二十五	二十六		二十九	三十
十一	十二			
四	五			
九	十 文公卒。			
十二	十三			
力元年	二	三		
作祠陈宝。	二十	二十一		
晋昭侯 元年封其弟成师于曲沃。曲沃大于国，君子讥曰："晋人乱自曲沃始矣。"				
二十三	二十四	二十五	二十六	
十三	十四			
桓公元年	六			
二十二	二十四	二十七		
二十七	二十五	十一		
二十	二十四	五十	五	

二十八	二十六	五十二	三	二十三	十五	五	十五	二	七	十四	母欲立段,公不听。郑庄公寤生元年祭仲生。	二十二	
二十九	二十七	五十三	四	二十四	十六	六	十六	三	八	十五	二	二十三	
三十	二十八	五十四	五	二十五	十七	七	十七爱妾子州吁,州吁好兵。	四	九	十六	三	二十四	
三十一	二十九	五十五	六	二十六	武王立	八	十八	五	十	十七	四	二十五	
三十二	三十	五十六	潘父杀昭侯,纳成	二十七	二	九	十九	六	十一	十八	五	二十六	

师，不
克。昭
侯子
立，是
为孝
侯。
［索隐］
曰：昭
侯，文侯
仇之子。
系家云：
晋大臣
潘父杀
昭侯，迎
曲沃桓
叔，晋人
攻之，立

二十七	六	十九	十二	七	十	三十二
二十八	七	二十	十三	八	十一	三十三
二十九	八	二十一	十四	九	十二	三十四
三十	九	二十二	十五	十	十三	三十五
三十一	十	二十三	十六	十一	十四	三十六
三十二	十一	二十四	十七	十二	十五	三十七
三十三	十二	二十五	十八	十三	夫人无子,桓公立。卫桓公完元年	三十八
三十四	十三	二十六	十九	十四	二 南州吁骄,完黜之,出奔。	
三十五	十四	二十七	二十			
三十六	十五	二十八				
三十七	昭侯子平,是为孝侯。					
甲辰 三十八	二					

三十三	三十四	三十五	三十六	燕穆侯
十二	十三	十四	十五	十六
二十五	二十六	二十七	二十八	二十九
十八	十九	二十	二十一	二十二
十三	十四	十五	十六	十七
三	四	五	六	七
十六	十七	十八	十九 公卒,命立弟和,为穆公。	宋穆公
九	十	十一	十二	十三
三十四	三十五	三十六	三十七	三十八
八	九 曲沃桓叔成师卒,子代立,为庄伯。	十	十一	十二
六十三	六十四	齐釐公禄父元年 同母弟夷仲年生,公孙无知也。	二	三
三十七	三十八	三十九	四十	四十一
三十九	四十	四十一	四十二	四十三

元年	二	三	四	五
十七	十八	十九	二十	
二十二	二十三	二十四	二十五	二十六
三十	三十一	三十二	三十三	
十八	十九	二十	二十一	
八	九	十	十一	
和元年	二	三	四	五
十四	十五	十六	十七	
十三	十四	十五	十六	曲沃庄伯杀孝侯，晋人立孝侯子却为鄂侯。却元年曲沃强于晋。[索隐]曰：有
甲寅 四十四	四十五	四十六	四十七	

												鲁
六	二十一	二十四	三十七	二十二	十二	六	四十三	十八		四十八	四十六	隐公元年
七	二十二	二十五	三十八	二十三	十三	七	四十四	十九	二	四十九		二

段作乱，奔。

本"郤"作"郡"者，误也。郤，邑名；鄂，其邑名。

息姑母声子。徐广曰：《春秋》隐元年，岁在己未。[索隐]

八	二十四 公悔，思母不见，穿地相见。	二十九	三十六	二十三	十四	四十五	三	十	五十二
九	二十五 侵周，取禾。	三十	三十七	二十四	十五	四十六 公属孔父立殇公。冯奔郑。	四	十一 二月日蚀。	五十三
十	二十六	三十一	三十八	二十五	十六 宋殇公冯立。郑	四十七	五	十二	桓王元 四

	年						与夷元年	州吁弑公自立。	卫石碏来告，故执州吁。					
	二 使虢公伐晋之曲沃。	五 公观鱼于棠，君子讥之。	十三	六 鄂侯卒。曲沃庄伯复攻晋。立鄂侯子光，为哀侯。	四十八	二十三	二 郑伐我。我伐郑。	卫宣公元年 晋共立之。讨州吁。	二十七	三十二	三十九	二十六	十一	
甲子	三	六 郑人来渝平。	十四	晋哀侯光元年	四十九	二十四	三	二	二十八	三十三	四十	二十七 始朝王，王不礼。	十二	

四	五	六	七
七	八 易许田,君子讥之。	九 三月,大雨雹。	十
十五	十六	十七	十八
庄伯卒。子称立,为武公。	二	三	四
五十	秦宁公元年	二	三
二十五	二十六	二十七	二十八
四	五	六	七
三	四	五	六 诸侯败
二十九	三十	三十一	三十二
三十四	三十五	蔡桓侯封人元年	二
四十一	四十二	四十三	四十四
二十八	二十九 与鲁璧,易许田。	三十	三十一

	四十五	三十	二十七				
	三十三						
	七						
我。我师与卫人伐郑。	二十九	八					
	四						
	六						
	十九 大夫翚请杀桓公，求为相，公不听，即杀公。						
八							

	四十六 三十三 十八 以璧如鲁，易许田。						
	三十四 四						
	八						
	三十	九					
	五						
	七						
	九 鲁桓公允元年，母宋武公女，生手文						

为鲁夫人。[索隐]曰：允，一作"兀"，音五忽反。徐广云：一作"扤"。

							三十四燕宣侯元年
							四十七
							三十五五
						三十一华督见九孔父妻好，悦之。华督杀孔父，及	
					六		
				二十八			
十二 宋略以鼎，入于太庙，君子讥							

诸侯				甲戌
周	十	十一	十二	十三
鲁	十一	十二　翬迎女，齐侯送女，君子讥之。	十三　伐郑。	十四
齐	二十二	二十三	二十四	二十五
晋	晋小子元年			曲沃武
秦	七	八	九	十
楚	三十一	三十二	三十三	三十四
宋	杀殇公。宋公冯元年，华督为相。	二	三	四
陈	三十六	三十七	三十八	弑他杀
蔡	六	七	八	九
曹	四十八	四十九	五十	五十一
郑	三十五	三十六	三十七　伐周，伤王。	三十八

之。

太子忽救齐,齐将妻之。	太子免代立,国乱,再走。陈厉公他元年。[索隐]曰:他,音佗,一音陀反。陈大夫五父,后立为厉公。生敬仲完。	侵隋,隋为善政,得止。	山戎伐我。公杀小子。因伐曲沃,立晋哀侯弟缗为晋侯。晋侯缗元年。[索隐]曰:湣,音旻。
五十三 十九 六	十四 十 二	三十六 六	二十六 二 十一 七 十五

周	十六	十七	十八	十九	二十	二十一
鲁	八	九	十	十一	十二	十三
齐	二十七	二十八	二十九	三十	三十一	三十二
晋	三	四	五	六	七	八
秦	十二	秦出公元年	二	三	四	五
楚	三十七　伐随，弗拔，但盟罢兵。	三十八	三十九	四十	四十一	四十二
宋	七	八	九	十　执蔡仲。	十一	十二
卫	十五	十六	十七	十八　太子伋弟寿争死。	十九	卫惠公元年
陈	三　周史卜完后世当齐王。	四	五	六	七　公淫蔡，蔡杀公。	陈庄公元年
蔡	十一	十二	十三	十四	十五	十六
曹	五十三	五十四	五十五	曹庄公射姑元年	二	三
郑	四十	四十一	四十二	四十三	郑厉公元年	二
燕	七	八	九	十	十一	十二

			母知鳌公令秩服如太子。					朔元年	林元年桓公子					
	二十二	十四	三十三	九	六 三公杀出公，立其兄武公。	四十三	十三	二	二	十七	四	三 诸侯伐我，报宋故。	十三	
甲申	二十三	十五 天王求车，非礼。	齐襄公诸儿元年 贬毋知秩服，毋知怨。	十	秦武公元年 伐彭至华山。	四十四	十四	三 朔奔齐，立黔牟。	三	十八	五	四 蔡仲立忽，公出居栎。	燕桓公元年	
	庄王元年	十六 公会晋	二	十一	二	四十五	十五	卫黔牟元年	四	十九	六	郑昭公元年	二	

忽母邓女，蔡仲取之。	三　二　渠弥杀昭公。	四　郑子亹元年　齐杀子亹，昭公弟。
	七　二十　蔡哀侯献舞元年	八
	五　二	六
	四十六　十六　二	四十七　十七
	三　十二	四　十三
生子颓。伐郑。	三　二　十七　日蚀，不书日，官失之。有兄弟。	四　十八　十三　公与夫人如齐，齐侯通焉，使彭生杀鲁桓公，诛彭生。　公与夫人如齐，杀鲁桓公，诛彭生。

十二诸侯年表（续）

周庄王四年起				
五	六	七	燕庄公元年	二
郑子嬰元年，子亹之弟。	二	三	四	五
九	十	十一	十二	十三
二	三	四	五	六
七	陈宣公三杵臼元年，杵臼，庄公弟。	二	三	四
四	五	六	七	八
十八	十九	宋湣公捷元年	二	三
四十八	四十九	五十	五十一	楚文王元年
五	六	七	八	九
十二	十三	十四	十五	十六
五	六	七	八	九
鲁庄公五同元年	二	三	四	五
四　周公欲杀王而立子克，王诎周公，克奔燕。	五	六	七	上。

燕庄公元年	二	三
四	五	六
十二	十三	十四
五	六	七
三	四	五
七	八	九
五十一 王伐隋，夫人心动，王卒军中。	楚文王赀元年 始都郢。	二 伐申，过邓，邓人曰楚可取，邓
八	九	十
十七 伐纪，去其都邑。	十八	十九
四	五 与齐伐卫，纳惠公。	六
七	八	九

四	五	六	
七	八	九	
十五	十六	十七	
八	九	十	
六 立惠公，黔牟奔周。		十 卫惠公复入。十四年	
五	六 息夫人，陈女，过。	七	
侯不许。 十三	四	五	
二十	二十一	二十二	二十三
十一	十二	十三	
七 星陨如雨。与雨偕。	八 子纠来奔，与管仲俱。避无知乱。	九 齐桓公小白元年，春，齐杀子纠，鲁欲与小白，后小白先入。	
甲午 十	十一	十二	十三

	七	八			九
	十	十一		十二	十三
	十八	十九			二十
		十一 楚房我侯。			
	十六	十七			十八
	六 伐蔡， 获蔡哀侯 以归。	九 宋大 水，公 自罪。 鲁使臧 文仲来 吊。		二十三	十四
	蔡，蔡 不礼， 恶之。			二十四	十五
	十二				
	十三 白，齐 距鲁 使鲁 致管 仲。	十一 齐伐 我，为 纠故。	母知。	二十五	十六
	十三	十四	十三 臧文 仲吊 宋水。		
	十四	十五			

周	鲁	齐	晋	秦	楚	宋	卫	陈	蔡	曹	郑	燕
釐王元年	十三	五 曹沫劫与鲁人桓公,会柯。反所亡地。		十七	九	宋桓公十九 御说元年庄公子。万杀君,仇牧有义。	二十六	十二	十四	二十一	二十三 郑厉公十二 元年厉公亡后七岁复入。	十
二	十四	六		十八	十		二十七	十三	十五	二十二		十一
三	十五	七 始霸,会诸侯于鄄。	武 曲沃武公灭晋侯湣,以宝献周,周命武公	十九	十一		二十八	十四	十六	二十三		

十四	十三 诸侯伐我。		
二十五	二十四		
十八	十七		
二十六	二十五		
五	四		
晋武公葬雍，八年，二十从死。	十二 晋武公二十 称并称晋，伐邓，已初以人灭之。立二十八年，不更元，因其元年。		
元年 武公卒，子诡诸立，为武公弟。	二十九秦德公十三		
为晋君。并其地。			
九	八		
十七	十六		
甲辰五	四		

十五	二十六四	十九	二十四十七	堵敖囏六　元年	二　晋献公诡诸元作　年　献公。	十	惠王元十八年　取陈后。
				徐广曰："一作'伏，祠社，磔狗邑四门'。[索隐]曰："囏，音艰。"系家作"庄敖"，刘音壮，此化作"堵敖。"刘氏云亦作"杜"。堵，杜			

周	二　燕,卫伐王,王弃温,立子颓。	三	四　诛颓,入惠
鲁	十九	二十	二十一
齐	十一	十二	十三
晋	二	三	四
秦	秦宣公元年	二	三
楚			
宋	七　取卫女,文公弟。	八	九
卫			
陈	十八	十九	二十
蔡	蔡穆侯肸元年		
曹	二十七	二十八	二十九
郑	五	六	七　救周乱,入
燕	十六	十七　郑执我仲父。	十八

秦宣公元年（注：声相近,又与系充乖,未详其由也。）

	王。											王。		
	五	二十二	十四 陈完自陈来奔，田常始此也。[正义]曰：齐桓公十四年，陈宣公二十一年，周惠王之五年。	五 伐骊戎姬。	四 作密時。	五 弟恽杀堵敖自立。	十	二十八	二十一 厉公子完奔齐。	三	三十	厉文公捷元年	十九	
	六	二十三 公如齐	十五	六	五	楚成王恽元年	十一	二十九	二十二	四	三十一	二	二十	

七 观社。	二十四	十六	七	六	二	十二	三十	二十三	五	曹釐公夷元年	三	二十一
八	二十五	十七	八 尽杀故晋侯群公子。	七	三	十三	三十一	二十四	六	二	四	二十二
九	二十六	十八	九 始城绛,都之。	八	四	十四	卫懿公赤元年	二十五	七	三	五	二十三
十 甲寅 赐齐侯命。	二十七	十九	十	九	五	十五	二	二十六	八	四	六	二十四
十一	二十八	二十	十一	十	六	十六	三	二十七	九	五	七	二十五
十二	二十九	二十一	十二 太子申	十一	七	十七	四	二十八	十	六	八	二十六

三十七	三十八	三十九
九	十	十一
七	八	九
二十九	三十	三十一
十一	十二	十三
五	六	七
十八	十九	二十
八	九	十
十二	秦成公元年	二
十三 生居曲沃,重耳居蒲城,夷吾居屈。骊姬故。	十四	十五
二十二	二十三 伐山戎,为燕也。	二十四
三十	三十一	三十二 庄公弟叔牙鸩死,子般。
十三	十四	十五

三十	三十一
十三	十三
曹昭公元年	十二
三十二	三十四
二十一	八 霍伐我。公好鹤,土不战,灭我国。
十一	十二
	二十二 国怨惠公乱,其后灭,更立黔牟弟。卫
三	四
十六 伐魏,取雚。始封赵夙耿,毕万魏,始此。	十七 申生将军,君子知其废。
二十五	二十六
鲁湣公开元年 友奔陈,立湣公。	二,庆父杀湣公。季友自陈立申,为
十六	十七

国	一	二	三	四
燕		三十二	三十三	燕襄公元年
郑		十四	十五	十六
曹		三	四	五 以女
蔡		十六	十七	十八 以女
陈		三十四	三十五	三十六
卫	戴公元年	二十三 卫文公毁元年，戴公弟也。	二十四 齐桓公率诸侯为我城楚丘。	二十五
宋		秦穆公任好元年	十三	
楚		十三	十四	十五
齐	鲁釐公二十七申元年，杀女弟哀姜。哀姜，夫人，淫故，自齐至。	二十八 十九 为卫筑楚丘，而假道救戎于虞以伐，灭下阳。	二十九 与蔡姬	
鲁周	釐公。杀庆父。 十八	十九	甲子 二十	

	二			三	
	十七			十八	
	六			七	
故，齐伐我。	三十七	十九		三十八	二十	七
	二十六	四		二十七	五
	十六			十七	
共舟，荡公，公怒，归蔡姬。	三十二	十一	四	三十三	十二	五
	率诸侯侵蔡，蔡溃。遂伐楚，责包茅贡。	骊姬谗，太子申生自杀，重耳奔蒲，夷吾奔屈。	伐我，至泾，使屈完盟。	灭虞、虢，重耳奔。
二十一	四			二十二	五

上年	下年
四	五
十九	二十
二十一八	二十九 二十一
三十九	四十
二十八六	二十九
十八　伐许，许公肉袒谢，楚从之。	十九
三十二三十三　率诸侯伐郑。狄。	二十四二十五八　夷吾奔梁。
二十三六	二十
二十八六	二十九
十八	二十　公疾，太子兹父让兄目夷贤，公不听。
四十一四十二十三曹共公元年	
二十六	二十七二十四二十五
二十四二十五八　襄王立，畏太叔。徐广曰："皇甫谧云二十四年，惠王崩。"	
	二十三二十四二十五八　伐翟，以重耳故。

州	（元年）	（二年）	（三年）
周	襄王元年　诸侯率戎立王。	二	三　戎伐
鲁	三十五　会夏，会齐，诸侯于葵丘。至葵丘。天子使宰孔赐之胙，命无拜。晋里克杀奚齐及卓子，立夷吾。	三十六　晋使隰朋夷吾立晋惠公。	三十七　救王伐黄。
齐	三十五　公薨，未葬，会齐葵丘。	二十二　宋襄公兹父元年　目夷相。	二十三
晋	二十六　夷吾使郤芮略，求入晋。	晋惠公夷吾元年　诛里克，倍秦约。	二
秦	九	十　丕豹来。	十一　救王伐黄。
楚	二十一	二十二	二十三
宋	三十一	二十二	二十四
卫	九	十	十一
陈	四十二	四十三	四十四
燕	二十二	二十三	二十四
吴	七	八	九　有娄梦

二十六 十一			四十五	二十七五	二十五十 夫与之兰，生穆公兰。
陈穆公二十八六 款元年					
十三		十二	二十四三		戎，戎去。
二十五四 丕豹欲无与，请王、粟，秦	十三 使仲孙饥，请	三十八三 使管仲平戎于周，欲以上卿礼，让，受下卿。	三十九四		
甲戌五		四			我，大叔带召之。欲诛叔带奔齐。

周襄王	鲁僖公	齐桓公	晋惠公	秦穆公	楚成王	宋	卫	陈	蔡	曹	郑
六 言叔带，王怒。	十四	四十	五 与我。	十四 公不听，输晋粟，起雍至绛。	二十六 灭六英。	五	十四	三	二十九	八	二十七
七	十五 五月日有食之。不书，史官失之。	四十一	六	十五 秦虏惠以盗食善马士得破晋。	二十七	六	十五	三	蔡庄公八甲午元年		二十八

八	十六	四十二	七 王以戎寇告齐，齐征诸侯戍周。重耳闻管仲死，去齐。	十六 为河东置官司。	二十八	七 陨五石，六鶂退飞，过我都。	十六	四	二	九	二十九	十四
九	十七	四十三	八	十七	二十九	八	十七	五	三	十	三十	十五
十	十八	孝公昭元年	九	十八	三十	九	十八	六	四	十一	三十一	十六
十一	十九	二	十	十九 灭梁。梁好成，不居，民罢，相惊，故亡。[索隐]	三十一	十	十九	七	五	十二	三十二	十七

		事
二十八	三十	
三十三	三十四　十九	君如楚，来伐我。
十三	十四	
六	七	
八	九	
二十	二十一	
二十一	二十二	执宋襄，召楚盟，复归之。
二十一	二十二	曰：好，去声，音罢，音皮。
三十	三十二	
二十三	二十四	泓之战，楚败之。〔索隐〕曰：《谷梁传》战于泓。
	十三	归王弟太子带。质秦亡归。〔索隐〕曰，围晋惠公夷吾之〔子〕。
十一	十三	
二十	二十一	
十三	十四	
	十四	叔带复归于周。

三十六二十一

十六
重耳过，无礼，僖负羁私善。

重耳重过，无礼，叔詹谏。

三十七二十二

十七

九

二十三十一

二十三十一　重耳从齐过。无礼。

十

水之上。系家云十二年宋师大败，伤股。

二十四　公疾死泓战。

二十五　迎重耳于楚，厚礼之。

二十三　重耳过，厚礼之，妻之女。重耳愿归。

二十六来　以兵送重耳。

成公二年。

二十四　王臣元年。

子也。音衔质，音致，又如字。

十四　南立，为怀公。

晋文公元年诛子圉。

二十三六　伐宋，以其不同盟。

二十四七

十六　王莽氾氾，氾，

甲申十五

周	鲁	齐	晋	秦	楚	宋	卫	陈	蔡	曹	郑	燕
十七 晋纳王。	二十五	八	二 欲内王，军河上。	二十五	三十七	二	二十五	十三	十一	十八	三十八	二十三
十八	二十六	九	三 围。武为魏大夫，赵衰为原大夫。咎犯曰："求霸莫如内王。" 宋服。	二十六	三十八	三	卫成公郑元年，倍楚亲晋。	十四	十二	十九	三十九	二十四

〔注〕郑地也。[索隐]曰：汜，音凡，又音似。

二十五	二十四	二十三	十五	二	二十九 四 使子玉 伐宋。	二十七 三十	四 救宋, 报曹, 卫耻。	二十七 十	二十八	二十 王狩河 阳。
					楚伐 我,我 告急于 晋。		孝公 麃,弟 潘因卫 子开方 杀孝公 子,立 潘。			

二十六	二十一 四十一	二十 晋伐 我,执 公复归 之。	十四 晋伐 我,执 公,复 归之。	十六 会晋伐 楚,朝 周王。	三 晋伐 我,取 五鹿。 公出 奔,立 公子 瑕。会 晋朝,	五 晋救 我,楚 兵去。	四十 晋败 楚于城 濮。	二十八 四十 侵曹伐 会晋伐 卫,取 五鹿, 朝周。 执曹 伯。诸 侯败楚 而朝河 阳,周	五 昭公 会 晋败卫 楚,朝 周王。	二十 昭公元年 王狩河 阳。

十九	二十	二十一	二十二	二十三	二十四
		陈共公元年	二	三	四
十三	十四	十五	十六	十七	十八
二	三 复归晋。	四 晋以卫与宋。	五 周入成公，复卫。	六	七
四	五	六 命赐公土地。	七 听周归围郑，有奇言公，与围郑。	八	九 文公薨。
二十七	二十八	二十九	三十	三十一	三十二 将袭郑，蹇叔曰不可。
三十九	四十	四十一	四十二	四十三	四十四
四	五	六	七	八	九
四十	四十一	四十二	四十三 秦晋围我，以晋故。	四十四	四十五 文公薨。
二十	二十一	二十二	二十三	二十四	二十五
三十二	三十三	三十四	三十五		

	甲午（前六二七）	（前六二六）
周	二十五	二十六
鲁	三十三　僖公薨。狄侵。	鲁文公兴元年，伐卫，卫伐我。
齐	二十七	二十七
晋	晋襄公灌元年，秦袭郑，破秦于晋，败我殽。殽。	二
秦	三十三	三十四　败殽将归，公复其官。
楚	四十五	四十六　太子立，王欲杀，与傅番崇杀王。王欲食熊蹯死，不听，
宋	十	十一
卫	八	九　晋伐我，我伐晋。
陈	五	六
蔡	十九	二十
曹	二十六	二十七
郑	郑穆公兰元年，秦袭我。弦高诈之。	三十二
	三十一	三十二

二十七	二十八	二十九
二	三　公如晋。	四
八	九　公如晋。	十
三　秦报我伐晋报殽，败我于汪。	四　秦伐我，取王官，晋不敢出。	五　晋伐秦。
三十五　秦报我伐晋报殽，败我于汪。	三十六　以孟盟伐晋，等伐我，取晋、王官，我不出。	三十七　晋伐秦，灭江。
楚穆王商臣元年。自立为王。以其大子宅赐崇，为相。	二	三　灭江。
十二	十三	十四
十	十一	十二　公如晋。
七	八	九
二十一	二十二	二十三
二十八	二十九	三十
三	四	五
三十三	三十四	三十五

	三十六
	三十一 六
	二十四 三十一
	十
晋。	十三
	十五
围邧、新城。[索隐]曰：邧，音阮。我，围邧、新城。	三十八 四 灭六蓼。 六 赵成子、栾贞子、霍伯、臼季皆卒。[索隐]曰：成子名衰。贞子名枝。霍
	十一
	五
	三十

三十七

三十七

二十五 三十二

十一

十四

十六

伯，先且
居也，封
之于霍。
白季，贤
臣也。四
大夫皆
此年卒。

三十九五
七
公卒。缪公
赵盾为麇。葬
太子殉以
少，欲人，从
更　立死者百
君，恐七　十
诛，遂君
立太子子圯
为　灵之，故

十二

三十一六

	三十九	三十八	
	九	八	
	三十四	三十三	
	二十七	二十六	
	十三	十二	
	十六	十五	
	宋昭公杵臼元年，襄公之子。徐广曰："一云成公少子。"	十七　公孙固杀成公。	
	二	秦康公元年　[索隐]音罃，音乙耕反。	公。不言卒。
	二　秦伐我，取武城，报令狐之战。	晋灵公夷皋元年，赵盾专政。	
	十四	十三	
王使金来求葬，以葬，非礼。	八	七	
	三十三　襄王崩。	三十二	

诸侯	顷王元年	二（甲辰）
周	顷王元年	二
鲁	九	十
齐	十五	十六
晋	三　率诸侯救郑。	四
秦	三	四　晋伐秦,拔少梁,取我。秦取我北征。[索隐]曰:征,音澄。
楚	八　伐陈,以其服晋。	九
宋	二	三　[索隐]曰:徐广说是也。
卫	十七	十八
陈	十四	十五
蔡	二十八	
曹	三十一	曹文公寿元年
郑	十五　楚伐我。	
燕	四十	燕桓公元年

	二	三		四
	十二	十三		十四
	三十一	三十二		三十二
	十六	十七		十八
	十九	二十		二十一
	四 败长翟 长丘。	五		六
	十	十一		十二
盖今之 渥城也。	五	六 秦取我伐晋, 羁马。 与秦战 河曲, 秦师遁。	七 晋得随 会。	十三 晋诈得 随会。
十七 败长翟 长丘。	十八	十二 秦取我伐晋, 羁马。 与秦战 河曲,怒, 与我大战 河曲。	十九	六 晋诈得 随会。
三 十一 败长翟于咸而 归,得 长翟。	四 十二	五 顷王 崩。		

周	鲁	齐	晋	秦	楚	宋	卫	陈	蔡	曹	郑
六 公卿争政，故不赴。	十四	二十 昭公卒。公卿争政，故不赴。	八 赵盾以车八百乘来纳捷菑于邾，不克。周史曰："大子自蓄，平，是君晋君死。"晋君为懿公。	八	楚庄王侣元年	七	二十二	陈灵公平国元年	三十三 五	五	十五
匡王元年	十五 六月辛丑，日蚀，齐伐我。	齐懿公商人元年	九	九	二	八	二十三	二	三十四 晋伐我。庄侯薨。	六	十六 齐人入郕。
二	十六	二 不得民心。	十	十	三 灭庸。	九 襄夫人使卫伯杀昭。	二十四	三	蔡文公申元年	七	十七

右	左
八	九
十八	十九
八	九
二	三
二十五	二十六
宋文公鲍元年。昭公弟。晋率诸侯平我。公。弟鲍立。	二
四	五
十一 率诸侯平宋。	十二
十三 伐鲁。	十四
十七 齐伐我。	十八 襄仲杀嫡，立庶子为宣公。二人共杀公，立悼公子惠公。
三	四

	匡王五年	匡王六年（甲寅）
周	五	匡王六 匡王崩。
鲁	鲁宣公元年 倭立宣公，不正，公室卑。	二
齐	齐惠公元年	二 王子成父奔齐。
晋	十三 赵盾救陈、宋，取鲁济西田。	十四 赵穿杀灵公，父败长翟。赵盾使穿迎公子黑臀周，立之。
秦	秦共公和元年	二
楚	六 伐宋、陈，以宋、陈倍我服以我倍晋故。	七
宋	三 楚、郑伐我，以倍楚故也。	四 华元以羊羹陷郑。
卫	二十六	二十七
陈	二十七	二十八
蔡	四	五
曹	十	十一
郑	二十 与楚侵陈，遂侵宋。晋使赵盾伐我，以倍晋故。	二十一 与宋师战，获华元。

国＼年	匡王六年（前607）	定王元年（前606）	二（前605）	三（前604）
周	匡王六年	定王元年	二	三
鲁	二	三	四	五
齐	二	三	四	五
晋		赵氏赐公族。晋成公黑臀元年，伐郑。	二	三　中行桓子荀林父
秦	二	三	四	五
楚	七	八　伐陆浑，至雒，问鼎轻重。	九　若敖氏为乱，灭之。伐郑。	十　楚伐郑，与郑。
宋	四	五	六	七
卫	二十八	二十九	三十	三十一
陈	七	八	九	十
蔡	五	六	七	八
曹	十一	十二	十三　宋围我。	十四
郑	二十一　华元亡归。	二十二	郑灵公夷元年。公子归生以宠故杀灵公。	郑襄公坚元年。灵公庶弟。

四	六	四 父救郑，伐陈。	秦桓公元年	十一 楚伐我。	八	三十一 我平。晋中行桓子距楚，救郑，伐我。	九	十五	燕宣公元年
五	七 七月日蚀。	五 与鲁晋伐秦，获秦谍，杀之绛市，六日而苏。	二	十二 伐陈，灭舒蓼。	九	三十二 与晋侵陈。	十	十六 庶弟。楚伐，晋来救。	二
六	八	六	三 与郑侵陈。	十三	十	三十三	十一	十七	三
						三十四			四

二	三	四
五 楚伐我，晋来救，败楚师。	六 晋、宋、楚伐我。	七
十八	十九	二十
十二	十三	十四
十四	十五 夏征舒以其母辱，杀灵公。	陈成公午元年
三十五	卫穆公遫元年，齐高国来奔。	二
十一	十二	十三
十四 伐郑，晋郤缺救，败我。	十五	十六 率诸侯。
四	五	六
七 使桓子伐楚，以诸侯伐陈，救陈，救郑。成公卒。	景公据元年	二
九	十 十月公卒，崔杼有宠，高、国畏逼，逐之，奔卫。	齐顷公无野元年
九	十 四月日蚀。	十一
七	八	九

五 楚围我，我卑辞以解。	六	七		八
灵公太子。	二	三		五
二十一	八	二十二	九 晋伐我。	曹宣公十一 卢元年左楚伐
十五		十六	十七	十八
二	三			五
十四 诛陈夏征舒，立陈灵公子午。	十七 围郑，郑伯肉袒谢，楚伯释之。	十八	十九 围宋，杀楚使者，为杀使者，围我。	二十 围宋，楚围我。
七 救郑，为楚所败河上。	八	九 伐郑。	十 救宋，伐晋。	六 救宋，伐晋。
三	四	五 伐郑。	六	十七 华元告
十三	十四		十六 杀楚使者，为杀使者，围我。	十七 华元告
年 二	三	四	五	六
甲子十	十一 十二	十二 十四	十三 十五 初税	十八 五

宋,执解扬。	九	十		十一
	十三	十三		十四
	二	三		蔡景侯四
五月,楚华元告去以诚,楚罢。	十九	二十 文侯鼍薨。		
	六	七	八	
	七	八	九	
执解扬,有节。使秦伐我。	随会灭赤翟。	晋使却克来,妇人笑之,克怒归去。	使却克使齐,妇人笑之,克怒,归。	
	十一	十二	十三	
	六	七	八	
亩。	十六	十七 日蚀。	十八	
	十四	十五、	十六	
	十一	十四		

诸侯	（宣公十七年）	（宣公十八年）	（成公元年）	（成公二年）
周	十五	十六	十七	十八
鲁	晋伐败伐齐，质子我。强，兵罢。	宣公薨。	鲁成公黑肱元年春，齐取我隆。	二　与晋伐齐，败公子齐。归我汶阳，窃逄丑父与楚盟。
齐			九	十
晋		九	十	十一
秦	十二	十三	十四	十五
楚		庄王薨。	楚共王审元年	二　秋，申公巫臣窃徵舒母奔晋，以为邢大夫。
宋		二十	二十一	
卫				穆公薨。与诸侯败齐，侵地。反伐楚
蔡		固元年	二	三
曹	三		五	六
郑	十三		十五	十六

十四	十五
十七　晋率诸侯伐我。	十八　晋栾书取我范。襄公薨。
七	八
四　伐郑。	五
宋共公瑕元年	二
卫定公臧元年	二
十一	十二
夫。冬，伐卫、鲁，救齐。我。	
十一　颂公如晋，欲伐晋，晋不敢受。始置六卿。率诸侯伐郑。	十二　鲁公来，不敬。
	十三
三	四　子反救郑。
十六	十七
三　会晋、宋、卫、曹伐郑。	四　公如晋，晋不敬，公欲倍晋合于楚。
十九	甲戌二十

	周定王二十一年	周简王元年	周简王二年
周	二十一	简王元年	二
鲁	五	六	七
齐	十三	十四	十五
晋	十四　梁山崩，伯宗隐其人而用其言。	十五　使栾书救郑，遂侵蔡。	十六　以巫臣始通于吴而谋楚。
秦	十九	二十	二十一
楚	五　伐郑，倍我故也。郑悼公来讼。	六	七　伐郑。
宋	三	四	五
卫	三	四	五
陈	十三	十四	十五
蔡	六	七　晋侵我。	八
曹	九	十	十一
郑	郑悼公费元年　公如楚讼。	二　悼公薨，楚伐我，晋栾书来救。	郑成公睔元年　悼公弟也。楚伐郑。
燕	燕昭公元年	二	三
吴		吴寿梦元年	二　巫臣来，谋伐楚。

		三
	四	
伐我。[索隐]曰:眈,音古阘反。	五	
二		
三 与楚盟。公如晋,执公。伐我。	十二	
四 晋率诸	十三	
	十四	九 晋侯伐我。
		十
	十六	十一
	十七	
	十八	六
		七
	六	八
	七	
	八	六
		七
	二十一	八
	二十二 救郑。冬,与晋成。	
	二十三	
楚。	十七 复赵武田邑。侵蔡。	十六
	十八 执郑成公,伐郑。秦伐我。	十七 顷公蒆。齐灵公环元年
		八
		九 公如晋
	三	
	四	
	五	

六	七	八	九
十一	十二	十三 会晋伐秦。	十四 送葬，諱之。
二 侯伐我。	三	四 晋率我伐秦。	五
晋厉公寿曼元年	二	三 伐秦至泾，败之，获其将成差。	四
二十五 晋侯与晋河夹盟，归，倍盟。	二十六	二十七 晋率我伐秦。伐秦。	二十八
十一	十二	十三	十四
九	十	十一 会晋伐秦。	十二
九	十	十一 晋率我伐秦。	十二 定公薨。
十九	二十	二十一	二十二
十二	十三	十四	十五
十五	十六	十七	曹成公负刍元年
五	六	七 晋率我伐秦。	八
七	八	九	十
六	七	八	甲申九

十 与鲁会钟离。	十一	十二
十一	十二	十三 昭公薨。
九	十 倍晋盟楚，晋伐我，楚来救。	十一
二	三 晋执我公以归。	四
十六	十七	十八
二十三	二十四	二十五
卫献公衎元年	二	三
十三 宋华元奔晋，复还。	宋平公成元年	二
十五 许畏郑，请徙叶。	十六 救郑，不利。子反醉。军败，杀子反，子反归。	十七
秦景公元年	二	三
五 三却谗伯宗，杀之。伯宗好直谏。	六 败楚鄢陵。	七
六	七	八
十五 始与吴通，会钟离。	十六 宣伯告晋，欲杀季文子，文子得以义脱。	十七
十	十一	十二

国	简王十三	简王十四	灵王元
吴	十三	十四	十五
燕	燕武公元年 与楚伐宋。	二	三
郑	十二	十三 晋伐取我，兵次洧上，楚来救。	十四
曹	五	六	七
蔡	十九	二十	二十一
陈	二十六	二十七	二十八
卫	四	五	六
宋	三 楚伐我彭城。	四 楚侵我，取大丘。晋诛鱼石，归我彭城。	五
楚	十八 为鱼石伐宋彭城，封鱼石。	十九 侵宋，救郑。	二十
秦	四	五	六
晋	八 栾书、中行偃杀厉公，立襄公孙为悼公。	晋悼公周元年 围宋彭城。	二
齐	九	十 晋伐我，使太子光质于晋。	十一
鲁	十八 成公薨。	鲁襄公午元年 围宋彭城。	二
周	十三	十四 简王崩。	灵王元年

十八	十七		十六 伐楚我。
三	二	郑釐公恽元年	成公黑臀。晋率诸侯伐我。
二十四 十	二十三 九	二十二 八	二十九 倍楚盟，楚侵我。
成公			七
二十三 伐陈。	二十二 伐陈。	二十一 使子重伐吴，至衡山。使何忌侵陈。	六
九	八	七	
八 率诸侯伐郑，城虎牢。	七	六	七 魏绛辱杨干。
五	四 魏绛说和戎、狄，狄朝晋。	三 魏绛戮杨干。	
十四	十三	十二 伐吴。	
五	四 公如晋。	三	二
四	三		年生有会晋城虎牢。

十八	十九	二十	二十一	二十二	二十三
七	八	九	十	十一	十二
三	四	五　子駟使賊夜杀釐公，诈以病卒赴诸侯。	郑简公喜元年。釐公庶子。	二	三　诛子駟。
十	十一	十二	十三	十四　晋率我伐郑	十五
二十四	二十五	二十六	二十七	二十八	二十九
釐。陈哀公弱元年	二	三　楚围我，为公亡归。	四	五	六
九	十	十一	十二	十三　晋率我伐郑	十四
八	九	十	十一	十二　晋率我伐郑	十三
二十三	二十四	二十五　伐陈。	二十六　围陈。	二十七	二十八
九	十	十一	十二	十三	十四
六	七	八　侵郑。	九	十　率诸侯伐郑	十一
十四	十五	十六	十七	十八　晋率我伐郑	十九
五　季文子卒。	六	七	八　公如晋。	九　与晋伐郑	十
四	甲午　五	六	七	八	九

二十三			二十四
驷。晋侯率诸侯伐我，与我盟，与楚盟，楚怒，伐我。			
二十九			三十
伐郑。			
伐郑。师曹鞭公卒妾。			
鲁、宋、卫、曹伐郑。秦伐我。	楚为我伐郑。	围我师于武城，为秦。	
六			七
晋率诸侯伐我，来救。子孔作乱，子产攻之。	晋率诸侯伐我，卫郑伐我，来救。	救宋。	使子蟜救郑。
二十八			二十九
十四			十五
十			十一
十九			二十
令太子光、高厚会诸侯钟离。	楚共王侵我西鄙。	晋率诸侯伐秦。	
伐郑，会河上，问公年十二，可冠，冠于卫。			
十九 王叔奔晋。			
十			十一

鲁	齐	晋	秦	楚	宋	陈	蔡	曹	郑	燕	吴
十一 三桓分为三军，各将军。	二十	十一 率诸侯伐郑。用魏绛，九合诸侯。"吾九合诸侯。"	十五	二十九 救郑。败晋师栎。	十四	七	三十	十六	四 与楚伐宋，晋率诸侯伐我，秦来救。	十三	二十四
十二 公如晋。	二十一	十二	十六	三十	十五	八	三十一	十七	五	十四	二十五 寿梦卒。
十三	二十二	十三	十七	三十一 吴伐我，败之。共王薨。	十六	九	三十二	十八	六	十五	吴诸樊元年。楚败我。
十四	二十三	十四	十八	楚康王元年	十七	十	三十三	十九	七	十六	二
十五	二十四	十五	十九	二	十八	十一	三十四	二十	八	十七	三

	周 十一	十二	十三	十四	甲辰 十五
鲁				十五 日蚀。	十六 齐伐我。地震,齐复伐我。
齐				二十四	二十五 伐鲁。
晋	十二			悼公薨。	晋平公彪元年,伐败楚子湛坂。
秦	十六		晋诸侯大夫伐秦,败我,棫林。[索隐]曰:接,音 棫。		
楚				三十四	晋伐我,败湛坂。
宋					十九
卫			孙文子攻公,公奔齐,立定公弟秋。	卫殇公元年秋,定公弟。	二
陈			[索隐]曰:《系本》名招。		
蔡				三十四	三十五
曹				二十	二十一
郑				八	九
燕					
吴	季子让位。楚伐我。	三		三	四

卫献公后元年来奔。

						五
						六
七 燕文公元年						
十九 晋率我伐齐。 楚伐我。	二十三 晋帅我伐齐。		二十一 晋率我伐齐。		三十六	十八
				三十二 伐卫。	二十二 伐卫。	
十四					十三 宋伐我。	
			三			
二 伐陈。			二十一		二	
燕文公元年。	成公薨。 武公薨。					
三十八 曹武公胜元年 子产为卿。	二十五 晋率我伐齐。	二十六	二十三 晋率我伐齐。		十五 晋率我伐齐。	
二十八 废光，与卫伐齐。 立子牙齐。	二十七 与晋围临淄。晏婴大破郑 围之，大破之。	二十六 齐伐我伐鲁。 北鄙。				

北鄙。[索隐]曰:潍，音视林反。地名也。

十九	十八	十七 齐伐我伐鲁。 北鄙。	十六

		为太子。光与崔杼杀牙自立。晋、卫伐我。											
十九	二十 日蚀。	齐庄公元年	五	二十四	七	二十三	六	十六	三十九	二	十三	二	八
二十	二十一 公如晋。日再蚀。	二	六 鲁襄公来。杀羊舌虎。	二十五	八	二十四	七	十七	四十	三	十四	三	九
二十一	二十二 孔子生。	三 晋栾逞来奔，	七 栾逞奔齐。	二十六	九	二十五	八	十八	四十一	四	十五	四	十

十一	十二
五	六
十六	十七 子产曰
四十二	四十三
五	六
十九	二十 楚率我。
二十六 齐伐我。	二十七
九	十
二十七	二十八 与齐
十	十一
八 二十三二十四 欲遣栾逞入曲沃伐晋，取朝歌。	九 二十四五 畏晋。侵晋通 二十三二十五 侵齐。

晏婴曰："不如归之。"[索隐]曰：晋盂。晋大夫也。

	二十四年（前549）	二十五年（前548）	二十六年·甲寅（前547）
吴		十三 诸樊伐楚，迫巢门，伤射以蔽。	吴余祭元年
燕		燕懿公元年	二
郑	范宣子为政，我请伐陈。	十八 伐陈入陈。	十九
曹			八
蔡	四十七	伐郑。	四十五
陈	郑伐我。	二十一 伐郑。	
卫			诛卫殇。
宋		二十八	二十九
楚	十一	十二 率陈、蔡伐郑救齐。通。吴伐我，以报舟师之役，射杀吴王。	十三
秦	二十九	三十	三十一
晋		十 伐齐至高唐，报我，盟晋，报太行不结。以报朝歌崔杼以之役。	十一
齐		崔杼以庄公通其妻，杀之，立其弟为景公。	齐景公杵臼元年
鲁	二十四 齐伐我北鄙，报伐之师。	二十五	二十六

周	二十六	二十七
鲁	二十七　日蚀。	二十八　公如楚，葬康王。
齐	二　庆封欲专，诛崔氏，杼自杀。	三　冬，鲍、栾、高氏谋庆封，发兵攻庆封，封庆…
晋	十二	十三
秦	三十一	三十二
楚	十四	十五　康王薨。
宋	三十	三十一
卫	卫献公衎后元年	二
陈	二十　陈、蔡伐我。	二十一
蔡	四十六	四十七
郑	二十三　蔡伐郑。	二十四　伐郑。
燕	九	十
吴	三　齐庆封来奔。	四　懿公薨。

年　公，复入献公。如晋，请归卫献公。

诸侯	景王元年	二
周	景王元年	二
鲁	二十九　吴季札来观周乐,尽知乐所为。吴季札来使,与晏婴欢。	三十
齐	景公四	五
晋	十四　吴季札来,曰:"晋政卒归韩、魏、赵。"	十五
秦	三十三	三十四
楚	楚熊郏敖元年	二
宋	三十二	三十三
卫		卫襄公恶元年
陈	二十五	二十六
蔡	四十八	四十九　为太子取楚女,公通焉,太子杀
曹	十一	十二
郑	二十二　季札谓子产曰:"政将归子,子以礼,幸脱于厄矣。"	二十三　诸公子争宠相杀,子产,子皮止
燕	二十二燕惠公元年　齐高止来奔。	二
吴	季公四　守门阍余祭。季札使诸侯。封弃吴。	五

（右）	（中）	（左）
六	七	八
之。		
二十四	二十五	二十六
十三	十四	十五
蔡灵侯班元年。公自立。	二	三
二十七	二十八	二十九
三十四	三十五	三十六
三　王季父囲为令尹。	四　楚令尹囲杀郏敖，自立灵王。	楚灵王囲元年。共王
三十五	三十六　秦后子秦后子来奔。车千乘。	三十七
十六	十七　秦后子来奔。	十八　齐田无宇送女来。
三十一　襄公薨。昭公十九，有童心。	鲁昭公稠元年	二　公如晋，至河乃复。
三	四	五

九	十 楚诛庆封。
二十六 公欲杀公卿立幸臣，公卿诛幸臣，公恐，出奔齐。	二十七 夏，如晋。冬，如楚。
十六	十七 称病不会楚。
四	五
三十	三十一
三十七	三十八 称病不会楚。
三十二 子，肘玉。	三十三 夏，合诸侯宋地，盟。
十九	二十
女。	
二十七	二十八 称病不，子产会楚。曰："三国不
女，晋谢还之。 三	四 称病不会楚。
六 晏婴使晋，见叔向曰："齐政归田氏。"叔向曰："晋公室卑。"	七

				十一 楚率诸侯伐我。	十二 楚伐我,次于棫。
			二十九	九 齐伐我。	三十一 燕悼公十三
			十八	十九	二十
			三十二 六	三十三 七	三十四 八
			三十九 七	四十	四十一 九
会。"	伐吴未方,诛庆封。冬,报我,取五城。	四 率诸侯伐吴。	五 伐吴,次于棫。		
	四十一 秦后子公卒。后子自秦归晋。	二十二 齐景公元年	六		
	十一	十二 公如晋,请伐燕,入其君。	十三		
	五	六	七		
甲子八	九	十			

		季武子卒。日蚀。	入燕君。	入燕君。		执芊尹亡人入章华。		夫人姜氏无子。					元年惠公归至卒。	
	十一	八 公如楚,楚召之。贺章华台。	十四	二十四	三	七 就章华台,内亡人实之。灭陈。	四十二	卫灵公元年	三十五 弟招作乱,襄公自杀。	九	二十一	三十二	二	十四
	十二	九	十五	二十五	四	八 弟弃疾将兵定陈。	四十三	二	陈惠公吴元年 哀公孙也。楚来定我。	十	二十二	三十三	三	十五
	十三	十 四月,	十六	二十六 春,有	五	九	四十四 平公	三	二	十一	二十三	三十四	四	十六

周	鲁	齐	晋	秦	楚	宋	卫	陈	蔡	曹	郑	燕	吴
		十七			十 醉杀蔡侯，使弃疾居之，为蔡侯。	宋元公佐元年			十三 灵侯如楚，楚杀之，使弃疾居之，为蔡侯。	二十三			吴余眛元年
		十五 五	晋昭公夷元年		十一 王伐舒以恐吴，次干豝。	二			三	二十四			
	公如晋，朝嗣君。		二			五			蔡侯庐元年 景侯子。		星出婺女。十月，公薨。		
日蚀。	十一		六		二	七							
十四	十二 朝晋至河，晋谢之归。		十八 公如晋至河，晋谢之归。										
十五													

	十六	十七		
	十三	十四		
三	十九	二十		
	三			
七	八	九		
民罢于役，怨王。	十二 弃疾作乱自立，灵王自杀。复陈、蔡。	楚平王居元年 共王子，抱		
五	楚平王复陈，立惠公。 徐广曰：“一本‘景侯子虚’。”	六		
六	七			
八	九			
三	四			
三十六	郑定公宁元年	二	三	四
七	燕共公元年	二	三	

甲戌 十八 后太子日卒。	十五	二十一	五	十	二 王为大子取秦女，好，自取之。	五	八	七	四	曹平公须元年	三	三	四
十九	十六 公如晋，晋留之葬，公耻之。	二十二	六 公卒。六卿强，公室卑矣。	十一	三	六	九	八	五	二	四 火，欲禳之，子产曰："不如修德。"	四	吴僚元年
二十	十七 正月朔，日有食之。	二十三	晋顷公弃疾元年	十二	四 与吴战。	七	十	九	六	三	五	五	二 号楚故。

本页为《史记》卷一四《十二诸侯年表》之一叶，以各诸侯国为横栏、纪年为纵行（自右而左，由早及晚）。今依原表内容移录如下：

国／年	〔一〕	〔二〕	〔三〕	〔四〕	〔五〕	〔六〕	〔七〕	〔八〕	〔九〕	〔十〕
鲁（昭公）	十七　蝕。彗见星辰。	十八	十九	二十	二十一	二十二	二十三	二十四	二十五	二十六
齐（景公）	二十三	二十四	二十五	二十六	二十七	二十八	二十九　地震。	三十	三十一　齐景公猎鲁，与晏子入鲁，问礼。	三十二
晋（顷公）	元年	二	三	四	五	六	七	八	九	十
秦（哀公）	十二	十三	十四	十五	十六	十七	十八	十九	二十	二十一
楚（平王）	四	五	六	七　诛伍奢、尚、信，诈太子建走。伍员奔吴。楚太子建奔郑。	八	九	十	十一	十二	十三　楚平王薨。
宋（元公）	七	八　火。	九	十　楚太子建来奔。	十一	十二	十三	十四	十五	宋景公元年
卫（灵公）	十	十一　火。	十二	十三	十四	十五	十六	十七	十八	十九
陈（惠公）	五	六　火。	七	八	九	十	十一	十二	十三	十四
蔡（平侯→悼侯）	六	七	八	九　平侯薨。灵侯孙东国杀平侯子而自立。	蔡悼侯元年	二	三	四	五	六
曹（平公→悼公）	三	四　平公薨。	曹悼公午元年	二	三	四	五	六	七	八
郑（定公）	五	六　火。	七	八	九	十　楚太子建从宋来奔。见乱之郑。	十一	十二	十三	十四
燕（共公→平公）	四	五　共公薨。	燕平公元年	二	三	四	五	六	七	八
吴（僚）	二	三	四	五　伍员来奔。	六	七	八	九	十	十一

九	八 公子光败楚。	七	六
六	五	四	三
十二	十一 楚建作乱,杀之。	十	九
七	六	五	四
蔡昭侯元年	三	二	蔡悼侯东国元年奔楚。
十六	十五 吴败我兵,取胡沈。	十四	十三
十七	十六	十五	十四
十四	十三	十二	十一
十一 吴伐败我。	十 吴败我。	九	八 蔡侯来奔。
十九	十八	十七	十六
八	七	六	五
三十	二十九	二十八	二十七
二十四	二十三	二十二 日蚀。	二十一 公如晋至河,晋谢之,归。月蚀。
二	敬王元年 周室乱,公平乱,立敬王。地震。	二十五	二十四

	甲申	
	三	四
鸜鹆来巢。	二十五 公欲诛季氏，三桓氏攻公，公出居郓。[索隐]曰：音运。	二十六 齐取我
	三十一	三十二 彗星
	九	十 知栎、
	二十	二十一
吴卑梁人争桑，伐取我钟离。	十二	十三 欲立子
	十五	宋景公头曼元
	十八	十九
	十七	十八
申元年悼侯弟。	二	三
	七	八
	十三	十四
公如晋，请内王。	七	八
	十	十一

十二	公子光使专诸杀僚,光立。吴阖闾元年
九	十
十五	十六
九	曹襄公元年　徐广曰:"一作'声'。"
四	五
十九	二十
二十二　西,子不肯。秦曰:晋曼,女子为万,昭王。〔索隐〕秦曰:曼音万。	楚昭王轸元年　珍元年　诛无忌以说众。
二	三
二十七　三十一　十一　郓,以处公。见。晏赵鞅内王子王。子曰:"王子田氏有德于齐,可畏。"	二十八　三十四　十二　六卿诛公族,分其邑。各使其子公如晋,求入,晋弗听,处之乾
五	六

		三公子奔楚。
郑献公虿元年	二	三
	十一	十二
五	六	七
二十一	二十二	二十三
二十一	二十二	二十三
四	五	吴三公子来奔,封以扞
	二十六	二十七
二十四	二十五	
十三	为大夫。	十四 頃公薨。
三十五	三十六	
二十九 公自乾侯如齐。齐处鄟。公曰"主君",公耻之,复之乾侯。	三十	
七	八	

九	十　晋使诸侯为我筑城。	十一
三十一　日蚀。	三十二	鲁定公元年　昭公丧自乾侯至。[索隐]
三十七	三十八	三十九
晋定公午元年	二	三
二十六	二十七	二十八
六	七	八　襄瓦伐吴,败我豫章。蔡侯来朝。
二十四	二十五	二十六
二十三	二十四	二十五
八	九	十　朝楚,以丧故留。
三	四	五　平公弟通杀襄公自立。曹隐公元年
十三	十四	十五
四　伐楚六,潜。	五	六　楚伐我,迎击之,取楚之居巢。

七	十六	六	二	二十七	二十七	九	二十九	四十	十二	十三
八	十七	七	三	二十八	二十六	十	三十	四十一	十三	十三
			与子常衰，得归，如晋请伐楚。	与子常衰，得归，如晋请伐楚。		蔡昭侯留三岁，得衰，故归。				四
			曰：囊瓦，楚大夫子常也。子囊之孙。							与卫争长。卫侵我，侵我。
与蔡伐楚，入郢。九	十八	八	四	二十八	二十九	十一	三十	四十二	四	二十九 与蔡争长。
				十三	十一	周与我楚包胥，蔡率诸侯请救。侵楚。 楚率诸侯伐我，入郢，侵楚。	三十	四十二	六	三十
						十四 甲午 与晋率诸侯侵楚。				十六

诸侯	周敬王十四年	周敬王十五年	周敬王十六年
周	十四	十五	十六 王子朝之徒作乱,故王奔
鲁	四	五 阳虎执季桓子,与盟,释之。日蚀。	六
齐	四十二	四十三	四十四
晋	六	七	八
秦	三十一	三十二	三十三
楚	十 昭王亡。伍子胥鞭平王墓。	十一 秦救至,吴去,昭王复入。	十二 吴伐我番,楚恐,徙郢。
宋	十一	十二	十三
卫	二十九	三十	三十一
陈	二十八	陈怀公柳元年	二
蔡	十三 吴与我伐楚郢。	十四	十五
曹	四	曹靖公路元年	二
郑	八	九	十
燕			燕简公元年 鲁侵我。
吴	九	十	十一 伐楚取番。

晋。					[索隐]曰：鄀，音若。								
十七 刘子迎王，晋入王。	七 齐伐我。	四十五 侵卫。伐鲁。	九 入周敬王。	三十四	十三	十四	三十二 齐侵我。	三	十六	三	十一	二	十二
十八	八 阳虎欲伐三桓，三桓攻阳虎，虎奔阳关。	四十六 鲁伐我。我伐鲁。	十 伐卫。	三十五	十四 子西为民泣，民亦泣，蔡昭侯恐。	十五	三十三 晋、鲁侵伐我。	四 公如吴，吴留之，因死吴。	十七	四 靖公薨。	十二	三	十三 陈怀公来，留之，死于吴。
十九	九 伐阳	四十七 囚阳	十一 阳虎来	三十六 襄公	十五	十六 阳虎来	三十四	陈湣公越元年	十八	曹伯阳元年	十三 献公	四	十四

十九	二十	二十一	
虎，虎奔齐。	十　公会齐侯于夹谷。孔子相。齐归我地。〔索隐〕曰：司马彪《郡国志》夹谷在祝其县西南。		
	四十八	四十九	
	十三	十三	
秦公十六	秦惠公元年，彗星见。	二	
奔。	十七	十八	
三十五	三十六		
二	三		
奔。	十二		
	郑声公胜元年，郑益弱。	二	
十五	十六		
六			
三十一			
奔齐。			
奔。			

十七	十八
七	八
国人有梦众君子立社官,谋亡曹,振铎请待公孙强,许之。 三	四
二十一四 卫伐我。	二十五
三十七四 伐鲁。	三十八五
十九	二十
三	四
生躁公、怀公、简公。 十八	十九
十四	十五
五十	五十一十五
齐来归遗鲁女女乐,季桓子受之,孔子行。 二十二	甲辰 二十三二十三

周	鲁	齐	晋	楚	宋	卫	陈	蔡	曹	郑	燕	吴
二十四	十四	五十二	赵鞅伐范，中行。	二十 灭胡，以吴败我，倍之。	二十一	孔子来，禄之如鲁。太子蒯聩出奔。	六	二十三	五 公孙强为好射，献雁，君使为司城，梦者。公孙强子产卒。	五	九	十九 伐越，败我，伤阖闾指，以死。
二十五 定公薨。日蚀。	十五	五十三	六	二十一 郑伐我。	二十二	四十	七 孔子来。	二十四	六 伐来。	六	十	吴王夫差元年
二十六 鲁哀公元年	十八	五十四	七	二十二	二十三	四十一	八	二十五	七	七	十一	二

齐	晋	楚	宋	卫	陈	蔡	郑	燕	吴
将元年伐晋。	赵鞅围范、中行朝歌、齐伐我。	率诸侯围蔡。		伐晋。	吴伐我。	楚伐我，以吴怨故。	三		伐越。
五十五 输范、中行粟。	八 赵鞅围范、中行、郑、行救，敗我。	二十三	二十四	四十二 灵公卒，辄立。晋纳太子蒯聩于戚。		二十六 九 畏楚，私召吴人，乞迁于州来，州来近吴。	八 敗范、中行氏，与赵鞅战于铁，敗我师。	十二	
五十六 二十 地震。	九	二十	二十四 二十五 孔子过宋，桓魋恶。	二十三 二十四		二十七 十 未伐我。	九 未伐我。	燕献公四 元年	
二十八 二十三									二十七 二

五	六	七 伐陈。
三	三	四
十一	十一	十二
二十八 大夫共诛昭侯。	蔡成侯朔元年	二
十一	十二	十三 宋伐我。
十二	十三 晋伐我，救范氏故。	吴伐我，楚来救。
二十五	二十六 救陈，伐鲁。王死。	二十七 二十八 四
五十七 二十 赵鞅救邯郸柏人，有之。	五十八 二十二 秦悼公元年 赵鞅，立范、中行，中行嬖姬子中为太子。伐齐。伐卫。景公卒，中…	齐晏孺子元年 田乞诈立阳生
二十九 四	三十 五	三十一 六

八　鲁会我缯。	九
五	六
十三	十四
十四　宋围我，郑救。	十五　宋灭曹，房伯阳。
三	四
十四	十五
十九　五　晋侵郑，侵卫，鲁。　楚惠王章元年	六　二　子西召，建子胜我，灭之，于吴为白公。　三十
齐悼公二十四　三　生，杀孺子。　齐悼公阳生元年。公会吴王子缯。征百牢，季康子使子贡谢之。	二　二十五　四　甲黄　三十三　八　吴为邾伐鲁，伐我，取三邑。至城下，盟而去。齐取我。

十	十一 与鲁伐齐救陈。诛伍员。	十二 与鲁败
七	十五 齐来，败我师，伐我雍丘，伐我。	八
	十六	九
五	十六 倍楚 与吴成。	六
	十七	七
十七 郑围陈与吴我败之于雍丘。	三十二 孔子自陈来。	三十三 孔子归
三 伐陈陈与吴败我故。	四 伐郑。	五
二十五	二十六 使赵鞅伐我。	二十七
三邑。三十四 九	三 与吴伐齐，鲁伐我。齐鲍子杀悼公，齐人立其子任为简公。	三十五 十
	四 齐简公元年	三十六 十一 齐伐

齐。

十三
与鲁会
橐皋。

十

十八
宋伐
我。

八

十九

鲁。

三十四十
公如
晋,与
吴会橐
皋。

六
白公胜
数请子
西伐
郑,以
父怨
故。

二十九八

我。冉鲁与吴
有言,败我。
故迎孔
子,孔
子归。

三十七二十二
与吴会
橐皋。
用田
赋。
[索隐]
曰:橐,
音托,
橐,音
皋,县
高。名,在
寿春。

（右→左：三年）		
十四 与晋会黄池。	十五	十六
十一	十二	十三
十九 败宋师。	二十	二十一
九	十	十一
二十	二十一	二十二
十一	十二 父蒯聩入，辄出亡。	卫庄公蒯聩元年
三十五 郑败我师。	三十六	三十七 荧惑守心，子韦曰：
七 伐陈。	八	九
九	十	十一
三十 与吴会黄池，争长。	三十一	三十二
三 与会黄池。	四 田常杀其君壬，为平公，常相之，专国权。	齐平公骜元年，景公子也。
三十八	三十九	四十
十三 与吴会黄池。	十四 西狩获麟。卫出公来奔。	十五 子服景伯使齐……

年数	记事
十七	
二十四	
二十二	
二十二	楚灭陈，杀湣公。
二十八	
三十	白公胜杀令尹子西，攻惠王。叶公攻白公。白公自杀。惠王复
二	"善。"
三十三	
三十三	
三十 二	贡为介，齐归我侵地。自是称田氏。[索隐]曰：鳖，音五高反。
四十一 十六	孔子卒。

纪年	事
十八	楚败我。
十九	卒。[索隐]曰：二十三年灭。
二十三　十五	
二十四　二十八	卒。
二十四　十三	
十四　十九	卒。
二十九　三	庄公辱戎州人，戎州人与赵简子攻庄公，出奔。
卫君起　十四元年	石傅逐起出，辄复入。[索隐]
十一	国。
四十　十五　十六　七	卒。
十二　十	卒。
三十四　十三	
三十五　十四	子厉公立。
三十五　二十七	卒。
三　二十二	卒。
四　二十五	卒。
四十二　二十七	
四十三　二十八	
甲子　四十四	敬王崩，徐广曰："岁在甲子。"

曰：傅，
音圃。或
作傅，
音敷。

索隐述赞曰：太史表次，抑有条理。起自共和，讫于孔子。十二诸侯，各编年纪。兴亡继及，盛衰臧否。恶不掩过，善必扬美。绝笔获麟，又取同耻。

史记卷一五
年表第三

六国

[索隐]六国，乃魏、韩、赵、楚、燕、齐，并秦凡七国，号曰"七雄"。

太史读《秦记》，①至犬戎败幽王，周东徙洛邑，秦襄公始封为诸侯，作西畤用事上帝，僭端见矣。《礼》曰："天子祭天地，诸侯祭其域内名山大川。"今秦杂戎翟之俗，先暴戾，后仁义，位在藩臣而胪于郊祀，君子惧焉。②及文公逾陇，攘夷狄，尊陈宝，营岐雍之间；而缪公修政，东竟至河，则与齐桓、晋文中国侯伯侔矣。是后陪臣执政，大夫世禄，六卿擅晋权，征伐会盟，威重于诸侯。及田常杀简公而相齐国，诸侯晏然弗讨，海内争于战功矣。三国终之卒分晋，田和亦灭齐而有之，六国之盛自此始。务在强兵并敌，谋诈用而从衡长之说起。矫称蜂出，誓盟不信，虽置质剖符犹不能约束也。秦始小国僻远，诸夏宾之，比于戎翟，至献公之后常雄诸侯。论秦之德义，不如鲁卫之暴戾者；量秦之兵，不如三晋之强也；然卒并天下，非必险固便形势利也，盖若天所助焉。

①[索隐]曰：即秦国之史也，故下云"秦烧《诗》《书》，诸侯史记尤甚。独有《秦记》。又不载日月"是也。

②[索隐]曰：按胗字训陈也，出《尔雅》。又以言秦是诸侯而陈天子郊祀，实僭也，犹季氏旅于泰山然。[正义]曰：胗作"胝"，音旅。胝，秦名。又旅，陈也。

或曰："东方，物所始生，西方，物之成孰。"夫作事者必于东南，收功实者常于西北。故禹兴于西羌，①汤起于亳，②周之王也以丰镐伐殷，秦之帝用雍州兴，汉之兴自蜀汉。秦既得意，烧天下《诗》《书》，诸侯史记尤甚，为其有所刺讥也。《诗》《书》所以复见者，多藏人家，而史记独藏周室，以故灭。惜哉！惜哉！独有《秦记》，又不载日月，其文略不具。然战国之权变亦有可颇采者，何必上古？秦取天下多暴，然世异变，成功大。③传曰"法后王"，何也？以其近己而俗变相类，议卑而易行也。④学者牵于所闻，见秦在帝位日浅，不察其终始，因举而笑之，⑤不敢道，此与以耳食无异。⑥悲夫！

①[索隐]曰："孟子称禹生石纽，西夷人也。传曰：'禹生自西羌'是也。"[正义]曰：禹生于茂州汶川县，本冉駹国，皆西夷。

②徐广曰："京兆杜县有亳亭。"

③[索隐]曰：以言人君制法，当随时代之异而变易其政，则其成功大。若居今行古，犹胶柱而调瑟也。

④[正义]曰：易，以豉反。后王，近代之王。法与己连接世俗之变及相类也，故议卑浅而易识行耳。

⑤[索隐]曰：举，犹皆也。

⑥[索隐]曰：言俗学浅识，举而笑之，犹耳食不能知味也。

余于是因《秦记》，踵《春秋》之后，起周元王，①表六国时事，讫二世，凡二百七十年，著诸我闻兴坏之端。后有君子以观焉。

①[正义]曰：起周元王，迄二世。

周	秦	魏献子	韩宣子	赵简子	楚	燕	齐
元王元年 徐广曰:"乙丑。"皇甫谧曰:"元王 …酉,二十八年庚子崩。" [索隐]曰:元王名仁,《系本》名赤,敬王子,八年崩,子定王介立。	厉共公元年 [索隐]曰:悼公子。三十四年卒,子躁公立。	卫出公辄后元年 [索隐]曰:二十一年,季父黔逐出公而自立,为悼公。	韩宣子	四十二 [索隐]曰:系家简子名鞅,文子武之孙,景叔成之子。	楚惠王章十三年 吴伐我。徐广曰:"亦鲁哀公十九年。" [索隐]曰:五十七年卒。	燕献公十七年 [索隐]曰:二十八年卒。	齐平公骜五 [索隐]曰:二十九年卒。
二	二 蜀人来赂。	晋定公卒。 [索隐]曰:《系本》定公名午。		四十三 [索隐]曰:系简子以顷公九	十四 越围吴,吴怨。	十八	六

①[索隐]曰:按:此表起周元王元年,《春秋》讫元王八年。

七 越人始来。	八	九 晋知伯瑶
十九	二十	二十一
十五	十六 越灭吴。	十七 蔡景侯卒。
四十四 年在位，顷公十四年卒而定公立，定公四十七年卒，是四十三为简子在位之年。又至出公十七年，是在位六十年也。	四十五	四十六
晋出公错元年 [索隐]曰：《系本》名凿。		五 楚人来略。
三	四	五
三	四	五

来伐我。	
四十七 [索隐]曰：按"景"字误，合作"成侯"。徐广不辨，即言"或作'成'"。按：景侯即成侯之高祖父。	四十八 卫庄公饮，大夫英奔，夫不解履，公怒，即攻公，公奔来。
十八 蔡声侯元年 [索隐]曰：名产，成侯之子。	十九
十	十一
二十二	二十三
六 义渠来赂。縣诸乞援。《音义》曰："一作'爰'。"	七 彗星见。
六	七

八	八		四十九	二十	二十四	十二
定王元年 徐广曰："癸酉，《左传》尽此。"皇甫谧曰："贞定王元年癸亥，十年壬申崩。"[索隐]曰：定王名介，二十八年崩。	九		五十	二十一	二十五	十三
二	十 庶长将兵拔魏城。彗星见。《音义》："拔"一作"捕"。		五十一	二十二 鲁哀公卒。[索隐]曰：《系本》名将。	二十六	十四

十五	二十七	二十三	五十二		燕孝公元年	十七
十六	二十八	二十四 魯悼公元年。三桓胜,魯如小侯。[索隐]曰:《系本》悼公名宁。	五十三	知伯伐郑,桓子如齐求救。五十四 知伯谓简子,欲废太子襄子,襄子怨知伯。	二	救郑,晋师去。中行文子谓田常:"乃今知以亡。" 十八
十一	十三	十四	五	郑声公卒。[索隐]曰:声公名胜,献公子也。三十七	六	
十二						

十九	三	二十七	五十六	年卒，子哀公易立。八年郑杀哀公，立弟丑为共公也。		七
二十	四	二十八	五十七	郑哀公元年		八　堑阿旁。伐大荔。朴龙戏城。
二十一	五	二十九	五十八			九
二十二	六	三十	五十九			十
二十三	七	三十一	六十			十一
二十四	八	三十二	襄子元年　末除服，登夏屋，诱代王，以金斗杀代王。封伯鲁子			十二　公将师与绵诸战。

二十五

九

二十三
蔡元侯元年

周为代成君。
[索隐]曰：襄
子名无恤。后
四年，与韩、魏
败智伯晋阳，
分其地，始有
三晋也。
二

晋哀公忌
元年
[正义]曰：表
云晋出公错十
八年，晋哀公
忌二年，晋懿
公骄十七年
而卒。《世本》
云昭公生桓子
雕，雕生忌。
二十一

十三

生戴公骄。世家云晋出公十七年，晋哀公骄十八年，而无戴公。按：出公道死，智伯乃立昭公曾孙骄为晋君，是为哀公。哀公大父雍，晋昭公少子，号戴子，生忌。忌善智伯，早死，故智伯欲并晋，未秇，乃立忌子骄为君。据三处不同，未

十四	二十二 如执是。	卫悼公黔 元年		三	三十四	十	齐宣公就 匝元年 本作"积"。 [索隐]曰: 积,平公子,立 五十一年,子 康公贷立。
十五	二十三			四 与智伯分 范,中行地。	三十五	十一	二
十六	二十四	魏桓子败智 伯于晋阳。 [索隐]曰:桓, 子名驹。	韩康子败智 伯晋阳。 [索隐]曰:康, 子名虎。	五 襄子败智伯 晋阳,与魏、 韩三分其地。	三十六	十二	三
十七 晋大夫知开	二十五			六	三十七	十三	四

五 宋景公卒。徐广曰："案《左传》，景公死至此九十九年。"[索隐]曰：系家景公，元公子，名头曼，已见《十二诸侯表》。徐广说谬。景公立六十四年卒，公子特杀太子自立，号昭公，与	十四	三十八	七		牵其邑人来奔。 二十六 左庶长城南郑。	十八

顾昭公杵白相，去略九十年，如徐误。									
六	宋昭公元年	十五	三十九	蔡侯齐元年	八			二十七	十九
七		燕成公元年	四十		九		卫敬公元年	二十八 越人来迎女。	二十
八		二	四十一		十			二十九 晋大夫智伯宽萃其邑人来奔。	二十一
九		三	四十二 楚灭蔡。		十一			三十	二十二
十		四	四十三		十二			三十一	二十三
十一		五	四十四 灭杞。杞，夏之后。		十三			三十二	二十四

二十五	三十三 伐义渠，虏其王。		十四	四十五	六	十二
二十六	三十四 日蚀，昼晦，星见。		十五	四十六	七	十三
二十七	秦躁公元年		十六	四十七	八	十四
二十八	二 南郑反。		十七	四十八	九	十五
考王元年 徐广曰："牟王。"	三		十八	四十九	十	十六
二	四		十九	五十	十一	十七
三	五	晋幽公柳元年	二十	五十一	十二	十八
四	六		二十一	五十二	十三	十九

二十	二十一	二十二	二十三	二十四	二十五	二十六	二十七
十四	十五	十六	燕湣公元年	二	三	四	五
五十三	五十四	五十五	五十六	五十七	楚简王仲元年　灭莒。	二	三　鲁悼公卒。
二十二	二十三	二十四	二十五	二十六	二十七	二十八	二十九
				卫昭公元年			
七	八　六月，雨雪。日，月蚀。	九	十	十一	十二	十三　义渠伐秦，侵至渭阴。	十四
五	六　服韩魏。	七	八	九	十	十一	十二

十三	秦怀公元年 生灵公。	卫悼公亹元年		三十	四 鲁元公元年	六	二十八
十四	二			三十一	五	七	二十九
十五	三			三十二	六	八	三十
威烈王元年 徐广曰："丙辰。"[索隐]曰：名午，考王之子。	四 庶长鼂杀怀公。太子早死，大臣立太子之子，为灵公。			三十三 襄子卒。	七	九	三十一
二	秦灵公元年 生献公。	魏文侯斯元年 [索隐]曰：生武侯击。	韩武子元年 [索隐]曰：生景侯处。	赵桓子元年 [索隐]曰：桓子嘉，襄子弟也。元年卒，明年国人共立襄	八	十	三十二
	二						

三十三	三十四	三十五	三十六	三十七	三十八
十一	十二	十三	十四	十五	十六
九	十	十一	十二	十三	十四
赵献侯元年。（子子献侯晚。）	二	三	四	五	六
二　郑幽公元年，韩杀之。	三　郑立幽公子，为繻公，元年。	四	五	六	七
二	三	四	五　魏诛晋幽公，立其弟止。	六　晋烈公止元年。魏城少梁。	七
二	三　作上下畤。	四	五	六	七
三	四	五	六	七	八

三十九	十七	十五	七	八	与魏战少梁。
				八	城堑河濒。初复城少梁。以君主妻河。[索隐]曰：谓初以此年取他女为君主，君主犹公主也。妻河，谓嫁之河伯，故魏俗犹为河伯取妇，盖其遗风。殊异其事，故云"初"。
					九
四十	十八	十六	八	九	十
					朴庞城、城籍
四十一	十九	十七	九	十	十一

四十三	二十	十八	十一 中山武公初立。 徐广曰："周定之孙，西周桓公之子。"	十一 卫慎公元年	秦简公元年
					姑。灵公卒，立其季父悼子，是为简公。 [索隐]曰：按：庞及籍姑皆邑之名。朴者，修也，谓修庞而城籍姑也。
四十三 伐晋，败黄	二十一	十九	十二	十三	十二 二 与晋战，败郑 十三

周	秦	魏	韩	赵	楚	燕	齐
下。							城，围阳狐。
十四	三	十三 公子击围繁庞，出其民人。	十三	十二	二十	二十二	四十四 伐鲁，莒，及安阳。
十五	四	十四	十四	十三 城平邑。	二十一	二十三	四十五 伐鲁，取郭。徐广曰："世家云取一城。"
十六	五 日蚀。	十五	十五	十四	二十二	二十四	四十六
十七	六 初令吏带剑。	十六 伐秦，筑临晋，元里。	十六	十五	二十三	二十五	四十七
十八	七 堑洛，城重泉。初租禾。	十七 击宋中山，伐秦至郑，还筑汜洛，取雍	韩景侯虔元年	赵列侯籍元年 魏使太子伐	二十四 简王卒。	二十六	四十八 取鲁郕。

周	秦	魏	韩	赵	楚·鲁	燕	齐
		洛阳。徐广曰："一云置中山，击宋中山，世家云合阳，世家云攻秦，至郑而还，统合阳洛阳。"	丘。郑城京。中山。				
十九	八	十八　文侯受经子夏。过段干木之闾常式。	二　郑败韩于负黍。	二	楚声王当元年　鲁穆公元年	二十七	四十九　与郑会于西城。伐卫，取毋丘。
二十	九	十九	三	三	二	二十八	五十
二十一	十　卜相，李克、翟黄争。	二十	四	四	三	二十九	五十一　田会以廪丘反。
二十二	十一	二十一	五	五	四	三十	齐康公贷元年

二十三 九鼎震。	二十四	安王元年 徐广曰："庚辰。"	二	三 王子定奔晋。	
十二	十三	十四 伐魏，至阳狐。	十五	秦惠公元年 [索隐]曰：秦	
二十二 初为侯。	二十三	二十四 伐秦至阳狐。	二十五 太子莹生。	二十六 虢山崩，雍河。[索隐]曰：简	
六 初为侯。	七	八	九 郑围阳翟。	韩列侯元年 [索隐]曰：名	
六 初为侯。	七 列侯好音，赐歌者田，徐越侍以仁义，乃止。	八	九	赵武公元年	
五 魏、韩、赵始列为诸侯。	六 盗杀声王。	楚悼王元年	二	三 三晋来伐我，至桑丘。	四 归榆关于郑。
三十一	燕釐公元年		二	三	四
宋悼公元年	二	三	四	五	六

			取。《系本》作"武侯"也。		公子，史无名。	
七	五	四 敗鄭師，圍鄭。鄭人杀子阳。	二 鄭杀其相驷子阳。	二十七	二	四
八	六	五	三 鄭人杀君。三月，盗杀韩相侠累。徐广曰："一作'法其'。"	二十八	三 日蚀。	五
九	七	六	四 鄭相子阳之徒杀其君繻公。	二十九	四	六
十	八	七	五	三十	五	七

宋休公元年			郑康公元年			
十一 伐鲁，取最。	九	八	六 救鲁。郑负秦反。	三十一	六 伐戎。	八
十二	十	九 韩伐我负黍。	七	三十二 伐郑，城酸枣。	七	九
十三	十一	十	八	三十三 晋孝公倾元年	八	十
十四	十二	十一	九 秦伐宜阳，取六邑。	三十四	九 伐韩宜阳，取六邑。	十一
十五 鲁败我平陆。	十三	十二	十	三十五 齐伐取襄阳。	十 与晋战武城。县陕。	十二
十六	十四	十三	十一	三十六	十一	十三

太子生。	秦侵晋。	三十七					与晋、卫会浊泽。
十四	十二	三十八	十二	十二	十四	十五	十七
十五	十三 蜀取我南郑。	魏武侯元年 袭邯郸，败焉。[索隐]曰：武侯名击。	十三	十三	十五	十六	十八
十六	秦出公元年 [索隐]曰：惠公子。	二 城安邑，王垣。	韩文侯元年	赵敬侯元年 武公子朝作乱，奔魏。	十六	十七	十九 田常曾孙田和始列为诸侯。迁康公海上，食一城。[索隐]曰：和，田常曾孙，亦号太公。
十七 庶长改迎灵公太子，立为献公。诛		三	二 伐郑，取阳城。伐宋，到彭城，执宋君。	二	十七	十八	二十 伐鲁，破之。田和卒。

周	秦	魏	韩	赵	楚	燕	齐
十八	出公。 秦献公元年 [秦隐]曰:名师隰,灵公太子。	君。 三	三	三	十八	十九	二十一 田和子桓公午立。
十九 城栎阳。	二 城栎阳。	四	四	四 魏败我兔台。 [秦隐]曰:兔音土故反。兔作"菟"。	十九	二十	二十二
二十	三 日蚀,昼晦。	五	五	五	二十	二十一	二十三
二十一	四 孝公生。	六	六	六	二十一	二十二	二十四
二十二	五	七 伐齐,至桑	七 伐齐,至桑	七 伐齐,至桑	楚肃王臧元年	二十三	二十五 伐燕,取桑

周	秦	魏	韩	赵	楚	燕	齐
二十三	六 初县蒲、蓝田，善明氏。	丘。八	丘。郑败晋。八	丘。八 袭卫，不克。	二	二十四	丘。二十六 康公卒，田氏遂并齐而有之。太公望之后绝祀。
二十四	七	九 瞿败我浍。伐齐，至灵丘。	九 伐齐，至灵丘。	九 伐齐，至灵丘。	三	二十五	齐威王因元年 自田常至威王，威王始以齐强天下。
二十五	八	十 晋静公酒元年	十	十	四 蜀伐我兹方。	二十六	二
二十六	九	十一 魏、韩、赵灭晋，绝无后。	十一 韩哀侯元年 分晋国。	十一 分晋国。	五	二十七	三 三晋灭其君。

四	五	六 伐鲁入阳关。伐晋到鲅陵。[索隐]曰:刘氏鲅音专反,又音专。	七 宋辟公元年。[索隐]曰:辟,音璧。辟公名辟兵。生剔成。
二十八	二十九	三十 败齐林孤。	燕桓公元年
六 鲁共公元年	七	八	九
十二	赵成侯元年	二	三 伐卫,取都鄙七十三。魏败我蔺。
二 灭郑,康公二十年灭,无后。	三	四	五
十二	十三	十四	十五 卫声公元年,败赵北蔺。
十 日蚀。	十一 县栎阳。	十二	十三
烈王元年 徐广曰:"丙午。"	二	三	四

	显王元年	七	六	五
	十一 伐魏，取观。	十 宋剔成元年	九 赵伐我甄。	八 〔按：宋后微弱，君薨未必有谥，辟兵未名也，沈刻成然也。〕
	五	四	三	二
	七 侵齐，至长。		十一	十 魏取我鱼阳。
	三 齐伐我观津。	楚宣王良元年。	五 伐齐于甄。魏败我怀。	四
	三	二	壮侯元年 〔索隐〕曰：系家作釐侯，《系本》无名。	六 韩严杀其君。
		二 魏败我马陵。	惠王元年	十六 伐楚，取鱼阳。
	十七 栎阳雨金。	十六 民大疫。日蚀。	十五	十四
	显王元年 徐广曰："癸……"	七	六 徐广曰："芥威王朝周。"	五

赵取我长城。			城。		月至八月。	丑。"
十二	六	三	八	四	十八	二
十三	七	四	九	五 与韩会宅阳。城武都。	十九 败韩、魏洛阳。	三
十四	八	五	十	六 伐宋，败仪台。	二十	四
十五	九	六	十一	七	二十一 章蟜 徐广曰："一云'车骑'。"与晋战石门，天子贺。徐广曰："一作'阿'。"斩首六万。	五 贺秦。

十六	十七	十八	十九	二十	二十一 邹忌以鼓琴
十	十一	燕文公元年	二	三	四
七	八	九	十	十一	十二
十二	十三 魏败我于浍。	十四	十五	十六	十七
八	九 魏败我于浍。大雨一月。	十 取赵皮牢。卫成侯元年。	十一	十二 星昼堕，有声。	韩昭侯元年
二十二	二十三 与魏战少梁，虏其太子。	秦孝公元年 彗星见西方。	二 天子致胙。	三	四
六	七 致胙于秦。徐广曰："《纪年》东周惠公杰薨。"	八	九 致胙于秦。	十	十一

十一	五		秦败我西山。		五		见威王。
十二	六	十四 与赵会郜。	二 宋取我黄池。魏取我朱。	十八		十三 君尹黑迎女秦。	二十二 封邹忌为成侯。
十三	七	十五 鲁、卫、宋、郑侯来。徐广曰：《纪年》一曰‘鲁共侯来朝’。邯郸成侯会燕成侯于安邑。	三 赵孟如齐。	十九 与燕会河。与齐会平陆。		十四	二十三 与赵会平陆。
十四	七 与魏王会杜平。	十六 徐广曰：“与秦孝公会杜平。侵宋黄池，宋复取之。”	四	二十		十五	二十四 与魏会田于郊。

二十五	八	十六	二十一 魏围我邯郸。	五	十七 与魏战元里，与秦战元里，斩首七千，取我少梁。	八 与魏战元里，斩首七千，取少梁。	十五
二十六 败魏桂陵。	九	十七	二十二	六 齐日伐东周，取陵观、廪丘。	十八 邯郸降。齐败魏桂陵。	九	十六
二十七	十	十八 鲁康公元年	二十三	七	十九 诸侯围我襄陵，筑长城，塞固阳。	十 卫公孙鞅为大良造，伐安邑，降之。	十七
二十八	十一	十九	二十四 魏归邯郸，与魏盟漳水上。	八 申不害相。	二十 卫鞅围固阳，降之。	十一 城商塞。卫鞅围固阳，降之。	十八
二十九	十二	二十	二十五	九	二十一 与秦遇彤。	十二 初取小邑为	十九

三十			
	二十一	二十二	二十三
	赵肃侯元年 [索隐]曰:名语。	二	三 公子范袭邯
	十 韩姬弑其君悼公。[索隐]曰:姬,一作"妃",音怡,韩之大夫姓名。按:韩无悼公,未详。	十一 昭侯如秦。	十二
三十一县,[索隐]曰:彤,商君死[索隐]曰:彤地名。刘氏云"阡陌道",非也。令。为田开阡陌。	十三 初为有秩史。	十四 初为赋。	十五
二十	二十一	二十二	二十三
二十一	二十二	二十三	

			邯，不胜死。				
三十三 杀其大夫牟辛。	十六	二十四	四	十三	二十五	十六	二十三
三十四	十七	二十五	五	十四	二十六	十七	二十四
三十五 田忌袭齐，不胜。	十八	二十六	六	十五	二十七 丹封名会。丹，魏大臣。	十八	二十五 诸侯会。
三十六	十九	二十七 鲁景公偃元年	七	十六	二十八	十九 城武城。从东方壮丘来归。天子致伯。	二十六 致伯秦。
齐宣王辟强元年	二十	二十八	八	十七	二十九 会中山君为相。	二十 诸侯毕贺。会中山君泽。朝天子。	二十七 诸侯毕贺。会中山君泽。朝天子。徐广曰:"纪

二 败魏马陵。田忌、田婴、田盼将,孙子为帅。 徐广曰:"楚世家》云田盼者,齐之将;而《齐世家》不说田盼,或者尔时三人皆出征。"	三 与赵会,伐魏。
二十一	二十二
二十九	三十
九	十
十八	十九
三十 齐虏我太子申,杀将军庞涓。	三十一 秦商君伐我,虏我公子卬。
二十一 马生人。	二十二 封大良造商鞅。
二十八 年》作'逢泽'。	二十九

三十	三十一	三十二	三十三 贺秦。
二十三 与晋战岸门。	二十四 秦大荔围合阳。孝公薨，商君反，死彤地。	秦惠王元年	二 天子贺。行钱。宋太丘社亡。
二十二 公子赫为太子。	二十三 卫鞅亡归我，我恐，弗内。	二十四 楚、韩、赵、蜀人来。	二十五 孟子来，王问利国，对曰："君不可言利。"
二十	二十一	二十二 申不害卒。	二十三
十一	十二	十三	十四
楚威王熊商元年	二	三	四
二十三	二十四	二十五	二十六
四	五	六	七 与魏会平河南。

周	秦	魏	韩	赵	楚	燕	齐
三十四	三 王冠。拔韩宜阳。	三十六	二十四 秦拔我宜阳。	十五	五	二十七	八 与魏会于甄。
三十五	四 天子致文武胙。魏夫人来。	魏襄王元年	二十五 旱。作高门，屈宜臼曰："昭侯不出此门。"	十六	六	二十八 苏秦说燕。	九 与魏会徐州，诸侯相王。
三十六	五 阴晋人犀首为大良造。	二 秦败我雕阴。	二十六 高门成，昭侯卒不出此门。	十七	七 围齐于徐州。	二十九	十 楚围我徐州。
三十七	六 魏以阴晋为和，命曰宁秦。徐广曰："今之华阴。"	三 伐赵。卫平侯元年。	韩宣惠王元年	十八 齐、魏伐我，我决河水浸之。	八	燕易王元年	十一 与魏伐赵。

三十八	七 义渠内乱,庶长操将兵定之。	四	二	十九	九	二	十二
三十九	八 魏入少梁河西地于秦。	五 与秦河西地。少梁围我焦,曲沃。	三	二十	十	三	十三
四十	九 度河,取汾阴,皮氏。围焦,降之。魏会应。	六 与秦会雍。秦取汾阴,皮氏。与氏。	四	二十一	十一 魏败我陉山。	四	十四
四十一	十 张仪相。公子桑围蒲阳,降之。魏纳上郡于秦。	七 入上郡于秦。	五	二十二	楚怀王槐元年	五	十五 宋君偃元年

四十二	郡。十一 义渠君为臣。秦归我焦、曲沃。	六	二十三	二	六	十六
四十三	十二 初腊。会龙门。	七	二十四	三	七	十七
四十四	十三 四月戊午，魏君为王。相张仪将兵取陕。初更元年。	八 魏败我韩举。	赵武灵王元年 魏败我赵护。	四	八	十八
四十五		九 卫嗣君元年。	二 城鄗。	五	九	十九
四十六	二 相张仪与齐、楚会啮桑。	十 君为王。	三	六 败魏襄陵。	十 君为王。	齐湣王元年

四十七	三 张仪免相，相秦取曲沃。平周女化为丈夫。	十三	十一	四 韩会区鼠。	七	十一	二
四十八	四	十四	十二	五 取韩女为夫人。	八	十二	三 封田婴于薛。
慎靓王元年 徐广曰："辛丑。"	五 王北游戎池，至河上。	十五	十三	六	九	燕哙王元年	四 迎妇于秦。
二	六	十六	十四 秦来击我，取鄢郡。	七	十 城广陵。	二	五
三	七 五国共击秦，不胜而还。	魏哀王元年，击秦，不胜。	十五 击秦，不胜。	八 击秦，不胜。	十一 击秦，不胜。	三 击秦，不胜。	六

四	五	六	周赧王元年 徐广曰："丁未。" [索隐]曰：赧，音泥简反。
八 与赵战，斩首八万。张仪复相。	九 击蜀，灭之。取赵中都，西阳安邑。	十	十一 侵义渠，得二十五城。
二 齐败我观津。	三	四	五 秦拔我曲沃，归其人。走犀首岸门。
十六 秦败我修鱼，得韩将军申差。	十七	十八	十九
九 与韩、魏击齐，败我观泽。	十 秦取我中都、西阳安邑。	十一 秦败我将军英。	十二
十二	十三	十四	十五 鲁平公元年 徐广曰："《纪》年云立燕公子职。"
四	五 君让其臣子之国，愿为臣。	六	七 君及太子哙子之皆死。
七 败魏、赵观泽。	八	九	十

宋衷曰：“赧，谥也。”皇甫谧云：“名诞也。”							
二	十二 樗里子击蔺阳，虏赵将。公子繇通封蜀。 [索隐]曰：繇，音由。秦之公子。	六 秦来立公子政为太子。与秦王会临晋。	二十	十三 秦拔我蔺，虏将赵庄。	十六 张仪来相。	八	十一
三	十三 庶长章击楚，斩首八万。	七 击齐，虏声子于濮。与秦击燕。	二十一 秦助我攻楚，围景座。	十四	十七 秦败我将屈丐。 [索隐]曰：丐音盖。楚大夫。	九 燕人共立公子平。	十二
四	十四	八	韩襄王元	十五	十八	燕昭王元	十三

五	蜀相杀蜀侯。围卫。秦武王元年。诛蜀相壮。张仪、魏章皆死于魏。	九　与秦会临晋。	二	十六　吴广入女,生子何,立为惠王后。	十九	二	十四
六	初置丞相,樗里子、甘茂为丞相。	十	三	十七	二十	三	十五
七		十一　与秦会应。徐广曰:"在颍川大城。"	四　与秦会临晋。秦击我宜阳。	十八	二十一	四	十六
八	四　拔宜阳城,斩首六万。涉	十二　太子往朝秦。	五　秦拔我宜阳,斩首六万。	十九　初胡服。	二十二	五	十七

九	河，城武遂。秦昭王元年	万。十三　秦击皮氏，未拔而解。	六	二十	二十三	十八
十	二　彗星见。季君为乱，诛。	十四	七	二十一	二十四　秦来迎妇。	十九
十一	三	十五	八	二十二	二十五　与秦王会黄棘，秦复归我上庸。	二十
十二	四　彗星见。	十六　秦取我遂。	九	二十三	二十六　太子质秦。	二十一
十三	五	十七　与秦会临晋，太子婴与秦王会临晋，因复我蒲坂。	十	二十四	二十七	二十二

国				
周	十四	十五	十六	十七
秦	六　蜀反，司马错往诛蜀守辉。定蜀。日蚀，昼晦。伐楚。	七　樗里疾卒。击楚，斩首二万。魏冉为相。	八　楚王来，因留之。	九
魏	十八　与秦击楚。	十九	二十　楚王来，因留与齐王会于韩。	二十一　与齐、韩共击秦。
韩	十一　秦取我穰。与楚击秦。秦击楚。至咸阳而归。	十二	十三　齐、魏王来。立咎为太子。	十四　与齐、魏共击秦。
赵	二十五　惠后卒。	二十六	二十七	赵惠文王元年
楚	二十八　秦、韩、魏败我将唐昧于重丘。	二十九　秦取我襄城，杀景缺。	三十　王入秦。秦取我八城。	楚顷襄王元年
燕	十一	十二	十三	十四
齐	二十三　与秦击楚，公子将，大有功。	二十四　秦使泾阳君来为质。	二十五　泾阳君复归秦。薛文入相秦。	二十六　与魏、韩共击秦。

国					
齐	秦，孟尝归相齐。	二十七	二十八	二十九　佐赵灭中山。	三十　田甲劫王，相薛文走。
燕		十五	十六	十七	十八
楚	秦败我十六城。	二	三　怀王卒于秦，来归葬。	四　围杀主父。与鲁文侯元年。齐共灭中山。燕共灭中山。「一作湣。」	五
赵	以公子胜为相，封平原君。	二　楚怀王亡来，弗内。	三	四	五
韩	秦。	十五	十六　与齐魏击秦。秦与我武遂和。	韩釐王咎元年	二
魏	秦于函谷。河，渭绝一日。	二十二	二十三	魏昭王元年	二　楼缓免，穰侯魏冉为丞相。秦尉错击我襄城。
秦	十　楚怀王亡之赵，赵弗内。	十一　彗星见。复与魏封陵。	十二　楼缓免。穰侯魏冉为丞相。秦尉错击我襄城。	十三　任鄙为汉中守。	与秦战，解不利。
周	十八	十九	二十	二十一	

三十一	三十二	三十三	三十四	三十五	三十六 为东帝二月，
十九	二十	二十一	二十二	二十三	二十四
六	七	八	九	十	十一
六 迎妇秦。	七	八	九	十	十一 秦拔我桂阳。
三 白起击伊阙，佐韩击秦，秦败我伊阙，斩首二十四万，虏将喜。	四	五 秦拔我宛城。	六 与秦武遂地方二百里。	七	八
十四	十五 魏冉免相。	十六	十七 魏入河东四百里。	十八 客卿错击魏，秦击我，取城大大小六十一。	十九 十月为帝，十二月复为王。
二十二	二十三	二十四	二十五	二十六	二十七

周	秦	魏	韩	赵	楚	燕	齐
二十七	二月复为王。任鄙卒。	八	八	十一	十一	二十四	复为王。
二十八	二十	九 秦拔我新垣、曲阳之城。	九	十二	十二	二十五	三十七
二十九	二十一 魏纳安邑及河内。	十 宋王死我温。秦败我兵夏山。	十	十三	十三	二十六	三十八 齐灭宋。
三十	二十二 蒙武击齐。	十一	十一	十四 与秦会中阳。徐广曰："一作'梗'。"	十四 与秦会宛。	二十七	三十九 秦拔我列城九。
三十一	二十三 尉斯离与韩、魏、燕、赵共击齐，破之。	十二 与秦击齐济西。与秦王会西周。	十二 与秦击齐。与秦王会西周。	十五 取齐淮北。	十五 取齐淮北。	二十八 与秦、三晋击齐，独入至临菑，取其宝器。	四十 与秦、三晋击燕，王至军，王走莒。
三十二	二十四	十三	十三	十六	十六	二十九	齐襄王法

章元年	二	三	四	五 杀燕骑劫。	六
二十九	三十	三十一	三十二	三十三	燕惠王元
十六 与秦王会穰。	十七 秦拔我两城。	十八 秦拔我石城。	十九 秦败我军,斩首三万。	二十 与秦会黾池,蔺相如从。	二十一
十三 秦拔我安城,兵至大梁而还。	十四 大水。卫怀君元年。	十五	十六	十七	十八
二十四	二十五	二十六 魏冉复为丞相。	二十七 击赵,斩首二万。地动,坏城。	二十八	二十九
三十二	三十三	三十四	三十五	三十六	三十七

周	秦	魏	韩	赵	楚	燕	齐
三十七	白起击楚，拔郢，更东至竟陵，以为南郡。	十九			秦拔我郢，烧夷陵，王亡走陈。		七
三十八	三十　白起封为武安君。	二十			二十二　秦拔我巫、黔中。		八
三十九	三十一	魏安釐王元年　秦拔我南城。封弟公子无忌为信陵君。	二十		二十三　秦所拔我江旁反秦。		九
四十	三十二		二十一　秦拔我两城，暴鸢救魏，为秦所败，走开封。韩军大梁城，与秦温封。		二十四		

十	十一	十二	十三	十四
五	六	七	燕武成王王元年	二
二十五	二十六	二十七 鲁顷公元年。	二十八	二十九
二十五	二十六	二十七 击燕。	二十八 蔺相如攻齐，至平邑。	二十九
二十二	二十三	韩桓惠王元年	二	三
以和。 三 秦拔我四城，斩首四万。	四 与秦南阳以和。	五 击燕。	六	七
三十三	三十四 白起击魏华阳军，芒卯走，得三晋将，斩首十五万。	三十五	三十六	三十七
四十一	四十二	四十三	四十四	四十五

秦、楚击我刚寿。	十五	十六	十七	十八
	三	四	五	六
秦拔我阏与、赵奢将击秦，大败之，赐号曰马服。	三十 秦击我阏与城，不拔。	三十一	三十二	三十三
	八	九 秦拔我怀城。	十	十一 秦拔我廪丘。徐广曰："或作'邢丘'。"
	三十八	三十九	四十 太子质于魏者死，归葬芷阳。	四十一
	四十六	四十七	四十八	四十九

十九	齐王建元年	二	三	四
七　齐田单拔中阳。	八	九	十	十一
三十四	三十五	三十六	楚考烈王元年　秦取我州，黄歇为相。	二
赵孝成王元年　秦拔我三城。平原君相。	二	三	四	五
八	九　秦拔我汾旁。	十　秦击我太行。	十一	十二
十二　宣太后薨。安国君为太子。	十三	十四　秦攻韩，取南阳。徐广曰："一作'郡'。"	十五　秦攻韩，取十城。	十六
五十	五十一	五十二	五十三	五十四

五十五 王之南郑。	四十七 白起杀赵长平,杀卒四十五万。	十七	十三	使廉颇距秦于长平。六 使赵括代廉颇将。白起破括四十五万。	三	十二	五
五十六	四十八	十八	十四	七	四	十三	六
五十七	四十九	十九	十五	八	五	十四	七
五十八	五十 王龁、郑安平围邯郸,及龁拔邯郸,秦兵解还军,拔新中。	二十 公子无忌救赵。及龁拔邯郸,秦兵解去。	十六	九 秦围我邯郸。魏救我。	六 春申君救赵。楚救我。	燕孝王元年	八
五十九 徐广曰:"乙巳。" 赧王卒。	五十一	二十一 韩、魏、楚救赵新中,秦兵罢。	十七	十	七 救赵新中。	二	九

十	十一	十二	十三	十四	十五
三	燕王喜元年	二	三	四 伐赵，赵破我军，杀栗腹。[索隐]曰：人姓字，燕相。	五
八 取鲁，鲁君封于莒。	九	十 徙于巨阳。	十一	十二	十三
十一	十二	十三	十四	十五 平原君卒。	十六
十八	十九	二十	二十一	二十二	二十三
二十二	二十三	二十四	二十五 卫元君元年。	二十六	二十七
五十二 取西周王。徐广曰："丙午。"王稽弃市。	五十三	五十四	五十五	五十六	秦孝文王

国			
秦	元年 徐广曰："年亥。文王后曰华阳后,生庄襄王子楚,母曰夏太后。"	秦庄襄王元年 徐广曰："王子。" 蒙骜取城皋、荥阳。元年,初置三川郡,取吕不韦相。东西周。	蒙骜击赵榆次、新城、狼[孟]
魏		二十八	二十九
韩		二十四 秦拔我城皋、荥阳。	二十五
赵		十七	十八
楚		十四 楚灭鲁,顷公迁下邑,为家人,绝祀。	十五 春申君徙封
燕		六	七
齐		十六	十七

十七	十八	十九	二十	二十一
七	八	九	十	十一
十五　于吴。	十六	十七	十八	十九
十八	十九	二十　秦拔我晋阳。	二十一	赵悼襄王偃元年
二十五	二十六　秦拔我上党。	二十七	二十八	二十九　秦拔我十二城。
二十九	三十　无忌率五国兵败秦军，击取河外。	三十一	三十二	三十三
孟，得三十七城，日蚀。	王龁　徐广曰：“一作‘龁’。”　击上党。初置太原郡。魏公子无忌率五国却我军河外，蒙骜解去。	始皇帝元年　徐广曰：“乙卯。”　击取晋阳，作郑国渠。	二	三　蒙骜击韩，取十二城。

秦	魏	韩	赵	楚	燕	齐
骑死。	城。					
四 七月，蝗蔽天下。百姓纳粟千石，拜爵一级。	三十四	三十	二 太子从质秦归。	二十	十二 赵拔我武遂、方城。	二十二
五 蒙骜取燕酸枣二十城。初置东郡。	魏景湣王初元年 秦拔我二十城。	三十一	三 赵相、魏相会鲁柯，盟。	二十一	十三 剧辛死于赵。	二十三
六 五国共击秦。	二 秦拔我朝歌。卫徙濮阳徙野王。	三十二	四	二十二 王东徙寿春，命曰郢。	十四	二十四
七 彗星见北方西方。夏太后死。蒙骜死。	三 秦拔我汲。	三十三	五	二十三	十五	二十五
八	四	三十四	六	二十四	十六	二十六

	二十七	二十八 入秦，置酒。	二十九	三十	三十一
	十七	十八	十九	二十	二十一
	二十五 李园杀春申君。	楚幽王悍元年	二	三	四
	七	八 入秦，置酒。	九 秦拔我阏与，取九城。	赵王迁元年 徐广曰："幽缪元年。"	二 秦拔我平阳
	韩王安元年	二	三	四	五
	五	六	七	八	九
嫪毐封长信侯。	九 彗星见，竟天。嫪毐为乱。迁其舍人于蜀。彗星复见。	十 相国吕不韦免。齐、赵来，置酒。太后入咸阳。	十一 吕不韦之河南。王翦击邺、阏与，取九城。	十二 发四郡兵助魏击楚。吕不韦卒。复嫪毐舍人迁蜀者。	十三 桓齮击平阳，杀赵扈辄，斩首十万。

败扈辄,斩首十万,因东击赵。王之河南。彗星见。[索隐]曰:龁,人姓字,秦将。汉别有龁龁也。						
十四 桓齮定平阳、武城宜安。韩使非来,我杀非。韩王请为臣。	十	六	三 秦拔我宜安。	五	二十二	三十二
十五 兴军至鄝。军至太原。取狼孟。	十一	七	四 秦拔我狼孟、都吾、军鄝。[索隐]曰:鄝,音蓼,又音盘。县名,在常山。	六	二十三 太子丹质于秦,亡来归。	三十三
十六	十二	八	五	七	二十四	三十四

秦	魏	韩	赵	楚	燕	齐
置丽邑。发卒受韩南阳地。	献城秦。	秦来受地。	地大动。			
十七 内史胜击得韩王安，尽取其地，置颍川郡。华阳太后薨。	十三	九 秦虏王安。秦灭韩。	六	八	二十五	三十五
十八	十四 卫君角元年。		七	九	二十六	三十六
十九 王翦拔赵，虏王迁之邯郸。帝太后薨。	十五		八 秦王翦虏王，迁邯郸。公子嘉自立为代王。	十 幽王卒，弟犹立为哀王。三月，负刍杀哀王。	二十七	三十七
二十 燕太子使荆轲刺秦王，觉之。王翦将击燕。	魏王假元年		代王嘉元年	楚王负刍元年。负刍，哀王庶兄。	二十八 太子丹使荆轲刺秦王，秦伐我。	三十八
二十一	二		二	二	二十九	三十九

	秦大破我，取十城。				秦拔我蓟，得太子丹，王徙辽东。	
二十二 王贲击魏，得其王假，尽取其地。	三		三	三	三十	四十
二十三 王翦、蒙武击破楚军，杀其将项燕。			四	四 秦破我将项燕。	三十一	四十一
二十四 王翦、蒙武破楚，虏其王负刍。			五	五 秦虏王负刍。	三十二	四十二
二十五 王贲击燕，虏王喜。又击得代王嘉。五月，天下大酺。			六 秦将王贲虏王嘉，秦灭赵。		三十三	四十三
二十六						四十四

	燕	齐
二十六	秦灭燕。	秦虏王建。秦灭齐。

秦	
	王贲击齐，虏王建。初并天下，立为皇帝。
二十七	
	更命河为"德水"。为金人十二。命民为"黔首"。同天下书。分为三十六郡。
二十八	为阿房宫。之衡山。治驰道。帝之琅邪，道南郡入。为太极庙。赐户三十，爵一级。
二十九	郡县大索十日。帝之琅邪。帝之上党入。
三十	
三十一	更命腊曰"嘉平"。赐黔首里六石米二羊，以嘉平。大索二十日。
三十二	帝之碣石，道上郡入。
三十三	遣诸逋亡及贾人，赘婿略取陆梁，为桂林、南海、象郡，以適戍。西北为四十四县。徐广曰："一云四十四县是也。又云三十四县。"筑长城河上，蒙恬将三十万。
三十四	適治狱吏不直者筑长城，及南方越地。覆狱故失。
三十五	为直道，道九原，通甘泉。

年	
三十六	徙民于北河、榆中，耐徙三处，徐广曰："一作'家'。"拜爵一级。石昼下东郡，有文言"地分"。
三十七	十月，帝之会稽，琅邪，还至沙丘，崩。子胡亥立，为二世皇帝。杀蒙恬。道九原入。复行钱。楚兵至戏。
二世元年	十月戊黄，大赦罪人。十一月，为免园。十二月，就阿房宫。其九月，郡县皆反。
	邯击杀之。出卫君角为庶人。
二	将军章邯，长史司马欣，都尉董翳追楚兵至河。诛丞相斯，去疾，将军冯劫。
三	赵高反，二世自杀。高立二世兄子子婴。子婴立，诸侯入秦，婴降，夷三族，为项羽所杀。寻诛羽，天下属汉。

索隐述赞曰：春秋之后，王室益卑。楚强南服，秦霸西垂。三卿分晋，八代兴妫。递主盟会，互为雄雌。二周前灭，六国后隳。壮哉嬴氏，吞并若斯。

史记卷一六

月表第四

秦楚之际

太史公读秦楚之际，曰：初作难，发于陈涉；虐戾灭秦，自项氏；拨乱诛暴，平定海内，卒践帝祚，成于汉家。五年之间号令三嬗，①自生民以来，未始有受命若斯之亟也。②

[索隐]曰：张晏云："时天下未定，参错变易，不可以年记，故以月纪事而名表也。"

[索隐]曰：张晏云："时天下未定，参错变易，不可以年记，故列其月。"今案：秦、楚之际扰攘僭篡，运数又促，故以月纪事而名表也。

①音善。[索隐]曰：古"禅"字，音市战反。三嬗，谓陈涉、项氏、汉高祖也。

②[索隐]曰：音已力反。亟，训急也。

昔虞、夏之兴，积善累功数十年，德洽百姓，摄行政事，考之于天，①然后在位。汤、武之王，①乃由契、后稷修仁行义十余世，不期而会孟津八百诸侯，犹以为未可，其后乃放弑。②秦起襄公，章于文、缪、献、孝之后，稍以蚕食六国。百有余载，至始皇乃能并冠带之伦。③用力如此，④盖一统若斯之难也。秦既称帝，患兵革不休，以有诸侯也，于是无尺土之封，堕坏名城，销锋镝，⑤锄豪桀，维万世之安。⑥然王迹之兴，起于闾巷，合从讨伐，轶于三代，乡秦之禁，适足以资贤者为驱除难耳。⑦故愤发其所为天下雄。⑧安在无土不王。⑨此乃传之所谓大圣乎？⑩岂非天哉！岂非天哉！非大圣孰能当此受命而帝者乎？

①韦昭曰："谓舜受禅，在璇玑玉衡以齐七政。"

②[索隐]曰：谓汤放桀，武王讨纣也。

③[索隐]曰：即契，后稷及秦襄公、文公、穆公是也。

④[索隐]曰：谓汤、武及始皇是也。

⑤徐广曰："一作'锓'"。[索隐]曰：镝，音的。注'锓'字亦音的。案：秦销锋镝，作金人十二，以弱天下之兵也。

⑥[索隐]曰：维训度，谓训度合万代也。

⑦[索隐]曰：乡，音向，许亮反。谓秦前时之禁兵及不封树诸侯，适足以资后之贤者，即高帝也。言为之驱除患难也。

⑧[索隐]曰：指汉高祖。

⑨《白虎通》曰："圣人无土不王，使舜禹遭尧，当如夫子老于阙里也。"

⑩[索隐]曰：高祖起布衣，卒传之天位，实所谓大圣。

秦	楚	项	汉	赵	齐	燕	魏	韩
二世元年徐广曰："生								

辰。”[正义]曰：七月，陈涉起陈。八月，武臣起赵。九月，项梁起吴，田儋起齐，沛公初起，韩广起燕。

	七月 楚隐王陈涉起兵入秦。[索隐]曰：涉起凡六月，尽二世也。
十二月，咎魏，起魏，陈王立之。三年六月，转成转，起转，项梁立之也。	

月	楚	赵	齐	沛公（汉）	燕（魏、韩）
					韩广为赵王徇略地至蓟，始。自立为燕王始。[索隐]曰：徐广曰："魏咎、曹咎字皆作'咎'，音白。"项羽后分燕为二：臧荼为燕王，广为辽东。
八月 元年十二月也。	二 葛婴为涉徇九江，立襄强为楚王。[索隐]曰：涉之二月也。	武臣始至邯郸，自立为赵王，始。[索隐]曰：凡四月，为李良所杀，当二世元年八月也。	齐王田儋始。儋，狄人，诸田宗强。[索隐]曰：至二世二年六月，章邯杀儋。	沛公初起。[索隐]曰：凡十四月，为武安侯，将砀郡兵。怀王封沛公为安侯，将砀郡兵。	
九月	三 楚兵周文兵至戏。戏，败。而陈婴闻涉死，即立王，强。项梁号武信君。[索隐]曰：至二世二年九月，章邯杀梁于定陶。		从弟荣。弟横。[索隐]曰：至二世二年，章邯杀儋。		燕王始。

州	二年十月	十一月	十二月	端月
秦	二	三	四	五。章邯已破〔陈〕。〔索隐〕曰："至二世二年六月，皆自杀。"
楚	二年十月，诛葛婴。（王。后辉信杀广。）	十一月，周文死。	十二月，陈涉死。	端月，楚王景驹。景驹将召平矫立、张耳、陈让……
项		僭之起，杀秋令自击胡陵、方与，破秦监军。		
赵		李良杀武臣、张耳、陈余走。	赵王歇始	
齐			楚自陈归，立，陈涉死。	
汉（沛公）		杀泗水守。徐广曰："泗水属东海。" 拔薛西，周市略地丰沛间。	雍齿叛沛公，以丰降魏。沛公还攻丰，不能下。	陈让景驹以擅自王，沛公闻景驹王在〔丰〕……
魏			齐、赵共立周市，市不肯，曰"必立魏"云。	

月	秦	楚	项	齐	沛公	魏
二年正月	[隐]曰:二世也。二年正月也,秦诛之端。秦正之谓端。	始,秦嘉立之。[索隐]曰:[秦]杀嘉之。秦杀之。	拜项梁为楚柱国,急西击秦。[索隐]曰:项羽立为代王。后汉灭歇,立张耳。	不请我。	留,往从,与击秦军砀西。徐广曰:"一作'萧'。"	涉,围咎临济。
二月		一	六 嘉为上将,梁渡江,陈婴、黥布皆属。	六 景驹使公孙庆让齐,诛庆。	六 攻下砀,收得兵六千,与故凡九千人。	六
三月		二	七	七	七 攻拔下邑,遂击丰。丰不拔。闻项梁兵众,往请击丰。	七
四月		三	八 梁击杀景。	八	八 沛公如薛见项梁。	八 临济急,

月	秦	楚	項梁	齊	趙	魏	韓
五月	九	五　駒秦嘉，遂入薛。兵十餘萬眾。		九	九	九　周市如齊，楚請救。	韓王成韓始。[索隱]曰：項羽使人殺之，不使就封。數月殺之，立鄭昌為韓王，降漢。漢封韓信為王。
六月	十	六　楚懷王始，都盱台，故懷王孫，梁聞，立為楚王。　梁求楚懷王孫，得之民間，立為楚王。[索隱]曰：懷王孫名心也。項梁與諸侯尊為義帝，羽殺之。	梁益沛公卒五千，擊豐，拔之。	十　田儋　儋救臨濟，章邯殺沛公如薛。榮走東阿。共立楚懷王。	十	十　雍齒奔魏。　咎自殺，臨濟降秦。	
七月	十一	七　陳嬰為柱國天大雨，三		十一　齊立田假為王，秦沛公與項羽北救東	十一	十一　咎弟豹走	

月	国。	月不见星。	急围荣东阿。	阿,破秦军淮阳,东屠城阳。		东阿。
					十二	三
						十二
八月　三	三	八　救东阿,破秦军。乘胜至定陶,项梁有骄色。	楚救荣,得解归。逐田假,立儋子市为齐王,始。	十二　沛公与项羽西略地,斩三川守李由于雍丘。	十三	魏豹自立为魏王,都平阳,始。　四
九月　四　徒都彭城。	四　徒都彭城。	九　章邯破杀项梁于定陶,项羽恐,还军彭城。	二　田假走楚,楚赵齐救赵。田荣以假救,故,不肯。	十三　沛公闻项梁死,还军于砀。	十四	三
后九月　五　徐广曰:"应闰建酉。"	五　拜宋义为上将军,羽为次将,属末义,北救赵。	十　秦军围歇巨鹿,陈余出救兵。	三　秦军围歇巨齐救假,乃出兵。项羽怒田荣。	十四　怀王封沛公为武安侯,将砀郡兵西,约先至咸阳王之。		五

月							
三年十月	二	十一 章邯失邯郸，徙其民于河内。	四 齐将田都叛荣，助项羽救赵。	十五 往攻破东郡尉及王离军于武城南。	十五 使将臧荼救赵。	三	六 从项羽略，入关。
十一月	三 拜籍上将军。	十二	五	十六	十六	四	七
十二月	四 籍矫杀宋义，将其兵渡河救巨鹿。大破秦军巨鹿下，诸侯将皆属项羽。	十三 楚救至，秦围解。	六 故齐王建孙田安下济北，从项羽救赵。	十七 救赵至栗得皇诉。与秦军战，破之。	十七	五 豹救赵。	八 分魏为殷国。
端月	五 虏秦将王离。	十四 张耳怨陈余，弃将印去。	七 项羽、田荣分齐为三国。	十八	十八	六	九
二月	六	十五	八	十九	十九	七	十

月						
三月	十一	十六 攻破章邯，章邯军却。	九	二十 得彭越军昌邑，袭陈留。用郦食其策，军得积粟。	八 分韩为河南国。	十一
四月	十二	十七 楚急攻章邯，章邯恐，使长史欣请兵，赵高让之。	十	二十一 攻开封，破秦将杨熊，熊走荥阳，熊以徇。	九	十二
五月	二年一月	十八 赵高欲诛欣，欣恐，亡走章邯，谋畔秦。	十一	二十二 攻颍阳，略韩地，北绝河津。	十	十三
六月	二	十九	十二	二十三	十一	十四

月							
					攻南阳守齮，破之，阳城郭东。徐广曰："阳城在南阳。"		
七月	三	项羽与章邯期殷虚，章邯等已降，与盟，以邯为雍王。	十三	章邯与楚约张耳从楚西降，未定，项羽许而击之。	二十四　降下南阳。封其守齮。	十二	十五　申阳下河南，降楚。
八月　赵高杀二世。	四	十一　以秦降都尉翳为右丞相，长史欣为上将，将秦军降军。	十四	十二　赵王歇留国，陈余亡居南皮。	二十五　攻武关，破之。	十三	十六
九月　子婴为王。徐广……	五	十二	十五	十三	二十六　攻下峣及蓝田。以留侯策，不战皆降。	十四	十七

月							
十月 六	十四 项羽将诸侯兵四十余万，行略地，西至于河南。	二十三 项羽将诸侯张耳从楚西入秦。	十六	二十七 汉元年，秦王子婴降。沛公平南阳，还军霸上，待诸侯约。	二十七	十五 从项羽略地，遂入关。	十八
十一月 七	十五 羽诈坑杀秦降卒二十万人于新安。	二十四	十七	二十八 沛公出令三章，秦民大悦。	二十八	十六	十九
十二月 八	十六 至关中，诛秦王子婴，屠烧咸阳。分天下，立诸侯。	二十五 分赵为代国。	十八 项羽怨荣，杀之，分齐为三国。[索隐]曰：临淄、济北、胶东。	二十九 与项羽有郤，见之戏下，购解。羽倍约，分关中为四国。[索隐]曰：汉、塞、雍、翟。	二十九 臧荼从入，分燕为二国。[索隐]曰：燕，辽东燕。	十七 分魏为殷国。	二十 分魏为殷分韩为河南国。

曰"岁在乙未。"

王申阳始，故楚
阳始，故楚

二十二
王韩成始，
韩成始，

十九
王魏豹始 司马卬始，

三十一
王臧荼始，故燕
王董翳始，故秦
王司马欣始，故秦

二十
王章邯始 邯，始

二十
王田安始 市，始

二十七
王赵歇始 歇，始
王张耳始

二十
王英布始 布，始

王共敖始
王吴芮始

二
[索隐]曰：高伯……

徒都江南 西楚主伯，都江南

分为河南。

二十一 分为韩

十八 更为西魏。 分为殷。

三十 分为辽东。

分关中为翟。

分关中为塞。

正月 分关中为汉。

十九 更名为临济。 分为胶东。

二十六 分为代。 分为常山。

十七 分为临江。

诸侯尊怀王为义帝。
项籍分立诸侯王为义帝。
自立为西楚霸王。

十七

九

义帝元年

也。

将。	故韩将。 [索隐]曰:故韩王。	故赵将。	故魏将。	故燕王。	王。	将。	故秦将。 [索隐]曰:故秦都尉。	将。 [索隐]曰:故秦长史。	将。	故齐公。	王。	故齐王。	将。	故齐将。	故赵王。	故赵将。 [索隐]曰:故赵相。	故楚将。	故楚将。	故楚柱国。	故番君。

项籍始,为天下主命,封立十八王。《汉书·异姓诸侯王表》云,受封之月,一月,应劭云:"诸侯王始受

郴。

汉月此至元，上政霸至十月高祖一月。故云以非元正，称一月。时同王国十八月，封之都洛阳。

二

二十三　都朝歌　都瞿。　[索隐]曰：姚氏云"轑成是项梁所立，不与十七国封。

二十

二十　都平阳　[索隐]曰：后从汉叛，又"轑"韩信虏之，汉四年，与十七国封。

二十二　都无终　都蓟。

二

二　都高奴　都栎阳。

二二

三月　都废丘　都南郑。　都即墨。

二十一　都临菑　都博阳。

二二

二十八　都襄国　都代。

二二

二二　都江都　六。　都江陵。

二二　都江都　都郯。　[索隐]曰：《汉表》云二月。应劭云："诸侯

四月也。"

二二　都彭城。

三

是杀之。又《高纪》云：项羽与戍至彭城，废为侯，又区别。"……不细命……项羽所并项王，井……王，八十……此云周苛杀豹也。

王始都国之月，十八王同时称……二月。

	三
令不就国，当以阳翟为都，而不之其所封国也。	二十四
	三
	二十一
	三十三
	三
	三
	三
	四月
	二十二
	三
	三
[索隐]曰：赵歇前为赵	二十九
	三
	三
	三
诸侯罢戏下，皆之国。	三
	四

王巳二十六月，今後王代之二月，故云二十九月。其胺末市之前为齐王十九，韩广、魏豹、

	四
	二十五
	四
	二十二
	三十四
	四
	四
	四
	五月
	二十三
	四
田荣击邯，邯降	四 三十
转成五人并先为王已经多月，故因旧月而数。	四
	四
	四
	四
	四
	五

五	六	七
二十六	二十七　项羽诛成。	二十
五	六	七
二十三	二十四	二十
三十五	三十六	三十
五	六	七
五	六	七
五	六	七
六月	七月	八月
二十四　田荣击杀市。	二十五　田荣击杀安。	二十六
楚。五　齐王田荣始,故齐相。	六　田荣属齐。	七
三十一	三十二	三十
五	六	七
五	六	七
五	六	七
五	六	七
六	七	八

九	八					八
三十	二			邯守欣降汉，废丘，汉围之。 降翟降汉，国除。	七 五	韩王郑昌始，项王立之。
九	八	属燕。	燕降汉，国除。		臧荼击杀无终，灭之。	
十月	三十六	属汉，为河南郡。 属上郡。为上郡。		属齐。		
五	八			三		
三十	九月					
九	四					
九	三十四					
九	八					
十	八					
	八					
	九					

七	十二十八
	十一
王至陕。徐广曰："弘农陕县。"	十一月
五 耳降歇复王赵。汉。	六三十六
	十一
	十一
	十一
项羽灭义帝。[索隐]曰：羽使九江王布杀之，王汉为举哀。	十

韩汉，为河南郡。韩王信始，汉立之。		
	二	三
	十一	十二
	二十九	三十
	十一	十二
汉拔我陇西。	十一	十二
	十二月	正月三
代王歇还王赵。	七	八
	三十七	三十八
	歇以陈余为代王，号成安君。	
	十一	十二
	十一	十二
	十一	十二
	十一	十二

	四
	十三
	三十一
	二年□月
汉拔我北城。	二年□月
	二月
项籍击荣，走平原，平原民杀之。	项籍立故齐王田假为齐
	三十九
	三十二
	二年□月
	十三
	二年□月
	二年□月

五	六
十四　降汉，为废王。	三十
三十二　降汉，为废王。废。	
二	三
二	三
三月　王击殷。	四月
王。二　田荣弟横反城阳，击假，走楚，楚杀假。	三
四十	四十
四	五
二	十三
十四	十五
二	三
二	三

从汉为河内郡，属汉。从汉伐楚。	七	八
三 从汉伐楚。	三十四 豹归叛汉。	三
	四	五
王伐楚至彭城。怀定。	四 五月 王走荥阳。	五 六
齐王田广始。广，荣子，横立之。 一	二 四十二	三 四
	六	七
	四	五
	十六	十
	四	五
项羽以兵三万破汉兵五十六万。	四	五

	九
十五	三十六
	六
月　王入汉杀邯，废立太丘。复如荥阳。	属汉，为陇西、北七月
十三	四十四　四
	八　六
七	十八　六
	六
	六

十	十一	十二
三十七	三十八 汉将韩信虏豹。	属
七	八	九
屯、戍地郡。		
八月	九月	后九月 徐广
五	六	七
四十五	四十六	四十七
九	十	十一
十九	二十	二十一
七	八	九
七	八	九

	二年一月	二
汉,为河东、上党郡。		
	十	十一
曰："应闰建巳。"	二年十月	十一月
	八 四十八	九 属
	汉将汉灭韩信歇斩陈立张余。十二 二十二 十	十一 二十三 十一
	十	十一

	三	四
	十二	三年 一月
	十二 月	正 月
汉， 为 郡。	十	十一
	十二　布身属 降汉。汉，为大 　原郡。	地属项
	二十四	二十五
	十二	三年 一月
	十二	三年 一月

五	六	七	八	九
二	三	四	五	六
二月	三月	四月　楚围王荥阳。	五月	六
十二	十三	十四	十五	十
二十六	二十七	二十八	二十九	三
二	三	四	五	六
二	三	四	五	六

籍。

十				十
七				八
月		王出荥阳。徐广曰："《项羽》、《高纪》七月出荥阳。"		八
六	十	七		十
十三	十一	七	王敖薨。	八
七	七			八

	十二	三年二月	二
	九	十	十一
月	九月	四年十月	十一月
周苛枞公杀魏豹。			
八	十九	二十	二十一
			汉将韩信
			赵王张耳
临江王骧始敖子。	二	三	四
	九	十	十一
	九	十	十一
			汉将韩信

	三	四	五
	十二	四年十月二	
	十二月	正月	二月 立信齐王
击杀广。		属汉，为郡。	
始，汉立之。二		三	四
	五	六	七
	十二	四年十月二	
破杀龙且。十二	四年十月二		

	六	七
	三	四
王齐。	三 月周苛入楚。	四 月王出荥阳。苛死。
韩信始,汉立之。	二	三
	五	六
	八	九
	三	四
	三 汉御史周苛入楚。	四

			八	九	十
			五	六	七
徐广曰："《项羽纪》曰王出成皋。"	五月	六月	七月立布为淮南		
			四	五	六
		淮南英布	七	八	九 淮南王英布
			十	十一	十二
			五	六	七
			五	六	七

	十一	十二			四年十月二
	八	九	十		十
王。	八月	九月		吕后、太公自归楚。	五年十月十
	七	八	九		十
始,汉立之。	十二	十三	十四		十二 五
	十三	十四	十五		十五
	八	九	十		十

			分临江为长沙国。
	三	四	韩王信。
			复置梁国。
一	十二	五年十月	燕国。
二月		正月	杀项籍,天下平,诸侯臣属。
	十一	十二	徙王楚,属汉南四郡。
年一月	二	三	南赵国。淮南国。
六	十七 汉房谩。		徙王属汉,为南郡。
一	十二	十三	徙王属长沙。
一	十二 诛籍。		齐王韩信徙楚王。

	衡山王吴芮为长沙王。[索隐]曰:改封也。	
五	徙王代,都马邑。	六　七
	一月梁王彭越始。	二　三
二		三　四
汉。二月甲午更王号即皇帝位于定陶。		三月　四月
四		五　六
八		九　十
	属淮南国。	
二		三　四

四	五	六	薨，谥文王。	长沙
八	九	十		十一
四	五	六		七
五	六	七		八
五月	六月 帝入关。	七月		八月 帝自
七	八	九	耳薨，谥景王。	赵王
十一	十二	二年一月	三	二
五	六	七		八

成王臣始芮子。	二	
	十二	
	八	
	九	反汉，虏荼。[索隐]曰：《汉书》作四
将诛燕。	九月	
张敖立，耳子。	二	
	三	
	九	王得故项羽将钟离眛以闻。

			三
			五年一月
			九
年九月，误也。			
燕王卢绾始，汉太尉。			
	后九月		三
徐广曰："应闰建亥。"			
		四	三
			十

索隐述赞曰：秦失其鹿，群雄竞逐。狐鸣楚祠，龙兴沛谷。武臣自王，魏豹必复。田儋据齐，英布居六。项王主命，义帝见戮。以月系年，道悠运速。汹汹天下，瞻乌谁屋。真人霸上，卒享天禄。